KB119362

# 문명국가의 기원

나남
nanam

포스텍 융합문명연구원
문명학 총서 01

# 문명국가의 기원

2020년 12월 28일 발행
2020년 12월 28일 1쇄

지은이      박근갑
발행자      趙相浩
발행처      (주) 나남
주소        10881 경기도 파주시 회동길 193
전화        (031) 955-4601 (代)
FAX        (031) 955-4555
등록        제 1-71호 (1979.5.12)
홈페이지    http://www.nanam.net
전자우편    post@nanam.net

ISBN   978-89-300-4052-5
ISBN   978-89-300-8001-9 (세트)

책값은 뒤표지에 있습니다.

포스텍 융합문명연구원
**문명학** 총서 01

# 문명국가의 기원

박근갑 지음

# The Origins of the Civilization-State

*by*

Bak, Geun-Gab

**nanam**

## 책머리에

"인민이 없다면 진정한 국가도 없다." 이 말은 1907년 한성 광학서
포에서 나온 《국가학 강령》에 들어 있다. 원래 이 책은 덕인德人 백
륜伯倫의 작품이라고 한다. 유명한 중국 계몽학자 량치차오梁啓超의
번역 글을 개화사상가 안종화安鍾和, 1860~1924가 다시 국한문 표현으
로 바꾸어 내어 놓는다는 설명이 머리글로 붙어 있다. 여기에서 말
하는 '덕인'이란 도이칠란트 사람이며, '백륜'은 블룬칠리Johann Caspar
Bluntschli, 1808~1881를 한문식으로 부른 이름이다. 그는 스위스 태생
으로 도이칠란트에서 공법학자로 활동하는 동안 국제법과 국가학
저술로 명성을 드날린 인물이다. 이렇듯, 원저자의 이름을 그대로
밝히는 서양 책 번역은 한말 지식사회에서 매우 드문 일이다. 더욱
이 책의 내용도 그 시절 아주 낯설었을 터이다.

저자가 말하는 인민은 국가의 실제 토대다. 그래서 오늘날 여러
문명국가는 인민국가와 같다고 한다. 그 가운데서 공공성을 이루는

인민이 스스로 사리를 판단하여(自斷其理) 자신의 의사를 펼치면서
(自宣其意) 스스로 정치를 행사한다(自行其政)는 의미로 그렇게 불
린다. 이처럼 국가란 구성원의 자율 행위와 같은 뜻의 인민 결합체라
는 말이 오랜 군주국가의 전통 이념과 어떻게 화해할 수 있었을까?

　이 질문은 그 낯선 인물이 갓 시작하던 대한제국과 이미 예사롭지
않은 인연을 맺었다는 사실과 겹쳐 보아야 할 사안이다. 1897년, 바
로 새 체제의 탄생 시점에 있었던 일이다. 고종과 가까웠던 신하들
이 조선을 황제 나라로 높이자는 상소를 거듭할 때, 그 주청의 구실
은 한 권의 책에서 나온다. 이를테면, 《공법회통公法會通》이 이르기
를 자주국이라면 그 뜻에 따라 스스로 황제 칭호를 세울 수 있다는
것이었다. 이를 기꺼이 받아들인 고종은 그 책을 늘 가까이 두고서
읽었다고 한다. 거기에 보륜步倫이라는 저자명이 적혀 있는데, 앞서
본 블룬칠리와 같은 이름이다. 처음에 '프로이센 글자'로 이루어진
그 원서는 청나라 외교부서가 서양어 학교로 세운 동문관同文館에서
미국 선교사 마틴William Alexander Parsons Martin, 1827~1916의 한문 번역으
로 다시 나온 국제법 저술이다. 칭제稱帝의 '명실名實'을 알려 주었다
는 그 텍스트는 1897년 11월 대한제국의 선포를 돕는 일에서만 빛나
지 않았다. 1899년 8월 '대한국국제大韓國國制'가 만들어질 때, 모두 9
개 조항의 국가기본법 가운데 무려 5가지 사항이 《공법회통》의 용
례를 거의 그대로 베긴 내용이었다. 그렇게 대한제국의 '국제'는 "자
주독립의 제국"을 선언하면서 "만세에 이르도록 불변할 전제정치"를
앞세우는 한편, "무한한 군권君權"의 자립정체도 아울러 선포할 수

있었다. 그러나 그 책은 군주의 전제권이 한 나라 주권의 본성과 전혀 어울리지 않는다고 밝힌다. 대체로 군주와 인민이 화합하여 일체를 이루면, 권리는 인민에게서 나오며, 그러므로 군주는 그 권리를 위임받아 행사하는 원칙에 따라야 한다는 설명이 거기에 붙어 있다. 《공법회통》의 저자가 말하는 주권이란 대한제국의 '국제'가 선언한 절대권력의 반대 방향에서 문명화의 길로 나아가는 인류의 법의식에 근거한다. 거기에서 인민은 유기체 존재로서 국가구성의 지체를 이루며, 그 생동하는 인격은 공동의 연대와 공공 삶의 형식, 곧 자신의 헌법을 스스로 결정하는 법치 권리의 본성에 속한다.

고종과 그 주변 세력은 그와 같은 국제법 텍스트에서 무엇을 본받고자 했을까? 이들은 이 질문에 어떤 대답을 내놓은 적 없다. 다만 대한제국의 새 황제가 자주 '문명'을 말하는데, 옛적 요순시대의 '예악과 법도'가 새 제국체제의 정당성을 꾸며야 한다는 뜻에서 그러했다. 그렇지만 흥미롭게도, 문명이라는 말이 점점 시대의 기운을 상징하는 말로 널리 쓰이는 만큼, 대한제국의 운명은 날로 기울어 갔다. 곧, 서로 어긋나는 문명의 시간이 제 갈 길로 나아간 모양새였다. 이를테면, 1896년 고종의 명으로 학부 편집국장 이경직이 한문 번역본의 《공법회통》을 조선에서 복각하여 펴낼 때, 그 서문에 뚜렷이 새겨진 문명의 지평은 요순시대와 정반대 방향이었다. "오늘날 서양 여러 나라는 날로 문명의 교화를 넓혀 가고 있다." 이경직이 이 표현과 함께 불러내었던 문명은 옛적 선왕의 예법을 미화하기보다는 새로운 공법 시대를 상징한다. 그래서 그는 다음처럼 말할 수 있었다. '덕국德國 보륜 씨'가 마침내 세상에 내어놓은 회통會通의 법은 "처음부터 동서에 경계를 그을 수 없는 것이었다". 그리고 얼마 뒤, 대한제국의 숨결이 거의 멎어 갈 즈음, 안종화는 그의 번역서 서문에서 '문명과 무강武康의 방책'을 말하는데, 이 또한 서양 사람의 안목에서 얻을 만한 '계책'과 같은 뜻이었다. 말하자면 그의 시선도 밖으로 향하고 있었다. 곧, '현재의 국세를 구제하려면', 반드시 '덕인 백륜'이 지은 《국가학 강령》을 읽어야 한다는 것이었다.

안종화와 같은 시대 사람들은 보륜과 백륜이 한 인물이라는 사실을 전혀 몰랐던 듯 보인다. 아무튼, 그 유명한 '덕인' 학자가 우연히도 대한제국의 처음과 끝자락 시간에 운명처럼 엮인 셈이다. 나중에 블룬칠리로 알려진 그 이름은 오늘날 다시금 문명의 시대 인식과 그 의미를 새겨 보도록 우리를 부추긴다.

문제의 시점에는 전혀 알려지지 않았지만, 블룬칠리가 빼어난 문명론자라는 사실이 또 다른 하나의 기연奇緣이었을지도 모른다. 그는 시민사회의 발전과 개개인의 교양 수련을 문명의 주요 특징으로 보면서, 문명화 단계에 이르러 온전한 근대 국가가 이루어진다고 여긴다. 정치적 공동생활에 이르는 도야 과정이 모든 문명의 본성이라는 명제가 블룬칠리의 중심 생각이다. 그의 설명으로부터 우리는 옛적 그리스 말 폴리스πόλις에서 '예의 바른', '시민다운'과 같은 뜻의 라틴어 키빌리스civilis가 유래했으며, 문명을 말하는 근대 유럽어 (civilization, civilisation, Zivilisation 등)가 그 고전 용례에 뿌리를 둔다는 점을 알 수 있다. 블룬칠리가 보기에, 문명이란 진보하는 인류의 시간 지평을 열면서 근대 국가의 구성 원리를 이룬다. 아울러서 그의 생각은 아리스토텔레스의 오랜 사유체계와 맞닿는다. 곧, 폴리스와 같은 정치 공동체κοινωνία ἡ πολιτική는 '완전한 좋음'으로 향하는 자연의 공리와 인간 본성에 근거한다고 할 수 있다.

오늘날 우리가 쓰는 '문명'은 civilis가 낳은 유럽어를 번역한 말인데, 그 원래 뿌리는 중국 고전에 닿는다. 여러 유교 경전이 전해 주듯, '문덕文德과 지혜가 밝게 빛난다는 덕치의 드러남'이 그 본뜻이다. 이 말이 일본에 건너가, '훌륭함'과 '멋있음'을 표현하는 일상어로 발전했다. 한말 개화파 지식인들이 서양 말의 번역어로 쓰이던 '분메이文明'를 일본에서 들여온 뒤, 이 땅에도 문명의 시간이 열렸다. 그러므로 그 말에는 동서 가치체계와 도덕질서가 얽혀 있을 터이다. 번역과 전이 과정에서 어떤 뜻이 겹쳐지고, 어떤 의미내용이 빠지거나 비틀어졌을까? 우리는 이 모든 언어 현상으로부터 어떠한 소통 행위를 해석해 낼 수 있을까?

이 질문은 블룬칠리의 저술들이 먼저 일본 관료사회와 만나 일본식 용어들로 다시 태어났다는 사실과 얽힌다. 1870년부터 메이지明治일왕의 시강侍講 자료로 쓰이던 블룬칠리 국법학 텍스트의 한 부분이 1872년 5월 문부성에서 일본어 번역본으로 다시 나오는 일이 그 시작점이다. 그 뒤로 블룬칠리의 여러 저작이 일본어 용례로 거듭났다. 1907년 안종화가 국한문 혼용으로 펴낸 《국가학 강령》도 사실상 일본어의 영향력에서 완전히 벗어날 수는 없었다. 이러한 사실이 우리의 탐색 과제를 더욱 복잡한 지경으로 이끈다. '덕인 백류'의 '계책'을 처음 접한 한국 지식인들은 그의 사유방식이 일본 천황제 헌정에 이용되었다는 사실을 잘 알고 있었을까? 게다가 최근에 불거진 '문명국' 논쟁을 염두에 두면, 우리의 사유 범주는 훨씬 첨예한 긴장이 일어나는 지점으로 넓혀져야 한다. 이를테면, 강제 병합문제를 둘러싼 국제회의에서, 이른바 문명국이 비문명국을 식민지로 삼더라도 국제법에 제약받지 않는다고 어느 일본 측 참가자가 주장했다는 것이다.[1] 우리는 이 당황스러운 표현에 맞서 그 무렵 국제법 텍스트를 모두 들추어서 반박자료를 일일이 찾아내어야 옳을까?

이 책은 아득한 통로를 찾아 머나먼 길을 에둘러 가고자 한다. 문명과 문명국가라는 시대적 용어가 시간의 긴장성, 곧 희망과 공포, 욕구와 원망, 타산과 호기심 같은 인간학 요소들을 내재하고 있다는 점에서, 그 의미론의 기원을 탐색하는 일이 글쓰기의 주요 과제일 터이다. 그 길은 한편으로 그리스 고전으로 거슬러 오르지만, 문명의 용례를 우리에게 전해 준 옛적 유교 경전도 빠짐없이 탐사 경로에 든다.

2020년 12월

박근갑

---

1  이태진·사사가와 노리가츠 공편(2009), 《한국병합과 현대: 역사적 국제법적 재검토》, 태학사, 21쪽 이하.

# 문명국가의 기원

# 1

## 대한제국의 회상

## 1. 황제 만들기

1897년에 있었던 일이다. 대한제국이 탄생하던 바로 그때 사연이다. 9월 25일 농상공부협판 권재형權在衡, 1854~1934이 올린 상소가 이야기의 실마리다. 그 상소에는 조선 국왕을 황제로 높여 부르자는 사안이 담겼다.

신은 예전에 정위량丁韙良이 번역한 《공법회통公法會通》을 읽었습니다. (…) 그 85장에 이르기를 "제국의 관할 지역이 한 개 나라 또는 본국에만 그치지 않고 그 경지가 넓게 열려 있다면, 황제 칭호가 혹 가능할 것이다. 그렇지 않은데도 그 흉내를 낸다면 분수에 넘치는 망령과 같을 것이다"라고 하였습니다. 신은 이를 미루어 보면서 황제 칭호란 원

래 정해진 바 없다는 것을 알 수 있었습니다. (…) 또한 84장을 보면,
"여러 나라가 모두 존칭을 쓸 수 없으며, 명실名實이 서로 어울려야 그
렇게 할 수 있다"라고 합니다. 그 주注에 이르기를 "140년 전에 러시아
임금이 칭호를 고쳐 황제라고 했는데, 처음에는 각국이 이를 좋게 여
기지 않다가 20여 년이 지나자 그것을 인정했다"라고 합니다. 신이 이
를 미루어 보건대, 각국이 인정할 것인지 아닌지를 미리 헤아릴 수 없
습니다. 그것은 오로지 우리나라가 스스로 어떻게 행하느냐에 달렸을
따름입니다.[1]

칭제 상소는 계속 이어졌다. 심지어 어느 때에는 신하들의 주청
이 사흘 내내 하루도 거르지 않고 줄을 잇기도 했다. 이들의 주장은
한결같았다. "만국공법에 따르면 자주국은 그 뜻에 따라 스스로 존
호를 세울 수 있습니다."[2] 드디어 10월 3일 고종은 어쩔 수 없다는
듯 비답을 내린다. "모두 한뜻으로 전하는 정성을 끝내 저버릴 수 없

---

1  《고종실록》36권, 고종 34년 9월 25일(양력) 3번째 기사: "臣曾讀丁韙良所譯 公
   法會通 (…) 又其第八十五章曰 其所轄 非止一國及本國 境地遼闊者 則稱皇帝
   或可 否則似屬僭妄 臣以爲推此 可知皇帝之號 原無定主矣 (…) 又其第八十四
   章曰 邦國不能槪用尊稱 因名實自應相稱 疏注曰 百四十年前 俄君改稱皇帝 始
   而各國不悅 越二十餘年 方認之 臣以爲推此則各國之認與不認 亦非所計 惟在
   我國自行之如何耳."(국사편찬위원회 한국사 데이터베이스) 여기에 실린 우리말
   번역문을 보면 "또한 《만국공법》 85장에는…"이라는 표현이 나오는데, 이와 다르
   게 원전에서 직접 읽는 해당 상소는 《공법회통》 85장의 인용이다.
2  《고종실록》36권, 고종 34년 10월 1일(양력) 3번째 기사: "按萬國公法 有云各國
   自主者 可隨意自立尊號."

어 곰곰이 헤아린 끝에 마지못해 따르도록 하겠다. 이는 중대한 일이니, 마땅히 예의를 참작하여 행하도록 하라."[3] 기다렸다는 듯 그는 서둘러서 같은 달 11일 대한제국을 선포하고 바로 다음 날 새로 만든 원구단에서 황제 즉위 의례를 올렸다. 한 편의 번역 서적이 그 모든 일을 도운 셈이다.

《공법회통》이 신생 '대한국'의 건설에 끼친 영향은 이에 그치지 않는다. 1899년 6월 '제국'의 위상에 걸맞은 기본법을 제정하도록 황제 직속의 '법규교정소'가 만들어질 때, 이 책의 쓰임새는 더욱 돋보인다. 곧이어 8월에 '대한국국제大韓國國制'가 올라오자마자 고종은 이를 바로 반포했다. 법규교정소 총재 윤용선尹容善은 그 '주본奏本'에서 "여러 의견을 모으고 공법을 참고하면서 국제 한 편을 의정擬定하여 우리나라 정치가 어떤 본을 보이며 군권君權은 어떤 부류에 속하는지를 밝힌다"라고 적었다. 여기에서 말하는 '공법'이란 곧 《공법회통》을 이르는 것으로 보인다. 대한국국제 제1조를 보자. "대한국은 세계만국에 공인된 자주독립自主獨立 제국帝國이다." 이 표현은 "방국邦國의 자주권自主權을 논하는"《공법회통》제62장부터 제80장에 이르는 내용에 바탕을 둔다. 이를테면, 그 책 제64장은 나라의 주권主權이란 다른 나라에 의뢰倚賴하지 않고 다른 나라의 명을 듣지도 않는(不聽) '자립'과 '자주'의 능력이라고 밝힌다.[4] 그리고 대한국국

---

3 《고종실록》36권, 고종 34년 10월 3일(양력) 1번째 기사: "大同之情 不可終孤 積費商量 玆不得已勉從 此大事 宜其斟酌禮儀而行也."

제 가운데 "공법에 이른바"라는 부가 설명이 덧붙은 조항들, 곧 "정체를 스스로 세우며"(제3조), "율례를 스스로 정하고"(제6조), "치리를 스스로 행하며"(제7조), "관리를 스스로 선발하고"(제8조), "사신을 스스로 파견하는"(제9조) 규범들은5 '방국의 주권'을 그렇게 다섯 가지로 나누었던 《공법회통》 제68장에 들어 있는 용어들을 거의 그대로 베낀 것이다.6

처음부터 대한제국의 여정과 함께했던 《공법회통》은 어떤 내용을 담았으며, 누가 짓고 또 누가 번역했을까? 이야기는 1868년으로 거슬러 오른다. 이 해에 도이칠란트에서 한 권의 법학 연구서, 곧 《법전으로 서술한 문명국들의 현대 국제법》이 나오는데,7 이 출판물은 스위스 취리히 태생으로 19세기 후반기 도이칠란트에서 공법학자와 의회 정치가로 활동했던 요한 카스파 블룬칠리Johann Caspar Bluntschli, 1808~1881의 저작이다. 이즈음의 여느 국제법 연구서처럼 로마 만민법萬民法, ius gentium의 전승에 따라 유럽 중심주의에서 멀리 벗어날 수 없었던 이 책은 제법 널리 알려진 모양이다. 곧바로 여러

---

4 步倫(1880), 《公法會通》, 丁韙良 譯, 北京: 同文館(改鑄整理字本, 1896)〔국립중앙도서관 디지털화 자료〕, 제64장: "國之主權有二. 其能自立而不倚賴於他國者 一也 其能自主而不聽命於他國者 二也."

5 《고종실록》 39권, 고종 36년 8월 17일(양력) 2번째 기사.

6 《公法會通》 제68장: "邦國之主權有五 自立政體 一也 自定律例 二也 自行治理 三也 自選臣工 四也 自遣使臣 五也 凡此五者 若行之不違公法 則他國不得擅預."

7 Bluntschli, J. C. (1868), *Das moderne Völkerrecht der civilisirten Staten als Rechtsbuch dargestellt*, Nördlingen: C. H. Beck.

18

번역서가 나왔다. 특히 프랑스 사례가 유별나다. 프랑스어 번역본은 1870년 초판8 이래 1895년까지 모두 네 차례 더 나왔다. 그 가운데 어느 한 권이 중국에 건네져 다시금 한문 판본으로 바뀐다. 1880년 베이징 동문관同文館에서 나온 《공법회통》이 그것이다. 여기에 청조 총리아문總理衙門9의 고위 관리가 쓴 '서문'이 붙어 있는데, 10 이를 통해 원작자와 번역자를 알 수 있다. 베이징의 관립외국어학교 동문관 총교습總敎習을 지낸 미국인 정관서丁冠西가 스위스 출신 보륜步倫의 《공법회통》을 역출譯出했다는 기록이 그것이다. 저자 보륜은 앞서 설명했듯 블룬칠리의 중국식 이름이다. 역자 정관서는 정위량의 다른 이름으로, 앞서 권재형의 칭제 상소에서 보았던 바로 그 인물이다. 미국에서 원래 마틴으로 불리던 그는 1850년에 중국으로 건너가 선교사 활동을 하면서 이 나라 주재 미국 공사관의 통역 일을 거들었다. 그는 스스로 쓴 《공법회통》의 '범례'에 그 번역 유래를 이렇게 밝힌다.

원서는 프로이센 글자로 되어 있는데, 뒤에 프랑스 글자로 옮긴 것이다. 그래서 프랑스 글을 한문으로 번역하고 다시 프로이센 글과 엄밀히

---

8  Bluntschli, M. (1870), *Le Droit international Codifié*, par M. C. Lardy, Paris: Librairie de Guillaumin.

9  총리아문은 총리각국사무아문(總理各國事務衙門)의 약칭이다. 이 기구는 베이징 조약(1860년 10월) 이후 늘어난 대외관계 업무를 맡기 위해 1861년 1월에 세워졌다.

10  王文韶(1880), "公法會通序", 《公法會通》.

대조하여 실수를 없애려고 했다. 법문관法文館 부교습 연방聯芳과 경상慶常이 함께 전반부를 번역했고 나머지는 나를 위해 구역口譯해 주었다. 천문관天文館 부교습 귀영전貴榮前과 동문관 학생 계림桂林이 붓으로 적어 다시 정리했다. 귀영전은 뒤에 낱낱이 따져보면서 교열했다. 일을 다 끝내고 난 뒤에 흠명총리에게 올렸다. 각국사무 왕대신이 이를 자세히 살펴보고서 명을 받들어 인쇄하도록 했다.[11]

번역자 마틴의 설명처럼 《공법회통》 간행은 처음부터 중국 조정의 간여와 후원으로 이루어졌다. 이로부터 유럽의 한 국제법 연구서가 중화의 문법으로 재구성되었으리라고 짐작할 수 있다. 마틴이 《공법회통》의 대강을 서술하여 덧붙였던 '범례'가 그 점을 시사한다. "공법은 이미 별개의 한 과목이다. 따라서 거기에만 알맞게 쓰이는 단어 형식(字樣)이 있다. 이런 까닭에 이따금 원문에는 한문으로 옮기기 어려운 뜻이 들어 있다. 그래서 번역에 사용한 단어들이 종종 무리하게 짜 맞춘 듯 보이기도 할 것이다."[12] 원저자 블룬칠리

---

11 丁韙良(1880), "凡例", 《公法會通》. 《공법회통》의 도이치어 원서는 1872년과 1878년에 각각 제2판과 제3판으로 증보되었다. 그리고 그 프랑스어 번역본의 증보판 또한 여러 차례(1874년 제2판; 1881년 제3판; 1886년 제4판; 1895년 제5판) 나왔다. 《공법회통》의 번역자는 이 가운데 몇 년도 판을 원본으로 사용하였는지 명확히 밝히지 않았다. 1880년 이전에 나온 프랑스어 번역 초판본과 제2판본이 거기에 해당한다고 짐작할 수 있는데, 두 판본 모두 도이치어 원서의 초판본(1868)과 다르지 않다.
12 같은 글.

가 국제법 원리를 길게 설명한 서론이 《공법회통》에는 빠졌다는 점 또한 주목거리다. 번역자들이 일부러 그랬다면, 거기에 어떤 그릇됨이 숨어 있다고 여길 만하다. 문제의 서문에는 "국가란 유기체로 뭉친 인민Volk과 같은 존재이며, 그 때문에 저절로 조화로운 통합을 이루는 그 인격체가 인류의 한 지체"라는 설명이 들어 있다. 바로 책의 제목에서 국제법이란 인민들Völker의 규범이라고 전하는 뜻을 감지할 수 있다. 문제의 서문은 그 대목을 다음처럼 풀이한다.

인간이 본래 규범 존재이며 법률을 익히기에 알맞은 소양을 타고났다는 것이 의심할 바 없는 진실이라면, 국제법 또한 인간 본성 가운데 굳건히 뿌리내리면서 확고한 근거를 갖는다. 국제법은 국가들이 상호관계를 규정할 때 법률상 필수 불가결하다고 인정하는 규칙을 일컫는다. 국가들, 곧 유기체로 뭉친 인민들은 인간들로 이루어지며 그 자체로 조화로운 총체가 되는 인격체이다. 다시 말하여 국가들이란 개개인들처럼 의지를 갖춘 법률 주체이다. 국가들은 개개인들이 그렇듯 원래 개별 존재이면서 인류의 지체들Glieder der Menschheit이기도 하다. 이와 같은 인간 본성과 거기에 따르는 규범 본성은 개개 인민과 개개 국가 그 자체 내에 들어 있는데, 그 본성이 다시금 다른 인민들과 국가들에서도 나타난다. 그 본성은 모든 인민을 거스를 수 없는 필연성으로 결합한다. 그 어떤 인민도 이 공동의 본성을 남에게 넘겨줄 수 없으며, 그 어떤 인민도 다른 인민이 지닌 이 본성을 부인할 수 없다. 그러므로 국가들과 인민들은 다 함께 모두가 공유하는 인간 본성에 따라 너나없

이 인간다운 규범 존재라고 여겨야만 한다. 이것이 확실하고 견고한 모든 국제법의 원리이다.[13]

이와 같은 의미내용을 곧이곧대로 그 시대 한문 용례에 담기는 어려웠을 것이다. 번역 작업은 아무래도 동시대 청나라 당국의 시세 인식에서 완전히 벗어날 수는 없었을 것이다. 거기에 어떤 의미의 굴절이 함께했다면, 《공법회통》의 문구들을 그대로 이용했던 조선 조정의 사정을 물어야 마땅하다. 신생 '대한국'의 칭제건원稱帝建元에 이르기까지, 한 궤적으로 이어지는 큰 사건들이 대부분 청나라와 맞서려는 정치 운동에 얽히기 때문이다. 1884년 12월 예속 관계를 강제하려는 청 당국에 무력으로 저항했던 갑신정변이 그 일례다. 이때 국왕의 칭호를 높여 부르자는 정강이 처음 나왔다고 한다.[14] 드디어 1897년 《공법회통》을 빌어 '대한국'은 자주와 독립의 황제 국가를 선언할 수 있었다. 중화中華 이념과 그 문법에서 완전히 벗어날 수 없었던 번역서가 중화 질서를 거부하는 텍스트로 쓰인 셈이다. 이와 같은 아이러니한 현상을 어떻게 이해하고 해석할 수 있을까? 대한제국의 새 황제가 만들어 가는 국가상은 서양의 '공법' 원리와 어떻게 화해할 수 있었을까? 이 질문들은 쉽게 풀기 어려워 보인다. 여러

---

13 Bluntschli, J. C. (1868), *Das moderne Völkerrecht*, pp. 1 f.
14 김용구(2008), 《만국공법》, 소화, 135쪽 이하; 쓰키아시 다쓰히코(2014), 《조선의 개화사상과 내셔널리즘》, 최덕수 옮김, 열린책들, 191쪽 이하.

사연이 얽히고설켜 있기 때문이다. 문제는 낯선 언어를 번역하는 과정에서 어쩔 수 없었던 의미의 오류와 굴절에만 그치지 않는다. 번역서와 그 원전이 이루어지는 시간과 장소의 차이뿐만 아니라 양쪽 텍스트에 저마다 작용하는 세계관의 거리 또한 깊이 주목해야 할 사항이다. 여기에, 서양의 국제법을 번역하는 곳과 그것을 받아들여 실제 통치에 이용하는 곳의 정치 정황이 같을 수 없다는 사정이 더해진다. 무엇보다도 우리에게 전해진 자료는 대부분 개개 행위주체들의 속내를 숨겨 두고 있다. 아쉬운 대로 번역서에 드러난 이야기에서 갈피를 잡아 보자.

다시금, 마틴이 쓴 《공법회통》의 '범례'가 우리에게 좁은 통로 하나를 열어 준다. "갑자년에 혜惠씨의 《만국공법萬國公法》을 간행하고 정축년에 다시 오吳 씨의 《공법편람公法便覽》을 동문관에서 번역했다. 두 책은 모두 미국에서 나온 것이다. 이제 보륜 씨의 《공법회통》 원서를 번역하고 그것들에 이어 새로 내면서 앞선 책들이 이루지 못한 바를 넉넉히 채우고자 한다. 게다가 《공법회통》은 도이칠란트(德國)에서 나온 것이니 또한 서로 인용하여 검증해 볼 수도 있을 것이다." 이야기는 간단하다. 마틴이 미국 국제법 학자 휘튼惠頓, Henry Wheaton, 1785~1848과[15] 울지吳爾璽, Theodore Dwight Woolsey, 1801~1889의[16] 저술을 번역하여 각각 1864년과 1877년에 《만국공법》과 《공

[15] Wheaton, H. (1836), *Elements of International Law with a Sketch of the History of the Science*, Philadelphia: Carey, Lea & Blanchard / London: Fellowes, B.

법편람》이라는 표제를 붙여 동문관에서 출판했다는 설명이다. 이어지는 내용이 더 흥미롭게 들린다. 두 번역서에 이어 1880년에 나온 《공법회통》이 무언가 새로운 내용을 담고 있으며, 또한 이 책이 앞선 사례들과 같은 취지에서 번역되었다고 전하는 말이 그 줄거리다. 이로부터 우리는 《공법회통》에 이르는 국제법 번역 사업의 윤곽과 그 과정에 담긴 중국 당국의 세계관 추이를 엿볼 수 있다. 이미 살펴보았던 《공법회통》 서문이 세세한 사연을 생략한 탓에 앞선 사례를 참고하는 일이 더더욱 필요할 것이다.

세 권의 번역서 가운데 특히 《만국공법》이 두드러져 보인다. 이 책은 서양 국제법 저술들을 통틀어 첫 번째 한문 번역본이다. 그리고 바로 그 이름으로부터 나라와 나라 사이의 신뢰, 의리, 교제 규범을 아우를 뿐만 아니라 서양 국제법 전체를 총칭하는 전문용어, '만국공법'이 나왔다. 그런 만큼 이 저술을 번역하는 일은 처음부터 동서로 갈리는 언어 의미와 이념의 갈등을 안고서 시작했으리라고 짐작할 수 있다.

《만국공법》은 마틴과 총리아문總理衙門의 합작품이다. 이 외무부서는 마틴에게 작업실을 내어 주고 번역을 도울 사람 네 명을 파견했을 뿐만 아니라 나중에는 출판 비용도 치렀다고 한다. 총리아문이 또한 번역서를 대외관계 업무에 이용하도록 산하 기관에 내려 주었다

---

**16** Woolsey, T. D. (1860), *Introduction to the Study of International Law*, New York.

는 점에서, 그 작업은 거의 공공문서 간행이나 다름없었다.17 따라서 이 기관의 두 대신이 번역서에 서문을 작성하여 붙인 일은 마땅했을 것이다. 그 덕택에 우리는 서양 공법을 대하는 중국 당국의 시선을 따라가 볼 수 있다.

첫 번째 서문은 먼저 "도산塗山의 회합에서 옥백玉帛을 들고 모인 나라가 만국이나 되었다"고 전설처럼 전하는 이야기를18 들추면서 '공법'의 필요성을 다음과 같이 설명한다. 오늘날 중화 바깥에는 여러 나라가 숲을 이룬 듯 촘촘하게 늘어서 있다. 이들 나라는 옛 고전이 말하는 '구주九州' 밖의 세력이다. "법으로써 기강을 세우지 않는다면, 이들이 어찌 나라가 될 수 있겠는가. 정위량 교사가 《만국공법》을 번역한 까닭이 바로 거기에 있다."

두 번째 서문은 좀더 세세하다. 글은 중화 중심의 이념을 앞세우

---

17 김용구(2008), 앞의 책, 70쪽; 진관타오·류칭펑(2010), 《관념사란 무엇인가 2: 관념의 변천과 용어》, 양일모·송인재·한지은·강중기·이상돈 옮김, 푸른역사, 236쪽.

18 이 이야기는 하(夏)나라를 세운 우공(禹公)이 치수하여 회계에 이르렀을 때 제후들을 불러 모았던 일을 말한다. 《춘추좌전(春秋左傳)》 애공(哀公) 7년(기원전 488년) 기록에 이 고사가 인용되어 있다. 그 내용은 다음과 같다. 춘추시대 말기 노나라 애공 치세 때의 세력가 계강자(季康子)가 주(邾)나라를 정벌하려고 연회에 대부들을 초청했다. 모인 사람들 대부분이 이 일을 못마땅하게 여기는 가운데 어느 한 대부가 이렇게 말한다. "우왕이 도산에서 제후들과 회합할 때 옥백을 들고 모인 나라가 만국이나 되었소. 지금 모인 제후들은 수십도 되지 않소이다. 이는 대국이 소국을 사랑하여 어루만지지 않고(大不字小), 소국은 대국을 섬기지 않기 (小不事大) 때문이오." 여기에서 말하는 사대자소(事大字小)는 삼대(하·은·주) 이래 천하 관념을 상징하는 표현이며 사대 관념의 기본 원리이다.

면서 《만국공법》이 춘추시대 제후들의 맹약과 같다는 설명으로 나아간다. "일찍이 천하의 큰 국면을 살펴보았더니, 중화가 모범(首善)이 되는 지역이다." 그래서 온 세상(四海)이 한꺼번에 임금께 조아리고[19] '만국'이 와서 알현하였는데, 그 바깥 나라들은 너무 멀리 떨어져서 모두 다 중화의 땅에 올 수는 없다. 이 중외中外의 나라들은 옛적 춘추시대 열국과 그대로 닮았다. 영국, 프랑스, 러시아, 아메리카, 오스트리아, 프로이센 등은 오패五霸처럼 지금 각축하고 있다. 이 나라들이 여태 버티고 있는 것은 춘추 시절 제후들의 회맹會盟과[20] 같이 화해와 신의를 약속하는 규약이 있기 때문이다. "그것이 곧 만국율례萬國律例 한 책이다."

이 설명대로면 《만국공법》이란 중화 바깥에서 서로 다투는 그들 나라의 사안일 따름이다. 중국은 원래 외이外夷의 내부 사정에 간여하지 않는다는 전통의 화하華夏 이념이 바로 그런 것이다. 그렇다면 중국은 왜 지금에 이르러 서양의 '율례'를 번역하여 온 나라에 알리

---

**19** 원문은 '사해회동'(四海會同)이라고 표현했는데, 이 말은 《상서》〈하서(夏書) 우하(禹貢)〉에서 유래했다.

**20** 주(周)나라 왕실이 쇠미해졌던 춘추시대 초기 제(齊)나라 환공(桓公)이 기원전 651년(주 양왕(襄王) 1년) 송(宋)나라 규구(葵丘)에서 송(宋)·위(衛)·정(鄭)·노(魯)·허(許)·조(曹) 등의 제후들과 회합했다. 이때 북쪽 융적(戎狄)과 남쪽 초(楚)나라의 중원 침략을 막는다는 명분으로 동맹을 맺었다. 여기에 주 양왕은 사자를 보내 희생제물(胙)을 내려 주면서 환공에게 패자의 힘을 실어 주었다. 회합에 참석한 제후들은 이 제물 위에 천자(양왕)의 명이 담긴 맹부(盟府)를 올려놓고 결맹했다. 이 고사는 《춘추좌전(春秋左傳)》 희공(僖公) 9년, 《맹자(孟子)》〈고자(告子)下〉 등에 실려 있다.

려고 하는가? 아름다운 명분이 그 대답이다. "우리 중화는 먼 사람이나 가까운 사람 모두를 하나로 보아 똑같이 사랑하며(一視同仁) 하찮은 말도 반드시 살핀다." 이 말은 "작은 나라가 큰 나라 섬기는 것은 믿음이고 큰 나라가 작은 나라를 보호하는 것이 사랑"이라는[21] 오랜 사대事大의 교설을 되풀이한 것이나 마찬가지다. 주周나라 성왕成王 때 먼 남방 오랑캐 월상越裳이 흰 꿩을 바치면서 복속의 예를 갖추러 왔는데, 말이 잘 통하지 않아 서장書狀을 '몇 번이나 번역하여' 이를 올렸다는 고사가 그 사례로 등장한다. 이는 낯선 말로 된 서양 국제법 책을 한문으로 옮겨 《만국공법》이라는 이름으로 펴내는 일 또한 그 명분에 합당하다는 구실일 것이다. 이 서문을 맺는 말 또한 사대의 명분에 어긋남이 없다. 먼 땅 오랑캐가 중국에 귀한 물건을 바칠 때 항상 마음속에 경외와 덕을 품고 있었듯 "이 책도 중화의 쓰임새에 큰 도움이 될 것이다". [22]

《만국공법》 서문은 중국의 오랜 사대의 교설과 낯선 서양의 국제법 규범이 공공연히 만나는 장소를 그린다. 그 장면에서 우리는 화華와 이夷를 선명하게 구분 짓는 경계선을 볼 수 있다. 그것은 곧 교화와 복속의 상대인 외이外夷가 중화를 넘보도록 내버려 두지 않으려는

---

21 이 유명한 말 또한 앞에서 살폈던 《춘추좌전》 애공 7년의 계강자 고사에서 유래한다. 자복경백(子服景伯)은 그 표현을 쓰면서 작은 나라 정벌을 반대했다. "(…) 子服景伯曰 小所以事大 信也 大所以保小 仁也."

22 董恂(1864), "萬國公法 序", 《萬國公法》; 張斯桂(1863), 〈萬國公法 序〉, 같은 책.

방어선이다. 중화가 바깥 나라 모두를 한결같은 인仁으로 어여삐 여
긴다는 말 또한 화이 구분을 미화하는 표현이다. 이는 곧 중화와 외
이 사이에 무너뜨릴 수 없는 존비尊卑의 도덕률이 변함없이 굳건하다
는 선언으로 들린다. 중국은 여전히 온 세상의 우두머리로 더없이 존
귀한 자리에 있어야만 했다. 그 중심에 전통의 천하 관념이 도사리고
있다. '천하'는 중국 상고上古 문헌에 나타나는 말이다. 23 공자와 맹
자가 요순堯舜 두 임금이 '천하를 소유했다'라고 말하는 기록이 있는
데, 24 이미 그 시대부터 천하가 쓰였는지는 어떤 전고를 들어 밝히기
어렵다. 그렇지만 늦어도 주대周代에는 나라의 통치범위를 천하로 일
컬었다고 추정할 만하다. 《상서尙書》의 〈주서周書〉 홍범洪範 편에 "천
자께서 백성의 부모에 임하시어 천하를 다스리는 통치자가" 되어야
한다는 하나의 경구가 나온다. 이 말은 은殷나라 유신遺臣 기자箕子가
정복자 주周 무왕武王에게 천도天道를 설명하면서 권고한 세상의 규범
가운데 한 가지이다. 25 주나라가 통일 과업을 완수한 이래 왕이 다스
리는 천하와 그 밑에 제후들과 봉신들의 영역(邦, 國, 家)이 배치되
는 통치의 전형이 만들어졌을 것이다. 공맹孔孟 시대에 이르면 천하

---

23 渡辺信一郎(2003), "天下 觀念과 王朝名", 〈중국사연구〉, 26권, 335~344쪽; 金
　 忠烈(1986), "中國의 '天下思想':그 哲學的 基調와 歷史的 傳統의 形成", 〈중국
　 학논총〉, 3권, 5~38쪽.
24 〈泰伯〉, 《論語》: "巍巍乎 舜禹之有天下也 而不與焉"; 〈滕文公 下〉, 《孟子》:
　 "孟子曰 非其道 則一簞食不可受於人 如其道 則舜受堯之天下 不以爲泰."
25 〈周書·洪範〉, 《尙書》: "曰 皇極之敷言 是彝是訓 于帝其訓 凡厥庶民 極之敷
　 言 是訓是行 以近天子之光 曰 天子作民父母 以爲天下王."

는 천자의 도덕 정치를 상징하는 용어로 굳어진다. 우리는 "천하에 도가 있으면 예악과 정벌이 천자에게서 나오고, 천하에 도가 없으면 예악과 정벌이 제후에게서 나온다"라고 했던[26] 공자의 가르침을 상기할 수 있다. 그 뒤 진한秦漢 통일 시대에 천하는 통치의 경계선을 넘어 사해를 아우르는 가상의 이념 공동체를 의미하게 된다. 화하 중심의 천도에 따르면, 유교의 강상 윤리를 받아들이는 모든 지역과 나라는 천하라는 도덕의 품 안에 들어갈 수 있다. 그러므로 이 도덕 공동체 안에 들어서면, 개개 정치 단위의 통치권, 즉 근대 서양 공법이 말하는 주권主權이 들어설 여지도 없을뿐더러 그 위상의 필요성도 사라진다. 오직, 중화와 중외를 차별 없이 사랑하는 천자에게 모든 통치를 전제하는 도덕률이 귀속되기 때문이다. 그러나 실제로 유교의 도덕질서가 통치행위로 작용할 수 있는 범위는 좁은 지역의 경계 안에 멈춘다. 따라서 강상명교綱常名敎의 도덕 공동체 그 자체에 언제까지나 가려 둘 수 없는 허위의식이 들어 있다. 이 문제가 뚜렷하게 드러난 바로 그 시점에 《만국공법》을 펴내는 일이 시작한다.

　오랜 세월 중화의 이상과 자만을 부추겼던 천하 이념에 심각한 균열이 나타났던 때는 서세동점의 거센 기운과 맞물린다. 19세기 중엽의 두 차례 아편전쟁으로부터 1858년 영국-프랑스 연합군의 베이징 점령을 거쳐 연이은 불평등 조약들에 이르는 과정은 서양을 마냥 '이

---

26 〈季氏〉, 《論語》: "孔子曰 天下有道 則禮樂征伐 自天子出 天下無道 則禮樂征伐 自諸侯出."

적夷狄'으로만 다룰 수 없다는 자각의 시간이었다. '이무夷務'를 대신하는 '양무洋務'의 과제가 절박해진 순간이 다가온 것이다. 27 그 대책이 '자강신정自強新政'을 앞세운 '양무운동'이었다. 1860년에 새로 만들어진 총리아문이 바로 그 '양무'의 본산이었다. 그곳 수장 공친왕恭親王은 그 운동의 중심이었다. 아울러서, 서양 공법 번역서들을 펴냈던 동문관은 총리아문에 딸린 중국 최초 관립 서양어 학교로서 양무운동의 상징이었다. 양무파 관료와 지식인 부류의 눈앞에 닥친 과제는 무력으로 위협하는 서양의 기세를 에둘러 중화의 근본을 지키는 현실 방안이었다. 경세치용經世致用의 원리에 따라 전통의 천하 관념을 어떤 방식으로든 변화시켜야 할 시대적 요청이 생긴 것이다. 《만국공법》서문의 첫머리가 불러낸 '만국'이 그 필요성에 들어맞았다. 그 이름은 물론 동문관이 처음 번역해 펴내는 서양 공법 책의 표제를 꾸미기도 했다. '만국'은 '천하'와 마찬가지로 중국 상고의 용어다. 주나라 때 제후들을 일컬을 때 가끔 그 말이 쓰이기도 했다. 원나라 시절에 이르러 만국은 중화 바깥의 타자를 지칭했다. 그러다가 명나라 만력萬曆 연간(1573~1620)에 마테오 리치의 《만국전도萬國全圖》(1602)가 나오면서 중국이 아시아 백여 나라 가운데 하나라는 표현이 나왔다고 한다. 그 뒤 만국은 거의 쓰이지 않다가 서양 공법의 번역 작업과 더불어 되살아났다. 28

---

27  오수열(2009), "양무운동의 전개과정과 성격에 관한 연구", 〈한국동북아논총〉 51권, 55~74쪽.

《만국공법》이 '양무'의 영역에서 실제로 이용되었다는 사실은29 중화가 천하보다 더 큰 세상 문제를 현실 과제로 인식하기 시작했음을 시사한다. '양무'를 하나의 새로운 명분으로 보면, 거기에는 '자강'에 이로운 실용이 있어야 옳을 것이다. 이는 곧 무력을 앞세운 열강과 교제할 때 새로운 행위 질서를 수용한다는 의미다. 그러려면 무엇보다도 먼저 전통의 천하 이념을 감쌌던 '존비' 의식을 완전히 내려놓거나 적어도 화이華夷 사이의 경계를 감추는 어법이 나타나야 한다. 다른 한편, 중화가 이제 만국 가운데 하나의 열강일 따름이라는 자각을 되도록 뚜렷이 드러내야 했을 것이다. 그러면서 '만국'은 천하 이념의 본성을 송두리째 바꾸어 놓았을까? 그렇지는 않다. "이제 우리에게 당면한 일은, 조약을 준수하고, 조약에서 규정된 것 이외에는 조금도 양보하지 않으며, 표면상으로는 신뢰와 친목을 돈독히 하고, 은밀히 교묘한 꾀로 도모해 간다면, 앞으로 수년간 설령 예기치 않은 요구가 있다 하더라도, 느닷없이 커다란 해를 초래할 일은 없으리라

---

**28** 진관타오 · 류칭펑 (2010), 앞의 책, 233쪽 이하.

**29** 총리아문이 '양무'에서 거둔 첫 번째 성공 사례는 마틴의 번역문이 인쇄에 들어가기 직전에 이루어졌다. 마침 1863년 3월 중국 주재 프로이센 공사 레퓌스(G. von Rehfues)가 톈진(天津) 해구(海口)에서 덴마크 선박 세 척을 억류한 사건이 발생했다. 이때 총리아문의 관리들은 《만국공법》 초고에 들어 있는 용어들을 빌려 프로이센 공사에게 그 일의 부당함을 논박했다. 프로이센 공사는 '착오'를 인정하고 나포 선박을 모두 돌려주면서 배상금 1,500달러를 물었다. 김용구(2008), 앞의 책, 70~71쪽; 강상규(2006), "중국의 만국공법 수용에 관한 연구", 〈동양철학〉 25집, 98쪽.

생각됩니다."**30** 이 인용문은 1861년 공친왕이 앞으로 다가올 '양무'의 예비 과제를 아뢰는 상주문上奏文에 들어 있다. 아마도 양무파 세력은 처음부터 화하 중심의 세계관에 어떤 상흔이 생기기를 바라지 않았을 것이다. 천하의 본성이 어찌 바뀌겠는가. 이 무렵 '자강'의 구호는 유교의 도덕질서를 조금도 허물지 않는 가운데 하夏가 서西를 교화하는 '중본서말中本西末'의 다른 표현이다. **31** 따라서 '만국공법'의 수용은 다만 명교名敎의 관리가 실용의 관점에서 타자를 이해하고, 아울러 서양 열강과 교제하는 '율례'를 이용하여 천하 질서 가운데 어찌어찌 남아 있는 동아시아 패권을 계속 지키는 방편이었다. **32**

총리아문의 대신들이 쓴 《만국공법》 서문은 경세치용의 '양무'가 막 시작하는 지점과 맞닿는다. 여기에서 선명하게 드러나는 화이의 경계선은 그 무렵의 혼란상을 반영한다. 외이가 중화의 변화를 강제할 것이라는 두려움이 이념의 방어선을 더욱 견고하게 했을 것이다. 따라서 새로 나타나는 '만국' 관념은 천하의 근본에 어긋나지 않는 선에서 자강의 실행을 이끄는 교제 준칙을 지시한다. '만국 율례'가 그 사례다. 그것은 마치 '선왕의 명을 대대로 지키도록' 굳게 약속했던 춘추시대 '맹부'와 같은 효력을 지니게 될 것이다. 서양 공법의

---

**30** 《籌辦夷務始末》(咸豐朝) 卷71, 咸豐10年庚申12月壬戌條. 강상규(2006), 앞의 글, 97쪽에서 재인용.

**31** 金衡鍾(2003). "近代中國에서의 傳統과 近代: 淸末民初 西學受容 試論".〈인문논총〉50집, 3~38쪽.

**32** 진관타오·류칭펑(2010), 앞의 책, 238쪽 이하.

쓰임새와 이로움에만 너무 치우친 탓에, 총리아문 관리들은 만국에 두루 쓰이는 '율례'가 명조와 청조의 회전會典처럼 천하 질서를 규율하는 하나의 법전으로 작용하리라는 잘못된 기대를 했을 것이다. 33 그 인식은 바로 번역자 마틴으로부터 비롯했다. 그가 《만국공법》에 붙인 '범례'는 주의 깊게 읽어야 할 내용이다. "이 책이 기록하는 조례를 만국공법이라고 일컫는데, 이것은 여러 나라에 두루 통하여 행해지는 것이지 한 나라가 마음대로 사사로운 것으로 할 수 없기 때문이다. 그리고 이 책이 각국의 율례와 닮았기 때문에 만국율례라고 부른다."34 그는 나중에 《공법회통》을 번역할 때도 마찬가지로 '범례'를 따로 쓰는데, 여기에도 앞의 사례와 같은 설명이 들어 있다. "공법이란 여러 나라가 서로 믿으면서 교제하는 방안이다. 개개 나라가 그것을 율법처럼 한결같이 준수하기 때문에 법이라고 할 수 있다. 그것이 한 나라에만 적용되지 않는다는 뜻에서 공公이라는 이름이 붙는다."35

우리는 이제 길을 돌고 돌아 다시 조선 땅에 이른다. 번역 공법은 대한제국의 길목에 어떤 흔적을 남겼을까? 맨 처음 나온 《만국공법》이 조선에 들어온 시점은 제대로 알려지지 않았다. 그때가 1870

---

33 김용구(2008), 앞의 책, 68쪽.
34 《萬國公法》〈凡例〉: "是書所錄條例 名爲萬國公法 蓋係諸國通行者 非一國所得私也 又以其與各國律例相似 故亦名爲萬國律例云".
35 《萬國公法》〈凡例〉: "公法者 邦國所恃以交際者也 謂之法者 各國恪遵與法律一體 謂之公者 非所得而私焉".

년대 중후반 무렵이라고 추정할 수 있을 따름이다. **36** 그렇더라도 《만국공법》이 조선 공론의 장을 달구기 시작했던 시기는 1880년 이후일 것이다. 이해에 수신사로 일본에 건너갔던 김홍집이 《조선책략朝鮮策略》을 지은 황쭌셴黃遵憲에게서 《이언易言》이라는 이름의 중국 책도 함께 얻어 왔다. 실업가이자 양무 개혁가였던 정관잉鄭觀應, 1842~1922이 1870년대에 썼던 《이언》은**37** 조선에 들어오자마자 지식인들과 관료들의 심금을 두드린 것으로 보인다. 1883년 3월 고종의 명에 따라 이 책의 복각본이 나왔으며 그즈음 한글 번역서도 뒤따랐다는 사실에서 그 높은 평판을 가늠할 수 있다. 갖가지 서양 문물과 풍속, 그리고 거의 모든 영역에 걸쳐 제도를 소개하면서 중국 자강의 방책을 제시하는 이 책의 첫 편이 바로 〈공법 논의〉다. 정관잉은 양무 개혁가답게 경세치용의 원리에 따라 당면한 서양 문제를 풀어 나간다. 그의 눈에 비친 '유럽 각국'은 다 함께 부국강병을 더 높이 외치면서 지혜와 용력을 다해 서로 겨루고 있다. 그러니 중국이 그에 맞서려면 어쩔 수 없이 시세의 변화에 따르는 '권도權道'를 써야 한다는 것이다. 그러면서 그는 중국이 오래전에 중화와 이적 사이에 그은 경

---

**36** 김용구(2008), 앞의 책, 100쪽 이하.

**37** 정관잉은 1875년에 《이언》의 초고를 완성하고 '자서'(自序)를 쓴 뒤 양무파 지식인 왕타오(王韜, 1828~1897)의 발문을 받았다. 이 초고를 왕타오가 저자의 허락도 없이 1880년에 36편 2책으로 펴내는데, 이것이 김홍집의 손을 거쳐 조선 땅에 들어온 것으로 보인다. 정관잉이 초고를 다시 손질해 20편의 《이언》으로 펴낸 때는 1882년이다. 조선의 복각본과 한글 번역본은 모두 먼저 나온 1880년의 36편 본에 기댄 것이다.

계를 굳게 지켜 공법에 함께하는 것을 꺼리면서 스스로 존귀하다고 자부하는 탓에 '고립무원'에 빠졌다고 탄식한다. 정관잉의 자강 방책은 총리아문의 고위 관리들이 펼친 양무 이념을 다음처럼 뛰어넘는다. 중국은 무엇보다도 먼저 '자신을 만국 가운데 하나라고 여기면서' 반드시 서양 열강의 '공법약장公法約章'을 익혀야 한다. "이른바 공公이란 한 나라가 사사로이 할 수 있는 것이 아니며, 법法이란 각국이 함께 행하는 규범이다." 그러므로 각국이 스스로 자기 나라를 만국 가운데 하나라고 보아야 한다. 그 뒤에야 공법이 제대로 행해질 수 있다. **38**

　이제, 만국을 서로 얽매는 공법이라는 말이 온 조선 땅에 퍼지게 되었다. 시세를 멀리하는 사람이 아니라면 누구나 서양 국제법 번역서를 채 읽지 않고서도 공법을 논하는 시절이 온 것이다. 유별스레 '양이'에 민감했던 유생들이 넋 놓고 가만히 있을 수 없었을 것이다. '만국공법'이라는 말 가운데에 이미 화이의 경계선을 허무는 뜻이 들어 있기 때문이다. 오랜 세월 목숨처럼 간직해 온 '소중화小中華'의 자부심을 어찌 하루아침에 버릴 수 있었겠는가. 완고한 유림 여론이 들썩이는 가운데 강원도 유생들의 복합상소伏閤上疏가 두드러졌다. 위정척사론의 맨 앞에 섰던 이항로李恒老, 1792~1868의 영향이 컸을 것이다. 그의 문하에 있던 홍재학洪在鶴, 1848~1881의 이름으로 올라온

---

**38** 鄭觀應 (2010), 《易言: 19세기 중국, 개혁을 묻다》, 이경구・이행훈・이병기 역주, 푸른역사, 23~38쪽.

1881년 8월 30일(양력) 상소문은 과격함 그 자체였다. "대체로 서양 학문이 원래 천리天理를 문란케 하면서 인류를 멸하는 것은 더 말할 나위 없이 심합니다. 양물洋物은 거의 모두 음란을 부추기고 욕심을 이끌며 윤리를 망치고 사람의 정신이 천지와 통하는 것을 어지럽히니, 귀로 들으면 내장이 뒤틀리고 눈으로 보면 창자가 뒤집히며 코로 냄새 맡거나 입술에 대면 마음이 바뀌어 본성을 잃게 됩니다. 이것은 마치 그림자와 메아리가 서로 호응하고 전염병이 번지는 것과 같습니다. 이른바 (…) 《만국공법》 등 수많은 양이 사서邪書가 나라 안에 가득 차 있습니다. (…) 옛적 교린交隣은 나라를 보전했지만, 지금의 교린은 조종祖宗의 땅을 깎아 먹고 백성의 피를 마르게 합니다."**39** 홍재학은 참형을 피할 수 없었다. 그리고 이듬해 고종은 의미심장한 교지를 반포했다. 아마도 서양 공법을 사교邪教로 보는 척양斥洋의 열기가 쉽게 가라앉지 않았기 때문이었을 것이다. 1882년 9월 16일, 온 나라의 척화비를 모두 뽑아 버리라는 왕명이 내려졌다.

교린에 법도가 있음은 경전經典에 나타나 있다. 그런데도 사리에 어둡고 꽉 막힌 유자들은 송나라 조정이 화의에 나섰다가 나라 그르친 일만

---

**39** 《고종실록》 18권, 고종 18년 윤7월 6일(음력) 4번째 기사: "蓋洋之學 固亂天理滅人倫之甚者 無容更言 洋之物太半 是長淫導慾 斁倫敗常 亂人神而通天地 所以耳得之而幻臟易肚 目寓之而翻腸倒胃 鼻嗅脣接而易心而失性 是則如影響之相應 癘疫之相染 所謂中西聞見 泰西聞見 萬國公法等 許多異類之邪書 充滿於國中 (…) 古之交隣 所以保國 今之交隣 削祖宗之地 竭生靈之血者也."

보고서 함부로 이끌어 비유하면서 척화 논쟁을 일으키고 있다. 바깥 사람들이 화의하러 왔는데도 우리가 싸움으로 맞선다면, 천하가 장차 우리나라를 무엇이라고 할지를 어찌 헤아리지 못할까. 고립무원으로 있으면서 만국과 버성기다가 뭇 화살이 마구 날아들면 패망한다는 것을 스스로 알면서도 조금도 한탄하지 않는다면, 의리란 도대체 어디에 기댄단 말인가. (…) 이번에 다행스럽게도 일 처리가 대강 마무리되어 옛날의 우호를 다시 펴게 되었고, 영국과 미국 등 여러 나라가 뒤이어 와서 조약을 맺고 통상하게 되었다. 이는 만국 통례라서 우리나라에서만 처음 행해지는 것은 아니니, 조금도 경악할 일이 아니다. 너희들은 각자 두려워하지 말고 평소대로 지내거라. 선비들은 공부에 힘쓰고 백성들은 편안히 농사지으면서 다시는 양이니 왜이니 하면서 거짓을 퍼뜨려 인심을 소란케 하지 말라. (…) 오호라! 어리석어 제멋대로 하는 것은 성인이 경계한 바이고, 아랫사람으로서 윗사람을 비방하는 것은 왕법에 정한 주살誅殺에 해당한다. 가르쳐 주지 않고 형벌에 처하는 것은 백성을 그물질하는 것이 되므로 이처럼 나열하여 명백히 알린다. 그리고 이미 서양과 수호를 맺은즉 서울과 지방에 척양의 글을 아로새겨 세워 둔 비석은 시세에 맞지 않으니, 모두 뽑아서 없애도록 하라. **40**

---

**40** 《고종실록》 19권, 고종 19년 8월 5일(음력) 5번째 기사: "交隣有道 揭在經典 而迂滯之儒 徒見宋朝和議之誤國 妄爲援譬 輒附斥和之論 何不思人以和來 我以戰待 則天下其將謂何如國也 孤立無援 生釁萬國 致衆鏃之交集 自分敗亡 而不少悔恨 於義果何據也 (…) 今幸辨理粗究 舊好更申 而英美諸國 又將踵至 立約通商 此乃萬國通例 非創行於我國 則決非可驚可愕之事 爾等其各帖然無恐 士勤工課 民安稼穡 勿復以曰洋曰倭 胥動騷訛也 (…) 嗚呼! 愚而自用 聖人攸戒

척화비야말로 '소중화'의 자부심이 아니던가. 고종은 바로 친아버지 흥선대원군의 필생 공적을 일거에 무너뜨리면서 전통에 맞섰다. 거기에는 '세상의 대세'가 옛날과 달라도 '너무 지나치게' 달라져 버렸다는 시대 인식이 작용한다. 지금 서양 열강들은 정교하면서 유익한 새 기계들을 만들고, 앞다투어 부국강병의 사업을 펼치고 있다. 그들은 너나없이 강한 무력을 내세워 서로 겨루는 한편으로 공법을 품에 안고서 견제의 교제를 나눈다. '천하에 홀로 존귀하던' 중화조차 이 대세를 이기지 못하고 서양 열강과 조약을 맺고 있으며, '척양에 엄격하던' 일본 또한 수호修好 관계에 안주한다. 왜 그런가? "참으로 시세 탓에 어쩔 수 없기 때문이다." 조선만 고립무원의 경지를 헤매다 패망의 길에 들어설지도 모른다는 경각심에서 이 땅의 만국공법 시대가 이미 늦었지만 되도록 속히 열려야만 한다는 주장이다. 그리고 《이언》의 경세치용을 본받는 듯, 실용과 예교禮敎를 분리하는 자강의 방책이 뒤따른다. 곧 서양의 문물을 본받는 것을 온통 사교邪敎에 물드는 패륜으로 보는데, 이는 어리석은 유생의 시선일 따름이다. 서양 종교는 음탕한 음악이나 미색처럼 마땅히 물리쳐야 할 이단이겠지만, 그 기술은 이로워서 '진실로 이용후생'에 알맞으니 부국과 강병에 쓰이는 기기들을 어찌 멀리해야 하는가. 하물며 '강약의 형세'가 이미 훤히 드러났는데, 서양 기술을 본받아 배우지 않

在下訕上 王法當誅 不敎而刑 是爲罔民 故玆以臚述洞諭 且旣與西國修好 則京外所立斥洋碑刻 時措有異 故竝行拔去."

는다면 막강한 무력 침탈을 어찌 막아 낼 수 있단 말인가. 이 고심에 찬 선언은 새 공법이 마치 옛 경전에 명기된 교린의 방도처럼 '어디에도 치우치지 않게 평등한' 교제의 예법을 모두에게 약속하리라는 믿음에 근거한다. 임오군란 이후에 청조淸朝의 내정 간섭이 점점 숨김없이 드러나는 만큼, 만국율례의 기대는 점점 커져만 갔을 것이다. 모든 나라가 함께 지켜야 한다는 공법이 누구나 공감할 만한 한 시대의 규범으로 작용했던 셈이다.

"지금은 풍기風氣가 점차 열리고 지교도 날로 발전하여 선박이 전 세계를 누비고 전선이 서양까지 연락되었는 데다가 공법公法을 제정하여 국교를 수립하고, 항만·포구를 축조하여 서로 교역하므로 남북극·열대·한대 할 것 없이 이웃나라와 다름이 없으며, 사변과 물류가 온갖 형태로 나타나고 거복車服·기용器用에 있어서도 그 기교가 일만 가지이니, 세무世務에 마음을 둔 사람이라면 몰라서는 안 될 것이다."[41] 1883년 10월 31일에 처음 나온 〈한성순보〉가 이렇게 알렸듯, 바야흐로 공법의 시대가 열렸다. 수많은 조약이 뒤따랐다. 일본(1876년)에 이어 미국(1882년)이 조선과 비준을 교환한 이래 영국(1883년), 도이칠란트(1883년), 러시아(1884년), 이탈리아(1884년), 프랑스(1886년), 오스트리아(1892년), 청(1899년), 벨기에(1901년), 덴마크(1902년)가 차례로 조약을 맺으러 왔다. 이와 아울러 열강들

---

41 〈한성순보〉, 1883. 10. 31. (국립중앙도서관 대한민국 신문아카이브: www. nl. go. kr/newspaper)

이 조선 땅의 이권을 마음대로 나누어 갖는 국제 협약도 체결되었다. 1896년 5월에서 6월에 걸쳐 러시아와 일본이 합의했던 베베르-고무라 협정과 로바노프-야마가타 의정서가 그 사례이다. **42** 그리고 우리는 1905년 7월 27일 미국이 일본의 한반도 병탄併呑을 사실상 인정했던 태프트-가쓰라 협정을 잘 알고 있다. **43** 바로 이때, 고종이 그토록 갈망했던 '교제의 예법'은 연기처럼 흩어지고, 그가 세운 대한제국도 역사 속으로 사라져 갔다. 그 사이에 일련의 사건들이 숨 가쁘게 내달리듯 벌어졌다. 1884년의 갑신정변, 1892년에 시작한 동학 신도들의 교조신원운동, 갑오년(1894년)과 이듬해에 걸친 대사건들(농민전쟁, 청일전쟁, 갑오경장, 을미사변), 1896년 고종의 아관파천, 1897년 대한제국 탄생, 1899년 '대한국국제' 선포, 그리고 신생 제국 '대한국'의 종언을 고하는 을사년(1905년) 늑약, 이 모든 사건일지는 우리의 상식이다. 이제 우리는 이렇게 물을 수 있을 것이다. 대한제국의 황제와 그 주변 세력이 서양 공법 서적에서 진정으로 얻고자 한 것은 무엇일까? 다시금, '대한국국제'에 담긴 《공법회통》의 문구들에 좀더 가까이 다가가 어떤 실마리를 찾아보자.

---

**42** 강상규(2006), "고종의 대내외 정세인식과 대한제국 외교의 배경", 한영우·서영희·이윤상·강상규·임현수·전봉희·이규철, 《대한제국은 근대국가인가》, 푸른역사, 162~164쪽.
**43** 최정수(2013), "테프트-가쓰라협정의 국제법적 기원: 미일중재조약과 헤이그 협약(1899)", 〈서양사론〉 제118호, 150~189쪽.

## 2. 주권은 어디로

### 대한국국제(大韓國國制)

제1조. 대한국은 세계만국에 공인된 자주독립自主獨立 제국帝國이다.

제2조. 대한제국의 정치는 과거 500년간 전래되었고, 앞으로 만세萬世에 이르도록 불변할 전제정치專制政治이다.

제3조. 대한국 대황제는 무한한 군권君權을 지니고 있다. 공법에 이른바 자립정체自立政體이다.

제4조. 대한국 신민이 대황제가 향유享有하시는 군권을 침손侵損하는 행위가 있으면 이미 행했건 행하지 않았건 막론하고 신민의 도리를 잃은 자로 인정한다.

제5조. 대한국 대황제는 국내의 육해군을 통솔하고 편제編制를 정하며 계엄戒嚴과 해엄解嚴을 명한다.

제6조. 대한국 대황제는 법률을 제정하여 그 반포와 집행을 명하고 만국의 공공公共 법률을 본받아 국내의 법률도 개정하고 대사大赦, 특사特赦, 감형減刑, 복권復權을 명한다. 공법에 이른바 율례를 자정自定하는 것이다.

제7조. 대한국 대황제는 행정 각부各府와 각부各部의 관제와 문무관文武官의 봉급을 제정 혹은 개정하며 행정상 필요한 각 항목의 칙령勅令을 발한다. 공법에 이른바 치리治理를 자행自行하는 것이다.

제8조. 대한국 대황제는 문무관의 출척黜陟과 임면任免을 행하고 작위爵位, 훈장勳章 및 기타 영전榮典을 수여 혹은 박탈한다. 공법에

이른바 관리를 자선自選하는 것이다.

제 9조. 대한국 대황제는 각 조약국에 사신을 파송하여 주재하게 하고 선전宣戰, 강화講和 및 제반諸般 약조를 체결한다. 공법에 이른바 사신을 자견自遣하는 것이다. **44**


'대한국국제'의 제 1조는 '제국'의 이름을 얻은 '대한국'이 오랜 중화체제의 굴레에서 완전히 벗어나 새로운 세계질서와 함께한다는 선언이다. 여기에는 만국의 보편 공법이 그 명분을 인정한다는 전제가 들어 있다. 이 뜻깊은 조항에서 중심을 이루는 '자주독립'은 어떤 의미를 지닐까? 이 용어는 물론 '자주'와 '독립'의 합성으로 이루어진다. 이 어법에서 어떤 새로움을 유추한다면, 그것은 두 단어가 하나로 합쳐 빚어내는 착시 효과일 따름이다.

먼저 '대한국국제'의 용어들이 근거했던 《공법회통》의 해당 조항들을 살펴보면서 이 문제를 따져 보자. 이 책 제 62장에서 제 94장에 이르는 내용에는 '국가 자주권 논의'라는 소제목이 붙어 있다. 이 가운데 제 64장이 '대한국국제' 제 1조의 뼈대를 이룬 것으로 보인다. "나라의 주권은 두 가지이다. 다른 나라에 의뢰倚賴하지 않는 자립自立 능력이 그 하나이고, 다른 나라의 명을 받아들이지 않는(不聽) 자주自主 능력이 다른 하나이다."**45** 그리고 "세계만국에 공인된 자주독

---

**44** 《고종실록》39권, 고종 36년 8월 17일(양력) 2번째 기사.
**45** 《공법회통》제 64장: "國之主權有二 其能自立而不倚賴於他國者 一也 其能自主

42

립 제국"이라는 '대한국국제'의 선언은 《공법회통》 제 66장의 다음 표현을 빌린 것으로 보인다. "천하는 나뉘면 방국이며 합치면 인류다. 그러므로 한 나라의 자립자주권自立自主權을 다른 나라가 방해할 수 없다."[46] 그다음으로 이 책 여러 조항에서 거듭하는 '주권' 또는 '국가 주권'이라는 표현 역시 세심하게 주목해 볼 만하다. 이 말은 오늘날 우리가 쓰는 그대로 해당 유럽어(영어 sovereignty, 프랑스어 souveraineté, 도이치어 Souveränetät 등)의 번역어와 다르지 않다. 그런데 '서양 공법'의 중심 개념으로 작용하는 이 용어는 '대한국국제'의 어느 조항이나 문구에 단 한 번도 들어가지 않았다. 이보다 앞서, 1895년에 나와 널리 읽혔던 유길준의 《서유견문》이 '주권' 또는 '주권국主權國'을 이미 여러 차례 호명했다는 사실에 비추어 보면,[47] 신생 대한제국의 기본법을 만든 중심세력의 시선과 근대 국제법 질서 사이의 거리를 가늠할 수 있을 것이다.

국가 주권을 '자립자주권自立自主權'이라고 되풀이하는 《공법회통》

而不聽命於他國者 二也." 도이치어 원서에서 이 장을 보면, 국가의 주권은 'Souveränetät'(프랑스어 souveraineté; 영어 sovereignty)와 짝하는 말이다. 그리고 자립과 자주는 각각 'Unabhängigkeit'(프랑스어 indépendance; 영어 independence), 'Freiheit'(프랑스어 liberté; 영어 liberty)의 번역어이다. Bluntschli, J. C. (1868), *Das moderne Völkerrecht*, pp. 83 f; Bluntschli, M. (1870), *Le Droit international Codifié*, p. 85.

**46** 같은 책 제 64장: "天下分之爲邦國 合之爲人類 則一國自立自主之權 不得於有妨於他國."

**47** 유길준(1895), 《西遊見聞》, 유길준전서편찬위원회 편(1971), 《유길준전서 I》, 일조각, 105~119쪽.

의 어법과 달리 '대한국국제'가 '자주'를 앞세웠다는 점에 주목할 만하다. 자주는 사대교린 체제를 상징하는 개념이다. 이를테면 청조淸朝의 조공제도는 회전會典의 규범처럼 외번外藩의 의무를 조공의 예로 한정하면서 그 정교금령政敎禁令의 행위는 조공국朝貢國의 자주에 맡긴다는 원리를 따랐다. **48** 1879년(고종 16년) 청 북양대신北洋大臣 리훙장李鴻章과 조선 영중추부사領中樞府事 이유원李裕元 사이에 조선이 서양 열강과 통상의 교제를 맺는 문제를 두고서 몇 차례 서신 왕래가 있었는데, 리훙장의 의견을 압축한 말이 바로 '자주'였다. "근래 들어 각국 공사들이 우리 총리아문에 번번이 귀국의 상무商務를 물어옵니다. 생각해 보니 귀국은 정교금령을 모두 자주에 따라 행하고 있으니, 이런 대사大事에 어찌 우리가 간여할 수 있겠습니까?"**49** 이보다 앞서 1876년 2월 3일에 조선이 일본과 맺은 강화도 조약 제 1조에도 자주가 핵심 용어로 등장한다. "조선국은 자주국(自主之邦)으로서 일본국과 평등한 권리를 보유한다."**50** 이처럼 자주의 용례는 교린의 예법에서 익숙한 관행이었다. 《공법회통》의 번역자 또한 전통의 사대질서에 걸맞은 그 용어를 '주권'의 표현에 덧붙여서 생소한 개념의 이해

---

**48** 김용구(2008), 앞의 책, 25쪽 이하; 정용화(2004), 《문명의 정치사상: 유길준과 근대 한국》, 문학과지성사, 157쪽 이하.

**49** 《고종실록》16권, 고종 16년 7월 9일(음력) 1번째 기사: "近日各國公使在我總理衙門 屢以貴國商務爲言 因思貴國政敎禁令 悉由自主 此等大事 豈我輩所可干預."

**50** 《고종실록》13권, 고종 13년 2월 3일(음력) 1번째 기사: "第一款 朝鮮國自主之邦 保有與日本國平等之權."

력을 높이려고 했을 것이다.[51] 《공법회통》의 도이치어 원서를 보면, 자주는 자유를 뜻하는 Freiheit의 번역어다. 저자 블룬칠리는 보댕 Jean Bodin, 1530~1596에서 푸펜도르프Samuel Freiherr von Pufendorf, 1632~1694로 이어지는 근대 국제법 체계에[52] 따라 '자유'를 타자의 간섭과 통제에서 벗어나는 자율과 자치의 정치주체와 같은 뜻으로 사용한다. 이 개념은 통치질서 내부에서 최고의 권력höchste Potenz과 최상의 권위 oberste Instanz를 지니는 국권Staatsgewalt, 곧 주권이 다른 국가와 교제할 때 작용하는 평등성 원리를 가리킨다.[53] 이와 같은 주권의 의미가 조선과 같은 외번의 조공 의무를 조금이라도 자유롭게 내버려 둘 리 없는 중화 이념과 화해하기는 어려웠을 것이다. 전통의 '자주'는 곧 새로운 개념인 '주권'의 파장이 느슨해지도록 조율하는 하나의 방편이었다.[54]

이제 '독립'의 의미론을 풀어 볼 차례다. 조선시대 문헌에서 쉽게 찾아 읽을 수 있는 이 말은 일상어와 거의 다를 바 없다. 이를테면 한 노비가 주인의 농장에서 '독립하여' 신공을 바친다거나, 어느 행정부서의 부속시설이 '독립' 아관亞官으로 설치된다는 등의 용례가

---

51 《만국공법》에서 'sovereignty'와 짝하는 말은 주권, 자치자주권(自治自主之權), 자주권(自主之權), 관할권(管轄之權), 국권(國權) 등으로 나뉘어 있다. 강상규 (2010), "동아시아 문명권에서 '주권'과 '국제' 개념의 탄생: 《만국공법》의 판본 비교와 번역", 〈중국학보〉, 62권, 121쪽.
52 박상섭(2008), 《국가 · 주권》, 소화, 198쪽 이하.
53 Bluntschli, J. C. (1868), 앞의 책, p. 84.
54 강상규(2010), 앞의 글, 118쪽 이하.

거기에 속한다. 이처럼 유별난 뜻 없이 흔히 쓰였던 '독립'이 국가의 위상을 형용하는 개념으로 쓰이기 시작하는 시점을 단정하기는 어렵다. 그렇지만 우리는 1880년대에 이르러 개화 물결을 타고서 뚜렷이 나타나는 이 말의 정치화 경향을 감지할 수 있다. 1884년 11월 6일 윤치호尹致昊, 1866~1945가 써서 남긴 일기 한 장이 그 본보기다. "이날 운미가 나에게 묻기를, '근일에 독립을 이룩할 수 있는 기회가 있는가?'라고 하였다. 대답하기를, '공은 어찌 이와 같이 묻는가? 우리나라가 미 · 영 등 여러 나라와 조약 맺은 날부터 곧 독립국이 된 것이다. 세상에 어찌 속국과 더불어 평등한 조약을 맺을 이치가 있겠는가. 지금 우리나라는 독립 여부를 따질 필요가 없고, 다만 나라를 강하게 하는 데 주의함이 옳을 것이다'라고 하였다. 운미가 아무 말도 하지 않았다."**55** 이 대화에 상대편으로 나오는 운미芸楯는 민영익閔泳翊, 1860~1914이다. 윤치호는 민영익이 묻는 말뜻을 이렇게 되새긴다. 곧, '개화당'은 지금 새로운 것을 일으키고 옛것을 고쳐서 오래도록 변치 않을 독립을 꾀하고 있는데, 민영익이 이를 좋아하지 않는다는 것이다. 여기에서 말하는 '옛것'은 전통의 가치나 제도 모두를 의미한다고 풀이할 수도 있겠지만, 그것이 '속국'이나 '조약' 등의 용어와 이루는 맥락 속에서 그 의미를 보아야 할 것이다. '옛것'이란 이제는 완전히 벗어나야 옳을 사대교린의 구속이며, '새로운 것'은 바로 공법 질서를 뜻한다고 유추할 수 있다. '평등한 조약'이야

---

**55** 송병기 옮김(2001), 《국역 윤치호 일기 1》, 연세대학교 출판부, 186쪽.

말로 '독립'의 나라들이 서로 나누는 공법의 상례常禮가 아니던가. 이 날 민영익과 윤치호 사이에 있었던 대담처럼 이른바 '사대당'과 '독립당' 사이에 조선의 앞길을 두고서 심각한 의미론 투쟁이 이미 다반사로 벌어지고 있었을 것이다. 온건 개화파에 속했던 어윤중魚允中, 1848~1896이 1882년 5월 19일 리훙장의 막료 저우푸周馥와 대중국 통상 문제를 논의하는 자리에서 일본인들이 조선을 두고서 '독립'이라고 지칭한다는 말을 전해 듣고서는 이렇게 큰 소리로 부정했다고 한다. "대청大淸에 대해 예로부터 정삭正朔을 받들고 제후의 도리를 닦아 왔는데, 어찌 독립이라고 말할 수 있겠는가."[56] 바로 이 시점에 유길준은 강제 유폐를 견디면서 시대를 앞서가는 '독립주권'의 국가를 구상하고 있었다.

(나라의) 권리는 두 가지로 나뉜다. 그 하나는 내용內用에 걸맞은 주권이니, 나라 안의 모든 정치와 법령이 그 정부의 입헌을 스스로 준수하는 것이다. 다른 하나는 외행外行에 쓰이는 주권이니, 독립과 평등의 원리로 외국의 교섭을 보수保守하는 것이다. 이를 미루어 본다면, 한 나라의 주권은 형세의 강약과 기원의 좋음과 나쁨이나 토지의 대소와 인민의 많고 적음을 따지지 않고, 다만 그 내외 관계의 진정한 형상에 근거하여 단정한다. 천하 어느 나라든 다른 나라가 똑같이 가지고 있는 권리를 침범하지 않을 때는 독립자수獨立自守에 기초하여 그 주권의

---

56 정용화(2004), 앞의 책, 165쪽에서 재인용.

권리를 스스로 행한다. 그러므로 개개 나라의 권리는 서로 얽히는 직분의 동일同一한 경상景像으로 말미암아 그 덕행과 관습의 한도를 세우는 것이다. (…) 대개 외치外治와 내교內校를 스스로 주장하고(自主) 외국의 지휘를 받지 않는 나라가 정당한 독립국이니, 이러한 나라를 주권국의 반열에 두지 않을 수 없다. 그 독립주권의 명확한 증거는 다른 주권독립국과 동등한 수호통상조약을 의정하여 사신을 보내고 받으며 화친과 교전의 선포를 스스로 행하는 것이니, 이는 주권에 부착附着하여 있는 적합한 권리다. 한 나라가 이 권리를 지니고 있을 때는 독립국의 한 자리를 차지하지만, 그러지 못할 때는 조약 내용의 관계를 살펴보아 그 나라를 반半독립국이나 속국의 반열에 두고 만다. **57**

유길준이 표현하는 '주권' 개념은 일목요연할뿐더러 동시대 개혁 여론의 지형에 비추어 보더라도 상당한 선진성을 지닌다. 그는 《만국공법》의 내용뿐만 아니라 근대 국제법의 기본 원리를 잘 숙지한 개혁가였다. **58** 그가 구상하는 주권이란, 국가의 '현존'을 유지하면

---

**57** 유길준(1895), 앞의 책, 105~110쪽. 유길준은 1883년부터 1885년까지 미국에서 유학한 뒤 유럽 여러 곳을 여행하고 1885년 귀국했는데, 곧바로 그는 구금되었다가 우포장(右捕長) 한규설의 집에서 1892년까지 유폐 생활을 겪는다. 유길준은 이 무렵 《서유견문》을 쓰기 시작하여 1889년 봄에 탈고했다. 갑오개혁의 해빙기에 그 원고는 후쿠자와의 도움으로 1895년 도쿄 交詢社에서 오늘날까지 그대로 전하는 인쇄물의 꼴을 갖출 수 있었다. 김윤희(2010), "서유견문", 한림과학원 편, 《동아시아 개념연구 기초문헌해제》, 선인, 20~23쪽; 유길준 원저, 장인성 저(2017), 《서유견문: 한국 보수주의의 기원에 관한 성찰》, 아카넷.

서 스스로 보호하는 권리, 서로 평등하며 공경하여 독립하는 권리, 산업과 토지를 지키는 권리, 입법하는 권리, 교섭하고 통상하며 사신을 교환하는 권리, 강화하거나 조약을 맺는 권리, 중립하는 권리를 모두 아우른다. '국가에 귀속하는' 이 권리는 나라다운 도리를 다하려면 현실적으로 가장 긴급하게 필요한 절실함이며 그 '근본을 세우는' 힘이다. 한 나라가 주권의 조목들 가운데 하나라도 갖추지 못한다면 나라다운 나라가 될 수 없다.

이처럼 유길준은 주권을 국가의 근본과 도리의 중심에 세운 다음에 곧이어 '인민의 권리'를 상세히 열거한다. 그가 밝히는 이 기본 권리는 '천하의 사람이라면 누구든' 다 같이 지녔으며 똑같이 누리는 '자유와 통의通義'이다. 그것은 말 그대로 '천부天賦'의 인권이다. "사람의 권리는 자기 스스로 훼손하기 전에는 천자의 위엄이나 일만의 군사를 거느린 용맹으로도 흔들거나 빼앗을 수 없다."59 유길준은 이 기본권이 곧바로 인민의 주권으로 이어진다고 보지는 않았다. 그는 다음 장에서 정치체제의 유형들 가운데 '군민동치君民同治'를 설명하면서 인민의 천거로 국정에 참여하는 대신들이 인민을 대행하여 정사

---

58 유길준이 설명하는 주권의 대내 권리와 대외 권리는 휘튼이 《만국공법》에서 주권을 국내에서 행해지는 '내공법(內公法, 영어 internal public law, 프랑스어 droit public interne)'과 국외에서 행해지는 '외공법(外公法, 영어 external public law, 프랑스어 droit public externe)'으로 각각 나누어 설명했던 것과 다를 바 없다. 강상규(2010), 앞의 글, 120~121쪽.
59 유길준(1895), 앞의 책, 133쪽.

를 펼친다는 사례를 든다. **60** 그 인민은 그러나 자결권을 지닌 정치주
체로 나아가지는 않는다. 그렇더라도 인민의 권리를 '독립하는 정신'
이자 '하늘이 내려 준 공도公道'로 이해하는 것이, 앞으로 다가올 국민
국가를 미리 알리는 전령은 될 수 있으리라고 여길 만할 것이다. 유
길준은 애국심이 모든 계몽의 언어를 선도하면서 민권 정치체제를
기대하는 국가구성원의 자기 결정권을 배양한다는**61** 이치를 잘 알았
던 듯 다음처럼 힘주어 말한다. "인민이 각자 자기 권리의 귀중함을

---

**60** 같은 책, 164쪽.

**61** '애국심'은 일본을 거쳐 들어온 'patriotism'의 번역어이다. 이 말은 원래 아버지의 혈
통이나 가문을 뜻하던 그리스어 '파트리아'(πατριά)에 뿌리를 둔다. 이 원어는 라틴
어에도 이어져 '아버지의 도시(patria)'라는 장소를 지칭했는데, 나중에 태어난 고
향을 표현하는 '조국'이 거기에서 유래한다. 라틴어 '파트리아(patria)'는 로마 시대
에 이르러 공화주의자들과 만나면서 공공의 일과 짝을 이루는 하나의 개념, 곧 '레
스 푸블리카'(res publica)의 뜻을 함께 지니기 시작했다. 이때부터 그 말에 공동의
자유와 공익의 존재라는 추상의 의미가 더해졌다. '파트리아'는 17세기에 이르기까
지 아직 자연적이며 비정치적인 '동족'이나 '동포'(도이치어 Landsmann, 영어 one's
countrymen)와 같은 말로 쓰이고 있었다. 그러다가 18세기에 이르러 유럽 각국 언
어 용법에서 '애국자'라는 말이 파생하여 쓰이면서 계몽사상을 이끌었다. 이 용어는
처음에 '선량한 시민'(라틴어 civis bonus, 도이치어 ein guter Bürger)과 같은 뜻의
표현이었다. 그 뒤로 '애국자'는 자유로운 헌법을 지지하고 유지하는 행위주체의 표
상이었으며, 따라서 전통의 군주를 의미하던 '아버지'와 경쟁관계에 섰다. 이로써
'조국'은 군주나 아버지의 장소에서 벗어나 '공화국'이라는 공공선의 존재로 등장하
고, '애국심'은 성숙한 시민의 자기 결정권을 정당화하는 하나의 운동개념으로 상승
할 수 있었다. Koselleck, R. (2006), *Begriffsgeschichten: Studien zur Semantik
und Pragmatik der politischen und sozialen Sprache*, Frankfurt am Main:
Suhrkamp Verlag, pp. 218 ff; 조승래 (2010), 《공화국을 위하여: 공화주의의 형
성과정과 핵심사상》, 길, 97쪽 이하.

사랑한 뒤에 그 나라 권리의 귀중함도 역시 알게 되어, 이를 죽음으로 지키기를 맹세한다."[62] 이 말처럼 자기 자신의 권리를 자각하여 귀하게 여길 수 있는 마음이 없는 가운데서 어찌 애국심이 솟아날 수 있었을까?

이와 같은 유길준의 주권 개념은 너무 일찍 활자의 형태로 조선 땅에 나타났던가. 1899년의 '대한국국제'는 그의 제안에 좀체 화답할 기미를 보이지 않는다. 신생 대한제국의 기본법이 미래 정치의 어떤 통로를 열어 주려면, 그 조항들 가운데 어느 부분이 적어도 인민의 권리를 말하려는 흉내라도 내어야 하지 않았을까? 그 제1조는 "청나라에 의존하는 생각을 끊어 버리고 자주독립의 터전을 굳건히 세운다"라고 했던 1894년 갑오경장의 '홍범' 1조를[63] 답습한다. [64] 다만 새로 지은 제국의 이름을 만국공법에 호소할 따름이다. 그리고 오직 '대황제' 한 사람에게 귀속하는 '무한한 군권君權'이 인민의 권리와 동반하게 될 국가 주권의 열망을 대체한다. 만수무강의 기원으로 꾸민 황제의 '전제정치'가 처음으로 법제의 형식을 빌려 하나의 명문明文으로 나타났다는 점이 새롭다면 새로운 점이다. 나아가, '공법'이 지시

---

62 유길준(1895), 같은 책, 149쪽.
63 《고종실록》 32권, 고종 31년 12월 12일 2번째 기사: "一 割斷附依淸國慮念 確建 自主獨立基礎."
64 갑오개혁의 주역들이 대체로 일본식 계몽사상에 기울었던 인물들이라고 보면, 그들이 사용했던 '독립' 개념은 일본어 유래를 지니고 있었다고 유추할 수 있을 것이다. 그들에게 큰 영향을 끼쳤던 후쿠자와 유키치(福澤諭吉, 1835~1901)의 저서에서 독립 개념의 추이를 볼 수 있다.

한다는 '자립정체'를 빌미로 이미 황제 독점의 '정치'를 앞세운 마당에 다시금 신민의 군권 '침손'에 도덕 계율을 덧씌우는 규정은 중언부언 일 따름이다. 갑오경장과 독립협회 운동에서 실제로 심각한 군권의 위협을 느꼈던 기억이 국가기본법의 조항에 그다지 어울리지 않는 표현으로 이어졌을 것이다. 그러나 '공법'에 기대어 준엄하게 치장한 황제의 절대권력 저편에는 자주와 독립의 기치가 허약하기 그지없는 바탕에 세워질 수밖에 없다는 오랜 자의식이 사렸다. 앞에서 보았던 《윤치호 일기》는 1884년 5월 17일 고종이 주한 미국 공사에게 했다는 말을 이렇게 전한다. "두 해 전의 난리(임오군란) 때 청병淸兵이 이곳에 있어서 그 협력을 받아 평정했으므로 고맙지 않은 것은 아니다. 그러나 지금에 와서는 우리나라가 그 도움을 필요로 하지 않을 뿐 아니라 도리어 자주국체를 손상시키고 있는 것이다. 그런데 우리 정부에서는 그 철귀撤歸를 청할 수가 없다. 만일 귀국에서 이론을 제기하여 철귀케 한다면 어찌 고맙고 좋지 않겠는가."**65** 몇 년 뒤 있었던 이른바 제2차 한-러 밀약 사건 때 고종의 측근 심순택沈舜澤, 1824~1906이 주한 러시아 공사 베베르Karl Ivanovich Veber, 1841~1910에게 보내려다 발각되었다는 밀서에는 고종의 의타심이 좀더 숨김없이 드러난다. "(…) 비록 독립, 자주한다고 하지만, 종국에는 타국의 단속을 받게 될 염려가 있어 우리 대군주께서 이를 심히 부끄럽게 여기고 계십니다. 이제 힘써 진흥하고자 하시어 이전의 제도를 모두 개혁함으로써

---

65 송병기 옮김(2001), 《국역 윤치호 일기 1》, 116~117쪽.

영원히 타국에게 단속받지 않으려 하시지만, 근심을 떨칠 수 없습니다. (…) 저희 대군주께서는 천하의 각국과 하나같이 평등하게 지내려 하나, 간혹 타국이 화합하지 못하는 바가 있으니, 귀국이 군함을 보내어 서로 도울 것을 기약함으로써 마땅히 그 덕을 깊이 사모하여 우러르게 되기를 바랍니다."[66]

칭제건원과 더불어 사정은 달라질 수 있었을까? 대한제국의 시간 앞에 점점 더 깊어만 가는 역사의 수렁이 기다리고 있었다는 사실을 새삼 되새길 필요는 없을 것이다. 그토록 힘주어 외쳤던 자주독립의 길은 어디로 열려야 마땅했을까? 일찍이 유길준은 이렇게 제안했다. "외교하는 권리는 내치하는 제도를 바탕으로 하여 그 나라를 보전하려는 방책과 형세를 마련한다. 인민의 지식이 고명高明하며 국가의 법령이 균등하여 개개인이 일인一人 권리를 제대로 보호한 뒤에야 만민이 제각각 지키는 의기義氣를 모아서 한 나라의 권리를 비로소 지켜 나가는 것이다. 인민이 권리의 중대함을 알지 못하면 다른 나라로부터 침략을 당해도 분격하는 노기怒氣가 일어나지 않는다. 그러므로 정부의 두세 사람 관리가 아무리 마음과 힘을 쏟아 가며 나라 보전하는 방법을 극진히 마련하더라도, 그 영향의 반응이 뒤따라 일어나지 않는다. 그래서 그 효과가 실제로 잘 나타나게 될지 막

---

**66** 강상규(2006), "고종의 대내외 정세인식과 대한제국 외교의 배경", 한림대학교 한국학연구소 편, 《대한제국은 근대국가인가》, 푸른역사, 319쪽(주석, 20)에서 재인용.

연할 따름이다."**67** 유길준은 이처럼 인민 주권을 직접 말할 수는 없더라도 국가의 주권이 장차 어디에 기대어야 하는지를 분명히 밝혀 두고 싶었을 것이다. 짧았던 대한제국의 역사는 그의 희망대로 흘러가지 않았다. 그가 앞날을 미리 내다보았던 듯, 신생 황제 국가의 길은 실제로 '막연'했다. 그 '내치'는 낡은 신분제와 과거제를 버리고 왕실과 국가 기관을 분리하며 신식 교육제도를 마련하는 등 갑오경장의 개혁 과제를 거의 그대로 이어받았다. 그렇지만 그 과정은 국가의 주권뿐만 아니라 개개인의 기본권도 함께 무너져 가는 기록으로 남았다. 바깥으로 뻗치는 '나라의 권리'를 뒤에서 받치도록 민권을 키우기 위해 대한제국의 지배세력이 애쓴 흔적은 어디에서도 찾을 길 없다. 우리는 오직 어렵사리 싹을 틔운 '일인 권리'의 떡잎이 시작부터 아예 잘리고 말았던 사건들을 기억할 수 있을 따름이다. 대한제국의 토양에서 형식상으로나마 국가구성원을 지배 헤게모니에 동원하려는 그 어떠한 제도나 정책이 제대로 만들어진 적이 없다. 그러므로 그 통치행위를 두고서 '국민 만들기' 또는 '국민국가' 수립이나 좌절을 말하기 어렵다. 이 점에서 대한제국은 오히려 개화파 세력의 국가 형성 구상에서 뒤처졌다고 보아야 할 것이다.**68**

우리는 이제 '대한국' 칭제 이야기의 끝자락에 이른다. 그리고 아울러 그 박명薄命의 사건일지 밑바탕에 개념 현상으로 드러나지 않은

**67** 유길준(1895), 앞의 책, 118~119쪽.
**68** 김동택(2018), 《근대 한국의 정치변동과 담론: 이행의 구조적 특이성》, 오름.

채 남아 있는 내면 언어들의 지침을 물어볼 겨를도 생긴다. 대한제
국의 황제와 그 측위 세력이 서양 공법 서적에서 진정으로 얻고자 했
던 것은 무엇일까? 1908년 대한제국의 생명이 경각에 달렸던 시점
에 유길준은 다음처럼 절절히 공법의 무력함을 토로한다. "무릇 개
인(개인이란 한 사람 개인을 이른다)이 서로 간여할 때에는 덕의德義로
써 훈도薰陶하며 법률로써 규제한즉 비록 박약한 권한權限이라도 갖
추어서 그 지나침과 무리함을 예방이나 한다고 이를 수 있는데, 나
라와 나라의 교제에 이르러서는 강력을 정의라 하며 권능을 실덕實德
으로 삼는 까닭에 화호조약和好條約이 평시 한담에 그치며 만국공법
이 지상공문紙上空文에 불과하다." 그러면서 유길준은 그의 스승 후쿠
자와 유키치福澤諭吉, 1835~1901의 말을 빌려 "공법 천 마디가 대포 한
대만 못하다"는 한숨을 더한다. **69** 만국공법에 건 기대가 푸념으로
바뀌는 이 말은 물론 사후 탄식이다. 대한제국의 황제와 그의 측근
들 또한 처음에는 서양 공법의 위력을 믿어 의심치 않았을 것이다.
'대한국국제'가 두드러지게 각인했던 '무한한 군권君權'은 어찌 보면
《만국공법》의 자구와 멀지 않다. 이 책 원저자 휘튼은 주권을 대내
사항과 대외 사항으로 나누면서, 대내 주권internal sovereignty이 한 국가
의 인민people에 내재하거나 그 지배자ruler에게 귀속한다고 설명한다.
그 번역자는 국내에서 행해지는 주권이 "각 나라의 법률과 제도에 따

---

**69** 유길준(1908), "普魯士國厚禮斗益大王七年戰史", 유길준전서 편찬위원회 편
(1971), 《유길준전서 Ⅲ》, 일조각, 483~484쪽.

라 민民에게 맡겨지거나 군주에게 귀속한다"라고 옮긴다. **70** 이 설명이 고종에게 '무한한 군권'을 누리는 '전제정치'를 신생 국가 기본법에 앞세우도록 자신감을 불어넣었을지도 모른다. '대한국국제'를 만들었던 신료들이나 이를 받아들인 고종 모두 "공법에 이른바 자립정체"라는 표현이 주권 선언이나 다를 바 없다고 생각했을 것이다.

'대한국국제'의 조항들과 얽혀 있는 《공법회통》의 내용을 자세히 읽으면, 칭제에 얽힌 언어 용례들의 심층부에 한 걸음 더 깊이 들어갈 수 있다. 이 책 제65장은 '무한한 군권'이 주권의 본성과 전혀 어울리지 않는다고 밝힌다. "국가는 반드시 털끝만큼도 다른 나라에 의뢰하지 않아야 하는 것도 아니고 반드시 제멋대로 자유로울 수 있어야 하는 것도 아니다. 주권이 있으면 그 주권으로 말미암아 각 항의 권리에 제한이 있음을 볼 수 있기 때문이다." 여기에 다음의 부가 설명이 따른다. "주권이란 오로지 나라 임금國主의 권리만 지칭하는 것은 아니다. 대체로 군주와 인민君民이 화합하여 일체를 이루면 권리는 인민에게서 나온다. 그래서 군주는 원칙상 그 권리를 위임받아 행사할 따름이다."**71** 같은 내용을 설명하는 도어치어 원서의 표현은 좀더 선명하다. "주권이란 한 국가의 절대적인 독립도, 절대적인 자

---

**70** 《萬國公法》(亞細亞版) 第一卷二章五節: "治國之上權 謂之主權 此上權 或行於內 或行於外 行於內 則依各國之法度 或寓於民 或歸於君."
**71** 《公法會通》第六十五章: "邦國不必毫無倚賴他國 亦不必盡能自由方可 視有主權因主權如各項權利容有限制故也. 主權者 非專指國主之權 蓋君民合爲一體權出於民 而君則代秉之耳."

유도 의미하지 않는다. 왜냐면 국가들이란 절대적 존재가 아니라 법률로 규제받는 인격체들이기 때문이다."이 조항의 부가 설명은 근대 공법체계에서 '주권' 개념이 형성되는 과정을 잘 보여 준다. "주권 개념은 맨 처음 프랑스에서, 그러니까 프랑스 왕국이 중세 신분법과 봉건 체제의 제약과는 정반대로 모든 국가 권력을 가능한 한 절대적인 의미로 좌지우지하던 시기에 생성되었다. 그 뒤로 지금까지 절대주의Absolutismus로 향하는 일정한 경향성이 용어에 남게 되어 쉬이 사라지지 않고 있다. 그렇지만 이 절대주의는 오늘날 입헌국가뿐만 아니라 국제법상 공공질서의 법률 본성과도 어긋난다."72 주권은 이처럼 세계역사의 발전과정에서 보면 군주의 절대권력, 곧 '대한국국제'가 내세우는 황제의 '무한한 군권'에서 벗어나 '문명화한 인류의 법의식Rechtsbewußtsein der civilisirten Menscheit'에 근거하는 공리에 매여 있다. 이 설명은 앞서 보았듯 번역서 《공법회통》에는 빠진 '서문'에서 '모든 공법'이 생명력을 지녀야 하며, 인간다운 자기완성 Selbstvervollkommung을 실현해야 하는 전 인류의 과제를 떠안아야 한다는 원리와 맞닿는다. 그것은 곧 국가구성의 주체로 인식할 만한 인민이 공동의 연대와 공공 삶의 형식, 다시 말하자면 자신의 헌법을 스스로 결정하는 권리를 인정하는 법의 본성에 속한다. 그것이 바로 《공법회통》의 원저자가 다음과 같이 힘주어 표현하는 '인민의 자결권Selbstbestimmung der Völker'이다.

**72** Bluntschli, J. C. (1868). *Das moderne Völkerrecht.* p. 84.

인민은 생동하는 인격이다. 군주는 인민과 동떨어져 마치 가축 떼를 거느리는 소유주처럼 인민 위에 군림하는 것이 아니라 인민 가운데서 인민의 수장으로 존재한다. 군주의 권리는 공공 권리이자 공공 의무, 다른 말로 국가 권리이며 국가 의무다. 따라서 모든 국가 통치의 문제는 재산과 소유를 다루는 사법이나 절도와 강도를 처리하는 형법 개념이 아니라 인민과 국가의 관점에서 그 발전과정을 고려하는 가운데 판단되어야 한다. 국제법이 여러 군데 구멍이 숭숭 뚫린 코르셋처럼 낡아 빠진 정통교리를 내던지면서 이 점을 서서히 깨우칠 때 아무런 오류나 실책도 겪지 않았던 것은 아니다. 인민이 생동하는 존재이며, 따라서 인민의 유기조직뿐만 아니라 신체로서 법률 활동을 전제하고 표현하는 헌법과 국법 또한 인민의 삶이 발전하여 나아갈 수 있도록 반드시 동반해야만 하는 변화들을 앞세워야 한다는 점을 우리가 드디어 이해하게 되었을 때, 위대한 법인식의 진보가 이루어졌다. 그러면서 법률 개념 자체가 정신으로 상승한 것이다. 이전에 그 개념은 죽어 있었으며 싸늘했다. 이제는 거기에 생명과 온기가 가득 차 있다. [73]

《공법회통》이 두루 이르는 '국가'란 '유기체로 뭉친 인민들'과 더불어 '인류의 지체들'에 속하는 하나의 인격체이다. 따라서 국제법은 '인민들의 법Völkerrecht'과 같은 이름을 쓴다. 그 기제가 국가와 인민을 다 함께 하나의 필연성으로 아우르는 인간다운 규범 본성에 근

---

73 같은 책, pp. 46~49(인용문, pp. 47~48).

거하기 때문이다. **74** 앞서 보았듯, 이 원리를 자세히 밝혀 두는 원전의 서론은 번역서 《공법회통》에 실리지 않았다. 이 사실이 '대한국국제'의 기안자들이나 신생 제국의 황제에게는 큰 다행이었을지도 모른다. 설령 그 부분이 번역되었다 할지라도, 그들은 그것을 짐짓 못 본 척했을 것이다. 대한제국의 행적이 이 추론을 뒷받침한다. 그 정책 과제가 민권 신장을 꾀하지는 못했다 할지라도 지배 헤게모니를 탄탄히 세우려는 어떤 통치 연대를 꾸릴 수 있었던가를 물으면서 실타래를 풀어 보자. 갑오개혁 때 고종이 입법 기능도 함께 지니는 군국기무처 설립 기획을 완강히 거부했다는 사실에 이미 모든 해답이 주어졌다고 단정할 만하다. 그 뒤로 일본 근대화 정책과 이념에 기울던 개화 세력과 그로부터 어느 정도 거리를 유지했던 고종은 동행과 반목을 거듭하다가 끝내는 완전한 결별에 이르고 만다. '구본신참舊本新參'이라는 큰 원리를 공유할 수 있었던 양쪽 세력은 일종의 만국공법 연대가 절실했던 시점에는 서로 긴밀할 수 있었다. 이를테면 1894년의 '홍범 14조'를 이끄는 자주독립의 선언에서 보듯 청나라라는 오랜 굴레를 벗어던져야 한다는 명분과 실리가 결속의 돌쩌귀였다. 그 뒤 고종이 '독립협회' 결성과 〈독립신문〉 발간을 지지하면서 그 자금 또한 지원했을 때, 연대의 기운은 절정에 이르렀다. 고종의 황제 등극을 찬양하는 〈독립신문〉의 기사가 그 징표로 생생하게 남아 있다. **75** 그러다가 어디에서 틈이 벌어졌을까? 독립협회

---

**74** 같은 책, pp. 1 f.

가 1898년 초부터 만민공동회를 열면서 '관민이 합심하는' 참여 정치의 장을 요구하기 시작했을 때, 양쪽 모두에게 닥치는 불운의 시간은 걷잡을 수 없이 흘렀다. 독립협회는 지도부 구속과 해산 명령에 굴복할 수밖에 없었고, 만민공동회는 무력 진압의 대상이 되었다. 이와 더불어 대한제국의 황제도 거의 유일하게 남아 있던 통치 연대의 가능성을 잃고 말았다.[76]

이 와중에 '대한국국제'가 준비되었고, 그 어떤 세력의 견제도 받아들일 수 없다는 '전제정치'의 시대가 열렸다. 다시 말하자면 헤게모니 연대의 끈을 모두 잘라 버린 고립무원의 통치가 기본법의 바탕 위에 들어선 것이다. 거기에는 독립협회가 "관원과 백성이 마음을 함께하며 힘을 합하여 전제 황권을 튼튼히 굳게 할 것"이라는 기치 아래 군민동치君民同治의 전통 이념을 실천 정치의 장에서 부국강병의 효율로 이어 가자는[77] 제안조차 들어설 여지가 없었다. 그 대신

75 〈독립신문〉 1897년 10월 14일 논설: "광무 원년 십월 십이일은 죠션 스긔에 몃만 년을 지닉드릭도 뎨일 빗나고 영화로운 놀이 될지라 죠션이 몃쳔 년을 왕국으로 지내여 각금 쳥국에 쇽ㅎ야 쇽국 대졉을 밧고 쳥국에 종이 되야 지낸 째가 만히 잇더니 하느님이 도우샤 죠션을 주쥬 독립국으로 믄드샤 이둘 십이 일에 대군쥬 폐하믜셔 죠션스긔 이후 처음으로 대황뎨 위에 나아가시고 그눌브터 죠션이 다믄 주쥬 독립국뿐이 아니라 주쥬 독립훈 대황뎨 국이 되엿스니 나라이 이럿케 영광이 된 것을 엇지 죠션 인민이 되야 하느님을 대ㅎ야 감격훈 싱각이 아니 나리요."
76 김동택(2018), 앞의 책, 134~160쪽.
77 독립협회는 1898년 10월 29일 정부 인사들을 불러 관민공동회를 개최하면서 정책 혁신을 요구하는 '헌의 6조'를 제안했다. 거기에 중요한 대외 정책의 결정은 대신들과 중추원 의장의 합의를 얻은 뒤 시행하며, 국가 재정은 탁지부가 관리하는 가운

중화질서에 맞서는 자주독립의 연대가 얼마나 허약하고 허망했던가를 생생히 드러내는 장면들이 등장한다. 1897년 10월 14일 〈독립신문〉이 대한제국의 황제 즉위식을 전하는 소식 가운데 우리가 눈여겨볼 만한 그림이 들어 있다. "십일 오후 이시 반에 경운궁에셔 시작ᄒ야 환구단 ᄭ지 길 갓 좌우로 각 대디군ᄉ들이 정졔 ᄒ게 셧스며 순검들도 몃 빅명이 틈틈이 정졔히 벌녀 셔셔 황국의 위엄을 낫하 내며 좌우로 휘쟝을 처 잡인 왕리를 금 ᄒ고 죠션 녯적에 쓰던 의쟝등물을 곳쳐 누른 빗으로 새로 ᄆ드러 호위 ᄒ게 ᄒ엿스며 (…) 대황뎨 폐하ᄭ셔ᄂ 면류관을 쓰시고 금으로 ᄎ칙ᄒ 연을 타시고 그 후에 황태ᄌ 뎐하ᄭ셔도 홍룡포를 입으시고 면류관을 쓰시며 불근 연을 타시고 지내시더라."78 황룡포는 원래 명나라 예식의 복장이 아니었던가. 79 '대황제'는 왜 그 전대미문의 호기에 신생 제국의 위상에 어울리는 신식 의례를 선보이지 않았을까? 그 그림은 그가 황금빛으로 꾸민 중국 황제의 상을 연출하는 가운데 전통의 소중화 이상을 되살리려는 광경은 아니었을까? 아니나 다를까 문제의 신문 보도가 있었던 바로 그날에 새 황제는 회심會心의 즉위 조칙을 내린다. "봉천승운 황제奉天承運皇帝가 조를 내리노라. (…) 사천 리 강토에 하나의 통일

---

데 '예산과 결산을 인민에게 공변되도록 포고하고', 정부의 자문과 동의를 거친 뒤 관리를 임명하는 등 황제의 협치를 건의하는 내용이 들어 있다. 〈독립신문〉 1898. 11. 1.

**78** 〈독립신문〉 1897. 10. 14.

**79** 스키아시 다쓰히코(2014), 앞의 책, 212쪽.

된 왕업王業을 세웠으니, 예악禮樂과 법도는 당요唐堯와 우순虞舜을 이
어받았고 국토는 공고히 다져져 우리 자손들에게 만대토록 길이 전
할 반석 같은 터전을 남겨 주었다."80 '봉천승운'은 명나라 태조 이
래 황제 조칙의 첫머리를 장식하는 수사이다.81 조선 국왕이 받았던
명조의 조서詔書는 모두 이 말로 시작한다.82 고종은 그 표현으로써
청일전쟁 이후 쇠락하던 청나라를 제치면서 통치의 계보를 명나라
에 이어 붙이고 싶었을 것이다. 그리고 요순시대의 '예악과 법도'가
새 제국의 정당성을 치장해야 마땅했을 것이다. 그 뒤 1902년 5월 6
일에 내린 그의 조칙은 평양에 행궁을 두고 서경이라 부르자고 명하
면서, 전래의 소중화 이념이 되살아나도록 기자箕子의 기억을 되살
린다. "평양은 기성箕聖이 정한 천년 고도로서 예의와 문명이 여기에
서 시작했다. 이는 비록 사람의 일에서 나왔지만, 그 땅의 신령스러
움도 역시 논할 수 있다."83

　지금까지 본 대한제국의 장면 하나하나는 그 기본법이 널리 외친
'공법' 시대에서 어딘가 조금씩 어긋나 보인다. 우리는 이제 이렇게

---

80 《舊韓國官報》光武 원년 10월 14일 號外. 스키아시 다쓰히코(2014), 같은 책,
　221쪽에서 재인용.
81 《太祖高皇帝實錄》卷二十九 洪武元年 正月 五日.
82 《태종실록》1권, 태종 1년 2월 6일 을미 1번째 기사: "乙未 朝廷使臣禮部主事陸
　顒 鴻臚行人 林士英 奉詔書來 設山棚結綵儺禮 上率百官 以朝服迎于郊 至議政
　府 以壽昌宮災 時board坐殿隘故也 宣詔 奉天承運皇帝詔曰. (…)"
83 《고종실록》42권, 고종 39년 5월 6일 양력 2번째 기사: "詔曰 平壤 箕聖千年之故
　都也 禮義文明 玆焉肇創 是雖出於人事 而其地靈亦可以論矣."

미루어 헤아릴 수 있다. 이 부조화의 그림 가운데 서양 국제법 서적
을 받아들인 본뜻이 들어 있지 않을까? 아득히 먼 전설의 시대로 거
슬러 올라가 '예악과 법도'의 이상향을 찾아내는 즉위 조칙이 예사롭
지 않은 의미연관을 암시한다. 1868년 일본이 이른바 서계書契 문제
를 일으켰을 때, 조선 조정은 군주의 위상과 격에 걸맞은 전통의 교
린 예법으로 거기에 대응했던 적 있다.[84] 이처럼 대외 문제를 예법
의식으로 대하는 방식은 서양 공법체제를 이해하는 관점에도 그대로
이어졌을 것이다. 이미 앞에서 살펴보았던 1882년 9월 16일 고종의
교지 또한 그러한 전례의 반복이었다. "교린에 법도가 있음은 경전
에 나타나 있다." 변할 수 없는 이 원론과 함께 새로운 공법 시대가
선언된 것이었다. '근년 이래로' 만국에 두루 통하는 교제의 예식과
오랜 전승의 '예의 풍속'이 서로 빗나갈 리 없다는 교설에는 거센 '척
양斥洋'의 기운을 누그러뜨리는 무마책도 들어 있었겠지만, 옛적 교
린의 법도 자체가 바로 고종의 본심이었다고 볼 만하다. 같은 줄기에
서 '예의와 문명'이 한 묶음으로 새 황제의 위상을 꾸미는 수사 언어
로 쓰인다. 문명이란 옛 중국 고전에서 도덕 정치를 펼치는 현왕賢王
의 상징이다. "문명으로 굳건하고, 치우침 없이 바름으로 조화를 이
루는 것이 군자의 도리이다."[85] 《역경》의 한 계사繫辭에서 읽을 수

---

84 김용구(2001), 《세계관 충돌과 한말 외교사, 1866~1882》, 문학과지성사, 148쪽
　이하.
85 〈同人卦〉, 《易經》: "文明以建 中正而應 君子正也."

있는 이 가르침대로, 대한제국의 황제는 전설처럼 전해지는 기자箕子의 치도治道를 따르고 싶었을 것이다. 그런 만큼 그의 이상향은 복고의 세계에 존재할 수밖에 없었다. 이 점에서 그는 또 다른 문명의 시간을 기다리면서 새로운 지식사회를 예비하던 사람들에 뒤처져 있었다. 이를테면 그의 명으로 건양建陽 원년(1896)에 중국 번역본《공법회통》을 조선에서 재주정리자본再鑄整理字本으로 복각하여 펴냈던 학부 편집국장 이경직李庚稙, 1841~1895은 거기에 서문을 써서 붙이면서 황제의 용례와 다른 문명을 표현한다.

오늘날 서양 여러 나라는 날로 문명의 교화를 넓혀 가고 있다. 그들은 예물을 나누며 서로 사귀어 아주 먼 곳을 마다하지 않고 왕래한다. 각 나라 높은 관리들이 공공 사안을 살펴 처리할 때 참고하여 사례로 삼는 것이 바로《만국공법》과《공법편람》이다. 일찍이 혜惠씨와 오吳씨 등이 증거를 들어 정해 둔 바 있다. 마침내 덕국德國 보륜步倫씨가 회통會通의 책을 펴내게 되었다. 그 지론은 공평하고 치우치지 않으며, 그 서술도 정확하게 근거를 대고 있다. 이 어찌 나라를 지키고 이웃과 사이좋게 지내는 길이 아니겠는가. 그 법은 처음부터 동서에 경계를 그을 수 없는 것이었다. **86**

---

**86** 李庚稙(1896), "公法會通序",《公法會通》: "今泰西諸國 日開文明之化 玉幣相交 梯航相通 各國大憲 審斷公案 援而爲例 卽萬國公法 公法便覽 是已曾有惠氏 吳氏諸人之證訂 至於德國步倫氏 而遂有會通之書 持論公而不偏 敍事確而有據 蓋莫非保國善隣之道也 其法初非東西之限."

이 인용문에서 읽는 문명은 '오늘날' 서구 열강이 펼치는 예절과 덕목의 다른 이름이다. 이렇게 서술하는 대한제국 학부의 고위 관리는 《공법회통》의 원서 제목이 다름 아닌 '문명국가들의 현대 국제법 Das moderne Völkerrecht der civilisirten Staten'이라는 사실을 미리부터 알고 있었을까? 아무래도 그럴 가능성은 열어 보인다. 그 한문본의 번역자나 거기에 서문을 붙인 청나라 총리아문의 관리들도 책의 원제를 밝힌 적 없으며 '문명'이라는 용어를 단 한 번도 말하지 않았기 때문이다. 다만 《이언》의 저자 정관잉이 공법을 논하면서 다음처럼 표현한 적이 있다. "상고 시절을 살펴보면 수천 년 이래로 여러 성인이 경영하시고 제작해서 문명의 정치를 여셨고, 제후를 봉하여 법을 이루었으나, 당우唐虞로부터 하夏·은殷·주周에 이르기까지 이천 년 동안 조금도 바꾸지 못하였다."[87] 그러나 이때 '문명'은 대한제국의 황제가 기렸던 옛 중화의 예법과 다를 바 없다. 이경직이 나름대로 《공법회통》의 교화를 해설하면서 서양 열강의 신식 교제 예법을 묘사할 때 표현하는 '문명'은 이와는 전혀 다른 의미를 지닌 것으로 보인다. 그것이 드러나는 장소는 상고의 화하華夏가 아니라 이제부터 조선이 뒤따라 배워야 할 공법의 세계, 곧 '서양 여러 나라'이다. '문명'이 새로운 공법 질서를 상징한다면, 그것은 낯선 개념의 사례에 속한다고 여길 수 있다. 갑오개혁 정부에 처음부터 함께했던 이경직은 이 표현방식을 개화파 동료들에게서 전해 들었을 것이다. 다

---

**87** 鄭觀應(2010), 앞의 책, 27쪽.

음 장에서 자세히 보겠지만, '문명'의 새 용례는 일본에서 먼저 시작되었다. 유명한 게이오기주쿠慶應義塾를 세웠던 후쿠자와 유키치의 손에서 1860년대 후반에 영어 'civilization'의 번역어로 탄생했던 '문명개화'가 그 효시이다. 일본 유학 시절 후쿠자와에게서 '서양'을 학습했던 유길준이 1880년대 초반 무렵 그 번역어를 처음으로 조선 땅에 옮겨 심은 뒤, 개화 운동의 희망과 기대를 집약하는 그 말은 시대정신을 표상하는 하나의 전망개념이 되었다. '진진불이進進不已'하는 '문명개화', '문명국의 인민', '세계역사의 문명진보'와 같은 말들은 유길준이 표현했던 개념의 사례들 가운데 몇몇일 따름이다. 이 땅의 문헌에서 처음 나타나는 이 용례들은 전통의 왕조 연대기를 뛰어넘어 역사 시간의 운동계수를 인식체계 안으로 끌어들일 때 가능한 표현이다. 이렇게 '문명'은 지나간 경험과는 전혀 다른, 어떤 새로움의 상징으로 등장하고 있었다. **88**

이경직이 호명했던 '문명' 또한 옛 성인의 치세를 미화하기보다는 앞으로 다가올 시간을 예비하는 표현이다. 옛적 예법은 그에게 오히려 탄식의 대상이다. "오호라! 우리나라는 아시아의 동쪽에 머물러 선왕의 예법과 의관과 문물을 지키고 하·은·주를 따르며 흉내 내는 사이에 세상과 멀어졌으며, 처지는 궁벽하게 되었다. 그래서 평소에 외국과 서로 사귀지 못하여 나라의 견문이 고루한 지경에 이르

---

**88** 박근갑(2014), "역사·문명·진보 — 후쿠자와 유키치와 유길준의 시간 인식", 〈사총〉, 83권, 169~201쪽.

렀다"는 한숨이 뒤따른다. 이제는 온 나라 사람이 새로운 공법 시대로 나아가야 한다는 것이 그의 희망이다. "지금, 이 공법 한 권의 책은 세계 여러 나라가 서로 사귀는 실제 사례를 모아 그 처리가 잘되고 잘못된 것과 의론이 고르거나 치우친 것을 명백히 드러내면서 온전한 것을 모아 절충하였다. 이 책은 그 가운데 본받을 만한 양법良法을 모아 기록하여 사사롭지 않으니, 온 세상이 서로 친하게 지내는 방법에 이보다 더 훌륭한 것은 어디에도 없다."[89] 이처럼 이경직이 문명의 이름으로 '공법 한 권'을 불러낸다는 이야기가 우연 치고는 너무나 절묘한 사연으로 들린다. 그가 그 사실을 미리 잘 알았던 듯, 《공법회통》의 저자는 빼어난 문명론자 가운데 한 인물이었다. 바로 그 '보륜 씨', 곧 블룬칠리는 문명 용례의 불모지나 비슷했던 도이치 언어권 지식사회에서 처음으로 진보의 역사철학과 함께하는 '문명' 개념의 의미지평을 열었다. "인류가 애쓴 것이 그들의 문명으로 나타난다. 한 인민집단ein Volk이 자신의 문명에서 이루는 모든 진보는 그들 삶의 과제를 어느 부분 성취했다고 평가받으면서 명예로운 자리에 든다." '인민들의 규범'으로 등장하는 국제법이 진보하는 문명의 시간에 맞추어 생성하고 발전한다는 명제로 읽을 만하다. 인류 역사의 진보 과정과 함께하는 문명은 우리의 정신이 인간 본성에 내재하는

---

**89** 李庚稙(1896), "公法會通序": "嗚呼 我國處在亞洲之東 遵守先王禮法衣冠文物 佯擬三代而世遠地僻 素無外交尙未免孤陋之嘆 (…) 此公法一書 輯宇內列邦相與之實事 明效其處置得失議論平頗 會粹折衷 師其良法彙載而公 諸世相善之道 莫大於是."

동물성과 모든 사물의 폭력 근성을 제어하는 능력 현상이다. 인민들의 전체 삶에 없어서는 안 될 그 능력을 확실히 갖추기 위해 인류가 공공질서를 만들고 국가를 형성하게 되면서, 문명이라는 최고 가치가 만들어진다는 설명이 바로 그 명제의 내용이다. 곧 공공의 삶에 걸맞은 정치 행위의 발전이 모든 문명의 본질이다. 그러므로 국가구성의 진보와 문명의 진보는 같은 선상에서 이루어진다. **90**

《공법회통》은 대한제국의 기본법 제정과 얽히는 가운데 문명의 역사철학이 오랜 세월 가꾸었던 의미소의 씨앗 한 알을 낯선 토양에 떨어뜨렸다. 그러는 사이에 대한제국은 되돌아갈 수 없는 길에 접어들고 말았다. 유길준이 한숨으로 토로했듯, 공법은 한갓 헛된 종이 한 장으로 남고 마는 시간이 다가온 것이다. 1905년 강제 조약 끝에 대한제국의 주권은 완전히 소멸했다. 그 황제가 그토록 염원했던 전제정치는 일장춘몽으로 마감했다. 공평한 '회통'의 세계를 기대했던 이경직의 희망도 물거품이 되었다. 바로 그 어둠의 나날에 한마디 말이 희미한 불빛처럼 나타난다. "인민이 없다면 진정한 국가도 없다." 이 표현은 1907년 역사학자 안종화安鍾和, 1860~1924가 펴낸 《국가학 강령》에 들어 있다. 그가 서술하여 이 책에 붙인 '자서'를 보면, 그 저자가 '덕인德人 백륜伯倫'이라고 한다. '백륜'은 '백륜지리伯倫知理'

**90** Bluntschli, J. C. (1857), "Civilisation", in Bluntschli, J. C. & Brater, C. eds., *Deutsches Staats-Wörterbuch*, vol. 2, Stuttgart/Leipzig: Expedition des Staats-Wörterbuchs, pp. 510~515.

의 줄임말로 《공법회통》의 원저자 블룬칠리를 이른다고 앞서 설명했다. 91 그러니 이 저명한 '덕인' 학자가 한 번 더 우연히도 대한제국이 겪게 되는 운명의 시간에 나타나는 모양새다. 블룬칠리는 바로 앞에서 인용했던 문명론을 쓴 뒤 여러 권의 국가학 이론서를 펴내는데, 그 가운데 하나가 《국가학 강령》의 원본이다. 92 이 책은 진보하는 문명의 역사철학과 근대 문명국가의 형성과정을 하나의 선상에서 조망한다는 특징을 지닌다. 《공법회통》에서처럼 이 책에서도 '인민Volk'이 중심 용어로 등장한다. 그 번역어가 때때로 '민인民人'과 뒤섞이곤 하는 인민은 국가의 실제 토대를 지칭하는 기본개념이다. 그 개념이 표현되는 방식은 다음과 같다. "오늘날 문명국가는 모두 민인국가民人國家이다. 민인국가란 무릇 국가 가운데 인민이 한 몸 (一體)으로 함께 뭉쳐 스스로 자신의 도리를 결정하고 스스로 자신의 의지를 떨치며 스스로 자신의 정치를 펼친다는 뜻에서 그렇게 불린다. 그러므로 민인의 의지는 곧 국가의 정신이다. 헌법은 그 몸이 되고 행정부와 의회는 그 사지와 오관이 되어 하나의 활동체活動體와 같은 국가를 이룬다. 이를 미루어서 국가의 요지를 한마디 말로 표현한다면, 인민 없이는 진정한 국가도 없다(無人民則無眞國家)고 하는 것이다. "93

---

91 번역자 안종화나 동시대 독자들이 《공법회통》의 원저자 '보륜'과 '백륜지리'를 같은 인물로 보았던가는 그 시절 문헌에서 밝혀진 적 없다.

92 Bluntschli, J. C. (1874), *Deutsche Statslehre für Gebildete*, Nördlingen: C. H. Beck.

블룬칠리의 문명국가 교설이 옛 사서에 전념하던 안종화를94 계
몽의 문필가로 이끌었다고 여길 만하다. 낯선 《국가학 강령》을 소
개하는 번역자의 '자서'에서 다음 글이 두드러져 보인다. "많은 이들
의 마음을 여는 일에는 고금의 다름이 없고 많은 이들의 안목을 여
는 일에는 자손의 영광이 있다. 그러니 문명과 무강武强의 방책을 주
창하여 현재의 국세를 구하려면, 반드시 스스로 《국가학 강령》을
읽고서 그 기초를 놓아야 한다."95 곧이어 안종화는 스스로 문명론
의 대열에 합류한다. 1909년 3월 '문명사상'이라는 제목의 글을 발
표하면서 지금이 바로 새로운 문명의 시대라고 선언한다. 옛적 세상
에는 신권神權이 백성을 어리석게 만들거나 군권君權이 백성을 억눌
렀다. 이처럼 그는 대한제국의 '전제정치'를 완곡하게나마 비판하면
서, 장차 '우리나라 문명의 발달'이 이루어지는 '희망'을 역설한다.
'우리의 희망'이 다다르게 될 '장래 문명의 극점'은 이른바 3대 사상,
곧 '진보 사상', '인류 통일 사상', '자유 사상'이 무궁하게 펼쳐지는
지경이다. 이 시간을 예비하는 '역사철학'은 '이미' 문명이 발달한 서
구로부터 우리나라에 들어왔어야 옳으며, 그 연구가 우리의 장래 과
제이기도 하다.96 문명으로 다시 태어나는 국가는 이제 대한제국을
대신하는 시대정신 가운데 하나였다. 신채호는 그 '희망'을 이렇게

**93** 伯倫知理 著(1907), 《國家學綱領》, 安種和 譯, 廣學書舖, 13쪽.
**94** 한영우(1996), 《韓國民族主義歷史學》, 일조각, 314~338쪽.
**95** 안종화(1907), "自叙", 伯倫知理 著, 《國家學綱領》, 1쪽.
**96** 안종화(1909), "文明思想", 《畿湖興學會月報》 제8호(1909. 3. 25.), 1~2쪽.

밝힌다. 야만을 문명으로 바꾸어 놓는 힘이 곧 희망이다. 오늘날 우리 한국이 부강에서 다른 나라에 미치지 못하지만, 우리의 희망은 다른 나라보다 더 크다. 우리가 이룬 문명이 다른 나라를 따르지 못하지만, 새로운 문명을 바라는 우리의 희망은 그 어디보다도 더 원대하다. **97** 그 문명의 희망은 우선 '국가학의 개산시조開山始祖', 곧 블룬칠리의 의견을 따라 역사상 전래하는 풍속, 습관, 법률, 제도 가운데 국가의 발달에 전혀 방해를 끼치지 않는 '정신'을 물려받는 방도에 있다. 그것이 바로 인민에게 '국성國姓'을 발휘하도록 작용하는 '국수國粹'이다. **98** 그 정신은 다른 말로 표현한다면 국가의 존재와 공산公産뿐만 아니라 공권公權마저 '그 민民'에게 두는 "진정한 국가의 주의"이다. **99**

'진정한 국가'의 희망은 1919년 4월 11일 대한민국 임시정부 헌장의 제1조에서 '민주공화제'로 회생한다. 그 초안을 만들었던 조소앙은 1919년 발표한 글에서, 그 희망이 '정신의 국가'로 살아남아 '한국'의 미래를 열 수 있을 터라고 예고한 적 있다. "그러나 물질적 국가는 우리가 희망할 바가 아니오, '정신적 국가'가 오직 우리 한국의 희망하는 바이라. 이미 사라진 물질은 오늘날 환수할 길이 없지만 상존하는 정신의 활로는 장래에 스스로 존재하게 될 것이다. 이를 명심하여

---

**97** 신채호(1908), "大韓의 希望", 〈大韓協會會報〉 제1호(1908. 4. 25.), 11~20쪽.
**98** 신채호(1908), "國粹保全說", 〈大韓每日申報〉, 1908. 8. 12.
**99** 신채호(1909), "身家國 觀念의 變遷", 〈大韓每日申報〉, 1909. 7. 15.

대책을 얻기 위해 훗날에 활동할 기회를 기다려야 한다."**100** 나중에 빛을 보게 될 문명국가, 곧 '정신의 국가'는 미래를 기약하는 희망의 언어 가운데서 살아남았다. 블룬칠리의 문명국가 학설에 큰 영향을 끼친 아리스토텔레스는 일찍이 "동물 가운데 인간만이 로고스λόγος를 지니며", 인간이 빚어내는 '최상의 공동체'가 바로 이 말의 능력에서 비롯한다고 밝힌 바 있다. 앞으로 다가올 희망의 시간을 준비하기 위해 문명의 역사철학을 연구해야 한다는 안종화의 주장을 다음처럼 바꾸어 읽어 보자. 우리가 연구해야 할 과제는 바로 언어의 시간이다.

---

**100** 嘯卬生(1910), "申辰 以後 列國 大勢의 變動을 論홈", 〈大韓興學報〉 제 10호 (1910. 2. 20.), 1~5쪽.

# 2

## 진보하는 문명

## 1. 경계의 시간

"우리를 뒤흔드는 것은 어떤 일들πράγματα이 아니라, 그런 것을 만들어 내는 도그마들δόγματα이다. "[1]

　스토아학파 철학자 에픽테토스Επίκτητος가 남긴 이 격언은 생각이나 신념을 빚어내는 말이 인간 행위에 영향을 미친다는 뜻을 지닌다. 말이 불러일으키는 혼란을 일깨웠던 이 금욕의 도덕지침 가운데 오늘날 인간학이 다루어야 할 과제가 들어 있다. 헬레니즘 시대를 살았던 그 현자는 말 속에 내재하는 힘을 우리에게 가르쳐 준다. 말의 작용

---

[1]　Epictetus (1744), *Enchiridion*, Glasgovia: In Aedibus Academicis, p. 10 (Bayerlische Staatsbibliothek: www. bsb-muenchen. de).

이 없다면, 우리의 행위와 고통은 드러날 수 없다. 말의 효력이 없다면, 우리가 겪는 온갖 경험도 다른 사람에게 전해질 수 없다. 의식과 존재, 정신과 생활, 말과 실천, 곧 언어와 세계라는 이 대칭 관계는 인간학이 이해하고 설명하거나 재구성해야만 하는 오랜 사유의 전통에 속한다. 언어 없는 세계와 마찬가지로 세계 없는 언어가 존재할 수 없다. 그러므로 우리가 역사 텍스트와 거기에 담긴 시간 경험들 사이의 관계를 다루는 때에는 이 전통을 잘 헤아려 보아야 한다. 2

언어와 경험세계 사이의 복합 관계를 어떻게 매개하여 역사과정에 담긴 의미연관을 이해하고 설명할 수 있을까? 일어난 사건들이 '본래 어떠했던가wie es eigentlich gewesen'를 묻는 사실의 역사도, 드러난 현상 내면의 층위를 밝혀내는 구조의 역사도, 모두 그 과제를 회피한다. 사실을 지칭하는 말과 그 속에 담기는 의미, 그리고 거기에서 생성하는 개념과 그 대상이 서로 교차하면서 이루어 내는 중층구도는 난해한 방법론 문제를 불러일으킨다. 해석학의 전통을 비판적으로 이어받은 오늘날의 개념사Begriffsgeschichte, conceptual history가 그 과제를 떠맡는다. 간단하게 보자면, 이 사료 연구의 갈래는 역사상 중요한 언어들의 용법에 주목한다. 다양한 언어작용들 가운데 특히 사회적·정치적 내용이 담긴 중심 표현들의 발생과 그 의미 변화를 해석하는 일이 개념사의 실천 영역에 속한다. 역사적 시간 체험

---

2 Koselleck, R. (1979), *Vergangene Zukunft. Zur Semantik geschichtlicher Zeiten*, Frankfurt am Main: Suhrkamp, pp. 107 f.

이 공공연하게 또는 숨겨진 채 언어화된 텍스트들, 곧 구체적 시대 상황 가운데 과거의 경험을 담았거나 미래의 시간을 예측하는 공포, 기대, 희망 등이 잠재된 자료가 그 해석의 대상이다. 개념사는 이처럼 텍스트 분석과 이해의 수준에서 언어가 포착하는 범위를 확장하고 역사적 언어의 의미를 더욱 명료하게 전달함으로써 그 결실을 보인다. 개념 해석으로 나아가는 인식의 지평을 열었던 코젤렉Reinhart Koselleck, 1923~2006은 다음처럼 역사과정에 등장하는 개념들의 위치 가치를 설명한다. 경험들을 포괄하고 기대들을 하나로 묶어 내는 개념들은 언어의 성과로서 실제 역사의 단순한 부수현상Epiphänomen으로만 이해될 수 없다. 더욱이 '문명'처럼 역사적 시간 지평을 표현하는 전망개념들은 역사 변화의 요소와 그 추진력을 내재하고 있다. 바로 여기에 언어와 사건 사이의 복합적인 관계를 표현하는 개념들의 특성이 들어 있다. 따라서 우리는 개념을 역사적으로 이해할 수밖에 없다. 마찬가지로 우리는 개개 개념을 통해 역사를 해석할 수 있다. 개념과 역사의 수렴이 곧 개념사의 주제이다. 3

현대의 개념사 연구는 처음부터 '엄밀한' 방법론 질문과 함께 시작했으며, 하나의 기념비를 이룬 개념사전의 편찬이라는 기획을 통하여 스스로 설정했던 목표에 이르렀다. 4 그 중심에 섰던 코젤렉은 사

---

3  Koselleck, R. (2006), *Begriffsgeschichten. Studien zur Semantik und Pragmatik der politischen und sozialen Sprache*, Frankfurt am Main : Suhrkamp Verlag, pp. 99~102; Koselleck, R. (1967), "Richtlinien für das Lexikon politisch-sozialer Begriffe der Neuzeit", *Archiv für Begriffsgeschichte*, vol. 11, p. 85.

전 편람을 이룬 항목들을 이른바 '역사적 기본개념'이라고 명명한
다. 그것은 역사 운동의 중심에 작용하는 선도개념Leitbegriffe으로서,
과거에 일어난 일의 상황이나 사건 연관성, 그리고 그 구조와 과정
을 포괄할 수 있는 용례들이다. 정치와 사회 운동과 학문 영역, 그
리고 사회계층을 표현하는 용어들과 이데올로기 개념들이 거기에
속한다. 이처럼 다양한 층위에서 전통사회의 균열과 근대세계의 성
립을 신호하면서 스스로 그 과정을 이끌고 가는 개념들의 의미 변화
가 개개 사전항목의 내용을 구성한다. 그 의미론 지형에 시간 과정
의 변화계수가 작용한다는 명제가 사전편찬의 가설을 꾸민다.[5] 거
기에 작용하는 탐색 예견이 이른바 '자텔차이트Sttelzeit'이다.

우리의 역사적 기본개념 사전에 적용하는 하나의 가설은 18세기 이래
정치·사회 언어가 같은 단어의 꼴로 두루 쓰이면서 '새로운 시간'이 명
확하게 드러날 만큼 상당한 변화를 겪는다는 것이다. 변화하고 가속하
는 동반계수들이 옛 의미 영역과 정치적·사회적 경험을 함께 바꾸어
놓았다. 오늘날에도 한결같이 남아 있는 지형의 옛 의미내용은 역사적
방법으로 파악되어 오늘날의 언어로 번역되어야만 한다. 이와 같은 작

4  멜빈 릭터(2010), 《정치·사회적 개념의 역사: 비판적 소개》, 송승철·김용수 옮
   김, 소화, 26~27쪽.
5  Koselleck, R. (1972), "Einleitung", Otto Brunner et al. eds., *Geschichtliche
   Grundbegriffe: Historisches Lexikon zur politisch-sozialen Sprache in Deutschland*,
   vol. 1, Stuttgart: Klett-Cotta., pp. 13~27.

업은 이론으로 설명하는 적용틀을 전제하며, 오로지 그러한 적용과정 속에서만 그 번역이 우리에게 의미를 가져다준다. 우리 연구공동체가 명명하는 '자텔차이트'를 나 역시 말하고 있는데, 근대 이전 시기로부터 오늘날에 이르는 언어 사용의 변화를 주제로 삼는 그 발견적 특징을 아무리 강조하더라도 지나치지 않을 것이다. **6**

인용문이 설명하는 '자텔차이트'는 근대의 역동성을 이해하는 하나의 발견 원리heuristisches Prinzip로서, '개념투쟁'으로 볼 만한 변화 현상을 예견한다. 그 현상이 일어난 기간은 대략 1750년 무렵부터 19세기 후반기에 이르는 지점이다. 그 시기 이래, 사람들은 옛 경험을 돌이켜보면서 한 시대의 끝자락을 의식하기보다는 바로 '지금'의 자기 존재를 자각하게 되었으며, 곧이어 그 시간의 지식을 새로운 개념으로 이끌 수 있었다. '자텔Sattel'과 '차이트Zeit'를 합성한 이 말의 구성 양식에 미지의 기대와 충돌하는 시간 경험의 의미론이 숨어 있다. 도이치어 'Sattel'은 말이나 자전거의 안장 또는 마주 보는 두 산이 아랫부분에서 서로 맞닿는 안부鞍部를 뜻한다. 여기에 시간을 뜻하는 말인 'Zeit'가 더해져서 변화의 시대를 설명하는 하나의 가상모델이 만들어진다. 그것의 쓰임새는 프랑스혁명 이전 시기에 시작해 변혁의 사건들과 정세 변동을 거쳐 현대의 언어 공간으로 이어지는 개념변화를 생생하게 묘사하는 성과에 있다. '진보', '역사', '발전', '혁명'

---

**6** Koselleck, R. (2000), *Zeitschichten*, p. 302.

등과 같이 역사의 운동 요소를 나타내는 항목들은 말할 것도 없거니와, 정치언어로 구성된 옛 개념들도 이 이론 가설을 통하여 잠재적 동학을 드러내게 된다는 것이다. 이를테면 아주 오랜 연원을 지닌 '민주주의', '국가', '자유'는 대략 1770년 무렵부터 개념 내용의 경계를 다른 방식으로 설정하기 시작하면서 새로운 미래 지평을 표현했다. 이처럼 오랜 전승의 상투어들이 이전에 없었던 기대의 의미소들을 담으면서 시대적 개념으로 상승했다.

'자텔차이트' 모델과 더불어 역사 시간과 그 체험을 담은 텍스트들을 독특한 방법으로 독해할 수 있는 통로가 열렸다. 개념사전의 항목들이 단순히 실증된 사실들의 집적을 넘어서서 이해의 지평으로 나아갈 수 있었던 성과도 그 덕택일 것이다. 그렇지만 흥미롭게도 '기본개념'의 발견 가설을 맨 처음 제안했던 코젤렉은 개념사전 발간이 마무리된 뒤에 스스로 "특별히 그 용어를 좋아하는 것은" 아니라고 밝힌다. 그의 설명은 이렇게 이어진다. 'Sattel'이라는 단어의 의미는 한편으로는 말이나 승마 등과 관련되며, 다른 한편으로는 산 정상에서 넓게 조망하는 경험과 맞닿기도 한다. 그러나 어떠한 뜻으로든 그 말은 '시간의 가속'이라는 근대세계의 경험 영역과 '결정적으로' 연결되지는 않는다. 따라서 이론 수준에서 볼 때 자텔차이트는 '많이 부족한 용어'라고 해야 옳을 것이다. 코젤렉이 스스로 인정하듯, 이 가상모델의 의미는 '대단히 모호하다'. 아마도 그것이 사전편찬을 기획하는 과정에서 너무 성급하게 만들어졌기 때문일 것이다. [7] 우리는 "20세기 후반 서양 역사학계 최대의 성과"를 이루게 했던[8] 이 가설 용어를 이제 애물단지로 여겨야 마땅할까?9

코젤렉이 내세웠던 'Sattel'은 문턱이나 입구를 뜻하는 도이치어 'Schwelle'(슈벨레)와 의미연관을 지닌다. 그와 함께 유명한 학술동인지 《시학과 해석학Poetik und Hermeneutik》을 이끌었던 철학자 한스 블루멘베르크Hans Blumenberg, 1920~1996는 일찍이 근대의 시작점을 묘사하기 위해 '시대의 문턱Epochenschwelle'이라는 용어를 창안한다. 시간의 전환점을 의미하는 '문턱Schwelle'이란 "눈에 띄지 않는 국경 방어벽"처럼 사람들이 아직 넘어서지 못했거나 이미 넘어서고도 감지하지 못하는 공간과 시점의 은유다. 구체적인 날짜 또는 명백한 사건으로 구획지어지지 않는 그 지점은 나중에 인지될 수 있는 미학의 표현 영역에 속한다.10 코젤렉은 거기에 담긴 은유의 의미에 주목했을 것이다. 아마도 Sattel이 Schwelle의 역할을 대신했을 것이다. 두 단어 모두 서로 다른 두 시대를 연결하는 전환 지점과 서로 어울

7  Sebastián, J. F., Fuentes, J. F. & Koselleck, R. (2006), "Conceptual History, Memory, an Identity: An Interview with Reinhart Koselleck", in *Contributions to the History of Concepts*, vol. 2, pp. 99~127.
8  나인호(2011), 앞의 책, 18쪽.
9  '자텔차이트'는 여전히 서구 역사학뿐만 아니라 문학과 문화과학 영역에서 변화의 시대를 묘사하기에 유용하고 적절한 학술 용어로 통용된다. 코젤렉 사후에 그의 개념사 연구 성과를 집중적으로 토론했던 다음 책을 참고할 만하다. Joas, H. & Vogt, P., eds. (2011), *Begriffene Geschichte. Beiträge zum Werk Reinhart Kosellecks*, Frankfurt am Main: Suhrkamp.
10 Blumenberg, H. (1996), *Die Legitimität der Neuzeit*, Frankfurt am Main: Suhrkamp, pp. 531 f.

리는 의미연관을 지닌다고 볼 만하다. 코젤렉은 두 시대 사이의 '문턱'처럼 말안장의 모습으로 두 산봉우리를 연결하는 '안부Sattel'에서 변화의 시간 계수를 유추해 냈을 것이다. 그것은 많은 사람이 넘나드는 '준령의 고갯길Bergssattel'과 다름없는 표현이다. 따라서 오늘날 국내 학계에서 두루 쓰이는 번역어인 '말안장 시대'는 코젤렉이 구상했던 원래 의미와는 다소 거리가 멀다고 여겨야 옳을 것이다.[11] 블루멘베르크가 근대의 시작점과 같은 말로 표현했던 Schwelle는 라틴어 limes와 짝할 수 있는 말이다. 이 고전적인 용어는 '샛길, 지름길'

---

11  나는 이전에 발표했던 글[박근갑(2009). "'말안장 시대'의 운동개념", 박근갑 외 저, 《개념사의 지평과 전망》, 31~59쪽. 소화.]에서 코젤렉이 말했던 말이나 승마의 이미지를 너무 강조하여 "'새 시대'에 이르러 수많은 개념이 앞으로 다가오는 시간을 향해 달려 나가기 시작했다는 점에서 '말안장'의 비유는 절묘해 보인다"라고 썼다. 그때 내가 유추했던 새로운 시간의 의미는 말을 몰고서 정복 전쟁에 나서는 나폴레옹의 이미지와 맞닿는다. "말을 타고 시가지를 지나 정찰하러 가는 황제, 그 세계정신을 나는 보았다오. 여기 한 지점에 집중하는 듯 말 위에 올라온 세상을 굽어보면서 제압하는 그 인물을 보았으니 실로 황홀하기 그지없답니다." 이 유명한 글귀는 예나(Jena) 시절의 헤겔이 《정신현상학》 초고를 마감한 다음 날인 1806년 10월 13일에 말을 타고 전선으로 행진하는 나폴레옹을 직접 보고 난 뒤 그 감격 장면을 친구 니탐머(F. Niethammer)에게 전한 편지에 들어 있다. 그리고 헤겔이 바로 그 무렵 기록했던 《정신현상학》 서문에서 다음과 같은 표현을 읽을 수 있다. "우리의 시간이 탄생의 시간이며 하나의 새 시대로 넘어가는 과도기라는 점을 별로 어렵지 않게 내다볼 수 있다. 정신은 지금까지 존재와 생각을 기댔던 세계에서 완전히 벗어나 그것을 과거 속에 깊숙이 가라앉히려고 하면서 스스로 모습을 바꾸기 위해 애쓰고 있다."[Hegel, G. W. F. (1952), *Phänomenologie des Geistes*, Hamburg: Felix Meiner, p. 15] 이와 같은 내용을 서술한 그 글은 다음 논문의 비판 대상이었다. 이진일 (2011), "개념사의 학문적 구성과 사전적 기획 사이에서: 《코젤렉의 개념사 사전》을 중심으로", 〈개념과 소통〉, 7호, 149쪽 이하.

이라는 뜻과 더불어 '경계선, 국경선'을 의미한다. 옛적 로마 군대가 쳐둔 방어선이 곧 그것이다. 거기를 게르만 전사들이 부지불식간에 넘나들었을 것이다. 아마도 근대의 시작 지점에서 새로운 언어와 더불어 미래의 기대를 표현했던 사람들 또한 자기도 모르는 사이에 '지금'과 이전 시간을 가르는 상상의 구분선을 긋고 있었을 것이다. 이렇게 이해하면 'Sattelzeit'나 'Schwellenzeit'에 담긴 은유의 의미를 '경계의 시간'으로 옮겨도 좋을 것이다.

미래 지평으로 향하는 신념과 희망이 가상의 경계선을 넘나들던 바로 그 시간에 여러 전망개념이 등장했다. 이로부터 비롯하는 긴장 가운데 미래로 향하는 기대가 지나간 모든 경험으로부터 점점 멀어지고 나서야 비로소 근대를 새로운 시대로 파악할 수 있다는 점이 코젤렉 의미론의 선험적인 명제다. 이 방법론 전제는 전체 역사의 지평에서 역사가가 자신의 서 있는 지점Standpunkt을 성찰할 때 가능하다. 그 인식의 출발점은 사람들이 바야흐로 근대를 선취하기 시작했던 계몽의 시간이었다. "계몽사상 이래 역사 진행의 조건과 그 속에서 이루어지는 행위의 조건, 그리고 그 인식의 조건이 서로 어우러진다. 그러나 역사 운동 한가운데에 서 있는 위치를 분명히 정하지 못한다면 그러한 연관성은 유지될 수 없다." 여기에는 개념변화의 시간을 진보의 차원에서 이해하려는 인간학의 명제가 들어 있다. 아마도 코젤렉은 만들어질 수 있는 근대성을 염두에 두었을 것이다. 그가 보기에 그 이행기의 단서는 18세기 역사철학에 있다. "초기 근대를 거기에 맞닿아 있던 과거로부터 분리하면서 새로운 미래와 더불어 우리의 근대를 열었던 것은 무엇보다도 역사철학이다. 절대주의 정치의 그늘에서 정책과 예언을 대담하게 결합하는 시간의식과 미래의식이 처음에는 비밀리에, 그리고 나중에는 공공연히 자라났다. 합리적 미래 예측과 구원을 확신하는 기대의 혼합은 18세기의 특성인데, 이것은 진보의 철학으로 이어졌다."12 오랜 세월 만들어졌고 다시금 만들어지고 있는 세계종말의 예언과 기독교의 구원론을 위협하면서 그때까지 머물러 있던 시간 구조를 예측 가능한 자체 동력으로 바꾸어 놓는 사유실험이 바로 역사철학의 성찰에서 나왔다. 이로부터 신의 주재에 머물렀던 역사 시간은 스스로 운동하는 가속성을 얻었으며, 거기에 경험 영역을 좁히고 그 항상성을 빼앗는 미지의 미래로 향하는 기대가 작용했다. 13

새로운 개념 정립의 갈등을 동반했던 '경계의 시간'은 역사의 자기 동력을 확신했던 계몽철학의 표상이었다. 거기에서 '역사', '진보', '혁명', '발전'과 같은 시간 속성의 개념들뿐만 아니라 오랜 세월 전승된 개념들도 한결같이 미래로 향하는 기대의 새로움을 표현했다. '공화국', '민주주의', '시민', '자유', '해방' 등의 용어가 그 사례에 속한다. 고전고대 이래 어떤 정신의 가치나 인간의 도덕 본성을 표현할 뿐 변화하는 시간과 아무런 관련성이 없어 보이던 '문명'도 아울러 역사철학의 은총을 입었다. 이 다양한 전망개념들 가운데에서 '진보'는

---

12 Koselleck, R. (1979), *Vergangene Zukunft*, p. 33.
13 같은 책, pp. 33 f.

경험과 기대 사이의 시간 간격을 유별나게 드러내었던 "첫 번째 순수 역사적 개념"이었다. 14 새 시대의 역사철학이 미래로 향하는 기대의 새로움을 그 자체의 고유성으로 지니는 진보에 시간의 추진력을 더했던 덕택이었다. 이 개념의 힘을 통해, 지금과 이전 그리고 이후를 가르는 시간화Verzeitlichung의 계기에 따라 일상의 영역이나 정치 현장이 분류되었다. 그것은 '더 나은 것' 내지는 '완전함'으로 향한 미래의 희망을 드러낼 뿐만 아니라 시간의 척도로서 이편과 저편을 가르는 행위의 규범이 되기도 했다. 인간이 스스로 역사적 시간을 성찰하기 시작했을 때 '진보'는 비로소 발견될 수 있었다. 그러므로 그것은 하나의 성찰개념이다. 실천의 장에서 보자면, 진보는 사람들이 온 힘을 다해 그것을 기획할 때 생성한다. 장기 변화의 전망에서 미래란 '계획의 지평Horizont der Planung'이다. 그러므로 진보는 앞으로 나아가는 시간계획과 같은 표현이었다. 15

'진보' 개념의 의미론은 이 책이 쟁점으로 다루는 시대 인식과 맞닿는다. 유길준은 한국 지식의 역사에서 처음으로 '문명의 진보'를 말했던 인물이다. 16 이미 그의 초반기 작품에서 주요 개념으로 나오기 시작하는 '진보'는 원래 중국 고전에 쓰인 말이다. 이를테면 송대

---

14 같은 책, p. 366.

15 Koselleck, R. (2000), *Zeitschichten*, pp. 323 f.

16 유길준(1883), "신문창간사", 유길준전서편찬위원회 편(1971), 《유길준전서 IV》, 일조각, 5쪽; 유길준(1883), 《세계대세론》, 유길준전서편찬위원회 편(1971), 《유길준전서 III》, 일조각, 35쪽.

宋代 성리학자 주희朱熹, 1130~1200의 글에서 다음 내용을 읽을 수 있다. "함양涵養은 반드시 경敬으로써 하며 진학進學은 치지致知에 있다. 이 두 구절은 실로 배우는 자가 입신하여 진보할 수 있는 요령이며, 이 둘의 공효는 서로 계발하지 않음이 없다."[17] 학자의 학습 방법을 하나의 전형으로 보여 주는 이 경구에서 '진보'는 공부의 성과가 이전보다 더 나아지는 현상을 뜻한다. 이처럼 한문 고전이 전해 주는 진보는 주로 '앞으로 걸어가다', '상황이 더 좋게 되다' 등의 의미로 쓰인 것으로 보인다. 한국의 사서에 보는 사례도 이와 별반 다르지 않다. 조선시대 실록에 나타나는 진보의 용법도 대부분 '공부가 매일 나아지고 있다'는 의미에 속한다. 진보의 한문 용례에서 시간의 동학은 미답의 영역이다. 그러나 유길준이 말하는 진보는 전혀 다른 의미를 지닌다. "이상은 세계역사의 문명진보 여하를 보도하고자 하여 서술하는 데 지나지 아니하니(…)."[18] 이 예문에서 진보하는 문명의 주체는 '세계역사'다. 이는 역사가 진행과 퇴보, 가속과 지연의 운동 요소를 지닌다는 전제하에 가능한 표현이다. 그리고 그가 《서유견문》에서, "대개 개화라 하는 자는 인간의 천사만물千事萬物이 지선극미至善極美한 경역境域에 다다름을 이름이니, 그러므로 개화하는 경역境域은 한정하기 어려운 자라"[19]라고 했을 때, 진보하는 문

---

**17** 양일모(2014), "진보 개념의 기원과 전개: 개항기에서 식민지시기까지", 일송기념사업회 편, 《좌·우파에서 보수와 진보로: 보수·진보의 개념과 역사적 전개》, 67쪽에서 재인용.

**18** 유길준(1883), 《세계대세론》, 57쪽.

명개화의 궁극지점은 완전성과 미지의 미래 지평에 놓인다. 다음에서 자세히 알 수 있듯, 유길준은 후쿠자와 문하에서 진보의 문명 사상을 배웠다. 그렇지만 유길준이 자신의 '양학' 스승보다 한 걸음 더 가까이 역사철학의 사유세계에 다가섰던 것으로 보인다.

서양의 진보 개념도 한문 사례처럼 처음에는 '앞으로 향하다', '길을 가다'와 같이 여기와 저기를 서로 관련시키는 공간 이동의 동사에서 출발했다. 근대 유럽 언어들에서 '진보'를 뜻하는 단어에 이어졌던 라틴어 'progressus', 'progressio', 'profectus' 등은 '나아감, 진행, 성장'과 같은 뜻을 지닌다. 이 명사들은 거의 비슷한 뜻으로 쓰였던 그리스어 명사 'προκοπή'와 연관성을 지니는데, 그 어원은 원래 '앞으로 향하다', '발전하다'를 표현하는 동사 'προκοπειν'이었다. 이 고전고대 단어들에 내재하는 '길'이라는 공간 표현에는 시간 흐름이 상응하기 마련이다. 그래서 거기에 어떤 것이 증가하고 나아지거나, 개개인의 교양이 넓혀진다는 의미가 더해졌다. 도시의 부가 증가한다거나 개인의 학문이 발전하는 현상이 그 용례에 알맞다. 그렇지만 '나아감'의 주체는 대체로 몇몇 사례에 한정되었으며, 거기에 시간 변화의 동학이 작용하기도 어려웠다. 다시 말해, 고전고대의 사람들은 대체로 시간의 변화 자체를 감지할 줄 몰랐다. [20]

---

19 유길준(1895), 《서유견문》, 375쪽.
20 라인하르트 코젤렉 · 크리스티안 마이어(2010), 《진보》(코젤렉의 개념사 사전 2), 황선애 옮김, 푸른역사, 18쪽 이하.

마침내 로마제국이 기독교를 받아들인 이후로 '나아감'의 의미영역에 어떤 변화가 발생했다. 이제 인류가 전반적으로 진보한다는 인식이 발아했다. 그렇더라도 '진보'가 역사적 개념으로 발전할 수는 없었다. 그것은 시간 바깥에 존재했다. 중세 기독교 세계관에 큰 영향을 끼친 아우구스티누스Augustinus는 그때그때 바뀌는 정치 상황과 신앙 행위 사이의 조화를 찾는 관점에 완강히 맞섰으며, 따라서 교화된 로마제국을 신의 섭리에 따른 진보 과정으로 이해하는 모든 현실주의 낙관론을 거부했다. "완성은 시간 속에 있지 않고 영혼 속에 있다." 이 말처럼 그는 인간 신앙의 진보가 역사 시간 저편의 영원을 향해야 한다고 생각했다. 이러한 사고방식은 중세 내내 진보가 아무런 새로움을 가져다줄 수 없다는 신념에 자양분을 제공했다. 이처럼 역사를 초월하는 진보 개념은 비록 제한적이나마 현세의 삶 여러 영역에 침투하여 역사 인식 자체에 미미한 변화를 가져왔다. "앞으로 나아가지 않는 자는 뒤로 넘어진다"라는 금언처럼, 신에 귀속하는 완전성이 세속적 긴장의 역동성을 불러왔다. 이렇게 '나아감'의 의미는 아직 확고한 개념으로 나타나지는 않았지만, 종교적 인식의 확장을 거치면서 역사의 진행과정도 신학적 '진보' 관념의 색채를 띨 수 있었다. [21]

진보가 완성의 시간성이라는 맥락에서 끊임없이 더 나은 방향으로 진행하는 역사의 의미내용을 지니려면 18세기 후반기까지 이어지는

---

21 같은 책, 36~48쪽.

오랜 정체의 시간이 필요했다. 그것은 무엇보다도 칸트의 시간이었다. 바로 그 계몽의 철학자가 이성에 따라 순화되지 않은 진보의 낙관을 비판하고 순수한 신앙세계로부터 진보의 목표를 끌어냈다. 칸트는 완성으로 나아가는 진보란 자연이 만들어 준 것도 아니고, 더구나 신이 주재하는 기획도 아니며, 오직 인간이 감당해야만 하는 영원한 과제라고 보았다. 그는 '무한한 진보'가 도달하게 될 완성의 시대적 요구를 두고서 서로 연관되는 두 가지 답을 내놓는다. "자연이 의도하는 것은, 인간은 그의 동물적 존재의 기계적 명령을 넘어서는 모든 것을 전적으로 자기 자신으로부터 이끌어 내야만 한다는 것이며, 또 인간 자신이 본능에 의존하지 않고 이성을 통해서 창조한 행복과 완전함 이외에는 관여하지 않아야 한다는 것이다. 말하자면 자연은 쓸데없는 것은 아무것도 행하지 않으며, 또 자신의 목적을 위한 수단을 사용함에 있어서 필요 이상의 낭비는 하지 않는다. 자연이 인간에게 이성을 주었으며 이성에 기초하는 자유를 주었다는 사실이 이미 인간에 관한 자연의 계획을 분명히 보여 준다."[22] 이처럼 칸트는 계몽주의의 낙관론을 변증의 논리로 발전시켜 인간이 자신의 본능과 상관없이 이성에 따르는 완전성을 좇아야 한다고 본다. 이와 같은 자연의 합목적성 명제는 다음 주장으로 이어진다. 인간의 미래란 도덕을 지향하는 윤리 계명의 실천이 없다면 불안한 상태에 머물게 된다. 그러므로 인간이 자연 본능을 넘어서서 자신의 목적에 이르려면 잡

---

22 임마누엘 칸트(2009), 《칸트의 역사 철학》, 이한구 편역, 서광사, 27쪽 이하.

다한 경험들로 채워지는 역사를 자율의 이성으로 매개해야 한다. 세계가 전반적으로 더 나은 방향으로 진보한다는 논리를 정당하게 만들어 주는 것은 항상 '순수실천이성'이다. 23

"인류는 언제나 더 나은 것으로 향하는 진보 과정에 있었고 또 장래에도 그렇게 나아갈 것이다."24 칸트가 만년의 글에 실었던 이 표현처럼, 진보는 정치 행위에 정당성을 부여하는 이론 근거가 되었다. 그는 정치 행위의 장에서는 공화주의로 나아가는 인민연합을 목표로 삼으면서, 관습의 장에서는 최고선에 다다르는 신의 왕국을 지상에서 실현하는 과제를 향해 끊임없이 애쓰는 것이 인간에게 주어진 '의무'라고 보았다. 프랑스혁명이라는 역사적 체험이 사변적 희망에 머물렀던 완전성의 기대를 정치 행위의 강령으로 이끌었다. 프랑스혁명 그 자체뿐만 아니라 혁명을 떠올리는 의식을 통해, '진보'는 기대하는 대로 이루어지는 확신과 같은 뜻이 되었다. 말하자면 이 개념이 현실을 바꾸는 역사의식의 선험 범주가 된 것이다. 이렇듯 처음에 우주론적 자연 기획에서 연역하여 이성의 규칙으로 만들었던 '진보'는 비판적 문제제기를 거치면서 역사철학의 개념으로 성숙했다. 곧, 그 개념은 완전함의 시간성이라는 맥락에서 끊임없이 더 나은 상태로 나아가는 역사의 의미를 동반할 수 있었다. 진보의 발견은 역사

23 라인하르트 코젤렉 · 크리스티안 마이어 (2010), 앞의 책, 61쪽 이하.
24 Kant, I. (1798), "Der Streit der Fakultäten", 2. Abschnitt, §§5, 7, in Königliche Preußische Akademie der Wissenschaft ed. (1917), *Kant's gesammelte Schriften*, vol. 7, Berlin: Georg Reimer, p. 84.

시간의 발견과 서로 분리될 수 없었다. '역사'와 '진보'는 같은 의미의 개념으로 나타났으며, 바로 이 의미에서 역사의 철학은 곧 진보의 철학이었다. 역사가 항상 새로운 시간을 열면서 자신을 뛰어넘는다는 이 새로운 인식은 진보 의식을 매개로 이루어졌고, 이 의식은 지나간 세계의 위기를 예측과 통제의 가능성으로 열리게 될 미래의 역사로 넘기고자 했다. 이것이 바로 18세기의 마지막 20년 가까이 칸트가 시간의 전망개념에 끼친 영향력이다. 25

'새로운 시간'에 이르러 처음으로 역사 시간이 완전히 새롭다는 의미의 개념화가 가능했던 것은 '진보'의 용례 덕택이었다. 그 완전함과 완성의 의식과 함께 '역사'는 이제 시간 과정 속에서 생성하는 것이 아니라 '시간을 통해' 이루어지는 개념이 되었다. 말하자면 '역사'는 스스로 시간을 움직이는 힘이 되었다. 그 새로움은 어떠한 표현들 가운데 실현되는가? '어느 무엇의 역사'라기보다는 '역사 그 자체'가 새로운 시간의 표상이며, 대표 단수의 용법이 그 시작이었다. 이전에는 신이 인간을 내세워 주재하는 역사만 있었으며, 스스로 움직이고 결정하는 역사는 없었다. 그러는 가운데 여러 역사가 복수로 존재하면서 도덕과 윤리의 범례에 영향을 끼쳤다. 이와 같은 용례는 점점 더 추상성을 지니면서 복잡한 현실들과 경험들을 하나의 단어로 수렴시키는 보편개념으로 상승했다. 26 이와 더불어 그 개념은

---

25 라인하르트 코젤렉 · 크리스티안 마이어 (2010), 앞의 책, 69쪽 이하.
26 Koselleck, R. (1979), *Vergangene Zukunft*, pp. 265 f.

'진보'처럼 역사철학과 함께했다. 칸트의 이상주의 철학을 이어받은 셸링F. W. J. Schelling은 역사철학의 "첫 번째" 과제를 이렇게 설명한다. "하나의 역사를 전반적으로 생각하는 방법은 누구든 오로지 자신의 의식을 통하여 모든 사실을 어떠한 것이라고 이해하는 바로 거기에 있다."27 이 설명 가운데 역사를 이해하는 초월적 이상주의의 성찰이 들어 있다. 이는 곧 역사 속에 깃든 절대정신을 파악하는 사유방식이다. 이처럼 '진보'와 더불어 새로운 경험을 지시하던 '역사'는 미래를 향해 끊임없이 자신을 넘어서는 시간을 포섭했다. 때마침 프랑스혁명이 동시대 사람들의 의식 속에서 '경험의 경계'를 넘어설 수 있도록 하는 전기를 마련했다. 낭만주의 문필가 노발리스Novalis는 그 과정을 지켜보면서 이렇게 썼다. "진보하면서 점점 더 넓게 나아가는 발전이 역사의 실체이다." 셸링은 좀더 단호했다. "앞으로 나아가지 않는 것은 역사의 대상이 아니다."28 이와 같은 진술들은 역사의 운동 가운데에 그 통일성의 근거를 세우려는 이상주의 철학에서 나온 것이다. 그런 까닭에 세계역사의 과정은 사변의 성격을 지닐 수밖에 없었지만, 그 같은 성찰은 항상 역사의 고유한 시간을

---

27 Schelling, F. W. J. (1965), *Werke*, vol. 2, pp. 590, 591 f, 603. Engels, O., Günther, H., Koselleck, R. & Meier, Ch. (1975), "Geschichte, Historie", in Otto Brunner et al. eds., *Geschichtliche Grundbegriffe*, vol. 2, p. 671에서 재인용.

28 Schelling, F. W. J. (1958), *Werke*, vol. 1, p. 394. Koselleck et al. (1975), "Geschichte, Historie", p. 673에서 재인용.

염두에 둔다는 전제하에서 가능했다.

 '진보'와 '역사'는 우연히도 한국의 근대성과 그 시간 인식을 질문하는 이 책에서도 중심 용례로 등장한다. 먼저 서양의 '근대'를 열었던 두 개념은 시대의식의 첨병으로 작용했다. 이 두 개념은 역사철학의 사유세계와 함께하면서 같은 시점에 나타났다. 그것들은 지나간 경험들이 '새로운 시간'을 만나면서 속속들이 변화한 결과물로서 생성했다. 말하자면 시간의 동학을 나타내는 '진보'와 '역사'는 다 함께 전래의 의미를 상실했다. 거기에 작용하는 시간의 새로움이 그 어원의 밑바닥에 도사린 전통적 의미소들을 망각의 지경으로 이끌었던 탓이다. 아울러서 '문명'도 시간의 질을 표상하는 진보와 역사로부터 역동성을 얻었다. 한문 고전에서 유래했던 그 말도 마찬가지로 운동과 변화의 시간 계수에 얽힌다는 전제에서 '경계의 시간'을 상징하는 전망개념이 되었다. '문명'이 나아갈 길과 거침없는 인류의 진보가 다 함께 역사철학의 은총을 입으면서 하나의 지평으로 열렸다는 뜻이다. 간추려서 보자면, '경계의 시간'은 미래의 지평을 여는 개념들이 '지금'과 '이전' 시간을 가르는 선상에서 운동한다는 인식범주로 작용한다. 이 가상의 모델이 한국 근대의 시간 인식을 밝히는 하나의 통로로 쓰일 수 있을까? 유길준이 말했던 '세계역사의 문명진보'가 '새로운 시간'의 의미론을 함축하고 있다는 전제에서 그 가능성을 엿볼 수 있다. 우리는 먼저 '문명' 이야기에서 시작할 수 있을 것이다. "세계 사람들이 조선도 문명진보하고 자주독립하는 나라로 알게 하는 것이 조선 신민의 직분이요."[29] 〈독립신문〉에 나오는 이 표현처럼, '문명'은 위기에 다다른 대한제국의 시간에 미래로 향하는 기대의 새로움을 드러내는 첫 번째 시대개념이었다.


## 2. '문명개화', 바다를 건너다

"역사를 살피건대, 인간의 삶은 망매昧昧에서 시작하나 차츰 문명개화文明開化로 나아간다." 후쿠자와 유키치가 《서양사정》에서 일본 메이지明治 체제의 여명을 알렸던 말이다. 30 일본의 근대 형성기에 가장 널리 읽힌 책 가운데 하나로 꼽혔던31 그 텍스트의 서술은 저자의

---

29 〈독립신문〉 1897. 7. 28.

30 福澤諭吉(2004), 《西洋事情》(福澤諭吉著作集 第1卷), 東京: 慶應義塾大學出版會, 94쪽. 이 인용문이 들어 있는 《서양사정》의 '외편'은 Edinburgh 소재 William and Robert Chambers 출판사가 1852년 저자의 이름을 밝히지 않은 채 펴냈던 초등 교육용 교재(Anonymous(1852), *Political Economy, for Use in School, and for Private Instruction*, Edinburgh)의 전반부를 번역한 내용이다. 그 익명의 저자는 1984년에 비로소 John Hill Burton으로 알려졌다고 한다(최정훈(2019), "후쿠자와 유키치, 《서양사정 외편》〈세상의 문명개화〉와 그 전거들", 〈문명과 경계〉, 2호, 239~275쪽.) 그 책 가운데 'Civilization'이 하나의 장으로 들어 있으며 (pp. 6~8), 그 첫 문장은 다음처럼 시작한다. "It is shewn by history that nations advance from a barbarous to a civilised state"(p. 6). 후쿠자와는 여기에 나오는 'history'를 '歷史'로, 'a civilised state'를 '文明開化'로, 그리고 이 장 표제 'Civilization'을 '世の文明開化'로 각각 번역했다.

31 마루야마 마사오·가토 슈이치(2009), 《번역과 일본의 근대》, 임성모 옮김, 이산, 114쪽.

유럽 기행에서 비롯한다. 후쿠자와는 1861년 겨울부터 약 한 해 동안 통역 담당으로 바쿠후幕府 정부의 유럽 사절단을 뒤따랐는데, 이때 있었던 체험 한 토막이 다음과 같은 회상으로 나타난다. "런던 체류 중에 다른 것은 다 제쳐 놓고 오로지 영서英書만 사서 갖고 왔다. 이것이 일본에 영서를 수입한 최초의 일로, 그로 인해 일본에서도 영서를 자유로이 사용하게 되었다."32 온갖 번역어가 새로운 무대에 나서게 될 한 작품의 탄생을 짐작해 볼 만하다. 그 가운데 '문명개화'가 두드러진다. 영어의 'civilization'을 한문 단어로 옮긴 이 말은 이 책에서 처음 나타난다. 때론 '문명'이나 '개화'와 구별 없이 쓰이기도 했던 이 표현과 함께33 일본 계몽의 시간이 열렸다고 할 수 있겠다. 그 무렵 언어 용례에서 '문명'이나 '개화'란 전통사회의 균열을 이끌면서 미래로 향하는 희망과 신념을 드러내는 상징이었기 때문이다. "역사를 살펴보건대, 정치의 연혁은 때때로 고장이 없을 수 없겠지만 연대의 흐름에 따라 차츰 선善으로 향해 나아간다."34 후쿠자와는 문명의 시간에 따라 더 나은 생존환경이 펼쳐진다고 이해하고 있었던 듯 여겨진다. 이때 그에게 '인류의 진보'란 곧 유럽의 범례를 좇아야 하는 '계몽'의 다른 이름이었다. 35

---

32 후쿠자와 유키치(2013), 《후쿠자와 유키치 자서전》, 허호 옮김, 이산, 151쪽.
33 박양신(2008). "근대 초기 일본의 문명 개념 수용과 그 세속화". 〈개념과 소통〉2, 33~74쪽.
34 福澤諭吉(2004), 《西洋事情》, 138쪽.
35 후쿠자와는 《서양사정》에서 '진보'라는 말을 곧바로 사용하지는 않았다. 나중에 계몽의 또 다른 중심개념으로 쓰이게 될 이 말의 용례는 1872년에 나온 저술에 나타난

새로운 시간 체험을 묘사하는 후쿠자와의 표현들은 "불을 물로 바꿔 놓고 아무것도 없는 바탕에서 무언가로 옮겨 가려는"[36] 글쓰기 방식에 속한다. 그것은 마치 브레히트Bertolt Brecht가 극예술에서 실험했던 기법처럼, 놀라움과 호기심으로 지나간 경험과 앞날의 기대를 번갈아 바라보게 하는 '낯설게 하기 효과Verfremdungseffekt'를 겨냥한다. 거기에는 '서양'의 역사와 문물, 제도와 사람들 등 낯선 풍경들이 생생하게 펼쳐진다. 이와 같은 '화공畫工의 기량'은 1899년 유길준의 《서유견문西遊見聞》에서 되살아난다. 미국 유학과 유럽 기행 체험이 고스란히 담긴 이 책 또한 '구름과 연기가 시시때때로 바뀌듯' 경이롭기 그지없는 이야기들을 한 폭 '진경'처럼 전한다.[37] 유길준은 이 기념비적인 작품을 쓰기 전에, 일찍이 후쿠자와 문하에서 서양 풍속을 소개하는 '기이한 책들'을 읽을 수 있었다.[38]

1881년에 있었던 일이다. 그해 5월 유길준은 조선 정부가 파견하

---

다. "서양 문명의 역사를 한번 읽어 보자. 개벽의 시간부터 기원 1600년에 이르는 대목은 제쳐 두고 그 뒤 200년간을 뛰어넘어 보자. 앞질러서 1800년대 대목을 열어 그 역사를 보면 누구든 그 장족의 진보(進步)에 놀라지 않을 수 없을 것이다. 도저히 같은 나라의 역사기록이라고 믿기지 않을 것이다. 아무튼, 그 진보를 이루게 된 까닭은 본래 어디에 있는가. 그것은 모두 옛적 사람들의 유물이며 앞서 나간 사람들의 선물인 것이다." 福澤諭吉(2011), 《學問のすゝめ》(福澤諭吉著作集 第3卷), 東京: 慶應義塾大學出版會, 7~8쪽.

**36** 福澤諭吉(2004), 《文明論之槪略》(福澤諭吉著作集 第4卷), 東京: 慶應義塾大學出版會, 5쪽.

**37** 유길준(1895), 《西遊見聞》, 俞吉濬全書編纂委員會 編(1971), 《俞吉濬全書 I》, 일조각, 7쪽.

**38** 같은 책, 3쪽.

는 신사유람단의 수행원으로 일본에 건너갔다. 곧이어 그는 함께했던 유정수와 더불어 게이오기주쿠慶應義塾에 입학하는데, **39** 이 학교를 설립해(1868년) 이끌던 인물이 바로 후쿠자와였다. 어느 현지 신문이 흥미롭게 알렸듯, 조선 최초의 일본 유학생이 된 이 두 '수재'는 "우선 일본어를 학습하고, 번역서를 얻어 읽은 후에, 서양서적을 강구할 생각으로 수학에 열심을 다"했다. 그리고 후쿠자와가 한학에 '조예' 깊을 뿐만 아니라 '학구열과 진취적 능력'에서 탁월했던 유길준을 유별스레 자신의 사저에 머물게 했을 때, **40** '서양'을 압축한 일본 계몽의 언어들이 한국 토양에 이식되는 숙명의 시간은 빠르게 나아갈 수 있었다.

일본 유학 시절, 유길준은 새로운 '세계'와 만나고서 계몽의 문필을 꿈꾸었던 것으로 보인다. 그가 그 뒤에 쓴 《서유견문》은 이때의 감흥과 각오를 되살리는 글에서 시작한다. 먼저 그는 그곳 부지런한 사람들의 습속과 풍성한 사물의 모습을 보면서 혼자 생각했던 것과 다른 일본을 체득한다. 견문과 학식이 넓은 사람들과 소통하고 새로 나온 기문奇文의 책들을 읽는 가운데, '실경實景'과 '진계眞界'가 그의

---

**39** 유정수는 유길준의 매부다. 경제학을 공부했던 이 인물은 나중에 한성부윤과 탁지부협판의 지위에 올랐다. 이들과 함께 신사유람단을 따라갔던 윤치호는 후쿠자와의 동지였던 나카무라 마사나오(中村正直)의 도진샤(同人社)에서 수학했다. 유동준(2005), 《兪吉濬傳》, 일조각, 50쪽 이하; 이광린(1989), 《開化派와 開化思想 硏究》, 일조각, 43쪽 이하.

**40** 황호덕(2005), 《근대 네이션과 그 표상들: 타자·교통·번역·에크리튀르》, 소명출판, 314쪽; 유동준(2005), 《兪吉濬傳》, 59쪽 이하.

눈에 들어온다. 일본의 제도나 법규가 거의 다 서양의 풍속을 모방했다는 사실이 가장 두드러지는 대목이다. 서양을 오랑캐로 낮추어 보기는 일본 사정도 마찬가지였다. 이제, 구미 여러 나라와 조약을 맺은 뒤로 시대의 변화를 살피고 그들의 장점과 제도를 받아들여 30년 가까이 이르게 되자, 일본은 이토록 부강한 나라로 바뀌었다. 그렇다면 '붉은 머리와 푸른 눈'을 지닌 사람들 가운데 반드시 재주와 식견에서 탁월한 사람들이 있기 마련일 것이다. 그들을 어찌 야만 종족으로 보아야만 할 것인가. 구경꾼의 놀라움은 한 편의 기록을 남겨야 한다는 다짐으로 이어진다. 그래서 그는 듣고 본 것을 모아서 적고, 이런저런 책을 두루 살피면서 견문기를 지어 나가기 시작한다. 1882년(임오년) 여름이었다. 그때 마침 조선이 구미 나라들과 조약을 맺기로 한다는 소식이 들린다. 그는 마치 꿈속에서 남의 꿈 이야기를 하듯 자신이 직접 본 참모습을 기록하지 못하는 사정을 아쉬워하면서도 서양의 실상을 옮겨 적고 풍속을 따져서 조선 사람들에게 풍성한 읽을거리를 전하려고 온 힘을 다한다. "그런데 얼마 지나지 않아 우리나라에 갑작스러운 변란이 일어났다."**41** 임오군란이 그 사건이었다.

1883년 1월, 유길준의 게이오기주쿠 시절도 갑작스레 끝을 맞는다. 군란의 뒤끝을 해결하기 위해 일본에 왔던 조선 수신사 일행을 따라 그도 귀국길에 올랐기 때문이다. 유길준의 유학생활은 짧았지만,

---

**41** 유길준(1895), 《西遊見聞》, 3~4쪽.

그가 보고 듣고서 뇌리에 새긴 신지식은 엄청났던 것으로 보인다. 귀국하자마자 그는 임오년의 견문기 초고를 다듬었는데, 누군가 그 원고를 가져가 버렸다고 한다. 그렇게 사라진 글을 빼고도 그는 1883년 한 해 동안 여러 작품을 남긴다. 그중 《세계대세론》은[42] 한국 글쓰기 역사에서 신기원을 이룬다고 할 만하다. 세계 각 지역과 나라의 인종, 문화, 정치, 역사, 지리 등을 나열하면서 개괄적으로 설명하는 글은 '지금'으로 이어지는 경험의 지층과 미래의 시간으로 향하는 계획의 지평을 함께 지녔기 때문이다. 무엇보다도 '세계'가 책을 이끄는 표제어에 배치된 점이 흥미롭다. 이미 메이지유신(1868) 이전부터 일본의 사전에서 'world'의 번역어로 정착했던 이 말은[43] 지리적 중심이나

---

**42** 유길준(1883), 《世界大勢論》, 3~121쪽. 이 작품은 '인종수이(人種殊異)', '종교수이(宗敎殊異)', '언어수이(言語殊異)', '정치수이(政治殊異)', '의식거처수이(衣食居處殊異)', '개화수이(開化殊異)', '세계역사일반(世界歷史一班)', '세계대세일반(世界大勢一班)', '자유대략(自由大略)', '지구총설(地球總說)', '경위도사(經緯度事)', '주야리(晝夜理)', '오대사(五帶事)', '사시사(四時事)' 등으로 구성되었다. 이 가운데 '인종수이'부터 '세계역사일반'에 이르는 7개 항목은 우치다 마사오(內田正雄)가 영어와 네덜란드어 지리서를 참고해서 펴낸 《여지지략(輿地誌略)》권1~4(文部省, 1870) 중에서 권1에 실린 '총론(總論)'을 유길준이 발췌해 번역하면서 곳곳에 자기 견해를 덧붙인 것이다. 나머지 항목들은 후쿠자와를 포함한 '양학자들'의 저술과 번역서를 참조한 내용이다. 박한민(2013), "유길준 《世界大勢論》(1883)의 전거(典據)와 저술의 성격", 〈韓國史學報〉, 53권, 35~72쪽; 이예안(2018), "유길준 《세계대세론》의 근대적 개념 이해와 개항기 조선: 우치다 마사오 《여지지략》과의 비교를 단서로", 〈한국학연구〉, 64권, 139~168쪽.

**43** '세계'는 원래 산스크리트어 lokadhātu에서 유래했다. 그것은 《능엄경》에서 보듯이 과거·현재·미래를 일컫는 세(世)와 방위를 가리키는 계(界)를 망라하면서 시간의 흐름과 공간의 넓이로 중생의 생존과 윤회를 표현한다. 이 한자말은 중국의

이데올로기 범주를 한정하지 않는 개념이다. 이 점에서 세계는 전통적인 천하의 경계를 넘어선다. 유학 고전에서 원래 천하란 천자가 통치하는 영역이면서 도덕정치가 실행되는 범위를 지칭했다. **44** 화하華夏를 중심으로 보는 그 말은 중국과 그 바깥의 나라들을 모두 유교의 도덕질서로 수렴시키는 이념이었다. 새로운 의미의 세계가 변화하는 국제 질서와 시간 의식을 지시했을 때, 천하라는 허위의 도덕 공동체는 해체의 길로 들어설 수밖에 없었다. **45** 《세계대세론》의 내용을 들여다보면, 아울러 독자들을 경이로 이끌 낯선 용어들이 돌출한다. '공화정치', '공화독립국', '자유', '헌법'과 같은 말들이 그 범례에 속한다. 일본 토양에 뿌리내린 이 번역 개념들은 앞으로 한국 지식사회

유학 고전에서 시세(時世), 중인(衆人) 또는 국면(局面)의 의미로 사용되었다. 일본에서는 에도(江戶) 시대(1603~1868) 중반기에 이 말이 가부키(歌舞伎) 공연 극장에서 작품의 배경이 되는 특정 시대, 장소, 인물의 성격이나 사건의 유형을 가리켰다. 케이초(慶長) 시대(1596~1615) 이래로 일본에서는 '세계지도'가 많이 제작되었는데, 여기에서 '세계'는 거의 '만국'이나 '지구'의 의미로 사용되었다. 이러한 경위로 외국어 문헌을 소개할 때 유럽어 world, monde, 또는 Welt를 주로 '세계'라는 말로 번역했다는 사실이 중요해 보인다. 1814년에 나온 영일사전 《譜厄利亞語林大成》에서는 '우주 또는 세계'가 'world'에 짝하고 있으며, 1862년에 나온 영일사전 《英和對譯袖珍辭書》는 그 외래 단어를 '세계, 지구, 사람, 전 세계'로 표현한다. 石塚正英・柴田隆行 監修(2004), 《哲學・思想飜譯語事典》, 東京: 論創社, 182~183쪽.

**44** 〈季氏〉, 《論語》第十六. "孔子曰 天下有道 則禮樂征伐 自天子出 天下無道 則禮樂征伐 自諸侯出."

**45** 진관타오・류칭펑(2010), 《관념사란 무엇인가 2: 관념의 변천과 용어》, 양일모・송인재・한지은・강중기・이상돈 옮김, 푸른역사, 222~263쪽(인용문, 230쪽); 김용구(2008), 《만국공법》, 소화, 55쪽 이하.

에서 열리게 될 새로운 의미지평의 신호탄이 될 것이었다.

유길준이 쉴 새 없이 쏟아낸 작품들은 어떤 사연을 지닌 듯 여겨진다. 한국 신문의 효시로 기록되는 〈한성순보〉(1883. 10. ~ 1884. 12.)의 발행이 그의 글쓰기를 재촉했다고 짐작할 만하다. 그 이야기는 이렇다. 1882년 10월 군란의 변고 탓으로 조선 정부의 수신사가 일본에 건너갔을 때, 몇 년 뒤 갑신정변의 주역으로 등장하게 될 박영효가 그 일행을 이끌고 있었다. 그는 3개월가량 일본의 공공기관들을 시찰하면서 수많은 인물을 만났는데, 남달리 조선 사정에 밝은 한 문필가도 거기에 들어 있었다. 바로 후쿠자와 유키치였다. 이 일본 계몽의 사도는 '문명개화'에 목마른 조선 개혁가에게 신문 창간을 고무한 것으로 보인다. 일은 곧바로 이루어졌다. 1883년 1월에 박영효가 귀국할 때, 일본의 기자와 인쇄공들도 뒤따라 들어왔다. 모두 후쿠자와가 추천한 인물들이었다. 기자 셋은 다 같이 게이오기주쿠 출신으로 후쿠자와의 집에 자주 다녀가곤 했었다. 아마도 이들은 유길준과 가깝게 지냈을 것이다. 더 깊숙이는 후쿠자와가 미리 유길준에게 신문 이야기를 전했을 수도 있다. 아무튼, 박영효는 신문 창간 실무를 모두 유길준에게 맡겼다. 박영효가 귀국하자마자 고종 임금에게 복명한 다음날 한성부판윤에 오른 뒤 곧바로 있었던 일이다. 왕명에 따라 한성부가 신문 간행을 맡으면서 새로 박문국이 생겼다. 이것이 우리에게 널리 알려진 첫 번째 신문 제호의 탄생과정이다. 유길준이 '한성부신문국장정漢城府新聞局章程'을 만들면서 개국 492년 2월이라는 날짜 기록을 붙이는데, 이를 양력으로 옮겨 보면 1883년

3월과 4월 언저리가 된다. 그리고 그는 2,700자에 이르는 긴 '신문 창간사'를 짓는다. **46** 그가 낯선 땅에서 듣고 보았거나 읽었던 체험들이 짧은 기간에 쓴 이 글을 채웠을 것이다. 여기에서 그는 '신문지' 야말로 '문명한' 나라와 인민의 발걸음을 뒤쫓아 나아가는 '진보'의 첨병이라고 힘주어 설명한다.

대조선 개국 사백구십이 년 계미癸未 0월 0일에 국局을 창건하고 ( )을 발행하니, 지상紙上에 기재한 것은 제1 관령官令, 제2 논설, 제3 내국 잡보內國雜報, 제4 외국 잡보, 제5 국세 일람國勢一覽, 제6 문명사물文明 事物, 제7 물가 등 조항이니, 그 간행 도수度數는 매월 0회를 임시 정례로 한다. 그러나 이제부터 개화문명開化文明의 진보를 뒤따르며 사리를 살펴 기재 조목을 취사하고 증감하며, 또 그 간행 도수를 증가하여 매월 0회를 발행하며, 다시금 0회에 이르러, 필경 오늘날 문명하다고들 칭하는 여러 나라에서 발행하는 신문지와 같이 매일 발행하기에 이르며, 또 본지는 ( )의 제1호가 될 뿐만 아니라 마땅히 우리 동방입국東方 立國 사천이백사십 년 이래 신문공보新聞公報를 간행하는 제1호가 되는 것이다. 오늘날 신문지라 칭하는 것은 문명 제국文明諸國에 성행하여 그 공효功效를 낱낱이 모두 거론할 겨를이 없지만, 그 대강을 논변한즉 거의 끝이 없다. 그러하나 그 요령은 한 나라 인민의 지견知見을 확대하는 데 그치지 아니하니, 크게 보면 만국의 정치사리政治事理로부터 적게 보

---

**46** 이광린(1969), 《韓國開化史研究》, 일조각, 48~56쪽.

면 일신일가一身一家의 수제修齊에 이르기까지 매일매일 새롭게 하여, 그 비루한 습속을 벗어나 개명한 화운化運을 지향하여, 폐해를 제거하고 정리正理에 회귀하며, 불편을 버리고 유익을 취하여, 나라의 문화를 증진하게 할 따름이다. **47**

'문명개화'는 그렇게 바다를 건너 이 땅에 들어왔다. 역시 바다를 건너 일본 토양에 적응했던 'civilization'이 같은 이름의 번역어와 짝을 이룬 지 10여 년 뒤의 일이다. 그 덕택에 유길준은 낯선 언어를 직접 이식하는 수고로움 없이 '문명개화', '개화문명', '문명' 또는 '개화'와 같은 시대적 전망개념을 격동하는 한국 지식사회에 접목할 수 있었다. 그렇지만, 이 일은 조선이나 일본 모두 '문명'이라는 고전 용어를 오래도록 익혀 온 학문 전통이 없었다면 가능하지 않았을 터이다. 'civilization'과 '문명'은 어떠한 의미론의 고리로 이어질 수 있었을까? 두 말의 여러 의미소 가운데 어떤 부분이 서로 상응했을까? 이른바 출발언어와 도착언어의 의미망이 교차하는 지점을 그렇게 물을 수 있을 것이다. 번역된 '서양'을 손쉽게 수용할 수 있었던 유길준의 글에서 이 문제를 두고 고심했던 흔적을 찾기는 어렵다. 맨 처음 '문명개화'라는 신조어를 'civilization'의 번역어로 창안한 후쿠자와에게서 그 해답을 들을 수 있을까? 이 일본 개혁사상가는 이

---

**47** 유길준(1883), "新聞創刊辭", 兪吉濬全書編纂委員會 編(1971), 《兪吉濬全書 IV》, 일조각, 5~7쪽.

후에 《문명론의 개략》(1875)을 서술하여 하나의 걸작으로 내어 놓을 때, 문명이란 "영어로 시비리제이숀シウキリゼイション이라고" 하며, 그 말이 "라틴어 시비다스シウキタス에서 유래한 것"이라고 밝혔다.**48** 그리고 그는 이어서 그 말의 '본지本旨'를 다음처럼 설명한다. "문명이란 사람의 몸을 안락하게 만들면서 마음을 고상하게 해주는 것을 일컫는다. (…) 그 안락이라든가 고상이라고 하는 것이 바로 그 진보하는 시간의 상태를 가리키는 무엇이라면, 문명이란 사람의 안락과 품위로 향해 가는 진보를 일컫는 말이다. 그리고 사람의 안락과 품위를 베풀어 주는 것은 사람의 지덕인 까닭에 문명이란 결국 인간 지덕의 진보라고 말할 수 있을 것이다."**49** 후쿠자와는 친절하게 '기점 언어'의 뿌리와 뜻풀이를 전하면서도 정작 중국 고전에서 유래한 '문명'이란 말을 번역어로 선택한 계기를 설명하지 않는다. 따라서 우리는 아직 문명이 '목표 언어'로 바뀌는 사정을 자세히 알지 못한다. 그 과정을 유추해 의미론의 고리를 이해하는verstehen 과제는 고스란히 오늘날 해석자의 짐으로 남는다. 먼저, 서로 짝을 이룬 두 말의 용례들을 거슬러 그 근원지를 살펴보자.

---

**48** 福澤諭吉(2004), 《文明論之槪略》(福澤諭吉著作集 第4卷), 58쪽.
**49** 같은 책, 61쪽.

# 3. 아르케

## 1) 文明

"하늘이 화를 뉘우치고 성인을 보살펴 옛것을 고치고 새롭게 바로잡아 우리 조선 문명의 운수를 열었다."[50] 여말선초의 문신 권근이 남긴 글에서 읽을 수 있는 표현이다. 역성개국을 꿈꾸었던 한 경세가가 새로운 성인의 치세에 거는 기대가 절절하다. 바로 '문명'이 그 기대에 상응하는 말이다. 중국 고전에서 보면 이 말이 원래 '문'과 '명'으로 나뉘어 쓰였음을 알 수 있다. 먼저 《상서》에 나오는 용례를 보자. 중국 서사 전통의 으뜸인 이 책은 다음처럼 시작한다. "옛적 요 임금을 곰곰이 헤아려 보건대, 이름을 방훈放勳이라 하셨다. 삼가고 총명하며 아름답고 깊이 생각하시어(欽明文思) 온유하셨으며, 참으로 공손하고 겸양하시어 덕의 광채는 온 세상에 퍼져 하늘과 땅에 이르렀다."[51] 사마천의 《사기》에 따르면, 처음에 공자가 요순堯舜 이래 사적史籍을 모아 《상서》를 편찬했다고 한다.[52] 공자는 아마도 《춘추》의 사례처럼[53] 흩어진 옛 '사문史文'을 산삭刪削하여 《상서》를 정리할 수 있었을

---

50 권근, 《陽村先生文集》. "上天悔禍 眷佑聖人 革古鼎新 以開我朝鮮文明之運."

51 〈虞書 堯典〉, 《尙書》. "曰若稽古帝堯 曰放勳 欽明文思 安安 允恭克讓 光被四表 格于上下."

52 司馬遷, 〈孔子世家〉, 《史記》. "孔子之時 周室微而禮樂廢 詩書缺 追迹三代之禮 序書傳 上紀唐虞之際 下至秦繆 編次其事."

53 사마천은 〈삼대세표〉에서 다음처럼 설명한다. "공자는 사문을 근거로 삼아 《춘

지도 모른다. 태곳적 언어의 기억으로 거슬러 오르는 이 책의 용례처럼, '문'과 '명'은 각각 군주가 지녀야 할 자질과 풍모를 일컫는다. 이렇게 더듬어 보는 의미의 뿌리는 오래도록 굳건했던 것으로 보인다. 한참 뒤 제齊나라 건무建武 연간(494~498)에 순 임금의 전적을 적은 글 한 편이 나오는데, 여기서도 '문'과 '명'의 쓰임새가 전통의 용례 그대로 이어진다. "옛 순 임금을 곰곰이 헤아려 보건대, 이름을 중화라 하였다. 임금님과 잘 화합하셨다. 신중하고 슬기로우시며, 아름답고 총명하셨다(濬哲文明). 온유하고 공손하시며, 신실하고 성실하셔서 숨은 덕성이 위에까지 들려 마침내 임금 자리를 물려받으셨다."**54** 이 표현을 담은 28자는 한 편의 위작으로 '금문상서今文尙書'에 포함되었다고 한다. 앞서 본 요전堯典 첫머리를 흉내 내는 이 글은, 한참 후대에 쓰였음에도 여전히 이전 언어들의 의미를 반복한다는 점이 흥미롭다. 이처럼 '문'과 '명', 이 두 말이 각각 따로 쓰이는 가운데 '문'이 중심에

---

추)를 편찬하였는데, 여기에는 노나라 왕들의 즉위 원년이 바르고 시와 일월이 정확하게 적혀 있어 상세하다", 〈三代世表 第一〉, 《史記》卷13. "孔子因史文次春秋 紀元年 正時日月 蓋其詳哉." 여기에서 말하는 '사문(史文)'이란 '사'가 남긴 기록을 일컫는다. 나중에 사관(史官)의 직책으로 이어지는 '사'는 상고시대의 '천관(天官)'과 같은 직책이었다. 《사기》의 〈자서〉에 보면, 태사(太史)의 직책을 세습했던 사마천의 부친이 바로 천관의 후예였다. 천관은 천문과 역법, 나라의 제사와 고삭(告朔) 의례를 세습으로 담당하는 직책이었으며, 모든 성력(星歷)과 책명(冊命)의 기록 또한 천관의 과업에 속했다. 이 직책이 나중에 사로 이어져 사관의 전통이 이루어졌다.

**54** 〈虞書 舜典〉, 《尙書》. "曰若稽古帝舜 曰重華 協于帝 濬哲文明 溫恭允塞 玄德升聞 乃命以位."

서고 '명'이 뒤를 받치는 글 형식 또한 한편에서 자리 잡은 것으로 보인다. 《예기》의 〈악기〉에서 그 사례를 찾을 수 있다.

그러므로 음악이란 즐거운 것이다. 군자는 그 도道를 얻어 즐거워하며, 소인은 그 욕망 얻기를 즐긴다. 도로써 욕망을 누르면 즐거워하되 어지럽지 않고, 욕망으로써 도를 잊어버리면 미혹되어 즐겁지 않게 된다. 그래서 군자는 정성으로 돌아가 그 뜻을 조화시키고, 음악을 넓혀서 그 교화를 이룬다. 음악이 행하여져서 민民이 도를 찾게 되어 그 덕을 볼 수 있다. 덕은 성품의 근본이며, 음악은 덕의 피어남이다. 금석사죽金石絲竹은 음악의 기구이다. 시는 그 뜻을 말하고, 노래는 그 소리를 읊조리며, 춤은 그 용태를 움직이는데, 이 셋이 마음에 근본을 두고 난 다음에 악기가 이를 따른다. 따라서 정성이 깊이 자리하면 문이 밝게 빛나며文明, 기세가 왕성하면 변화가 신묘하고, 화순和順한 덕이 마음 가운데 쌓이면 영화英華가 밖으로 드러난다. 어찌 거짓으로 음악을 만들어 낼 수 있겠는가. [55]

이 글에서 읽는 '문'에는 어떤 뜻이 담겼는가? 이어지는 다음 표현

---

[55] 〈樂記〉, 《禮記》. "故曰 樂者樂也 君子樂得其道 小人樂得其欲 以道制欲 則樂而不亂 以欲忘道 則惑而不樂 是故君子反情以和其志 廣樂以成其教 樂行而民鄕方 可以觀德矣 德者 性之端也 樂者 德之華也 金石絲竹 樂之器也 詩言其志也 歌詠其聲也 舞動其容也 三者本於心 然後樂器從之 是故情深而文明 氣盛而化神 和順積中而英華發外 惟樂不可以爲僞."

에서 그 의미연관을 알 수 있다. "음악이란 마음의 움직임이고, 소리는 음악의 드러남象이며, 문채文采와 절주節奏는 소리의 꾸밈이다. 군자는 그 본성을 움직여서 그 드러남을 음악으로 만든 뒤에 그 꾸밈을 다스린다."[56] '문'은 '문채'와 같은 말로서 하늘로부터 물려받은 정감을 오음五音으로 화합해 천지만물의 조화를 아름답게 치장하는 모양을 일컫는다. 후한後漢(25~220) 때 나온 《설문해자》는 '문'의 본래 뜻을 '종횡으로 얽힌 무늬'라고 풀이한다. '문'이라는 글자 모양이 고대 기물에서 보듯 두 팔 벌린 사람의 가슴에 그려진 어떤 문양에서 비롯한다는 설명이다. 오늘날 우리에게 익숙한 '문신文身'에서 그 뜻의 전승을 엿볼 수 있다.[57] 이처럼 어떤 형상을 나타내는 기호가 차츰 의미 분화를 거듭해 문채와 문자, 그리고 문장文章으로 이어진 것으로 보인다. 위진남북조시대魏晉南北朝時代(220~589)에 나온 《문심조룡》에서 그 설명을 들을 수 있다.

문의 뜻은 아주 넓다. 그것은 천지와 더불어 생겨났다. 왜 그런가? 천지가 생겨나자 검은색과 누른색이 드러나고, 둥글고 네모난 모양이 나뉘었기 때문이다. 해와 달은 흰 옥을 겹쳐 놓은 듯 하늘에 붙어 있는 형상을 나타내고, 산천은 비단에 새겨 놓은 자수처럼 땅에 펼쳐진 모양

---

**56** 같은 글. "樂者 心之動也 聲者 樂之象也 文采節奏 聲之飾也 君子動其本 樂其象 然後治其飾."

**57** 공상철(2011), 《중국을 만든 책들: 16가지 텍스트로 읽는 중국 문명과 역사 이야기》, 돌베개, 15쪽 이하.

을 나타낸다. 이 모두는 도道의 무늬(文)이다. 위를 우러러보면 해와 달이 빛을 뿜어내고, 아래를 내려다보면 산과 강이 아름다운 무늬(章)로 펼쳐진다. 높고 낮음이 제대로 자리 잡아, 하늘과 땅이 생겨난 것이다. 오직 인간만이 함께하고 또 영혼을 지녔다. 그래서 이를 합쳐 삼재三才라 이른다. 인간은 오행의 정수이자 천지의 마음이다. 마음이 생겨나자 말이 정하여졌고, 말이 이루어지면서 문이 분명해진다(文明). 자연의 이치란 이런 것이다. **58**

이 글 마지막 부분에서 보는 '문'은 문장과 같은 뜻으로 읽어야 옳을 것이다. 요순시대에 이르러 비로소 문채의 형상으로 꽃피기 시작했다는 문장은 세상 만물이 모두 아름다운 색채와 모양을 지니듯 자연스럽게 이루어진 무늬에서 비롯한다. 바람이 숲을 가르며 내는 소리는 마치 피리와 거문고의 울림처럼 아름답고, 샘물이 바위와 어울려 내는 속삭임은 구슬이나 종소리처럼 조화롭다. 어떤 모양이 있으면 색채가 있고, 소리가 울려 나오면 '문'이 생기기 마련이다. 의식없는 천지 만물에도 뚜렷한 문채가 있거늘, 마음을 지닌 존재에게 어찌 '人文', '인간다운 무늬'가 없겠는가. 자연의 무늬나 인간의 문장에서 한결같은 색채를 길어 내는 이 글쓰기 텍스트는 《예기》가 밝히

---

58 劉勰,〈原道〉,《文心雕龍》. "文之爲德也大矣 與天地竝生者何哉 夫玄黃色雜 方圓體分 日月疊壁 以垂麗天之象 山川煥綺 以鋪理地之形 此蓋道之文也 仰觀 吐曜 俯察含章 高卑定位 故兩儀旣生矣 惟人參之 性靈所鍾 是謂三才 爲五行之 秀 實天地之心 心生而言立 言立而文明 自然之道也."

는 음악의 본성에 뿌리내린 것이다. 앞서 보았던 〈악기〉는 다음과 같이 시작한다. "음이란 사람 마음의 움직임에서 비롯한다. 사람 마음이 움직이는 것은 자연의 이치에 따르는 것이다. 그 움직임이 소리로 드러나고, 소리가 서로 조화로울 때 음이 생겨난다. 음을 가지런히 배열해 연주하면 악이 일어난다. 악은 만물에 감응하는 마음 가운데서 나온다. 사람 마음이 밖으로 드러나면 예라고 이른다. 악은 고요히 흐르고, 예는 문文으로 치장한다. 오직 군자만이 천지 만물의 조화를 뒤따르는 악을 깨칠 수 있다. 그러므로 군자는 소리를 살펴 음을 느끼고, 음을 헤아려 악을 알며, 악을 깨달아 정치를 펼치게 되니, 비로소 나라 다스리는 도리가 완전해지는 것이다."59 《문심조룡》이 설명하는 문장의 본성 또한 예악의 원리에서 멀지 않다. "우리는 성인이 남긴 문을 뒤쫓아서 자연의 이치를 깨칠 수 있다. 성인은 문으로써 자연의 도리를 밝히셨으니, 그 문장은 두루 통하고 아무런 막힘이 없어 매일매일 쓰더라도 다할 수 없다."60

맨 처음 예악을 만들어 내는 것을 '성聖'이라 이르고 그것을 풀어 밝히는 것을 '명明'이라 부른다고 하듯,61 음악이나 문장의 근본이 밖으

---

**59** 〈樂記〉, 《禮記》. "凡音之起 由人心生也 人心之動 物使之然也 感於物而動 故形於聲 聲相應 故生變 變成方 謂之音 比音而樂之 及干戚羽旄 謂之樂 (…) 唯君子爲能知樂 是故審聲以知音 審音以知樂 審樂以知政 而治道備矣 (…) 樂由中出 禮自外作 樂由中出故靜 禮自外作故文."
**60** 劉勰, 〈原道〉. "故知道沿聖以垂文 聖因文以明道 旁通而無滯 日用而不匱."
**61** 〈樂記〉, 《禮記》. "作者之謂聖 述者之謂明 明聖者 述作之謂也."

108

로 드러난 '문명'은 원래 성인군자의 덕성을 치장하는 표현이었다. 《역경》에서 읽는 한 유명한 계사繫辭도 같은 뜻을 전한다. "나타난 용이 밭에 있으니, 온 천하가 문명하도다."**62** 여기에서 '용'은 도덕 군왕이나 현자를 지칭할 것이다. 나중에 주희는 《맹자》의 한 구절을 풀이하면서 문명을 대인의 품성이 드러난 현상으로 묘사한다. "대인의 덕이 왕성하여 상하가 교화에 이르니, '나타난 용이 밭에 있으므로 온 천하가 문명하다'라고 이르는 바와 같다."**63** 아마도 이 문구를 읽었으리라 짐작할 만한 연암 박지원은 문명의 표상을 좀더 넓은 지평으로 이끈다. "무릇 선비란 아래로 농공農工과 같은 반열에 서나 위로는 왕공王公과 벗한다. 지위로 말하자면 농공과 다를 바 없지만, 덕으로 말하자면 왕과 공이 늘 섬기는 사람이다. 한 선비가 글을 읽으면 그 혜택이 사해에 미치고, 그 공은 만대에 이른다. 《역경》에 이르기를 '나타난 용이 밭에 있으니, 온 천하가 문명하도다'라고 한다. 이는 글 읽는 선비를 일컫는 것이 아닐까."**64**

---

**62** 〈乾卦〉, 《易經》. "見龍在田 天下文明."

**63** 〈盡心章句上〉, 《孟子集註》. "大人德盛而上下化之 所謂 見龍在田 天下文明者." 이 말은 《맹자》의 다음 장구(章句)를 풀이한 표현이다. "대인이라는 사람은 자기 몸을 바르게 하여 남도 바르게 만드는 인물이다(有大人者 正己而物正者)."

**64** 朴趾源, 〈原士〉, 《燕巖集卷之十》. "夫士下列農工 上友王公 以位則無等也 以德則雅事也 一士讀書 澤及四海 功垂萬世 易曰 見龍在田 天下文明 其謂讀書之士乎." 이 글은 다음에 보는 맹자의 언설에 근거한 것으로 보인다. 〈萬章下〉, 《孟子》. "繆公亟見於子思曰 古千乘之國以友士 何如 子思不悅曰 古之人有言曰 事之云乎 豈曰友之云乎 子思之不悅也 豈不曰 以位則子君也 我臣也 何敢與君友也 以德則子事我者也 奚可以與我友 千乘之君求與之友 而不可得也 而況可召與."

이처럼 문명을 덕치의 상징으로 삼는 중국 고전의 교설이 일본에 건너가 왕도 이념의 한 표현으로 쓰였을 터이다. 무로마치室町 시기 고쓰치미카도後土御門 천황 재위기간(1464~1500)의 연호로 쓰인 '분메이文明'(1469~1486)가 그 사례에 해당한다. 그 뒤로 일본에서 문명은 '문덕이 빛나는 모습', '세상이 열리고 사람의 지혜가 밝아지는 것'과 같은 뜻풀이와 함께 일본어 한자사전과 자국어사전에 오르기도 했다. 그 출전은 앞서 본 《상서》의 '준철문명濬哲文明'이나 《역경》의 '천하문명'이었다. '문명'은 이처럼 귀하게 대접받는 말이었다. 한문을 즐겨 읽는 일본의 전통적 지식인들은 대부분 문명의 본래 뜻을 잘 알고 있었다고 한다. 메이지 초기에도 그 한문 용어는 여전히 '훌륭하고 멋있는 것ミゴトナルコト' 또는 '뛰어나게 훌륭하고 멋있는 것アザヤカニミゴトナルコト'이라는 의미로 쓰이면서 'civilization'을 기다리고 있었을 것이다. [65] 후쿠자와는 문덕과 지혜가 밝게 빛난다는 이 고전 용어에 에도시대 이래 '열리다'라는 뜻으로 쓰이던 일상어 '히라케루開ける'를 합성해 '문명개화'를 창안한 것으로 보인다. 이때, 아득히 먼 고전 세계에서 군왕이나 현자의 이미지를 장식했던 '인간 무늬'의 상징은 그 번역어 '문명개화'에 어떤 흔적을 남겼을까?

"나는 어떻게든 양학이 성행하도록 해서 반드시 일본을 서양 같은 문명 부강국으로 만들겠다는 야심을 품었다. 그 방편으로 게이오기

---

[65] 니시카와 나가오(2007), 한경구·이목 옮김, 《국경을 넘는 방법: 문화·문명·국민국가》, 일조각, 188쪽 이하.

주쿠를 서양 문명의 안내자로 삼아, 마치 동도東道의 주인이 된 듯한 기분으로, 서양식의 독과점 혹은 특별 에이전트와 같은 역할을 담당하면서 자진해서 외국인을 위해 일하는 듯한 인상을 주었기 때문에 보수적인 일본인들로부터 미움을 받는 건 당연한 일이었다.” 후쿠자와가 회상하는 청년기에는 말 그대로 오직 ‘양학자’의 길밖에 없었다. 그가 서른셋의 나이에 세웠던 게이오기주쿠는 다만 영어책을 읽고 영어에 능통할 수 있도록 ‘영학英學’을 가르칠 따름이었다. 이즈음 ‘문명개화’가 하나의 번역어로 탄생했다. 그 ‘서양 문명’과 중국 고전의 ‘천하문명’은 하나의 의미망 안에서 서로 만날 수는 없었을까? 후쿠자와는 원래 ‘유교주의’ 가정환경에서 자랐다고 한다. 거의 말단 사족 출신이었던 부친이 ‘순수한 한유漢儒’였던 까닭이었다. 그 덕택에 후쿠자와는 서당에서 유년 시절을 보내는 동안 유학 경서들뿐만 아니라 《좌전》과 《사기》 같은 역사서도 읽을 수 있었다. 그렇지만 그는 “한학을 멀리하고 소홀히 했을 뿐 아니라, 한 걸음 더 나아가 이른바 부유腐儒의 부설腐說을 일소해 버리겠다고 젊은 시절부터 결심하고 있었다.” 어떤 사연이 있었을까? 어느 날 그가 “동양과 서양의 역사를 비교해” 보니, “부국강병이나 최대다수의 최대행복이라는 면에서 동양은 서양의 밑에 놓이고” 만다는 깨달음이 왔다. 그래서 “동양의 유교주의와 서양의 문명주의”를 서로 대결하는 지점에 두었다는 설명이다. 그는 마치 ‘사자 몸속의 벌레’처럼 경전과 사서의 의미내용을 잘 알면서도 ‘유교주의’의 적대자를 자처했다. 후쿠자와는 그때의 심정을 이렇게 되살린다. “그토록 내가 한학을 적대시한 것은, 지금 같은 개국 시절에 낡고 뒤진 한설漢說이 어린 소년들의 뇌리를 사로잡고 있으면 도저히 서양 문명이 일본에 들어올 수 없으리라고 굳게 믿어 의심치 않았기 때문이다. 어떻게 해서든 그들을 구출해 내 내가 믿는 길로 인도하고자 온 힘을 다했다. 내 진심을 말하자면, 일본 전국의 한학자들은 모두 나와라, 내가 혼자서 상대해주겠다는 식이었다."**66**

후쿠자와의 기억이 그토록 선명한 만큼이나 'civilization'의 일본식 번역어에서 전통의 덕치를 치장하는 어떤 상징 의미를 찾아보기 어렵다. 그는 즐겨 "한학의 급소와 같은 곳을 찍어" 유교 사유의 폐단을 '마구' 공격했다고 하는데, 이와 정반대로 경사經史의 고사성어 가운데 가장 빛나는 무늬를 지닌 말인 문명이 낯선 곳의 '주의主義'를 불러내는 이름으로 쓰인 셈이다. 서양과 한 몸을 이룬 문명은 익숙한 유교주의의 대척점에 서게 된다. 후쿠자와에게서 '서양 문명'을 학습했던 조선의 개혁가들 또한 그 같은 궤적을 뒤따랐을까? 박영효가 안성맞춤의 문서를 남겼다. 1888년에 있었던 사연이다. 그때 박영효는 갑신정변 탓에 일본에서 망명 생활을 견디는 가운데 그곳 개혁가들과 사귀며 지냈는데, **67** 마침 그가 조선 국왕에게 올린 한 편의 〈건

---

**66** 후쿠자와 유키치(2013), 《후쿠자와 유키치 자서전》, 허호 옮김, 이산, 24~31쪽; 203~249쪽.

**67** 박영효는 1884년 12월에 갑신정변이 3일천하로 끝나자 바로 일본에 피신한 뒤 처음에 후쿠자와의 집에 은거했다. 그 뒤 몇 곳을 전전하다가 잠시 미국에 다녀왔으며, 1887년 이래로 몇몇 교육기관에서 영어, 서양철학, 기독교 사상 등을 학습했다. 김

백서建白書〉68에서 시대적 언어 용례를 알아볼 수 있다. 여기에 여러 신조어와 더불어 문명이 자주 등장한다. 우선 하나의 사례를 보자. "신이 살펴보건대, 아시아주는 천하의 영기靈氣가 모이는 곳입니다. 그러므로 유교, 불교, 예수교, 이슬람교의 교조들이 모두 이 땅에서 나왔습니다. 여기는 옛적 흥성했던 시절에 문명文明이 없었던 곳이 아니었는데, 근대에 이르러 도리어 유럽에 양보하게 된 까닭은 무엇이겠습니까?" 흥미롭게도 박영효는 문명의 시원을 아시아에서 찾는다. 그리고 그는 이제 문명을 일으켰던 쪽이 오히려 유럽으로부터 더 앞선 문명을 받아들여야만 하는 이유를 묻는다. 그의 대답은 간명하다. 아시아 여러 나라의 정부는 오래도록 민民을 노예와 같이 보아 인의예지로 이끌고 문학과 재예才藝로 가르치지 않았다. 그리고 그는 오늘날 문명의 진보에서 뒤바뀐 처지는 인민의 탓이라기보다는 정부의 잘못에서 말미암았다고 진단한다. 69

---

현철(2004), "박영효의 '1888년 상소문'에 나타난 문명·개화론", 유병용 외 지음, 《박영효 연구》, 한국정신문화연구원, 55~133쪽.

68 이 문건은 일본국제연합회가 편찬한 《日本外交文書》第21卷(東京干, 1949)에 편철되어 있으며, 〈朝鮮國內政ニ關スル朴泳孝建白書〉(朝鮮國關係雜件 No. 106)라는 표제와 더불어 〈朴泳孝建白書〉라고 약칭한 제목이 붙어 있다. 김석근(2013), "建白書", 한림과학원 편, 《동아시아 개념연구 기초문헌해제 II》, 선인, 118~123쪽. 이 문건은 다시 1973년 역사학회가 편찬한 《韓國史資料選集 V: 最近世篇》(일조각, 49~67쪽)에 '박영효, 〈內政改革에 대한 建白書〉'라는 제목으로 실렸다. 이 글은 후자의 문서를 텍스트로 사용한다.

69 박영효(1973), 〈內政改革에 대한 建白書〉, 52쪽. "臣按亞洲 天下靈氣所蔟之處也 故儒佛耶蘇及回回敎之祖 皆出於此土 古昔盛時 非不文明 然至于近代 却讓

박영효는 후쿠자와의 사례와 달리 동양의 옛 고전에서 읽는 문명의 이미지를 어떤 향수로 간직했던 것처럼 보인다. 그는 상소의 처음부터 고종에게 상고上古의 전범에서 길어 낸 왕도를 설파한다. 그것은 무엇보다도 '왕이 백성과 더불어 음악을 즐겨야 하듯' 왕도는 예악의 교설에 따르는 화합의 정치에서 출발해야만 한다는 주장이다.70 그리고 그는 "민이 곧 나라의 근본"이라는 《상서》의 한 경구를 인용하면서,71 군왕이 나라의 근본을 굳게 하려면 백성이 화목하게 살도록 이끌고, 백성을 화합시키려면 백성을 즐겁게 하고, 백성을 즐겁게 하려면 백성에게 안정을 베풀고, 백성이 안정되게 하려면 백성을 위로하고, 백성을 위로하려면 백성과 더불어 감고甘苦를 함께 나누어야 한다고 역설한다.72 그가 설명하는 통치의 본성이야말로 후쿠자와가 그토록 애써 맞서고자 했던 '유교주의'의 핵심 원리 그대로다. 박영효는 아름다운 음악처럼 조화와 중정中正을 밝게 드러낸 덕치의 모습이 곧 문명이라는 점을 잘 알았던 듯 보인다. 그

歐洲者何也 蓋諸邦之政府 視民如奴隷 不導之以仁義禮智 敎之以文學才藝 故人民蠢愚無恥 雖見領於他 而不知爲恥 禍亂將至 而不能覺 此政府之過也 非人民之過也."

70 박영효의 표현은 《맹자》의 다음 장구를 이끌어 온 것으로 보인다. 〈梁惠王 下〉, 《孟子》. "今王鼓樂於此 百姓聞王鐘鼓之聲 管籥之音 擧欣欣然有喜色而相告曰 吾王庶幾無疾病與 何以能鼓樂也 今王田獵於此 百姓聞王車馬之音 見羽旄之美 擧欣欣然有喜色而相告曰 吾王庶幾無疾病與 何以能田獵也 此無他 與民同樂也 今王與百姓同樂 則王矣."
71 〈夏書 五子之歌〉, 《尙書》. "皇祖有訓 民可近 不可下 民惟邦本 本固邦寧."
72 박영효(1973), "內政改革에 대한 建白書", 51쪽.

래서 그는 주저함 없이 '조선의 문명'(聖朝之文明)이 더욱더욱 새로워지기를 바란다고 표현할 수 있었을 것이다. 그렇지만 근세에 이르러서는 전통의 교화가 무너지고 미풍양속이 쇠미해져서, 사람들이 격물치지의 본뜻을 모르게 되었다는 탄식이 뒤따른다. 그러니까 '바로 지금' 새로운 문명으로 나아가는 정치의 개혁이 필요하다는 것이다.

그러므로 진실로 한 나라의 부강을 기약하고 만국과 대치하려 한다면, 임금의 권한을 줄여 가볍게 하고 인민이 마땅히 나누어 가져야 할 자유를 누릴 수 있게 하여 각자 나라에 보답하는 책임을 지게 한 뒤 점차 문명으로 나아가야(漸進文明) 할 것입니다. 이렇게 한다면 인민은 평안하고 나라 또한 태평할 것이며, 종사宗社와 군위君位가 함께 오래갈 수 있을 것입니다. 73

이제, 아득한 태곳적 덕치를 그리는 향수는 앞으로 나아가 새로 맞이해야만 하는 시간의 기대로 바뀌었다. 박영효가 '근세문명의 나라'를 불러내었을 때, 74 조선도 아울러 거기에 당당히 속한다는 주장이 나올 수는 없었다. 오히려 일본은 조선과 똑같은 비와 이슬과 해

---

73 같은 글, 62쪽. "是以 誠欲期一國之富强 而與萬國對峙 不若少減君權 使民得當分之自由 而各負報國之責 然後漸進文明也 夫如此 則民安國泰 而宗社君位 并可以永久也."
74 같은 글, 49쪽.

와 달의 혜택을 받고 있음에도 이미 '개명의 도'를 좇아 부강한 나라들과 어깨를 나란히 한다는 설명이었다. 그의 탄식은 다음과 같이 이어진다. 우리는 아직도 몽매 가운데 있어서 어리석은 바보 같으며 술에 취하고 미친 듯 지내니, 온 천하가 우리를 조롱할 것이다. 어찌 부끄럽고 근심스럽지 않을 것인가.[75] 왜 이처럼 되었을까? 사서삼경과 제자백가서를 암송했던 우치愚癡의 유자들이 백성과 나라를 그르치게 한 탓이다. 그들은 격물치지의 본뜻을 내버려 둔 채 화려하게 빛나는 글맵시만 완상玩賞하면서 '대학사大學士'의 이름이나 뽐내고 있다. 물려받은 옛 도는 이미 이어지지 않아서 궁리와 격물을 깨칠 수 없게 되었다. 아득한 고사古事가 귀중한 가르침을 전한다. 곧, 신라에서는 수신과 궁리, 지리와 천문, 법률, 의약, 산수, 음악, 그리고 중국, 몽고, 만주, 일본, 인도 등의 말과 글을 가르치는 수업이 성행했다. 그 뒤로 사람들은 온갖 사물의 이치를 '발명'할 수 있었다. 그러나 오늘날에 이르러서는 그 형체와 그림자가 모두 사라져서, 혹여 그 이름은 남아 있더라도 그 실상은 알 수 없게 되었다. 그러니 어찌 다시금 그것을 가르칠 수 있겠는가. 새로운 시대는 새로운 방법과 함께해야만 한다. "만약 말단을 버리고 근본을 취하여 격물궁리格物窮理의 학문으로부터 천하를 평정하는 방법에 이르게 되면, 그것은 곧 지금 구미歐美에서 널리 성행하는 학문과 같습니다."[76]

---

75 같은 글, 51쪽.
76 같은 글, 63쪽. "若棄其末取其本 而自格物窮理之學 至於平天下之術 則與當今

116

박영효가 내세운 학문의 원리는 옛 현자들의 생각과 그다지 멀어 보이지 않는다. 무릇 학문이란 실용을 앞세우고 글의 화려함은 뒤로 물려야 하며, 이는 동서에 두루 통하는 이치라는 것이다. 그렇지만 그 구체적 실행방안은 전대미문의 실험이다. 이를테면 정치, 재정, 법률, 역사, 지리, 산술, 이화학대의理化學大意 등의 책을 번역해 가르치는 장년 학교의 설립이 하나의 사례다. 인민이 직접 신문국을 설치해 신문을 인쇄하고 판매할 수 있도록 허가하는 일도 새로운 문예 진흥에 속한다. 구미 나라들은 신문국의 많고 적음으로써 나라의 '문명 여부'를 가늠한다는 설명이 뒤따른다. 종교의 자유를 허락하는 정책도 같은 선상의 일이다. 그리고 인민이 '문명의 자유'를 누리도록 반상의 신분 등급을 폐지하고 '통의通儀'의 예禮와 법을 제정하자는 제안은 동시대 개혁 논의를 멀리 앞질러 나아간 것으로 보인다. 그러면서 박영효는 후쿠자와처럼 숨김없이 '양학자'를 자처했을까? "대체로 유럽 사람들이 입으로는 법과 도리를 일컫지만, 그 마음속에는 범과 이리가 숨어 있습니다."77 300~400년 전부터 지금에 이르기까지 그들이 집어삼킨 지역과 나라가 셀 수 없을 정도라는 설명이 뒤따른다. 이는 일본의 동배 지식인이 그토록 온 마음을 다해 옹호했던 '서양문명주의'에 이미 제국주의 기운이 가득 서렸다는 자각과 다르지 않을 터였다.

歐美方盛之學同也."
77 같은 글, 52쪽. "大凡歐人 口稱法義 心懷虎狼."

박영효가 '야만국의 미개 정치'(蠻邦未開之政)와 '문명국의 개명 정치'(文國開明之政)를 맞세워 보았을 때, **78** 조선이 서 있는 지점은 더욱 뚜렷하게 드러났다. 그의 왕조와 인민은 다 함께 '문명의 공의'(文明之公義)를 더 많이 배워야 했으며, 그것을 깨치는 학문의 길은 어쩔 수 없이 바깥으로 열릴 수밖에 없었다. 그래서 '조선의 문명'은 이미 주어진 현상이기보다는 앞으로 다가올 시간의 지평이었다. "구미 사람들이 늘 아시아 사람들을 업신여기는 것은 여차한 나쁜 풍속이 있기 때문입니다. 어찌 수치와 욕됨이 심하지 않겠습니까? 만약 빨리 그 악속惡俗을 고쳐 좋은 풍속을 이루지 못하면 조선의 문명을 기대할 수조차 없을 것입니다."**79** 남녀의 차별뿐만 아니라 반상班常과 중서中庶의 등급이 정해져 있는 탓에 '강제로' 나뉜 신분의 귀천이 '영원히' 지속하는 현상을 비판하는 설명이다. 박영효는 후쿠자와를 따라 '세상의 문명개화'(世之文明開化)를 말하면서도**80** 단 한 차례도 '서양 문명'을 호명하지 않았다. 더군다나 그는 그 이름으로 조선의 개혁 과제들을 치장하지도 않았다. 그는 서양 문물과 제도를 선망했지만, 자신이 양학자라고 고백할 수는 없었다. 동시대 조선의 개화파 지식사회는 대체로 이런 기류에 함께했던 것으로 보인다. 짐작건대, 박영효와 그의 동료들은 옛 경전에서

---

**78** 같은 글, 53쪽.

**79** 같은 글, 66~67쪽. "歐美之人 常侮亞洲之人 以有如此惡風也 豈非恥辱之甚哉 如不速革其惡俗而就良 則聖朝之文明 未可期也."

**80** 같은 글, 54쪽.

읽는 '문명'과 외래어 '문명'이 각각 다른 의미소들로 구성되었다고 생각했을 것이다. 그래서 문명이라는 말은 동서의 가치체계와 도덕질서에 모두 걸치는 듯 보이면서도 어떤 구체적 의미연관을 드러낼 수는 없었을 것이다. 개화파 인물들 사이에서 개개인은 저마다 문명의 지평을 달리 그렸겠지만, 모호하게나마 동양어 '문명'과 서양어 '문명'에서 기대하는 어떤 접합 부분이 그 말을 호명하는 용례의 범위를 만들었을 것이다. 우리는 그 의미소들의 교집합 지점에서 어떠한 소통의 과정을 해석해 낼 수 있을까? 먼저 외래어 '문명'이 탄생하게 되는 기점을 거슬러 올라가, '사람의 몸을 안락하게 만들면서 마음을 고상하게' 이끌어 준다는 그 말이 진보와 계몽의 시간을 상징하게 되는 과정을 더듬어 보아야 할 것이다.

## 2) civilization

후쿠자와 유키치가 영어 책에서 우연히 만났던 'civilization'의 어원을 뒤쫓아 그 뜻을 풀이해 보면, 거기에서 중국 고전의 '文'이나 '文明'을 연상할 만한 의미내용을 찾아보기 어렵다. 18세기에 신조어로 처음 쓰이기 시작했던 서양어 '문명'은 옛적 로마 시민을 일컬었던 '키비스civis'에 그 뿌리를 둔다. 이 고전 라틴어에서 후에 'civilization'으로 이어지게 될 몇몇 파생어가 만들어진다. 키빌리스civilis (시민다운, 예의바른), 키빌리타스civilitas (세련됨, 사교성), 키비타스civitas (시민 공동체, 시민권) 등이 'civilization'의 의미를 채우게 될 말들이다. 이 가운데 '키비스'의 형용사형 '키빌리스'를 눈여겨보아야 한다. 키빌리스는 옛 헬라스 사람들이 말하던 '폴리티코스πολιτικός'의 번역어로 쓰였는데, 바로 그 가운데에 나중 여러 유럽 언어에서 발전하게 될 '문명'의 본래 의미소가 들어 있기 때문이다. 처음에 이 고전 그리스 말 '폴리티코스'는 우리에게도 익숙한 '폴리스πόλις'의 형용사 표현으로 나타났다. 고전고대의 정치 행위가 한데 모인 이 폴리스에서 키빌리스의 본디 뜻을 찾을 수 있다. 아리스토텔레스Aristoteles, BC 384~322가 지은 《정치학》을 보면, 폴리스 공동체의 본성과 목적, 그 구성원들의 자격과 덕목을 아우르는 의미들이 그 오랜 용어 가운데 들어 있다. 이 옛 철학자는 폴리스 형성의 역사를 설명할 때 먼저 '아르케ἀρχή' 이야기에서 시작한다. 아르케는 사전에서 보듯 시작과 발단, 처음과 근원뿐만 아니라 존재나 인식의 원리와 추론의 공식을 함께 아우른다. 아리스토텔레스의 '아르케' 질문은 폴리스들의 기원으로 거슬러 올라가 '좋은' 공동체들 가운데 '최고의 것'이 어떻게 '자연에 따라 발전해 왔는지'를 살펴보는 과제다. 맨 먼저 여성과 남성이 생식을 위해 결합한다. 그리고 생존을 위해 지배하고 지배받는 관계가 나타난다. 이성으로 앞을 내다보면서 지배하는 자가 주인이라면, 신체의 힘으로 노동하면서 지배받는 자는 노예다. 이 두 공동체로부터 가정이 생겨난다. 나날의 필요를 충족하기 위해 자연스럽게 형성된 이 공동체가 마을을 구성하며, 이로부터 이루어진 '완전한 공동체κοινωνία τέλειος'가 곧 폴리스다.

폴리스는 한마디로 말해서 이미 전적인 자족의 한계에 도달해 있는 것이다. 그런데 그것은 삶을 위해서 존재하는 것이지만, 좋은 삶을 위해서 존재하는 것이다. 이런 까닭에 모든 폴리스는 본성에 따라φύσει 존재하는 것인데, 최초의 공동체들도 또한 그렇기 때문이다. 왜냐하면, 이것이 저것의 목적이고, 자연φύσις이 그 목적τέλος이기 때문이다. 이를테면 각각의 것이 그 생성을 완성했을 때, 우리는 그것을 각각의 것의 본성이라고 부르기 때문이다. 가령 그것을 인간의, 말의, 가정의 본성이라고 부르니까. 게다가 (어떤 것이 존재하는) 그 목적을 위해서, 즉 그 목적이 최선이며, (폴리스의 목적인) 자족은 목적이자 최선인 것이다.

따라서 이러한 것들로부터 분명한 것은 폴리스란 자연에 따라 존재하는 것들에 속하며, 인간은 본성대로 폴리스에 걸맞은 동물φύσει πολιτικὸν ζῷον이라는 것이다. 운 때문이 아니라 본성 때문에 폴리스 없이 사는 사람은 좀 모자란 사람이거나 인간 이상의 사람이다. 그는 또한 호메로스에게 비난받았던 사람 같이 '형제도 없고, 법도 없고, 집도 없는' 자이다. 왜냐하면, 본성적으로 이러한 사람은 이와 동시에 장기 게임에서 고립된 장기말처럼 전쟁하고 싶어서 안달이 난 사람이기 때문이다. **81**

81 Aristoteles (1831), *Politica*, in *Aristotelis Opera*, ex recensione Immanuelis Bekkeri. Edidit Academia Regia Borussica. Volumen alterum, Berolini, apud Georgium Reimerum, pp. 1252b~1253a. 원전의 번역은 다음 자료의 도움을 얻었다. 아리스토텔레스 (2017), 《정치학》, 김재홍 옮김, 도서출판 길, 32~34쪽.

여기에서 읽는 '폴리티콘πολιτικόν'은 '폴리티코스πολιτικός'의 변형이다. 폴리스에서 유래한 이 형용사 표현들은 '폴리스다운', '폴리스에 걸맞은', '폴리스를 형성하는' 등의 의미를 지니면서 '정치에 알맞은', '정치로 이루어지는', '정치 행위로 볼 수 있는' 따위의 용례로 옮겨 간다. 아리스토텔레스는 '정치로 이루어지는 공동체κοινωνία ἡ πολιτική'를 표현할 때82 그러한 뜻을 지닌 단어를 사용한다. 이렇게 보면 앞서 다룬 명제, 곧 '인간은 본성대로 폴리스에 걸맞은 동물φύσει πολιτικὸν ζῷον' 가운데 '폴리스에 걸맞은'이라는 말은 '정치에 알맞은' 또는 '정치 행위를 꾸려나가는'과 같은 표현으로 바꾸어 읽어도 좋을 것이다. 말하자면, 폴리스와 정치는 같은 의미론 지평에서 하나의 목표를 지닌다. 으뜸의 좋음으로 향하는 '완전한 공동체'가 그 궁극지점이다. 아리스토텔레스가 정의하는 폴리스는 그와 같은 좋음과 완전함의 본성에 따라 인간 공동체의 으뜸 원리와 맞닿는 로고스와 정의, 친애와 유익함의 교제로 이루어진다. 나중에 '문명'이라는 근대 언어의 의미소로 작용하게 될 라틴어 표현들, 곧 키비스, 키빌리스, 키빌리타스, 키비타스와 같은 용어들에는 하나같이 그 옛적 정치 공동체의 이상이 담긴 셈이다.

아리스토텔레스는 이러한 의미 구성에 또 다른 핵심 요소를 더한다. "폴리스가 훌륭한 것은 정치체제에 참여하는 폴리테스들이 훌륭한 덕택이다."83 여기에서 말하는 '폴리테스πολίτης'는 폴리스 구성

---

82 Aristoteles (1831), *Politica*, p. 1252a.
83 같은 책, p. 1332a.

원을 뜻한다. 폴리테스는 로마 시민을 지칭했던 키비스와 짝을 이루는데, 근대 유럽 언어들 또한 이 단어를 '시민'으로 번역했다. 이와 같은 언어 용례에 따라 아리스토텔레스의 명제를 다음처럼 풀이할 수 있을 것이다. 폴리스가 이룩한 '완전한 좋음'은 어떤 운의 작용이 아니라 시민들이 이룩하는 지식과 합리적 선택의 산물이다. 폴리테스, 곧 시민이란 어떠한 존재인가? 이 세력은 폴리스의 정치 행위에 직접 참여하면서 그 정체성을 떠맡는다. 이상적인 폴리스의 통치 관직과 대의제 기구가 그들의 수중에 놓이게 된다. 모든 시민이 정치 영역에 참여한다는 점에서, 폴리스의 행복은 곧 시민 전체의 훌륭함에서 비롯한다고 볼 수 있다.[84] 따라서 폴리스는 가장 좋은 삶을 목적으로 삼는 폴리테스의 공동체라는 의미를 지니게 된다. 여기에서 말하는 가장 좋은 삶이란 덕ἀρετή에 따른 삶이다. 이로부터 정치 행위의 삶만이 인간에게 가장 적합하고 유일한 삶이라는 명제가 가능해진다. 왜냐하면 정치에 참여하여 공공의 과제를 수행하는 사람들에게서 각각의 덕에 따르는 행위가 더 많이 이루어지기 때문이다. 덕이 없다면 고귀한 인간의 행위가 따르지 않으며, 폴리스의 고귀한 행위도 없다. 폴리스의 행복은 바로 폴리스의 고귀함에서 비롯한다.[85] 그러므로 최선의 폴리스에서 시민들은 품위 없는 무지렁이들의 삶에서 멀어져야만 한다.[86]

---

[84] 같은 책, pp. 1332a~1332b.
[85] 같은 책, pp. 1323a~1324b.

덕 없는 행복이란 있을 수 없다고 보면, 폴리스 공동체의 좋음과 완전함은 그 시민의 덕성에 달린 것이 된다. 폴리스의 구성원을 일컫는 폴리테스의 쓰임새가 이렇게 넓혀지자, 이와 밀접했던 형용사 폴리티코스에 '시민다운', '시민의 품위에 어울리는', '현명한', '예의 바른' 등의 의미영역이 더해진다. 로마 사람들이 폴리티코스의 번역어로 사용했던 키빌리스와 그 명사형 키빌리타스는 그리스 원어의 용례대로 정치 공동체와 그 구성원의 이상적 품성을 아우르게 되었다. 시민이 공동체 생활에서 갖추어야 할 '사교성', '정중함', '세련됨', '친절함'에 더해 '통치 지식'과 '정치 수완'의 뜻이 그 말들 안에 담기게 된다. 그리고 키빌리스와 그 명사형은 항상 긍정의 뜻으로 쓰이면서 정치 요소를 잃지 않았는데, 그 관습 또한 그리스 원어의 의미 전승에 따른 것으로 보인다. 곧, 나중에 '문명'이라는 신조어 (프랑스어 civilisation, 영어 civilization, 도이치어 Zivilisation)의 어간으로 작용하게 될 그 용어는 본디 정치 공동체에서 살아가는 인간의 성격을 형용하도록 만들어졌던 셈이다. 이 점에서 '문명'은 처음부터 전혀 다른 어원에서 출발했던 '문화'(영어, 프랑스어 culture, 도이치어 Kultur)와 차별성을 지닌다. 옛 헬라스 사람들은 후에 유럽에서 널리 쓰이게 될 '문화'에 딱 들어맞는 말을 만들어 내지 못했다. 교육이나 학습을 뜻하는 '파이데이아παιδεία'가 교양을 갖춘 사람의 자질을 의미하는 쪽으로 쓰이기도 했지만, 이 말이 나중의 문화로 발전

---

**86** 같은 책, p. 1328a.

하게 될 라틴어 어원에 직접 맞닿지는 않았다. '문화'의 뿌리는 라틴어 동사 'colere'이다. 이 말은 '거주하다', '꾸려 나가다'라는 의미와 더불어, '돌보다' 또는 '재배하다'라는 의미도 지닌다. 이 동사의 과거분사 'cultus'로부터 두 명사가 파생했는데, colere의 두 번째 의미를 물려받은 'cultura'와 'cultus'가 그것이다. 로마 사람들은 이 명사들을 사용할 때 뚜렷한 구분선을 정해 두지는 않았다. 두 단어는 처음에 밭의 '경작'이나 작물의 '재배'와 같은 용례를 보이다가 차츰 인간을 대상으로 삼는 '돌봄'이나 '길들임'의 뜻으로 나아갔다. 이로부터 '수양'이나 '교양'이라는 용례가 생겨날 수 있었다. 여기에 초자연적인 일, 이를테면 신과 우상에게 경배하는 행위양식의 의미가 더해진다. 이렇게 의미가 전이되는 과정에는 공경과 섬김의 습속이나 방식, 또는 의복과 장신구의 꾸밈 등이 매개되었을 것이다. 후일 문화라는 개념이 아우르게 될 그 의미영역은 처음부터 농업에 매이는 인간의 개별 활동을 가리켰으며, 따라서 거기에는 정치적 어감이 거의 따라붙지 않았다. [87]

'문명' 개념의 어원을 이루는 그리스어와 라틴어 용례는 이처럼 처음부터 자연과 함께하는 개개인의 삶, 말하자면 어느 정도는 정치에서 벗어난 인간 활동을 묘사했던 '문화'를 낳은 뿌리 용어들과는 달리 계속해서 공동체와 정치과정에 얽히는 인간 행위를 지시했다. 이를

---

**87** Fisch, J. (1992), "Zivilisation, Kultur", in Otto Brunner et al. eds. , *Geschichtliche Grundbegriffe*, vol. 7, pp. 682~688.

테면 중세 초기 세비야의 주교 이시도르Isidore de Seville, 560?~636는 사라져 가는 옛 지식을 모아 펴낸 《어원백과사전》에서 철학을 정의하는 표현들을 정리하면서 키빌리스의 뜻풀이를 남겼다. 그는 먼저 철학을 사변inspectiva과 실천actualis의 영역으로 나누는데, '정치적civilis' 사유가 실천철학에 속하게 된다. "실천철학 또한 드러난 문제들이 어떻게 작용하는가를 설명한다. 여기에는 세 부류가 있다. 도덕철학, 경제철학, 정치철학이 그것이다. 도덕철학은 공정한 삶의 방식을 추구하게 한다. 경제철학은 가사용품의 질서가 현명하게 배치되도록 지시한다. 정치철학은 전체 공동체의 유익함이 잘 관리되는 방식을 설명한다."**88** 폴리스 공동체πολιτική κοινωνία의 본성과 과제를 사유하는 지식이 곧 '정치철학φιλοσοφία πολιτική'이라는 설명은 아리스토텔레스에게서 비롯한다. 그의 언어 용례를 두고서 본다면, '공공의 이익'을 추구하는 철학이란 '폴리스 에피스테메πολιτική ἐπιστήμη', 곧 정치에 알맞은 지식과 다를 바 없다. 일찍이 아리스토텔레스는 다음과 같이 설명한 적 있다. "모든 지식과 기예의 목적은 어떤 좋음이기 때문에, 최고의 좋음과 최선의 좋음은 모든 것 가운데 가장 으뜸가는 권위를 지니는 지식ἐπιστήμη과 기예τέχνη의 목적이다. 이것이 정치 능력πολιτική δύναμις이다. 그런데 정치적 좋음은 정의이고, 정의는 공공의 이익τὸ κοινῇ συμφέρον이다. 그렇지만 모두는 정의가 어떤 종류의 동등함이라고 생각한다.

---

**88** Isidore de Seville(1911), *Etymologiarum sive originum*, Oxford: Oxford University Press, II, 24, 16.

이 생각은 적어도 어느 정도로는 윤리학 문제를 두고서 논의했던 철학 진술과 일치한다. 정의란 누군가에게는 어떤 것이고, 또 동등한 사람들에게는 동등한 것이어야만 한다고 말할 수 있기 때문이다. 그러나 무엇의 동등함이고 무엇의 동등함이 아닌지를 빠뜨려서는 안 된다. 왜냐하면, 이 탐구에는 아포리아가 들어 있기 때문이다. 이 난제를 다루는 학문이 곧 정치철학이다."**89**

이시도르가 아리스토텔레스의 범례에서 끌어온 표현방식은 하나의 언어 관습을 낳은 것으로 보인다. '폴리스'에서 유래한 '키빌리스'가 정치 행위나 그 수완을 형용하는 의미로 사용되는 현상이 그것이다. 스콜라철학의 전성기를 대변했던 아퀴나스Thomas Aquinas 1225?~1274는 '폴리스에 걸맞은 동물φύσει πολιτικὸν ζῷον'이라고 표현했던 아리스토텔레스의 경구를 다음처럼 라틴어 표현으로 바꾸어 쓴다. "인간이란 본성대로 정치적 동물이다Quod homo est naturaliter animal civile." 고매한 가톨릭 신부였던 이 철학자는 그 말을 자주 인용하면서 폴리스에서 유래한 키빌리스를 '정치'의 형용사형에 적합한 '폴리티쿠스politicus'와 나란히 놓았다. "정치에 걸맞다는 것은 시민답다는 말과 같다Politicum idem est quod civile." 이처럼 '키빌리스'가 시민다움과 정치능력을 표현하는 하나의 수식어로 쓰이는 현상은 그 명사형 '키빌리타스'에서 거듭 나타난다. 이 용어는 하나의 정치 단위를 이루는 도시와 그 구성원, 그리고 '시민의 권리'를 지칭하면서, 공동체의 구성 원리를 지시하는

---

**89** Aristoteles (1831), *Politica*, p. 1282b.

'정치체제'를 아우른다. 이 점에서 이 말은 '폴리티아politia'와 같은 뜻으로 쓰이며, 또한 폴리스에서 유래한 그리스어 명사 '폴리티케πολιτική' (정치, 정책, 정치 수완) 와 '폴리테이아πολιτεία' (통치, 정치체제) 의 번역어 역할을 맡는다. 아퀴나스의 후예들이 자주 언급했던 "정치 공동체 또는 통치체제Civilitas sive regimen"라든가 "키빌리타스, 바꾸어 말하면 폴리티아"라는 표현이 그 사례에 속한다. 90

스콜라철학자들이 아리스토텔레스 정치철학을 수용했던 영향력에 따라 '시민다운 삶vita civilis'이라는 말이 차츰 '중용의 삶' 내지는 '예의 바른 삶'이라는 뜻의 표현으로 나아간다. 로고스와 정의, 친애와 유익함의 교제로 이루어지는 이상적 공동체 생활은 '자연의 삶vita naturalis' 내지는 '야수와 같은 삶vita bestialis'의 반대편에 선다. 이 같은 표현방식과 더불어 시민의 덕성을 강조하는 '예의 바른 삶'은 '활동적인 삶vita activa'과 한뜻을 이루면서 '명상의 삶vita contemplativa', '영감의 삶vita spiritualis'에 맞선다. 그러면서 시민의 삶, 곧 공공생활을 묘사했던 형용사와 그 명사형은 차츰 정치 공동체라는 의미영역을 넘어서서 '문명'이라는 근대 언어의 의미망을 예비한 것으로 보인다. 어느 순간 단테Dante Alighieri, 1265~1321가 말했던 '전체 인간 공동체의 목적finis totius humane civilitas'이 동시대의 표어처럼 유명해졌을 때, 그 뜻은 늘 키빌리스가 형용했던 정치 시민의 덕성을 벗어나 전 인류의 품격을 지시하게 된다. "인류가 보편으로 삼는 공동체universalis civilitatis

---

90 Fisch, J. (1992), "Zivilisation, Kultur", pp. 693 f.

humani generis의 목적에 알맞은 어떤 것이 있다면, 그것은 곧 근본 원인이다. 이로부터 앞으로도 계속 증명해야만 하는 모든 것이 또렷하게 밝혀진다. 모든 사람의 의견을 한데 모으는 하나의 목적이 있는 것이 아니라 이쪽 또는 저쪽 공동체를 위한 목적이 있다고 추정하는 것은 어리석은 일이다." 단테는 이 보편의 목표가 '만인 공통의 평화pax universalis'라고 밝힌다. 91

여기에서 말하는 '키빌리타스'는 잘 정돈된 공동체를 뜻한다. 그것은 단지 정치 영역뿐만 아니라 모든 삶의 양상을 지칭한다. 이와 같은 언어 용례로부터 보편의 인간성을 치장하는 표현들이 발전하게 된다. 이를테면 에라스뮈스Desiderius Erasmus, 1466?~1536는 1530년에 펴낸 《소년들의 예절De civilitate morum puerilium》에서 이전부터 널리 사용되던 그 라틴어 용어에 '새로운 첨예화와 새로운 추진력'을 더한다. "자연이 내는 소리를 억누르는 것은 건강보다도 예의civilitati를 더 중요하게 여기는 바보스러운 짓이다." 키빌리타스는 이처럼 옛 문헌에서 흔히 나타났던 정치 공동체의 의미보다는 사람들의 사회적 행동 양식, 곧 '바깥으로 드러나는 신체의 단정함externum corporis decorum'을 지시한다. 이 용례는 개념 내부의 차이점, 곧 고상하지 못한 태도와 구별되는 인간 품성의 경계선을 분명하게 하는 표현에도 적용된

---

91 Dante Alighieri (1313), *De Monarchia*, in Ricci, P. G. (ed., 1965), *Le opere di Dante Alighieri* (Edizione Nazionale a cura della Società Dantesca Italiana), 1, Milano: Pier Giorgio Ricci Editore, Liber Primius, II, 8; IV, 5.

다. "기름 묻은 손가락을 입으로 빨거나 옷으로 닦는 것은 '예의에 어긋난다incivilis'." 신체 조건에 어울리는 예의범절을 새로운 개념으로 형상화하는 에라스뮈스의 작품은 르네상스 인간의 욕구가 실체로 나타나는 시대적 과정을 고스란히 담고 있다. 엄청난 반향을 불러일으켰던 책의 표제와 더불어 키빌리타스 개념은 유럽 사회에서 처음으로 자기 이해를 중심 표현으로 삼았으며, 거기에 담긴 특별한 의미를 사람들의 의식 가운데 새겨 넣을 수 있었다. 드디어 그 라틴 용어는 여러 대중 언어에서 유행하는 말로 바뀌어 근대 '문명' 개념에 더 가까이 다가선다. 프랑스어 '시빌리테civilité', 영어 '시빌리티civility', 이탈리아어 '치빌타civiltà', 그리고 다른 토착어들처럼 확실하게 자리 잡지 못했던 도이치어 '치빌리테트Zivilität'가 그것들이다. 92

키빌리스와 키빌리타스는 앞서 설명한 것처럼 르네상스 시대정신의 세례를 거치면서 이전과는 전혀 다르게 타동사 형식의 용어로 발전한다. 그렇게 바뀐 단어 형태가 근대 '문명' 개념의 의미론을 예비한다. 그것이 형성되는 과정에서 개개 자국어가 완벽한 주도권을 행사하게 된다. 라틴어 용례에서 '문명' 개념의 어원을 이루는 언어들이 어떠한 대상이나 목적을 지시하기 위해 동사로 바뀌는 사례는 전

---

92 Erasmus, D. (1714), *Erasmi Roterodami Civilitas Morum Puerilium. Latinis & Germanicis Quaestionibus in novum tenerae aetatis usum eleganter disposita*, Leipzig: Friedrich Groschuff; Norbert Elias (1981), *Über den Prozeß der Zivilisation. Soziogenetische und psychogenetische Untersuchungen*, vol. 1, Frankfurt am Main: Suhrkamp, pp. 65 f.

혀 없었다. 새로운 현상은 프랑스어에서 시작한다. 16세기 후반기에 처음 나타난 동사 'civiliser'는 문명의 요소들을 그 대상으로 찾는 용법으로 쓰인다. 어떤 무엇을 '예절 바르게' 또는 '세련되게' 만들거나 시킨다는 뜻의 이 타동사가 쓰인 덕택에 'civilisation'이라는 신조어가 탄생할 수 있었을 것이다. 그 새로운 단어는 1572년 플루타르코스Ploutarchos의 작품을 프랑스어로 번역한 책에 나온다. 곧, 야누스가 "로마 사람들에게 훌륭한 법을 만들어 주고, 또한 예전에 난폭했던 그들의 생활방식을 교화시킴civiliser으로써" 좋은 정부를 만들었다는 표현이 등장한다. 여기에 쓰인 타동사 'civiliser'는 '문명으로 이끌다'라는 뜻으로 옮겨도 좋을 것이다. 아울러서, 이 말이 지향하는 움직임이 종결되어 어떤 좋은 상태가 새롭게 펼쳐진다는 표현의 분사형 'civilisé'도 자주 나타난다. 이를테면 르루아Louis Le Roy, 1510~1577는 1568년 아리스토텔레스의 《정치학》을 주해하면서 "더 온화해지고 세련된civilisé 나라"라는 말을 썼다. 같은 뜻의 영어 표현은 이보다는 늦게 나타난다. 1861년 극작가 매신저Philip Massinger, 1583~1640는 직접 쓴 희곡 《동방의 황제The Emperor of the East》(1632) 에 '관습과 예절의 달인'을 등장시켜 앞으로 전개될 '문명'의 의미론을 예비한다. "공손하면서도 말없이 용맹한 당신의 사람들이 / 나의 주장들을 실천해 준다면 / 나는 궁정을 새롭게 정비하고 / 그들의 야만 본성을 교화하겠다civilize." 이 작품에서 미래를 내다보는 언어 용법은 그 무렵 유럽 사람들이 실제로 '야만인'을 문명으로 이끌었다는 현실 경험과 얽혀 있었으며, 미지의 시간을 기대하는 역사성을 드러낸다는 점에 주목할 만하다. 도이칠란트의 언어 발전은 이들 사례와는 달리 후진성을 보여주었을 따름이다. 16세기와 17세기에 'civiliser' 또는 'civilize'와 견줄 만한 도이치어 용례는 나타나지 않았다. 라이프니츠Gottfried Wilhelm Leibniz, 1646~1716의 작품에서 '교화된 인민들civilisirte Völcker'이라는 표현이 등장하는데, 여기에 쓰인 분사는 동사의 변형이기보다는 프랑스어 civilisé를 번역한 단어였을 것이다. 이즈음 도이칠란트 학자들은 문화의 전前 단계 용법에 더 많이 기울어서 대체로 문명 개념의 발전에 소홀했다. **93**

프랑스어 동사 civiliser와 그 분사 표현 civilisé로부터 새로운 조어가 만들어지면서, 본격적으로 '문명' 개념의 시간이 시작한다. 'civilisation'이라는 말은 언제부터인가 쓰였는데, 그것은 원래 '형사소송을 민사소송으로 바꿈'이라는 뜻으로 사용되었다. 이 명사의 어간 'civil'이 라틴어 키빌리스와 키비스에 내력을 두면서 민간 문제 내지는 사적 영역을 형용하는 표현으로 쓰였기 때문일 것이다. 이 civilisation에는 '문명' 개념이 포괄하는 어떠한 의미소도 들어 있지 않았다. 널리 쓰이던 civiliser 또는 civilisé와 유사하게 어떤 작용을 표현해 내려면 새로운 개념을 형성해야 했을 것이다. 우리에게 '문명'으로 전해진 civilisation은 처음부터 그와 같은 실용적 목적에 따른 말이었다. 그 시작점은 1756년이었다. 이해에 프랑스 중농학파 저술가 미라보Victor Riquetti Marquis de Mirabeau, 1715~1789는 《인간의 벗

---

**93** Fisch, J. (1992), "Zivilisation, Kultur", pp. 697~699.

혹은 인구론》을 펴내면서 처음으로 '문명'을 호명하기 시작한다. "훌륭한 사회에서는 성직자들이 의당 첫 번째 서열에 위치한다. 종교란 말할 것도 없이 가장 먼저, 그리고 더욱 효율적으로 인간성을 제어하는 기제다. 그것은 문명civilisation의 원동력이다." 종교가 쉼 없이 인간을 타이르는 가운데 그 마음을 달래 주고, 또한 인간 정신을 고양한다는 설명과 더불어 문명의 역동성이 강조된다. [94] '문명'은 처음 쓰일 때부터 인간의 활동과 어떤 일의 경과나 과정을 표현하는 하나의 개념으로 나타났다. 미라보는 1768년 무렵에 서술한 한 초고에서 문명의 의미를 그보다 폭넓게 말한다.

문명이란 무엇이냐고 내가 묻는다면, 사람들 대부분은 나에게 다음처럼 대답할 것이다. 한 인민의 문명은 풍속의 온화함이며 도시풍의 세련됨이자 공손함이다. 그것은 또한 예의범절이 사람들 사이에 준수되고 세세한 일상의례 가운데 자리 잡도록 널리 퍼진 어떤 양식의 지식이기도 하다. 이 모든 것이 내게는 미덕의 가면으로 보일 따름이며, 그 모습은 나타나지 않는다. 문명이 사회에 미덕의 형식과 더불어 그 본성을 가져다주지 못한다면, 그것은 사회를 위해 아무것도 할 수 없다. 우리가 이제 이야기했던 이 모든 요소를 거쳐 순화된 사회의 한가운데서 타락한 인간성이 생성한다. [95]

---

**94** de Mirabeau, V. R. M. (1756), *L'ami des hommes ou Traité de la population*, Avignon, vol. 1, première partie, p. 136.

**95** Fisch, J. (1992), "Zivilisation, Kultur", p. 717에서 재인용.

문명이 인간 덕성의 본래 모습과 성격을 온전하게 보여 주지 못한다는 미라보의 지적에는 동시대 궁정 풍속과 예절 양식을 겨냥하는 비판의식이 들어 있었을 것이다. 궁정 귀족들은 즐겨 civilisé와 함께 다른 동의어들 곧 cultivé, poli, policé를 말하면서 자신들의 특수한 행동방식을 두드러지게 했는데, 이 형용사들은 지체 낮은 사람들의 생활양식과 견주어 우월한 귀족의 미풍양속을 강조하는 표현이었다. 따라서 '폴리테스'나 '시빌리테'와 같은 개념이 표상했던 궁정의 예의범절은 대다수 사람이 비난하는 대상이었다. 미라보 또한 진정한 '문명인homme civilisé'의 이상에 따라 인간 덕성의 본질을 가리는 가면을 혐오했을 것이다. 96 그렇더라도 그가 처음으로 생각해 낸 civilisation은 그 어원과 마찬가지로 변함없이 긍정적 가치를 지닌다. 1760년에 펴낸 《인간의 벗 혹은 인구론》 제 2권에서 미라보가 "사치스럽고 비뚤어진 문명의 추구"라는 표현을 사용했을 때, 거기에는 이미 진정한 문명이 따로 존재한다는 전제가 있었다. 이 시대적 용어는 하나의 신조어로 탄생해 쓰이기 시작하는 바로 그때, 서로 어긋나는 가치를 수반하면서 나중 시기의 의미론에서 첨예하게 드러날 근본 요소들에 얽힌다. '문명'이 하나의 개념으로 등장하자마자 새로운 내용을 매우 빠르게 자신의 의미망 안에 가득 채워 넣었다는 뜻이다. 우선 그 새로움은 개념이 포괄하는 의미영역에서

---

96 Elias, N. (1981), *Über den Prozeß der Zivilisation. Soziogenetische und psycho-genetische Untersuchungen*, pp. 47 f.

두드러진다. 문명의 관련 범위는 거의 언제나 어느 인민이나 민족, 유럽 사람들, 인류와 같은 큰 집단이다. 한 개인의 문명화를 말하는 자료는 '문화' 개념의 사례와 달리 찾아보기 어렵다. 문명화 과정 내부에서 도덕 가치와 시간의 진보가 분리된다는 점이 문명 개념 형성의 또 다른 특징이다. 이 이원론 가운데서 운동과 변화, 그리고 그 작용의 세분화라는 시간 계수가 개념의 핵심 전제로 자리 잡는다. 당대의 언어학자 불랑제Nicolas Antoine Boulanger, 1722~1759는 미라보의 신조어가 나오자마자 다음과 같은 문명의 의미론을 펼친다. "미개한 인민들이 개명되는civilisé 상태에 이르면, 견고하고 돌이킬 수 없는 법률을 내려 줌으로써 문명civilisation 행위를 멈추게 해서는 안 된다. 우리가 그들에게 선사하는 법제를 그들이 하나의 지속적인 문명으로 삼을 수 있도록 해야만 한다."97

civilisation의 창시자가 너무 먼 미개와 너무 나아간 퇴폐 사이에 역사철학의 사유를 머물게 하는 동안, 진보의 시간을 낙관하는 언어 관습이 차츰 굳어져 가고 있었다. 먼저 1770년대 초반에 《백과전서 Encyclopédie》 기고자들이 이 신생 개념을 자주 호명하게 되자, 문명이 나아갈 길과 거침없는 인류 진보가 하나의 지평으로 열린다는 생각이 널리 퍼졌다. 이때 바깥으로 드러난 문명의 치장이 너무 지나치다고 우려하는 도덕적 논란은 전혀 나타나지 않았다. 프랑스 계몽주의 저술가 레날Guillaume-Thomas François Raynal, 1713~1796은 1770년부터

---

97 Fisch, J. (1992), "Zivilisation, Kultur", p. 718.

펴냈던 '철학사' 시리즈에서 먼저 "문명과 지식의 진보"를 말했는데, 이 표현은 동시대 수많은 계몽의 글에서 하나의 상투어가 되었다. 그 뒤로 '문명 정도', '문명의 시대', '자연에 따라 발전하는 문명' 등의 유행어가 역사 진보의 지표가 되었다. **98** 이 같은 현상은 프랑스 지식사회의 전유물이 아니었다. 스코틀랜드의 계몽철학자 퍼거슨 Adam Ferguson, 1723~1816이 1767년에 고전 반열에 들 만큼 유명했던 《시민사회의 역사 에세이》를 펴냈을 때, 거기에서는 프랑스 문필가들의 수사법에 전혀 뒤지지 않는 '문명'의 지평이 열린다. "오직 개인만이 유아로부터 성년으로 나아가는 것은 아니다. 인류 또한 스스로 야만에서 문명civilization으로 향해 나아간다." 여기에서 보는 civilization이 미라보가 창안했던 신생 개념의 번역어라 단정할 수는 없을 것이다. 퍼거슨의 '문명'은 자연스럽고 자명한 과정으로 묘사된다는 점에서 미라보가 '문명'에 담은 의미내용과 차별성을 지닌다. 거기에는 어떤 도덕적 가치가 들어 있지 않다. 그것은 주로 상업과 기술의 진보 덕택에 고도로 성숙한 시민사회의 긍정적 상징이다. **99** 문명화 과정과 역사의 진보가 하나의 궤적 가운데 있었던 셈이다. 퍼거슨이 문명의 이름으로 옹호했던 진보의 신념은 다음 세기 초반기에 프랑스 역사학자 기조François Pierre Guillaume Guizot, 1787~1874

---

**98** 같은 글, p. 719.

**99** Ferguson, A. (1966), *An Essay on the History of Civil Society*, Edinburgh: Edinburgh University Press, pp. 1, 123~124, 203, 215.

의 작품에서 더욱 정교한 체계를 이룬다. 로마제국에서부터 프랑스 혁명으로 이어지는 《유럽문명사》에서 문명과 진보는 하나의 원동력 가운데 작용하는 개념쌍이 되었다. "진보, 곧 발전이라는 사고방식은 (…) 문명이라는 말 가운데 내포된 근본이념이다." 문명화에 다다르는 발전, 곧 "그 진보란 무엇인가?" 기조는 이 의미심장한 역사철학의 질문을 다음과 같이 정리한다. 그것은 첫째로 "시민 생활의 완성"이다. 그것은 "보다 정확하게 말하자면 사회의 발전, 곧 인간관계의 발전"이다. 이와 더불어 "개인 생활과 내적 생활의 발전, 곧 인간 자신과 그의 능력, 감정, 생각의 발전"이 문명의 '진보'를 표상한다.[100] 문명과 진보 이념이 유럽 역사의 궤적 가운데에서 함께 작용한다는 기조의 사유방식은 뒤늦게나마 도이치의 언어 관습을 일깨웠다. 앞 장에서 보았던 블룬칠리가 그의 동료와 함께 1857년부터 펴내기 시작한 《도이치 국가사전》에서 '문명'을 하나의 항목으로 서술했는데, 그것은 그때까지 도이칠란트 지식사회에서 지지부진했던 문명 논의에서 벗어나는 결정판이 될 수 있었다.

"인류가 얻고자 애쓴 것이 그들의 문명으로 나타난다. 한 인민집단ein Volk이 자신의 문명에서 이루는 모든 진보는 그들 삶의 과제를 어느 부분 성취했다고 평가받으면서 명예로운 자리에 든다."[101] 진

**100** Guizot, F. (1840), *Histoire générale de la civilisation en Europe, depuis la chute de l'Empire Romain jusqu'à la Révolution Française*, Paris: Didier, pp. 3~31.
**101** Bluntschli, J. C. (1857), "Civilisation", in Bluntschli, J. C. & Brater, C. eds., *Deutsches Staats-Wörterbuch*, vol. 2, p. 510.

보의 역사철학을 표현하는 이 말은 블룬칠리 문명론의 첫머리다. 기조Guizot의 서술방식을 본받는 이 논설은 '정치적 공동생활의 완성'에 이르는 '인간 정신'의 발전과정에 주목한다. 블룬칠리는 원래 국가 구성의 원리와 그 발전의 역사과정을 연구하는 법학자였다. '근대의 헌정 생활'에 이르는 국가학의 '진보'를 문명의 개념과 그 역사 속에서 파악하는 사유방법은 블룬칠리가 헌법학과 정치학을 아우르는 광범위한 학술체계의 서술을 시작했을 즈음에 이미 그의 구상에 들어 있었다. 그는 1951년과 1952년에 걸쳐 그와 같은 연구 작업의 성과로 《일반국법Allgemeines Staatsrecht》이라는 제목의 저술 초판본을 펴내는데,102 한 법학자의 명성을 널리 알린 이 책은 그의 설명대로 "국가 세계의 역사를 문명화에 이르는 발전과정" 가운데에서 '주목하는' 작품이다. 여기에서 그는 먼저 사변의 성향과 형식법학에만 치우쳤다는 동시대의 자연법 국가학 가운데에서 정치 생활의 정신이 '파멸한 현상'을 보면서, '역사적이며 철학적인 방법'의 국가 이론을 구상한다. 그 새로움은 무엇보다도 "근대적 국가 본성을 결정지을 만한 개념들과 기관들의 근본적인 맥락과 공통적인 성격"을 서술하는 과제에 있다. 말하자면, 블룬칠리 방식의 국가학은 '인간다운 기제의 양면성', 곧 국가 이념뿐만 아니라 국가 현실을 제대로 이해

---

102 Bluntschli, J. C. (1852), *Allgemeines Staatsrecht, geschichtlich begründet*, München: Verlag der literarisch-artistischen Anstalt. 1851년에 나온 이 책의 판본은 전체 12권 가운데 1~5권의 내용을 싣고 있다.

하는 인식체계와 같다는 설명이다. 103 바로 여기에서 '국가의 본성과 사명'을 문명의 역사과정 가운데에서 파악하는 방법론이 이루어진다. 진보의 역사학자 기조Guizot의 설명처럼, 그는 외적 정치 상황의 발전과 시민사회의 형성, 그리고 정신생활의 개발과 인간 교양의 수련을 문명의 주요 특징으로 보면서, 근대 국가는 곧 문명국가라는 인식체계에 다다른다.

문명 가운데에서 인간의 정신은 인간 본성에 내재하는 동물 속성, 그리고 날것 그대로 나타나는 강제력의 질료 모두를 통틀어 공공연히 지배하고 있다. 인간이 공공질서를 만들어 내고 국가를 형성함으로써, 그리고 국가가 인민들의 전체 삶에 꼭 필요한 만큼 그와 같은 지배력을 보장해 주는 덕분에, 인간은 문명의 최상 작품을 실행한다. 정치적 공동생활에 이르는 도야 과정Ausbildung이 모든 문명의 본질적 측면이다. 그래서 키빌리스civilis(시민다운, 예의 바른)와 키비스civis(시민)라는 말의 뜻이 국가civitas와 얽히는 관련 속에서 밝혀진다. 한 국가 가운데에서 인간 정신의 권리와 자유가 더 많이 보호받는 만큼, 그리고 그 속에서 뭇사람이나 몇몇 유복한 계급 또는 개인의 거친 격정이 더 적게 위력을 행사하는 만큼, 국가는 훨씬 더 높은 문명에 이른다. 그래서 국가의 유기조직 속에서 이루어지는 모든 진보는 문명의 진보와 함께한다. 왜냐

---

103 Bluntschli, J. C. (1884), *Denkwürdiges aus meinem Leben*, vol. 2, Nördlingen: Verlag der C. H. Beck'schen Buchhandlung, p. 108 f.

하면 온전함에 다다를 수 있는 유기조직이 야만 상태를 극복하기에 가장 적합한 수단을 제공하기 때문이다. [104]

국가의 역사를 완전함에 이르는 인간 정신의 발전으로 보는 블룬칠리의 설명방식은 문명의 개념 가운데 들어 있는 의미소를 되새겨 보는 사유 전통에 속한다. 그는 틀림없이 18세기 프랑스에서 처음으로 만들어진 문명 개념의 역사에 관심을 두면서, 라틴어 키빌리스 civilis나 키비타스 civitas가 그리스 말 폴리스πόλις에 뿌리를 둔다는 언어 유래를 잘 알고 있었을 것이다. 아울러 그는 국가를 하나의 유기조직체로 이해하면서 거기에 이르는 형성과정을 진보하는 문명의 역사로 설명했다. 이와 같은 인식론은 동시대 글쓰기 사례에서 찾아보기 어렵다. 그는 아마도 유기체 사유의 원조(아리스토텔레스)처럼 정치 공동체 κοινωνία ἡ πολιτική[105]가 '완전한 좋음'으로 향하는 자연의 공리와 인간 본성에 근거한다고 생각했을 것이다. 이와 같은 사유체계 가운데에서, '문명'은 국가의 구성 원리와 맞닿으면서 진보하는 인류의 시간 지평을 열었다.

이렇듯 '문명'은 하나의 시대적 개념으로서 유럽 역사와 유럽인이라는 자의식과 우월감의 표상이 되었다. 세계대전을 겪으면서 문명을 앞세웠던 자만심이 진보의 위기에 부딪히고는 한 시대 동안의 자

---

104 Bluntschli, J. C. (1857), "Civilisation", p. 511.
105 Aristoteles (1831), Politica, p. 1252a.

기 회의로 바뀌는 계기들은 또 다른 논의 주제가 될 것이다. 이 이야기에 앞서, 우리는 신생 개념과 시대적 환경이 서로 어울리는 작용들의 연관 가운데에서 새로운 시간의 의미에 깊이 주목할 수 있을 것이다. 우리가 얼핏 보았듯, '문명'은 추상성과 보편성의 지평에서 역사철학과 함께하면서 '진보'와 더불어 앞으로 나아가는 시간의 질을 지시했다. 말하자면 '문명'과 '진보'는 새로운 세계로 향한 하나의 시선에서 생성했으며, 문명의 역사는 진보의 철학으로 승화했다. 이러한 사유의 궤적 한가운데 있었던 블룬칠리의 저작이 대한제국의 황혼기에 국한문 혼용의 번역서로 나타나서, 진보하는 문명과 결합하는 국가 형성의 문제를 새롭게 논의하는 장을 마련했다는 점이 주목거리다. 우리 이야기의 첫머리에 등장하는 《국가학 강령》 가운데에서 다음 구절을 읽을 수 있다. "오늘날 문명국가들은 모두 민인국가民人國家이니, 민인국가란 무릇 국중國中의 민民이 합성일체合成一體하여 그 도리를 스스로 결정하고(自斷其理) 그 의사를 스스로 펼치며(自宣其意) 그 정치를 스스로 행하는(自行其政) 것을 말한다."106 안종화가 어렵사리 한 편의 번역서로 만들어 낸 이 저작이, 문명 세계에 적합한 국가의 의미론을 한국 지식사회에 전하면서 어떤 사유의 지평을 열었으리라 짐작할 만하다. 그 원서에 담긴 국가학 원리가 유럽의 '문명' 개념 속에 켜켜이 담긴 용례들의 유산과 밀접히 얽혔다고 보면, 거기에서 작용하는 의미연관은 '완전함'과 '좋음'의 표

---

106 伯倫知理(1907), 《國家學綱領》, 安種和 譯, 12~13쪽.

현들일 터이다. 말하자면, 원저자의 논의 주제가 문명국가의 기원을 묻는 우리의 질문에 어떤 실마리를 가져다주리라고 기대할 만하다. 먼저, 서구 문명 개념의 시원이라고 할 수 있는 아리스토텔레스의 폴리스 이야기에서 출발해 보자.

# 3

## 폴리스에서 국가유기체로

## 1. 아리스토텔레스

### 1) 오르가논

18세기 이래 유럽 지식사회에서 생물학의 개념으로 널리 쓰였던 '유기
체'(organism, organisme, organismo, Organismus)는[1] 라틴어 '오르
가니스무스organismus'의 꼴과 뜻을 그대로 빌려 쓴 말이다. '기구'나 '조
직' 또는 '생물체'를 뜻하는 이 용어는 옛 그리스 말 '오르가논ὄργανον'과

---

1  Ballauff, T. , Scheerer, E. & Meyer, A. (1984), "Organismus", in Gründer,
   K. ed. , *Historisches Wörterbuch der Philosophie*, vol. 6, Basel: Schwabe,
   pp. 1330~1358.

의미맥락을 같이한다. 이 오랜 원어는 우리에게도 어느 정도 익숙하다. 아리스토텔레스의 논리학 관련 저술들을 하나로 엮은 유명한 책 이름이 그것이다. 《범주론Categoriae》, 《명제론De interpretatione》, 《분석론 전서Analytica priora》, 《분석론 후서Analytica posteriora》, 《변증론Topica》, 《소피스트식 논박Sophistici elenchi》이 거기에 속한다. 이들 작품을 두루 일컬었던 '오르가논'은 아리스토텔레스 사후 기원전 1세기2 내지 '궁극적으로는' 기원후 6세기 무렵3 주석가들이 붙인 명칭이라고 하지만, 그 말은 이미 그의 저술 여러 곳에 산재한다. 이를테면 입론과 반증의 논의 훈련을 설명하는 《변증론》 제 8권 제 14장에서 다음과 같은 표현을 읽을 수 있다. "모든 명제에 대해 늘 상반하는 논의들이 있기 마련이다." 그러므로 우리는 그것들에 대처하여 '논박할 만한 수단'을 찾아야 한다. 그리고 우리는 이것을 찾으면 곧바로 '해결책'도 구해야 한다. 묻고 대답하면서 우리 자신이 명제를 뒷받침하는 훈련을 쌓기 때문이다. 아울러 같은 명제를 두고서 서로 평행하게 대립하는 논의들을 골라 비교해 보아야 한다. 이렇게 하면 상반하는 것들에 골고루 주목할 수 있다. 간추려서 말하자면, 내세워진 명제를 찬성하거나 반대하는 진술들의 추론을 음미하면서 따져 보는 것은 지식 형성과 철학 사유에 '하찮은 도구μικρὸν ὄργανον'로 쓰이는 것은 아니다. 그러한 가

2 김재홍(2004), "아리스토텔레스의 변증술과 소피스트적 추론", 〈한국수사학회 월례발표회〉, 2004. 9., 13~30쪽; 프리도 릭켄(1988), 《고대 그리스 철학》, 김성진 옮김, 서광사, 193쪽 이하.
3 W. D. 로스(2016), 《아리스토텔레스》, 김진성 옮김, 세창출판사, 53쪽 이하.

정들로부터 우리는 올바른 것을 선택할 수 있기 때문이다. 4

　여기에서 작거나 보잘것없다는 수식어와 어울린 '도구', 곧 오르가
논은 나중에 라틴어 '오르가눔organum'으로 옮겨져 기계나 기구 또는
풍금과 같은 악기를 뜻하게 된다. 이처럼 오르가논은 옛적 그리스 사
람들이 흔히 쓰던 말이었다. 아리스토텔레스는 그렇게 늘 쓰이던 말
을 스스로 중요한 주제들의 설명 가운데 배치한다. 폴리스의 기원과
목적을 밝히는 《정치학》의 시작 부분에서 그러한 사례를 찾을 수 있
다. "개개 도구는 여러 가지 일에 쓰이기보다는 하나의 기능을 맡는
다면 최선으로 만들어질 수 있을 것이다." 이 말은 폴리스가 가장 좋
은 공동체κοινωνία이며, 그 '고귀한 것'을 이루는 개개 요소들이 왜, 그
리고 어떻게 존재하는가를 설명하면서 덧붙인 표현이다. 5 아리스토
텔레스가 보기에 폴리스는 처음부터 자연에 따라 발전해 왔으며, 따

---

**4** Aristoteles (1831), *Topica*, in *Aristotelis Opera*, ex recensione Immanuelis Bekkeri.
Edidit Academia Regia Borussica. Volumen prius, Berolini, apude Georgium
Reimerum, p. 163a~b (https://archive. org/details/aristotelisopera01). 아리스토텔
레스 원전 표기는 여러 나라 학계에서 두루 통하는 라틴어 표제의 범례를 따른다. 쪽
매김 방식은 아리스토텔레스 주석가들과 번역가들이 널리 이용하는 베커(Bekker)
판본과 같다. 곧, 쪽수 다음의 a는 두 단으로 나눈 한쪽 가운데 왼편을, 그리고 b는
그 오른편을 가리킨다. 이 원전의 우리말 번역은 다음 자료의 도움을 받았다.
Aristoteles (1882), *Die Topik*, übersetzt und erläutert von J. H. von Kirchmann,
Heidelberg: Georg Weiss, p. 202 (http://www. zeno. org/nid); 아리스토텔레스
(2008), 《변증론》, 김재홍 옮김, 도서출판 길, 382쪽.
**5** Aristoteles (1831), *Politica*, in *Aristotelis Opera*, volumen alterum, p. 1252a~b
(앞으로 *Politica*로 약칭); Susemihl, F. (1879) ed., *Aristoteles' Politik*, 1 (Text
und Uebersetzung), Leipzig: Verlag von Wilhelm Engelmann, pp. 76~81.

라서 그것을 구성하는 부분들은 '자연의 관대함'을 나타낸다. 6 서로 어울려 살아야 하는 개개 존재들이 '반드시' 짝으로 엮여야 하듯, 여성과 남성은 생식을 위해 합치고, 지배하는 자와 지배받는 자 또한 자연의 필연성을 충족한다. 폴리스를 생성하는 자연은 다용도의 '델포이 칼'을 만들었던 대장장이와 달리 오직 '하나의 목적을 위해 하나의 것'을 만들어 낼 따름이다. 그러므로 남자와 여자, 주인과 노예는 자연이 베풀어 주는 구분에 따라 각각의 일을 맡는다. 이렇듯 오르가논은 대장장이가 벼려 낸 칼처럼 저마다 고유한 일을 맡는 기구들의 이름이다. 이러한 뜻의 일상용어가 아리스토텔레스 작품을 통하여 '인간의 앎과 논리적 사고'라는7 의미연관에 얽힌 셈이다. 다음 글귀에서 읽을 수 있는 오르가논은 사변의 언어에 더욱 가까워 보인다.

이러한 것들이 규정되었기 때문에, 변증술적 논의λόγος (로고스) 에는 얼마나 많은 종류가 있는지를 구별해야만 한다. 하나는 귀납ἐπαγωγή (에파고게) 이고 다른 하나는 추론συλλογισμός (쉴로기스모스) 이다. 연역적 추론이 무엇인지는 앞에서 말한 바 있다. 귀납은 개별자들로부터 보편자에로 이르게 하는 통로이다. (…) 그런데 논의가 그것들에 관한 것이며, 그리고 그것들을 구성요소로 해서 이루어지는 여러 가지 것들의 부류들은 앞에서 말한 방식으로 구별된 바 있다. 그러나 우리가 그것들을

---

6  J. A. 스완슨·C. D. 코빈(2014), 《아리스토텔레스의 〈정치학〉 입문》, 김영균 옮김, 서광사, 43쪽.
7  김재홍(2004), 앞의 글, 13쪽, 주 1.

사용해 추론을 잘 마무리하는 도구는 네 가지이다. 첫째는 명제προτάσις (프로타시스, 전제)를 확보하는 것, 둘째는 각각의 것을 말할 수 있는 여러 방식을 구별할 수 있는 것(능력), 셋째는 종차를 발견하는 것, 넷째는 유사한 것의 검토이다. 8

이 설명에서 네 가지로 나뉘는 논변의 도구들ὄργανα은 추론을 이끌어 완성하는 능력이나 방법과 같은 뜻을 지닌다. 이 도구들로 펼치게 될 추론은 아리스토텔레스의 사유체계에서 중심의 방법을 이룬다. 그것은 곧 규정된 전제들에서 이것과 다른 무엇이 규정된 것들을 통하여 필연적으로 따라 나오는 말의 방법, 곧 로고스λόγος이다. 그것은 전제들을 인식하는 단서로부터 성립하는 논증, 많은 사람이 그러하다고 여기는 통념을 따져 보는 변증, 외견상 통념으로 보이지만 실제로는 그렇지 않은 통념에서 출발하는 쟁론을 아우른다. 9 이렇듯 아리스토텔레스 사유체계에서 오르가논은 인식과 철학 논의에 쓰이는 한갓 '보조수단'이지만, 10 그것은 찬성과 반대의 가정을 전체에 걸쳐 식별할 수 있다는 점에서 상당히 중요하다. '오르가논'은 그러므로 변론과 변증의 저술들을 하나로 모아 두루 일컫는 책 이름

---

8  아리스토텔레스(2008), 《변증론》, 57~58쪽. 전체 글의 통일성을 위해 원래 이 번역서에는 표기되지 않았던 원어를 덧붙였다.
9  같은 책, 30쪽 이하; 김재홍, 앞의 글, 18쪽 이하.
10 1882년에 나온 도이치어 번역본의 《변증론》[Aristoteles (1882), *Die Topik*]에는 'ὄργανον'이 그러한 표현(*Hülfsmittel*)으로 번역되어 있다.

으로 어울릴 만하다. 그렇지만 그 본래 말뜻은 여전히 수단이나 도구에 머무른다. 아리스토텔레스가 네 가지의 아이티온$^{αἴτιον}$(원인, 근거)을 설명하는 《자연학》 제2권 3장의 설명이 그 사례다. "어떤 것이 생성되어 나오는 근거를 아이티온이라고 지칭할 수 있다." 이를테면 동상을 이루는 청동이나 사발을 만드는 은과 같은 종류들이 그것이다. 그리고 형상$^{εἶδος}$이나 원형$^{παράδειγμα}$, 곧 본질의 정의$^{λόγος}$와 같은 것들 또한 아이티온이라고 부를 수 있다. 옥타브의 2 대 1 비율, 숫자 일반, 그리고 정의를 통해 규정되는 부분들이 거기에 해당한다. 아울러서 변화나 정지의 시원$^{ἀρχή}$, 이를테면 아이의 아버지, 만들어진 것을 만드는 것, 변화된 것을 변화시키는 것이 곧 아이티온이다. 나아가 우리가 건강을 위해 걷는 것처럼 어떤 무엇을 위해 움직이는 행위의 목적$^{τέλος}$도 아이티온이라고 할 수 있다. '왜 걷는가?'라는 질문을 두고서 우리는 '건강을 위해서'라고 답변하고는 아이티온을 제시했다고 생각할 것이다. 이와 마찬가지로 살을 빼는 행위, 청결한 생활, 약과 수술 기구는 건강수단들이다. 이 모두는 목적을 위한 것들이다. 다만 어떤 것들은 행위들$^{ἔργα}$인데 어떤 것들은 도구들$^{ὄργανα}$이라는 점에서 서로 다를 따름이다. 11

---

11 Aristoteles(1831), *Physica*, in *Aristotelis Opera*, Volumen prius, 194b~195a; Aristoteles(1829), *Physik*, übersetzt und mit Anmerkungen begleitet von Christian Heinrich Weiße, Leipzig: Barth, pp. 33~34(MDZ München); 아리스토텔레스(2007), 《형이상학》, 김진성 역주, 이제이북스, 199~200쪽; 유원기(2009), 《자연은 헛된 일을 하지 않는다》, 서광사, 165~166쪽.

이처럼 오르가논의 의미영역이 '무언가를 만들어 내거나 어떤 목적에 쓰이는 도구'에만 묶여 있다면, 이로부터 생물 존재를 하나의 표상으로 묘사할 수 있는 '유기체' 개념까지는 아득하다. 그러니 다른 용례들을 찾아야 할 것이다.

아리스토텔레스가 고대 학자들 그 누구보다도 생물학 지식과 이론에 탁월했다는 사실로 눈을 돌려 보자. 그가 의사 출신의 아버지로부터 해부 기술을 배웠으며, 또한 스스로 다양한 종의 동물들을 해부해 본 것으로 짐작할 수 있는 만큼, 그의 생물체 관찰기록들은 "후대 탐구자들의 감탄을 불러"일으키기에 충분했다.[12] 그는 처음으로 유類들의 차별 현상을 발견하면서 동물들의 분류 문제를 다루는 가운데 맨 먼저 오르가논을 생물학의 전문용어로 사용할 수 있었다. 생명체의 몸을 다루는 《동물부분론》 제 4권에서 다음과 같은 설명을 읽을 수 있다. "어떤 새들의 다리는 매우 긴데, 그 원인은 그것들의 습지에 사는 습성에 있다. 자연(본성)이 그렇게 작용하도록 기관들ὄργανα을 만들어 내는 것이지 그러한 기관을 위해 기능ἔργον을 만들어 내지는 않는다고 할 수 있다."[13]

아리스토텔레스는 이렇게 다양한 동물의 특성들을 나누어 보면서

---

**12** W. D. 로스(2016), 앞의 책, 201쪽 이하.

**13** Aristoteles(1831), *De partibus animalium*, in *Aristotelis Opera*, Volumen prius, p. 694b; Aristoteles(1912), *De partibus animalium*, trans. by Ogle, W., in Smith, J. A. & Ross, W. D. eds., *The Works of Aristotle*, vol. v, Oxford: The Clarendon Press, p. 694b.

그 본성적인 형상을 설명하는 가운데 오르가논을 생명체의 몸과 그 부분들을 표현하는 의미로 사용한다. 이때 그 말은 사물이나 생물의 지체를 말하는 메로스μέρος 또는 모리온μόριον과 같은 뜻을 지닌다. **14** 오르가논은 그러면서, 앞서 보았던 《자연학》 제 2권 3장의 사례("다만 어떤 것들은 행위들인데 어떤 것들은 도구들이라는 점에서 서로 다를 따름이다") 보다 더욱 밀접하게, 기능이나 작용 내지는 역할과 활동을 뜻하는 에르곤ἔργον과 의미연관을 이룬다. 아리스토텔레스는 자신보다 앞서 생명체의 형성과 발달의 과정을 여러 단계로 나누어 보고자 했던 엠페도클레스를 비판하면서 그러한 용례를 반복한다. "엠페도클레스가 덧붙여 말하기를 식물이 뿌리를 내려 아래로 성장하는 것은 흙의 본성이 그렇기 때문이며, 위로 성장하는 것은 불의 본성이 그렇기 때문이라는데, 이는 옳지 않다." 사물들의 변화에서 드러나는 위와 아래의 성향은 온 우주의 현상에서 드러나는 것과 다르기 때문이다. 그리고 또한 "기관들의 같음과 다름을 그 작용들에ἔργοις 따라 구분한다면", 식물의 뿌리는 동물의 머리와 같다고 할 수 있다. **15** 이어서 아리스토텔레스는 내부에서 운동하는 사물의 본성을

---

**14** 따라서 《동물부분론》은 그리스어 원제목(Περί ζώων μορίων) 대로 《동물지체론》과 같은 뜻의 책제목이라고 할 수 있다.

**15** Aristoteles(1831), *De anima*, in *Aristotelis Opera*, Volumen prius, pp. 415b~416a; 아리스토텔레스(2001), 《영혼에 관하여》, 유원기 역주, 궁리, 148~149쪽. 1829년에 나온 도이치어 번역서에는 기관들을 뜻하는 '오르가나'(ὄργανα)가 '지체들'(*die Glieder*)로 표현되어 있다. Aristoteles(1829), *Von der Seele und von der Welt*, übersetzt und mit Anmerkungen begleitet von C. H. Weiße, Leipzig:

묘사하기 위해 오르가논, 즉 동물의 기관을 능력δύναμις과 의미연관을 이루도록 표현한다. 이러한 용례는 변화의 존재를 인정하지 않았던 아낙사고라스의 견해를 반박할 때 분명해진다. 아낙사고라스의 주장처럼, 인간이 손을 가진 까닭에 모든 동물 가운데 가장 뛰어난 것은 아니다. 오히려 손을 쓸 수 있는 인간의 자질이 그의 으뜸가는 지성의 원인이기보다는 그 결과라고 생각하는 것이 더욱 합리적인 판단이다. 변함없는 자연의 계획에 따라 개개 동물은 어떤 능력을 지니는 만큼 필요한 신체 부분을 가지기 때문이다. 다시 말하자면, 여러 가지 도구들을 사용할 수 있는 존재가 동물들 가운데 가장 영리하게 된다. 이런 점에서 손의 능력은 하나의 기관에 머물지 않는다. 손은 곧 '여러 도구를 능가하는 기관ὡσπερεὶ ὄργανον πρὸ ὀργάνων'이다. 이러한 표현과 함께 오르가논은 도구를 뜻하는 일상의 용법에서 벗어나 그것을 수단으로 부리는 몸의 지체로 거듭난다. **16**

아리스토텔레스의 사유체계에서 오르가논의 의미영역은 이처럼 생물 존재의 구성요소를 아우르면서 부분과 전체의 작용연관에 이어진다. 영혼의 실체와 속성을 사유하는 심리철학의 글에서 보듯, 원래 흔히 쓰는 연장이나 수단을 뜻하던 그 말은 신체의 본성과 구성 원리를 설명하는 표현들 가운데 자리한다. 아리스토텔레스는 생명체

---

Barth, p. 40.

**16** Aristoteles(1831), *De partibus animalium*, p. 687a; Aristoteles(1912), *De partibus animalium*, trans. by Ogle, W., p. 687a.

의 몸과 혼이 어떤 '실체'로 서로 얽히는 관계를 탐구하면서 이렇게 묻는다. 영혼은 신체로부터 분리되어 독립적으로 존재하는가, 아니면 신체 내부에 존재하는가? 만약 다수의 영혼이 있는 것이 아니라 단일한 영혼이 나뉜 다수의 부분만 존재한다면, 우리는 영혼을 전체로서 탐구해야 하는가, 아니면 그것의 부분들을 탐구해야 하는가? 아리스토텔레스는 앞선 논의들을 세세히 따져 본 뒤 다음과 같은 정리에 이른다. 먼저, 영혼은 무언가를 인식하거나 감각하고 판단하는 능력이면서 갈망과 희망을 포함하는 욕구의 총칭이다. 그것은 또한 생물의 장소운동과 성장, 성숙, 그리고 쇠퇴를 일으킨다. 이처럼 영혼이 생각하거나 감각하고 영향을 주고받는 것이라면, 그 작용들ἔργα의 속성을 묻는 질문이 이어질 수 있다. 그것은 영혼 전체의 과업에 속하는가, 아니면 영혼의 각각 다른 부분들이 각각 다른 작용으로 흩어지는가? 식물이나 어떤 동물들은 잘려도 생존하며, 그 분할된 부분들은 이전의 영혼과 같은 종류의 성격을 유지한다. 영혼 전체는 잘린 부분들 안에 있는 영혼과 같은 종류이다. 곧 혼을 결합하는 작용은 혼에 귀속하며, 몸이 그것을 대신할 수는 없다. 그러므로 영혼이 몸을 떠나면, 그것은 여러 조각으로 분해되어 부패한다.[17] 아리스토텔레스는 이처럼 '혼이 깃든 몸'과 영혼은 두 개의 실체가 아니라 단일한 실체 안에서 불가분의 요소로 엮여 있다고 정의하면서 근대의 유기체 의미론을 이렇게 예비한다.

---

[17] Aristoteles (1831), *De anima*, pp. 409a~411b.

자연적인 신체 가운데에서 어떤 것은 생명을 가지며, 어떤 것은 그렇지 않다. 생명이란 저절로 이루어지는 영양 섭취, 성장, 그리고 쇠퇴를 뜻한다. 따라서 생명을 지니는 모든 자연적 신체는 구성된 것συνθέτη이라는 의미에서 실체οὐσία이다. 신체는 생명을 지니기 때문에 실체인데, 그 때문에 신체가 곧 영혼일 수는 없다. 신체는 어떤 다른 것에 속하지 않으면서 스스로 기체基體이자 재료이다. 그러므로 영혼은 잠재적으로 생명을 지니는 자연적 신체의 형상이기 때문에 실체이다. 이 실체가 곧 현실태이다. 따라서 영혼은 그런 신체의 현실태이다. 이 현실태는 두 가지 뜻을 지닌다. 그 하나는 앎이며, 다른 하나는 직관이다. 영혼이 앎이라는 점은 분명하다. 잠과 깨어남은 영혼이 있기 때문이다. 잠에서 깨어남은 직관에 해당한다. 이와 달리 잠을 잔다는 것은 앎을 지니고는 있지만, 그것을 실현한다는 뜻은 아니다. 앎이 지식에 앞서 생겨난다. 그러므로 영혼은 자연적 신체의 첫 번째 현실태인데, 이 신체는 생명을 잠재 상태로 지닌다. 그것은 곧 기관들로 구성되는ὀργανικόν 신체이다. 아주 단순하게나마 식물들의 부분들도 기관들이다. 이를테면 잎이 꽃받침을 감싸듯, 꽃받침은 열매를 감싼다. 뿌리는 입에 해당한다. 다 같이 양분을 섭취하기 때문이다. 모든 영혼을 두고서 두루 통하는κοινόν 어떤 정의를 내려야만 한다면, 그것은 곧 기관들로 구성되는 자연적 신체의 첫 번째 현실태라고 할 수 있겠다. **18**

---

**18** 같은 책, pp. 412a~412b; Aristoteles(1829), *Von der Seele und von der Welt*, pp. 30~31; 아리스토텔레스(2001), 《영혼에 관하여》, 124~127쪽.

아리스토텔레스는 이처럼 자연 존재가 재료와 형상으로 결합되어 있듯, 영혼과 신체가 하나라고 설명한다. "눈동자와 시력이 눈을 구성하듯, 영혼과 신체가 생명 존재를 구성한다."[19] 이렇듯 '기관들로 구성되는 신체'는 영혼의 '작용'과 더불어 생명의 '실체'로 활동한다. 여기에서 '영혼이 깃든 신체'를 전체로 본다면, 몸과 영혼 또는 그 부분들이 전체와 관계 맺는 상호작용을 유추할 수 있다. 이를테면, 시각 작용과 같은 영혼의 부분이 감각하는 몸의 지체와 얽혀 있다면, 전체 감각은 감각하는 몸 전체와 같은 연관 속에 놓인다.[20] 이러한 표현방식이 합목적성의 유기체를 설명하는 18세기 자연철학에서 되살아난다는 점에 깊이 주목할 수 있다. 칸트의 《판단력 비판》에서 다음과 같은 설명을 읽을 수 있다. 곧, 자연 산물의 개개 부분들은 서로 번갈아 가며 그 형식의 원인이자 결과로 작용하여 전체의 단일성을 이룬다. 그렇게 하여 전체 이념이 다시금 모든 부분의 형식과 결합을 규정하게 된다. 이러한 속성을 지니는 사물의 부분들은 다른 부분들이나 전체를 위해서 한갓 도구Wekzeug로 실존하기보다는 상호 연관 가운데에서 다른 부분들을 만들어 내는 기관Organ으로 작용한다. 그때에만 자연 산물은 자기 자신을 유기적으로 구성하는 존재로서 자연목적의 이름을 얻을 수 있다.[21] "거기에서는 그 무엇도 쓸모

**19** Aristoteles (1831), *De anima*, p. 413a.

**20** 같은 책, p. 412b.

**21** Kant, I. (1790), *Kritik der Urteilskraft*, in Königliche preußische Akademie der Wissenschaft, ed. (1908), *Kants gesammelte Schriften*, vol. 5, Berlin:

없지 않으며 아무런 목적 없이 존재하지도 않는다."[22] 칸트는 이렇게 말하며 자연목적의 유기체 이론을 간추리는데, 그것은 아리스토텔레스의 표현을 되풀이한 것과 같았다.

"자연은 헛된 것을 만들지 않는다."[23] 아리스토텔레스의 이 목적론 명제는 《형이상학》에서 읽는 다음의 표현으로 거듭난다. "동물은 시각을 가지기 위해 보는 것이 아니라, 보기 위해 시각을 갖는다." 자연이 만들어 내는 것은 모두 하나의 원리, 곧 목적을 향해 나아가고, 실현 상태는 그 생성의 목적이며, 잠재 상태가 얻어지는 것도 이 때문에 그렇다는 설명이다.[24] 아리스토텔레스는 이어서 생명 활동의 목적에 순응하는 혼과 몸의 상호작용을 밝힌다. "영혼은 살아 있는 신체의 원인이며 시작이다." 그것은 곧 어디에서부터 움직인다는 작용인作用因, 무엇을 위해 나아간다는 목적인目的因, 그리고 영혼이 깃든 신체의ἐμψύχων σωμάτων 실체로 나타나는 형상인形相因이라는 의미에서 신체의 원인이다. 이 가운데 영혼이 목적인으로 작용한다는 점이 두드러진다. 정신처럼 자연은 어떤 목적에 따르며, 그것이 바로 궁극지점τέλος이기 때문이다. 동물들에게 있어 영혼이 본래 그런 속성을 지니듯, 모든 자연적 신체들은 영혼의 기관들ὄργανα이다. 이와 마찬가지로 동물과 식물의 지체들은 영혼 덕택에 생명을 유지한다.[25]

Georg Reimer, pp. 372~384.

**22** 같은 책, p. 376.

**23** Aristoteles(1831), *De anima*, p. 432b; p. 434a.

**24** 아리스토텔레스(2007), 《형이상학》, 396쪽.

이렇듯, 아리스토텔레스의 목적론은 칸트의 《판단력 비판》에서 발견할 수 있는 '내재적인' 성격을 지니지만, 그것이 18세기 자연철학 체계에 비해 '완전하지 않다'는 점을 지적할 수 있다.26 그렇더라도 자연이 생명 존재에게 목적을 정해 준다는 아리스토텔레스의 사유방식은 유비를 통해 광범위한 지식분과들을 하나의 연관성 아래 결합하는 토대를 마련한다고 인정할 만하다. 《정치학》이 그 사례다. "정치학자는 어떤 방식으로든 의당 영혼에 관한 것들을 알아야할 것이다." 눈을 치료하려는 의사가 신체 전체를 알아야만 하듯, 정치학자는 행복, 곧 '완전한 탁월성에 따르는 영혼의 어떤 활동'을 더 잘 이해해야 한다는 설명이다. 《니코마코스 윤리학》1권 13장에서 읽는 이 주장은 목적에 따르는 자연의 원리가 정치 논쟁의 과제와 대응한다는 점을 가리킨다.27 아리스토텔레스는 실제로 폴리스라는 정치 공동체가 좋은 행위들 가운데 으뜸가는 것을 목적으로 삼는다는 표현과 함께 《정치학》을 시작한다. '최선의 정치체제'를 찾는 이 책에서도 유기체다운 기관들ὄργανα이 자연목적을 위해 상호작용하는 원리를 유추해 낼 수 있을까?

25 Aristoteles(1831), *De anima*, p. 415b.
26 W. D. 로스(2016), 앞의 책, 222쪽 이하.
27 Aristoteles(1831), *Ethica Nicomachea*, in *Aristotelis Opera*, Volumen alterum, pp. 1102a~1103a(앞으로 *Ethica Nicomachea*로 약칭); 아리스토텔레스(2006), 《니코마코스 윤리학》, 이창우·김재홍·강상진 옮김, 이제이북스, 46~150쪽(앞으로 《니코마코스 윤리학》으로 약칭).

## 2) 완전한 공동체

아리스토텔레스는 '정치 문제'를 논의하는 사유방법을 일컬어 '정치 철학φιλοσοφία πολιτική'이라고 하면서, 그 과제를 이렇게 설명한다. "모든 지식과 기예의 목적은 어떤 좋음이기 때문에, 최고의 좋음과 최선의 좋음은 모든 것 가운데 으뜸가는 권위를 지니는 지식과 기예의 목적이다." 이것이 곧 정치 능력 또는 정치 기술πολιτική δύναμις이다. 이로써 얻어지는 좋음을 정당함이라고 할 수 있는데, 공공의 이익은 바로 여기에 근거한다. 모두가 그렇게 생각하듯 정당함이란 어떤 종류의 동등함을 뜻하기 때문에, 좋음을 추구하는 정치 행위에는 항상 윤리 문제가 들어 있다. 어떤 사람에게 동등한 것은 모두에게도 동등할까? 이 논란거리가 바로 지혜로운 성찰을 요구한다. 28 여기에서 지식이나 기예의 '목적'에 들어맞는 '정치πολιτική'는 모두 폴리스에서 유래한 표현으로 '폴리스다움', '폴리스에 걸맞음' 등의 의미로 바꾸어 보아도 좋을 것이다. 《정치학》을 이끄는 글에 그러한 표현방식이 잘 드러난다. "폴리스라고 지칭되는 모든 것이 어떤 종류의 공동체κοινωνία인데, 모든 공동체는 분명히 어떠한 좋음을 위해 나아간다. 왜냐하면, 사람들은 자신들에게 좋음이라고 여겨지는 것을 얻으려고 처신하기 때문이다. 따라서 모든 공동체는 어떤 좋음을 위해 애쓰지만, 그 모든 공동체 가운데에서 최상의 것이 되면서, 다른 모

---

28 *Politica*, 1282b; Susemihl(1879), 앞의 책, p. 323.

든 공동체를 아우르는 이 공동체는 모든 좋음들 가운데 최고의 것을 얻으려고 한다. 이것이 이른바 폴리스이며, 곧 정치로 이루어지는 공동체κοινωνία ἡ πολιτική이다."29 이 설명에서 보듯 폴리스는 최상의 공동체이며, 그것은 곧 정치 공동체라고 지칭될 수 있다. 이런 점에서 《정치학》은 폴리스 형성의 역사와 목적, 그리고 그 유형들을 따져 묻는 전문 지식, 곧 '폴리스 학문πολιτική ἐπιστήμη'이라고 일컬을 만하다.

이와 같은 폴리스의 의미내용이 한자 표현인 '국가'와 짝하는 번역 용어를 낳았을 것이다.30 '으뜸가는 학문'에 속하는31 《정치학》에서 국가유기체라는 의미연관을 유추해 낼 수 있을까?

먼저 이 책에 쓰이는 '오르가논'의 사례를 보자. 아리스토텔레스는 폴리스 공동체가 가정과 마을에서 시작하여 최상위 지점에 이른다고 설명하면서 다음과 같은 표현을 덧붙인다. "특정한 기예에서 어떤 일을 잘 마무리할 수 있으려면 마땅한 도구들이 있어야만 하는 것처럼, 가정경영에서도 또한 그래야만 하는 것이다. 도구들 가운데 어떤 것은 영혼이 없고, 다른 어떤 것에는 영혼이 들어 있다." 이를테면 조타수에게 방향키는 영혼이 없는 사물이지만, 망을 보는 사

---

29 *Politica*, p. 1252a.
30 이를테면 도이치어 번역서(Susemihl (1879), ed., *Aristoteles' Politik*)와 영어 번역서(Aristoteles (1921), *Politics*, Jowett, B., trans., in J. A. Smith & W. D. Ross, eds., *The Works of Aristotle*, vol. 10, Oxford: The Clarendon Press)는 폴리스를 각각 Staat 또는 state로 번역한다.
31 *Ethica Nicomachea*, p. 1094a.

람은 영혼을 지닌 존재이다. 보조 인력은 기술과 관련된다는 점에서 한 가지 도구에 속하기 때문이다. 이처럼 소유물은 살아가는 데 필요한 도구이며, 재산 또한 이와 마찬가지다. 그러므로 노예는 영혼을 지닌 소유물이며, 모든 보조 인력은 여러 가지 도구들을 부리는 도구라고 부를 수 있다. 만일 개개 도구들이 명령에 따르거나 스스로 미리 알아서 맡은 바 일을 다 마칠 수 있다면, 대목수에게는 보조자들이 필요 없을 것이고 주인 또한 노예들을 부리지 않아도 될 것이기 때문이다.[32]

이 글이 말하는 '오르가논'은 매일매일 사용하는 기구들을 뜻하는 동시에, 그것들의 속성을 넘어서는 존재를 뜻하기도 한다. 이를테면 노예는 주인에게 매여 있다는 점에서는 도구지만 영혼을 지닌 덕택에 다른 도구들을 부릴 수 있다. '도구들을 능가하는 도구'라는 말은 앞서 보았듯 《동물부분론》에 나오는 표현의 반복이다. 여기에 어떠한 '능력'을 암시하는 영혼의 작용이 더해진다. 그렇지만 이러한 의미영역에서 곧바로 근대의 유기체론이 말하는 자연 목적, 곧 부분과 전체의 상호연관에 얽히는 기관들의 작용을 유추하기는 힘들다. 따라서 '최상의' 정치 공동체를 설명하는 이 책에서 어원학이나 명칭론에 따라 오르가논을 유기체Organismus 개념에 비추어 보기보다는 폴리스 역사 가운데 그 연관들이 나타나는 의미의 이해에 기대야 할 것이다. 《정치학》이 무엇보다도 폴리스의 경험과 이상을

---

32 *Politica*, p. 1253b.

함께 아우른다는 사실에 주목할 만하다. 현대 해석학Hermeneutik의 문을 열었던 딜타이Wilhelm Dilthey, 1833~1911의 설명처럼 "체험과 이해는 그 안에서 연관이 싹튼다는 첫 번째 통찰을 가져다준다. 우리는 오로지 연관을 이해한다. 연관과 이해는 서로 일치한다." 이 연관이 곧 작용연관Wirkungszusammenhang이다. 역사와 문화, 그리고 조직체 안에서 작용하는 모든 것은 끊임없이 변화하는데, 이 변화들은 작용하는 것을 통해 영향을 받게 된 것들이다. 이러한 작용연관이 내재적 목적론의 특성을 가질 수 있다는 점도 이 변화의 관계를 바꿀 수 없다. 내재적 목적론 또한 작용의 한 형식이기 때문이다. 이 줄기에서 역사와 사회 어디에나 존립하는 전체와 부분의 관련성이 드러날 수 있다. 그리고 이 관련성을 통해 역사 세계에 나타나는 작용의 형식이 더 상세히 규정될 수 있다. 바로 여기에서 우리는 역사 세계의 맨 처음 구성요소들을 만나게 되는데, 그 부분들은 오직 전체에 매인 가운데 기능할 수 있다. '유기조직으로 구성되는 신체들organische Körper' 또한 마찬가지로 전체라고 할 수 있다. 그 지체들은 오직 전체와 얽히는 관계 가운데서만 그 기능을 다할 수 있기 때문이다. 33

딜타이의 사유체계는 이와 같이 '삶과 앎의 연관'이 근원적으로

---

33 Dilthey, W. (1992), *Der Aufbau der geschichtlichen Welt in den Geisteswissenschaften*, in Gründer, K. ed., *Wilhelm Diltheys Gesammelte Schriften*, vo. 7, Stuttgart: Teubner / Göttingen: Vandenhoek und Ruprecht, p. 257; 빌헬름 딜타이(2009), 《정신과학에서 역사적 세계의 건립》, 김창래 옮김, 아카넷, 593쪽 이하.

ursprünglich 주어진다는 인식에서 시작한다. **34** 이로부터 이해와 해석 과정에서 피할 수 없는 '근본 문제'가 생성한다. "역사 세계는 항상 현존하고 있다. 그리고 개별자는 이 세계를 외부로부터 관찰하는 것이 아니라, 이 세계 안에 밀접하게 얽혀 있다. (…) 우리는 역사의 관찰자이기에 앞서 역사적 존재자이다. 오로지 우리가 역사적 존재자인 까닭에 우리는 역사의 관찰자도 될 수 있다."**35** 이 표현은 바로 적용의 문제를 설명한 것이라고 볼 만하다. 이해 대상이 되는 텍스트를 해석자 자신의 처지나 상황에 맞추어야 한다는 뜻이다. 적용의 과제는 이미 고전고대에 헤르메네이아ἑρμηνεία, 곧 해석이라는 말이 탄생했던 시점과 함께했다. 신탁의 언어를 풀이하여 신의 뜻을 인간에게 전달해 주는 헤르메스Ἑρμῆς의 후예들이 하는 역할에서 그러한 사례의 원형을 찾을 수 있다. 그것은 오늘날 서로 다른 언어를 쓰는 두 사람 사이에서 양쪽 언어에 능통한 통역사가 각각 다른 사정에 맞추어서 상대방의 뜻을 납득할 수 있도록 전달해 주는 일과 다를 바 없다. **36** 이 줄기에서 딜타이가 앞세운 정신과학의 이해 역시 역사성에 근거한다는 인식에 이를 수 있다. 그는 스스로 다음과 같이 표현한다. "모든 정신과학은

---

**34** Gadamer, H. (2010), *Wahrheit und Methode. Grundzüge einer philosophischen Hermeneutik*, Tübingen: Mohr Siebeck, pp. 222~246; 한스게오르크 가다머 (2012), 《진리와 방법. 철학적 해석학의 기본 특징들 2》, 임홍배 옮김, 문학동네, 72~103쪽.
**35** Dilthey, W. (1992), 앞의 책, p. 277; 빌헬름 딜타이 (2009), 앞의 책, 639~640쪽.
**36** Gadamer, H. (2010), 앞의 책, pp. 312~316.

오늘날 현존하는 것에 이르도록 흘러온 역사 연구에 근거한다."[37] 이러한 사유방법을 이어서 현대 역사해석학은 인식주체가 이미 어떤 전통의 사건 가운데 함께한다고 설명한다. 아울러서 해석의 시점에 따라 텍스트를 다르게 이해해야 한다는 생산적 준거가 성립할 수 있다. 즉, 역사해석학은 해석자가 처한 가변적 상황과 해석의 대상 사이에서 발생하는 긴장관계를 철저히 성찰해야 하는 과제를 갖는다.

간추려서 보자면, 전통의 가치나 규범이 해석자의 시점에 따라 늘 다르게 이해될 수밖에 없다는 점에 해석학의 가장 첨예한 쟁점이 들어 있다. 이 주제는 보편성과 특수성이라는 논리적 차원의 문제와 관련된다고 여길 만하다. 보편적인 것을 특수한 사례나 상황에 적용하는 것이 곧 이해의 과제이기 때문이다. 이 문제는 전통의 가치와 도덕을 논하는 아리스토텔레스의 사유체계와 맞닿는다. 그의 윤리학ήθικά은 물론 해석의 문제라기보다는 올바른 행위와 이성의 역할을 제대로 평가하는 일이었다. 바로 여기에 해석학의 주제가 들어 있다.[38] "신들에게는 아마도 전혀 그럴 리가 없겠지만, 우리에게는 자연다운 것이라도 어떤 것이든 변할 수 있다"라고 하듯,[39] 그는 자연과 대비할 만한 윤리 세계를 따로 설정한다. 이 영역에서는 자연 법칙과 동떨어진, 가변적이고 제한적으로 인간의 행위양식을 규정하

---

37 Dilthey, W. (1992), 앞의 책, p. 278.
38 Gadamer, H. (2010), 앞의 책, pp. 317~329.
39 *Ethica Nicomachea*, p. 1234b; 《니코마코스 윤리학》, 184쪽.

는 규칙성이 작용한다. 40 따라서 윤리 인식의 문제는 역사적 존재와 분리될 수 없다. 그것은 보편적 규범에만 머물지 않는다. 곧 아리스 토텔레스가 말하는 윤리 인식의 과제는 구체적 상황이 우리에게 무 엇을 요구하는가를 판별하는 일이다. 참을 인식하는 앎들 중에서41 실천 지혜φρόνησις가 그 과업을 맡는다. 이 지혜는 이성과 동반하여 좋 은 것과 나쁜 것에 관여하면서 행위를 산출하는 참된 품성이다. 그 는 이 앎의 과제를 이렇게 설명한다. "실천 지혜는 보편적인 것에만 관계하는 것이 아니라 개별적인 것들까지도 알아야만 하는 것이다. 실천 지혜는 실천에 관련된 앎πρακτική인데, 실천 혹은 행위πρᾶξις는 개 별적인 것들에 관련되기 때문이다." 이런 까닭에 보편적인 것을 알 지 못하는 사람들이 보편적인 것을 아는 사람보다 더욱더 실천에 힘 쓴다. 특히 여러 분야에서 경험을 많이 쌓은 사람들이 그러하다. 그 러므로 실천 지혜가 좋은 것과 나쁜 것을 헤아리려면 보편적인 것과 개별적인 것을 모두 알아야만 한다. 만일 그 가운데 한쪽만을 가질

---

40 아리스토텔레스는 《니코마코스 윤리학》 제 1권 제 3장에서 '논의의 방법'을 설명하
    면서 이렇게 말한다. "그런데 정치학이 고찰하는 고귀한 것들과 정의로운 것들은 많
    은 차이와 가변성을 가지고 있어서, 오직 관습적으로만 그러할 뿐 본성적으로 그런
    것은 아닌 것으로 보일 정도이다. 좋음들 역시 그러한 어떤 가변성을 가지는데, 그
    것들이 많은 사람에게 오히려 해가 된다는 사실 때문이다. (…) 따라서 이런 것들을
    논의하고 이와 같은 전제들로부터 출발하는 우리는 그 대강에 있어서 개략적으로 참
    을 밝히는 것으로 만족해야 할 것이다." 여기에서 말하는 정치학은 윤리학과 같은
    뜻의 표현이다. Ethica Nicomachea, p. 1094b; 《니코마코스 윤리학》, 15~16쪽.
41 네 가지 다른 품성들은 기예(τέχνη), 학문적 인식(ἐπιστήμη), 철학적 지혜(σοφία),
    그리고 직관적 지성(νοῦς)이다. 《니코마코스 윤리학》, 207쪽.

수밖에 없다면 차라리 개별적인 것을 알아야만 한다. **42**

이렇듯 실천 지혜는 우선 '무엇보다도 개별자에' 관련하면서도, 다른 편으로 가정경제οἰκονομία, 입법νομοθεσία, 그리고 정치술πολιτική의 영역에 걸친다. 폴리스 학문의 바탕을 이루게 될 이 윤리적 앎은 '다른 종류의 앎', 이를테면 이론적 인식이나 기예와는 "큰 차이를 가진다". 아리스토텔레스는 이 차이를 자기인식이라는 독특한 개념으로 표현한다. "자기 자신과 관련된 것을 알고τὰ περὶ αὐτὸν εἰδὼς 마음을 쓰는 사람은 실천 지혜를 가진 사람으로 생각되는 한편, 정치가들은 너무 활동적인 사람으로 여겨지기도 한다." 곧 실천 지혜에 따르는 사람은 자신에게 좋은 것을 추구하며, 그것을 행해야만 한다고 생각한다. 젊은이가 기하학이나 수학의 전문 영역에서 지혜를 쌓더라도 실천 지혜를 가진 사람으로 여겨질 수는 없다. 실천 지혜는 개별적인 것들에도 관련되는데, 그것들은 오직 경험을 통해 알려지기 때문이다. 젊은이들에게는 오랜 시간이 걸리는 경험이 부족할 수밖에 없다. 이처럼 실천 지혜는 '명백히' 학문적 인식이 아니다. 그것이 "최종의 것에 관련하기 때문이다". **43**

이처럼 윤리 인식의 덕목과 그 '목적'을 밝히는 아리스토텔레스의 서술을 앞서 논의했던 적용의 문제와 잇대어 보면, 그의 표현들이 텍스트와 가변적 상황 사이의 간격을 성찰해야만 하는 해석학 방법에

---

**42** 같은 책, 216쪽.
**43** 같은 책, 217~218쪽

하나의 모델을 제공한다고 여길 만하다. 이미 보았듯 적용이란 이해의 과정에서 미리 주어진 보편에 따라 특수한 상황을 배치하는 방식으로 이루어지지는 않는다. 우리는 《니코마코스 윤리학》을 관통하는 실천 지혜가 독특한 방식으로 자기 자신과 관계 맺는다는 표현에 깊이 주목할 수 있다. 자기인식은 '의견을 형성하는 부분의 탁월성'을 동반하며,44 구체적 상황에 비추어 올바른 판단과 실행을 완수하는 앎이다. 아리스토텔레스는 윤리적 판단력을 완성하기 위해 인식의 품성을 변주하여 또 다른 개념을 만들어 낸다. '훌륭하게 판단하는' 능력을 일컫는 이해력σύνεσις이 곧 그것이다. "'이해력이 있다'는 것은 '좋은 이해력을 가졌다'는 것과 같은 것이고, '이해력 있는 사람'은 '좋은 이해력을 가진 사람'과 같은 사람이다." 좋은 이해력에서 좋은 판단력이 비롯한다. '훌륭하게 판단한다는 것'은 상대방을 무심하게 대하고 판단하는 것이 아니라, 상대방의 처지가 되어 이해한다는 것을 뜻한다. 이렇게 좋은 이해력은 '공감하는 이해συγγνώμη'를 동반한다. 다른 사람의 처지를 공감하면서 이해하는 사람은 미리 상대편의 사정을 공정하게 판단해 줄 마음의 준비를 갖췄으며, 따라서 그런 사람은 다른 사람에게 적극적으로 관용을 베푼다.45

아리스토텔레스의 윤리 인식은 해석학 사유방법의 원형이라고 이를 만하다. 타자와 공감하면서 이해의 탁월성을 넓히는 자기인식이

---

44 같은 책, 212쪽.
45 같은 책, 223~226쪽.

바로 적용의 문제와 맞닿기 때문이다. 앞서 보았듯, 적용이란 그때 그때 필요에 따라 수행되는 이해 현상의 한 부분이기보다는 처음부터 이해의 전 과정에 관여한다. 따라서 해석자는 그 자신 스스로도 그의 해석 대상인 전통에 속하며, 이해는 곧 역사적 사건의 구성요소가 된다. 이 핵심 과제를 성찰했던 19세기 역사주의 해석학은 객관주의 방법에 너무나 치우친 나머지 잘못된 대상화의 사례를 남겼다. 현대의 해석학자 가다머Hans-Georg Gadamer, 1900~2002의 설명처럼, 아리스토텔레스 윤리학은 바로 그러한 문제점을 꿰뚫어보면서 피해 갈 수 있는 하나의 본보기이다. 그가 말하는 윤리적 앎은 대상으로부터 '객관적' 거리를 유지하는 인식이 아니다. 인식주체는 그저 확인만 하고 마는 사실과 마주하는 것이 아니라, 스스로 인식하는 대상과 직접 얽힌다.[46] 전통을 이해하는 과제는 곧 해석자 자신도 그 상황 가운데로 들어가 다른 사람들의 처지와 함께하는 것이라고 풀이할 수 있겠다. 앞서 보았던 '체험과 이해의 작용연관'은 이 맥락에서 해석학적 통찰로 이어질 수 있을 것이다.

아리스토텔레스의 자기인식은 그렇게 적용의 문제와 겹친다. 윤리적 앎은 좋은 이해력과 판단력에 근거하면서 그때그때 구체적 상황에 대처할 만한 힘을 지닌다. 이러한 적용 가능성을 통해 완성되는 윤리 인식이 근본적인 형태, 곧 '인간적인 좋음'의[47] 경험을 내포

---

[46] Gadamer, H. (2010), 앞의 책, p. 203.
[47] 《니코마코스 윤리학》, 15쪽.

한다는 점에서, 윤리학은 넓은 의미의 정치학에 속하게 된다. 《니코마코스 윤리학》을 마무리 짓는 대목에서 흥미로운 설명을 읽을 수 있다. 아리스토텔레스는 먼저 소피스트들 가운데 정치학을 가르친다고 공언하는 사람들을 이렇게 비판한다. 그들은 정치학이 어떤 종류의 가르침인지 전혀 알지 못하는데, 법률들 가운데 좋은 평을 받는 것들을 그저 골라서 모아 놓았을 따름이기 때문이다. 그들은 그 선별작업 자체가 정확한 이해에 근거해야 하며, 또한 올바르게 판단하는 것이 가장 중요하다는 점을 망각했다. 이들과는 달리 개개 영역에서 경험을 쌓은 사람들은 그 성과물들을 "올바르게 판단하며, 무엇으로 말미암아, 혹은 어떻게 완성되는지를, 또 어떤 것들이 어떤 종류의 것들과 어울리는지를 안다."[48] 그러므로 여러 가지 법률들이나 정치체제들의 수집은 그것들을 이론적으로 탐구할 수 있으며, 무엇이 옳고 그른 것인지를 판단할 수 있는 사람에게 유용한 것이다. 여기에서 아리스토텔레스는 이해라는 것이 언제나 적용의 문제라는 점을 분명히 한다. 곧, 해석해야 할 텍스트를 단지 전통 문헌으로만 파악할 것이 아니라 해석자가 처한 구체적인 상황 속에서 새롭게 이해해야 한다는 것이다. '고귀한 것을 사랑하고 부끄러운 것을 싫어하는 탁월성'을 유지하려면 거기에 걸맞은 품성을 미리 지녀야만 하듯,[49] 정치학의 '좋음'을 제대로 파악하려면 특정한 상황

---

**48** 같은 책, 384쪽.
**49** 같은 책, 379쪽.

속에서 올바른 판단력을 입증할 수 있는 자기인식이 전제된다는 설명이다. 그리고 아리스토텔레스는 《니코마코스 윤리학》을 '인간적인 철학'의 완결성에 바치면서 이렇게 결론짓는다. "먼저 우리 이전의 사상가들이 올바르게 이야기한 부분이 있다면 그것을 살펴보도록 하자. 그다음으로 우리가 수집한 정치체제들로부터 어떤 종류의 것들이 폴리스를 보존하거나 파괴하는지, 또 어떤 종류의 것들이 개별적인 폴리스들을 보존하거나 파괴하는 것인지, 그리고 어떤 폴리스들은 정치를 잘해 나가는 한편 어떤 폴리스들은 그 반대로 나아가는 것이 무슨 이유 때문인지 고찰해 보기로 하자. 아마도 이런 것들을 모두 고찰한 뒤에야 어떤 종류의 정치체제가 최선의 것인지, 각각의 정치체제들이 어떻게 질서를 부여하는지, 또 어떤 법과 관습을 사용하면서 그러한지를 더 잘 알게 될 것이다. 자, 이제 논의를 시작해 보자."**50**

이 언명에 따라 《정치학》을 다시 읽으면 그 첫 페이지에서 곧바로 적용의 문제를 만난다. 이 책은 처음부터 '탐구 방법'을 밝히는데, 그것은 폴리스가 전체이면서 부분들로 이루어지는 '복합체σύνθετον'라는 사실에서 비롯한다. 유기체다운 국가의 성격에 유비할 만한 폴리스 구성의 설명이 무엇보다도 그 '아르케άρχή' 이야기에 이어진다는 점을 흥미롭게 읽을 수 있다. 기원과 발단뿐만 아니라 인식의 원리와 추론의 공식을 함께 아우르는 이 말 가운데 이미 경험과 이해, 삶

---

**50** 같은 책, 385쪽.

과 앎의 연관이 작용한다고 추론할 만하다. 그가 이야기하는 폴리스는 시작점에서부터 성장하여 그 완성 단계에 이르는 과정의 역사 세계에 속한다. 여기에 폴리스에서 비롯하는 경험들의 사실성에 앞서서 그 목적을 미리 규정하는 이해의 '원리ἀρχή'가 더해진다. 그것은 바로 '어떤 좋음'의 본성이 폴리스를 성장시킨다는 이론의 영역이다. 그가 이해하는 모든 폴리스는 본성에 따라φύσει 좋은 삶을 위해 존재한다는 자족의 목적을 추구한다. 완전하며 으뜸가는 '좋음'으로 향한다는 폴리스의 본성은 어떠한 논리적 명제에 근거하는가? 《정치학》은 이 물음을 분명하게 드러내지 않은 채 폴리스의 생성과 발전 과정에 내재하는 자연목적을 말할 따름이다. 그 추론의 명제는 다음에서 보듯 동물학이나 심리학에서 펼쳤던 본성의 공리를 그대로 빌려 온 것이다. "왜 인간이 벌이나 그 어떤 군집동물보다 더 완전한 의미에서 폴리스를 형성하며 살아가는 동물인가 하는 이유가 또한 분명하다. 우리가 말하는 바와 같이 자연은 결코 헛된 일을 하지 않는다." 자연의 섭리로 활동하는 존재는 모두 목적이라는 하나의 원리를 향해 나아가듯 폴리스도 마찬가지로 자연, 곧 본성에 따라 태어나 완전성과 최상의 좋음이라는 궁극지점으로 향해 나아간다는 설명이다. 그리고 생명 활동의 목적에 순응하는 영혼과 신체의 관계처럼 폴리스 또한 그 부분들로 구성되는 전체로서 작용한다는 원리가 뒤따른다. "폴리스는 또한 자연스럽게φύσει 가정과 우리 각자 모두에 앞서는 것이다. 왜냐하면, 전체는 필연적으로 부분에 앞서야만 하기 때문이다." 아리스토텔레스는 여기에서 폴리스의 단일성과 그 부분들 사이에 걸친 연관성을 자연목적의 본성에 따르는 작용으로 설명한다. 마치 혼이 살아 있는 몸의 원인이자 시작으로 작용하여 '기관들로 구성되는 신체'의 첫 번째 현실태가 되듯, 폴리스 또한 그 부분들에 앞서서 궁극지점으로 향하는 목적인이자 작용인으로 실재한다. 만일 전체로 작용하는 신체가 죽게 되면, 누군가 한 이름으로 다른 뜻을 표현하듯ὁμωνύμως 돌로 만든 손을 말하는 사례를 빼고 나면, 더는 지체들이 존재할 수 없을 것이다. 모든 것들이 그 활동과 능력으로 정의되는 까닭이다. 이처럼 폴리스가 자연의 섭리대로 개별자에 앞선다는 것은 분명하다. 왜냐하면, 개개인은 최선의 자족 공동체를 벗어나서 자신의 본성에 따를 수 없기 때문이다. "공동의 일을 함께 나눌 수 없는 사람이나 자족하므로 공동의 일을 함께 나눌 필요가 없는 사람은 결코 폴리스의 부분이 될 수 없다. 그러므로 그 사람은 짐승이거나 신이다."[51]

'완전한 공동체'로 향하는 폴리스의 목적이 이처럼 자연의 공리로 거슬러 오르듯, 그 본성의 아르케는 아울러서 인간 윤리의 으뜸 원리와 맞닿는다. "모든 행위와 선택은 어떤 좋음을 목표로 한다."[52] 《니코마코스 윤리학》을 이끄는 이 말은 '우리가 추구하는' 좋음과 행복을 폴리스 역사의 경험에 앞세우는 하나의 명제로 작용한다. 폴리스의 완전함과 자족성을 이론적으로 논변하는 그 원리는 "좋음이

---

51 *Politica*, p. 1253a.
52 《니코마코스 윤리학》, 13쪽.

란 서로 다른 행위나 기술에 있어서 각기 다른 것으로 나타난다"라는 전제에서 시작한다. 이로부터 개개 행위들에 합당한 '좋음이란 무엇인가', 그리고 그 좋음을 위해 '나머지 일들이 행해지는 것인가'라는 물음이 나온다. 아리스토텔레스가 보기에 의술과 건강, 병법과 승리, 건축술과 집의 짝처럼 모든 행위와 선택에는 거기에 걸맞은 목적이 있다. 따라서 어떤 행위로 성취하려는 목적은 여러 가지이다. 이들 가운데 어떤 목적은 다른 것을 위해 선택되는 까닭에, 그 모두가 완전하다고 이를 수는 없다. 어떤 목적이 '완전한' 것인가? 아리스토텔레스의 대답은 간명하다. 곧 '최상의 좋음'을 좇는 목적이 '완전한 어떤 것이다'. 만약 어떤 하나의 목적만이 완전한 것이라고 한다면, 이것이 바로 우리가 추구하는 것이다. 만약 여러 목적이 완전하다면, 그들 가운데 가장 완전한 목적이 곧 우리가 찾는 바로 그것이다. '최상의 좋음'이 완전하다는 말은 다른 목적 때문에 선택되는 일 없이 오직 '그 자체로 추구되는 것'을 지칭한다. 이처럼 순전히ἁπλῶς 그 자체에 목적을 두는 것을 완전하다고 말할 수 있다면, 그 무엇보다도 행복εὐδαιμονία이 '가장 완전한' 좋음의 사례에 들어맞는다. 우리는 '언제나' 그 자체 목적을 위해 행복을 선택하기 때문이다.[53] 이처럼 행복이 그 자체로 완전하다는 점에서, '완전한 좋음'이란 그 무엇에도 기대지 않으면서 아무것도 부족하지 않도록 만드는 자족성αὐταρκες과 같게 된다. 폴리스의 좋음과 완전함도 여기에 속한다. "그런데 인간

---

53 《니코마코스 윤리학》, 26~27쪽.

은 본성대로 폴리스에 걸맞은 동물이기 때문에, 우리가 이야기하는 자족성은 자기 혼자만을 위한 자족성, 고립된 삶을 살아가는 사람을 위한 자족성이 아니다. 부모, 자식, 아내와 일반적으로 친구들과 동료 시민들을 위한 자족성이다."[54]

인간이 완전한 공동체를 구성하여 살아가기에 적합하다는 아리스토텔레스의 설명은 "동물 가운데 인간만이 로고스λόγος를 지닌다"는 인식에 근거한다. 로고스란 논리와 이성을 구성하는 인간의 말이다. 이 능력은 고통과 즐거움을 드러내는 목소리와 구별된다. 다른 동물들에도 속하는 목소리는 고통과 즐거움의 감정을 서로서로 표시하는 본성의 작용이다. 인간만이 사용할 수 있는 말은 이와는 다르게 유익한 것과 해로운 것, 정의로운 것과 정의롭지 않은 것을 분별하는 데에 쓰인다. 동물들 가운데 인간만이 그러한 것들을 가려내는 지각을 지니기 때문이다.[55] 여타 동물들의 삶과 구별되는 인간 고유의 기능은 '로고스에 복종하며 로고스를 지니고 사유하는' 실천 능력이다. 그것은 곧 '로고스에 따르는 영혼의 활동 혹은 로고스가 없지 않은 영혼의 활동'이라고 할 수 있다.[56] 이렇듯 인간만이 지니는 기능과 능력으로부터 폴리스를 만들어 내는 공동체가 비롯한다. 그러므로 정의δικαιοσύνη란 폴리스다운 것이라고 이를 만하다. 왜냐하

---

54 《니코마코스 윤리학》, 28쪽.
55 *Politica*, p. 1253a.
56 《니코마코스 윤리학》, 30쪽.

면, 폴리스에서 이루어지는 사법 제도와 절차δίκη가 폴리스를 형성하는 공동체 질서이며 정의로운 것의 심판이기 때문이다. 57

아리스토텔레스는 나아가 하나의 폴리스 내부에서나 폴리스들 사이에서 서로 함께하는 교제κοινωνία가 정의뿐만 아니라 친애φιλία의 표현이라고 설명한다. "친애와 정의는 동일한 것에 관계하며 같은 사람들 사이에서 존재하는 것으로 보인다. 모든 공통의 교제에는 어떤 정의로움도 존재하고, 또 한편 친애도 존재하는 것 같기 때문이다."58 친애는 탁월한 인간 품성 상태 가운데 하나로 우리의 삶에서 '가장 필요한 것'이다. 59 친애는 사람들이 타인과 더불어 유익함이나 즐거움을 함께 나누는 합리적 선택이다. 그 중용의 품성들 가운데 가장 '완전한' 것은 좋은 사람들 사이에서, 또한 유사하게 탁월한 사람들 사이에서 이루어지는 친애다. 서로 잘되기를 바라면서 타인의 기쁨에 함께하는 이들은 스스로 좋은 사람이기에 그렇게 바란다. 따라서 이 탁월한 품성은 우연성에 따르기보다는 그들 자체에서 생성하며, 바로 그 때문에 그것은 지속성을 유지한다. 60 이처럼 친애를 서로 나누는 교제는 폴리스 공동체의 한 작용으로 드러난다. 왜냐하면, 우리가 어떤 유익함을 위해 서로 교제하듯, 공동의 일을 함께 나누는 사람들이 어떤 유익함을 목적으로 처음부터 함께 모여 정치 공동체를 유지하기

---

57 *Politica*, p. 1253a.
58 《니코마코스 윤리학》, 297쪽.
59 같은 책, 277쪽.
60 같은 책, 283쪽.

때문이다. "법을 제정하는 사람들이 겨냥하는 것도 바로 이 유익이며, 사람들은 또 정의를 공통의 이익이라고 하는 것이다."[61] 친애는 또한 한 폴리스와 다른 폴리스를 친구처럼 맺어 주는 기능을 지닌다. 따라서 입법자들도 정의를 실현하기 위해 애쓰기보다는 친애를 구현하는 데 더 많이 노력한다. 폴리스 내부 그리고 폴리스들 사이의 화합을 추구하는 그들은 무엇보다도 폴리스에 해악을 끼치는 분열을 막아내야 하기 때문이다. 그리고 서로 친밀히 교제하는 사람들 사이에서는 더 이상의 정의가 필요하지 않지만, 정의로운 관계를 맺는 사람들 사이에서는 반드시 친애가 더해져야만 한다. 그러므로 정의로운 것의 으뜸 형태는 친애로 가득한 마음이다.[62]

아리스토텔레스 정치학과 폴리스는 이처럼 같은 의미론 지평에서 하나의 목표에 다다른다. 정의와 친애를 상징으로 드러내는 '완전한 공동체'가 그 궁극지점이다. 그 길에서 인간 고유의 로고스가 '가장 완전한 탁월성'으로 향하는 '영혼의 활동'을 매개한다. 후대의 국가학은 틀림없이 폴리스 학문이 애써 찾았던 최고선, 곧 '인간다운 좋음ανθρώπινον ἀγαθόν'에서 어떠한 영감을 얻었을 터이다. 19세기 유기체 이론가들이 즐겨 사용했던 표현들, 곧 '도덕과 정신이 함께 작용하는 유기체', '생동하는 유기체', '정신을 토대로 삼는 유기체' 등을 그러한 유추 사례로 볼 만하다.[63] 이들 가운데 두드러졌던 블룬칠리의 설

---

61 같은 책, 298쪽.
62 같은 책, 278쪽.

명을 들어 보자. 그가 규정하는 국가는 '하나의 생명 없는 도구'나 '하나의 죽은 기계'가 아니다. 그것은 "활동하고 있으며, 따라서 유기적인 존재이다". **64** 그리고 그는 이렇게 묻는다. 국가는 어떻게 도구나 기계 같은 '생명 없는 존재'와 구별되는가? 도구나 기계는 부속들을 지니지만 지체들로 구성되지 않는다. 그것은 성장도 할 수 없으며 오로지 자동 법칙에 따라 매번 꼭 같은 방식으로 운동한다. 국가는 또한 식물이나 동물과 같은 자연 소산물과도 구별된다. 무엇보다도 그 가운데서 인간 정신이 작용하기 때문이다. 인간이 인간다운 목표들을 완수하기 위해 창조한 존재가 바로 국가이다. 그것은 곧 최고 성격의 유기체이다. 다시 말해 그것은 스스로 의식하고 자기 자신을 억제하며 고유한 의지에 따라 행동하는 존재라는 점에서 하나의 인격체이다. 그것의 인격은 공동의 인간 본성과 인민 본성, 그리고 종족의 공공 정신 가운데에 불가피한 자연적 토대를 두면서 인간다운 자유의 숨결로 생명을 유지한다. 국가는 곧 '하나의 문화 개념'이다. 따라서 그것은 '자연 개념'으로 설명될 수는 없다. **65**

---

**63** Böckenförde, E. & Dorn-van Rossum, G. (1978), "Organ, Organismus, Organisation, politischer Körper", in Brunner, O. et al., eds., *Geschichtliche Grundbegriffe*, vol. 4, pp. 589 f.

**64** Bluntschli, J. C. (1875), *Lehre vom modernen Staat*, vol. 1, Stuttgart : J. G. Cotta, p. 18.

**65** Bluntschli, J. C. (1865), "Staat", in Bluntschli J. C. & Brater, C. eds., *Deutsches Staats-Wörterbuch*, vol. 9, Stuttgart/Leipzig : Expedition des Staats-Wörterbuchs, pp. 612~630.

블룬칠리가 구상하는 국가는 이렇듯 하나의 자연 유기체ein natür-
licher Organismus라기보다는 그것을 모사한 복제품ein nachgebildeter Organis-
mus이다. 국가를 구성하는 지체들이 자발성과 자립성을 바탕으로 생
기를 얻게 되는 '공동 몸체'를 창출한다는 설명이다. 66 이렇게 묘사
하는 '국가유기체'란, 자연목적의 '완전한 좋음'에서 오직 정신의 작
용이 두드러지도록 내세웠던 전이 개념이라고 이해해야 옳을 것이
다. 앞서 보았듯 아리스토텔레스는 자족의 한계점으로 나아가는 폴
리스의 목적이 자연의 섭리에 따른 것이며, 따라서 인간 또한 본성대
로 폴리스를 구성하여 살아가야만 한다고 생각한다. 자연이 지시하
는 인간 본성과 '인간다운 좋음'으로 나아가는 로고스의 기능이 서로
어긋난다고 이해할 수는 없을 것이다. '완전한 공동체'가 하나의 복
합체σύνθετον이듯, 그 경험과 지평을 다루는 폴리스 학문 또한 서로 어
긋나는 것처럼 보이는 원리들을 한데 아우르기 때문이다. 아리스토
텔레스의 복합 사유체계는 정치학의 과제를 설명할 때 분명히 드러
난다. 그것은 곧 최선의 정치체제는 무엇이며, 어떤 종류의 정치체
제가 어떤 인민들에게 적합한지를 고려하는 것이다. 그리고 주어진
정치체제가 처음에 어떻게 생성할 수 있었으며, 그다음에는 그것이
어떤 방식으로 가장 긴 시간 동안 보존될 수 있었는지를 밝히는 일이
거기에 속한다. 나아가 정치가들이 파악할 수 있는 '최선의 것'뿐만
아니라 현실 상황에서도 '가능하게' 성취할 수 있는 정치체제를 제시

---

66 같은 글, pp. 620 f.

하는 과제 또한 그 영역이다. **67**

　이처럼 정치학이 폴리스의 역사적 경험으로부터 현실정치의 가능성뿐만 아니라 '가장 좋은' 정치체제라는 이상적 세계를 함께 모색하는 과제를 지닌다면, 거기에 복합 원리가 작용한다고 보아야 옳을 것이다. "우리가 잊지 말아야 할 것은 아르케로부터 출발하는 논의와 아르케를 향해 나아가는 논의가 다르다는 점이다." 아리스토텔레스는 이 표현을 두고서 마치 달리기 경기장에서 심판이 서 있는 곳에서 반대편 끝까지 달리는 것과 그 역방향으로 달리는 것에 차이가 있는 것과 비슷하다고 밝힌다. 그리고 그는 다음처럼 자신의 방법론 명제를 정리한다. "우리는 물론 알려진 것에서부터 출발해야 한다. 그런데 알려졌다는 것은 두 가지 방식에서 그러하다. 어떤 것들은 우리에게 알려져 있고, 다른 어떤 것들은 온전하게(ἁπλῶς) 알려져 있기 때문이다. 그렇다면 아마도 우리는 우리에게 알려진 것으로부터 출발해야 할 것이다."**68** 여기에서 말하는 '알려진 것'이란 사람들에게 친숙한 것, 곧 우리에게 더 잘 알려진 것들이나 '개개인들에게 좋은 것들'을 의미한다. 그리고 '온전하게 알려진 것'은 '본성으로 보아 더 앎인 것들' 내지는 '일반적으로 좋은 것들'과 같은 말이다. 우리에게 친숙한 것들은 '참되게 있는 것'과는 조금 관계하거나 전혀 관계하지 않는다. 이미 우리가 잘 알지만 보잘것없는 것으로부터 자

---

**67** *Politica*, p. 1188b~1289a.
**68** 《니코마코스 윤리학》, 18~19쪽.

연에 따라 일반적으로 좋음이라고 알려진 것으로 나아가는 과제가[69] 폴리스 학문에 주어진다고 이해할 수 있다.

"모든 폴리스는 본성에 따라 존재한다." 앞서 보았던 이 말은 자연학이나 동물학에서 빌려온 다음 표현과 짝을 이룬다. "전체는 필연적으로 부분에 앞서야만 한다." 폴리스의 단일성과 그 구성원들 사이의 연관성에서 '완전한 좋음'으로 향하는 자연목적을 끌어내려는 수사법으로 이해할 수 있다. 이러한 으뜸 원리는 아리스토텔레스《정치학》의 바탕을 이룰 뿐이다. 그 세세한 사연들은 본성의 앎 내지는 '일반적으로 좋은 것들'보다는, 아직 '참'은 아니지만 모두에게 친숙한 것들에게 더 많이 기운다. 그 가운데서도 '완전한 공동체'의 지체로 작용하는 시민πολίτης 이야기가 가장 두드러진다. "폴리스는 복합체인데, 전체로 있으면서도 많은 지체로 구성된ἐκ πολλῶν μορίων 다른 어떤 전체처럼 존재하기 때문에, 우리가 먼저 시민을 탐구해야만 한다는 것은 분명하다. 왜냐하면, 폴리스란 시민들이 이루는 어떤 종류의 집합τι πλῆθός이기 때문이다."[70] 누가 시민인가? 누구를 시민이라고 부를 수 있는가? 그리고 누가 좋은 시민인가? 이러한 질문들은 다음처럼 좋음과 행복을 추구하는 윤리학의 주제와 맞닿는다. "처음에 우리는 정치학의 목적을 최고의 좋음으로 규정했는데, 정치학은 시민들을 특정 종류의 성품을 가진 좋은 시민으로, 고귀한 일들의 실천자로 만드는

---

69 《형이상학》, 290~291쪽.
70 *Politica*, p. 1274b~1275a.

데 대부분의 노력을 다하고 있기 때문이다."71

  19세기의 유기체 이론가들은 이러한 표현들에서 윤리와 정신의
작용으로 이루어지는 국가를 유추해 낼 수 있었을 것이다. 여기서
블룬칠리의 설명이 돋보인다. "오늘날의 문명국가들은 거기에 속한
전체 인간을 하나의 인민으로zu Einem Volke 통합하며, 헌법에서 인민
에게 인민 정신으로 생기를 얻게 되는 하나의 공동 몸체를 창출한다
는 점에서 본질다운 인민국가들이다."72 시민이 인민Volk의 이름으
로 달리 불릴 따름이다.

## 3) 시민과 인민

"폴리스가 훌륭한 것은 정치체제에 참여하는 시민들이 훌륭한 덕택
이다." 폴리스가 이룩한 '완전한 좋음'이 어떤 운의 작용이 아니라
시민들이 이룩하는 학문적 지식과 합리적 선택의 산물이라는 뜻이
다. "모든 시민이 정치체제에 참여하고 있다"고 보면, 폴리스의 행
복은 시민 전체의 훌륭함과 깊은 관련을 맺는 셈이다.73 아리스토텔
레스 정치학은 이렇듯 무엇보다도 '먼저' 시민들이 구성 요소로 작용
하는 폴리스의 정체성을 밝히는 것이 그 과제이다. 우선 그가 가장
바람직한 이상으로 내세우는 폴리스는 자연에 따라 생성하는 동물

---

71 《니코마코스 윤리학》, 37쪽.
72 Bluntschli, J. C. (1865), "Staat", p. 620.
73 *Politica*, p. 1332a~1332b.

과 식물 존재처럼 지체들μόρια로 이루어진다. 전체 복합물을 구성하는 이 부분들은 폴리스를 위해 반드시 있어야만 하는 것들과 구별된다. 이를테면, 공기와 물은 생물 존재의 필수 여건이 되더라도 발과 다리, 잎사귀와 가지처럼 동식물의 부분들로 존재할 수 없다. 마찬가지로 일정한 크기의 영토와 재산 없이는 폴리스가 존재할 수 없겠지만, 이것들은 폴리스의 어떤 부분들도 아니다. 비록 재산 가운데 상당한 비중을 차지하는 가축과 노예가 생명체이더라도 이것들과 폴리스의 부분들 사이에는 서로 함께하는 것이 없다. 폴리스는 오히려 할 수 있는 한 가장 좋은 삶을 목적으로 삼으면서 비슷한 수준에 다다른 사람들의 공동체이다. 가장 좋은 삶이란 행복이며, 또한 이것은 덕ἀρετῆ의 활동ἐνέργεια이자 적용χρῆσις이다. 그러므로 어떤 사람은 거기에 참여할 수 있지만, 다른 사람은 조금만 함께하거나 아예 내쳐진다. 이런 까닭에 여러 종류의 폴리스와 서로 다른 정치체제가 발생할 수밖에 없다. **74**

아리스토텔레스는 덕이 없는 행복이란 있을 수 없다는 으뜸 원리 아래에 다음 명제를 앞세워 폴리스의 궁극 목적에 더 가까이 다가선다. "그들 없이는 폴리스가 존립할 수 없는 모든 사람을 시민으로 여겨서는 안 된다는 것은 참으로 옳다."**75** 따라서 순전히 정의로운 사람들을 거느리며 더불어 가장 고귀하게 다스려지는 폴리스에서는

---

**74** 같은 책, p. 1328a.
**75** 같은 책, p. 1278a.

시민들은 품위 없는 기술자들이나 장사꾼의 삶에서 멀어져야만 한다. 이들의 생계 행위는 천박할뿐더러 덕에서 어긋나기 때문이다. 마찬가지로 시민이 될 사람들은 농민일 수도 없다. 농사일이 덕을 일구거나 정치 활동에 꼭 필요한 여가를 내어 줄 수 없기 때문이다. 이처럼 하찮은 일들에 얽매여 살아가는 사람들은 폴리스 유지에 필요한 존재들이지만, 폴리스를 구성하는 부분을 이룬다고 이를 수는 없다. 이들 필수 직분과는 아무런 관련 없이 폴리스에 유익한 요소들이 따로 있다. 무기를 지니고 군사를 담당하는 소임과 폴리스에 이로운 것들을 심의하거나 정의로운 것들을 판단하는 과업이 '그 무엇보다도 명백하게' 폴리스의 부분이라고 할 수 있다. 오직 시민들이 이 일을 맡는다. 그러므로 "시민들은 충분한 재원을 가져야만 한다". 그렇지 않으면 정치에 참여할 수 있는 여가를 가질 수 없으며, 또한 군사 소임을 맡을 만큼 충분한 무비를 갖출 수 없기 때문이다. 이 모든 직분을 다 헤아리고 나면 이제 종교 문제를 관장하는 사제직이 남는다. 이 일은 누가 맡을 수 있는가? "농부도 기술자도 사제로 임명되어서는 안 되는데, 신들은 시민들에게서 영예를 받아야만 하는 것이 마땅하기 때문이다." 시민들은 무기를 지닌 무리와 심의하여 결정을 내리는 무리로 나뉘는데, 그들 가운데 나이 탓에 쇠락한 사람들은 신에게 봉사하면서 휴식을 누리는 것이 적절한 것이다. 바로 이들이 사제의 소임을 맡기에 가장 알맞다. **76**

---

**76** 같은 책, p. 1328b~1329a.

폴리스의 행복이 이처럼 시민이라는 부분의 작용에 얽혀 있다면, 하나의 완전한 전체ὅλων를 구성하는 이 사회세력의 범주를 물어야 옳다. 어떤 사람이 시민이며, 어떤 사람은 시민이 될 수 없는가? 먼저, 어느 사람이 어디엔가 거주한다는 근거로 시민의 자격을 획득하는 것은 아니다. 거류 외국인들과 노예들도 시민과 더불어 거주하기 때문이다. 마찬가지로 소송을 제기하거나 소송을 당할 수 있는 테두리 내에서 함께 법률 사안에 참여할 수 있는 사람들이라고 해서 모두가 시민일 수는 없다. 왜냐하면, 장사꾼들도 빈번히 물건을 사고 파는 계약 과정에서 송사를 일으키기 때문이다. 말하자면 이들도 여전히 법률 행위를 할 수 있는 까닭이다. 그리고 또한 나이가 너무 어려서 아직 시민 명부에 들어가지 못한 아이들과 시민의 의무에서 벗어난 노인들은 순전한 시민πολίτης ἁπλῶς이 될 수 없다. 곧, 아직 완전하지 못한 시민이나 이미 전성기가 지난 시민의 이름이 아이들이나 노인들에게 덧붙여져야만 한다. 그렇다면 말 그대로 완전한 시민은 누구인가? "순전한 시민은 판결과 관직에 참여하는 일 밖의 다른 어떤 것으로도 정의되지 않는다."77

이처럼 최선의 공동체에 걸맞은 시민이란 '아무런 결점 없이' 폴리스의 통치행위에 함께하는 직분과 같은 뜻이다. 이렇게 이론 지식으로 구획하는 사회세력의 정의는 현실정치의 장에서 몇 가지 문제점들과 맞닥뜨린다. 이를테면 폴리스의 여러 관직 가운데 어떤 것은 시

77 같은 책, p. 1274b~1275a.

간 조건에 매여 있는 까닭에, 같은 사람이 어느 직책을 두 차례 이어서 맡는 것이 전혀 허용되지 않는다. 이와는 달리 배심원δικαστής이나 민회 구성원ἐκκλησιαστής과 같은 관직은 임기 제약에 매이지 않을 수도 있다. 그렇다면 이들 가운데 누구는 시민이며 누구는 시민이 아닌가? 또 다른 문제도 있다. 정치체제의 차이에 따라 시민의 자격이 달라진다는 점이다. 재판관과 민회 구성원은 그 어디에서보다도 민주정δημοκρατία에서 시민이지만, 다른 정치체제들에서는 그들이 시민일 수도 있지만 반드시 시민이지는 않다. 왜냐하면, 어떤 정치체제에서는 데모스δῆμος78도 없으며 민회ἐκκλησία 제도도 없어서, 이따금 모일 수 있는 특별소집위원회가 참여 기제를 대신하기 때문이다. 이 임의 기구에서 이루어지는 통치행위는 시민의 영역 바깥의 일인가? 그리

---

78 데모스는 우리말에서 '민주정'으로 번역하는 '데모크라티아'(δημοκρατία)의 어원이다. 원래 몇몇 씨족들의 공동거주와 같이 쓰였던 이 말은 정치 개혁의 격변기를 거치면서 하나의 행정단위와 거기에 정주하는 사람들을 의미하게 된다. 이를테면 기원전 6세기 말 클레이스테네스는 아티카 지역을 새로운 10부족으로 개편하는데, 이때 도시 주변, 해안, 그리고 내지에 각각 10개의 데모스가 행정구역으로 설치되었다. 데모스는 또한 그 일정한 구역에 정주하는 사람들을 일컫기도 하는데, 통상 공동체 방어의 의무와 정치 참여의 자격을 갖춘 사람들에 한정하여 쓰인 말로 보인다. 그러다가 언제부터 이 용어가 생계에 매여 있는 탓에 통치행위에서 배제된 사람들을 일컫게 되었는지는 확실하지 않다. 아리스토텔레스는 비교적 엄격하게 데모스의 범주를 농민, 목축인, 어민, 상공인 등의 인력에 한정하여 사용한다. 시민과 분명히 분리되는 이 세력은 때때로 귀족에 대비되는 개념으로 쓰이기도 한다. 도이칠란트 국가학자들이 즐겨 호명했던 폴크(*Volk*)는 그 의미로 볼 때 데모스에서 비롯한 개념으로 이해할 수 있다. 최자영(2008), "엘레우시스와 아테네: 고대 그리스 폴리스의 정치적·지역적 연계의 유연성", 〈서양고대사연구〉, 22권, 69~92쪽.

고 정치체제의 차이에 따라서 소송제도들도 또한 각각 나뉘며, 판결하는 직분의 구성과 거기에 참여하는 사람들의 자격도 다양하다. 그러므로 시민의 의미를 엄격히 통치행위 그 자체의 테두리 안에 가두는 정의가 실천 지혜에 알맞은지를 물을 수 있다. 바로 여기에서 아리스토텔레스 사유방법은 적용의 문제로 나아간다. 시민을 규정하는 방식이 '수정될 수 있다'는 설명이 곧 그것이다. 그는 다음의 사례를 들어 시민의 의미를 더 넓은 영역으로 이끈다. 민주정 밖의 정치체제들에서 재판관과 민회 구성원은 임기가 제한된 관직에 참여한다. 그리고 이들 가운데 모두 혹은 몇몇 사람들이 모든 사안 또는 그 개개 부분들을 숙고하거나 판결하는 임무를 맡게 된다. 이로써 '누가 시민인가'라는 물음의 답이 분명히 드러난다. "이제 우리는 심의하고 의결하거나 판결하는 관직에 참여할 자격이 있는 자를 그 폴리스의 시민이라고 지칭하는데, 곧바르게 말하자면 폴리스는 자족할 만한 삶을 위해 충분할 만큼 많은 사람이 이루는 집합πλῆθος이다."**79**

시민이 이렇듯 폴리스 자족성의 구성요소로 작용한다면, 완전한 공동체의 정체성은 그 부분들의 성품에 달린 것이 될 것이다. 폴리스가 추구하는 행복이 '인간다운 좋음'에서 비롯하기 때문이다. "좋은 사람의 덕과 훌륭한 시민의 덕은 똑같은가?" 아리스토텔레스는 이렇게 물으면서 폴리스에 걸맞은 시민의 조건과 기능을 설명한다. 그가 관찰하는 폴리스 시민들은 항해하는 배의 구성원들과 비슷한

---

**79** *Politica*, p. 1275a~1275b.

처지에 있다. 선원들은 모두 다 같은 능력을 지니고 있지 않아서, 누군가는 노를 젓거나 방향키를 잡고, 또 누군가는 망보는 일을 맡는다. 그렇지만 개개인의 탁월성을 배치하는 정확한 규정이 공동의 책무에 적합하도록 그들 모두의 고유 역할을 지시한다. 안전한 항해가 그들 모두의 과제이며, 각각의 선원들 또한 이 목표에 순응한다. 시민들의 사정도 이와 다르지 않다. 선원들처럼 시민들도 제각각이지만, '공동체의 안전'이 그들의 책무다. 시민들의 공동체가 곧 정치체제로 나타나는 만큼 그들의 탁월함 또한 그 구성 형식에 관련되어야만 할 것이다. 만일 정치체제들이 다양하다면, 훌륭한 시민의 덕이 하나의 완전한 덕으로 수렴될 리 없을 것이다. 어떤 정치체제에서는 훌륭한 사람의 덕을 지니지 않더라도 훌륭한 시민이 될 수 있다. 마치 항해하는 배의 목적에 따라 선원들의 탁월함이 다르게 배치되듯, 여러 정치체제는 시민들에게 나름의 다양한 덕성을 갖추도록 요구한다.[80]

아리스토텔레스는 이렇게 폴리스의 완전함에 필요한 구성원들의 자격과 품성을 개개 특수 상황들에 비춰본 뒤 '시민을 둘러싸고 아직도 남아 있는 문제들 가운데 하나'를 풀어간다. "참으로 관직에 참여할 수 있는 사람은 오직 시민뿐인가, 아니면 수공 기술자들βαναύσους 또한 시민들에 포함되어야 하는가?" 곧바로 나온 그의 대답은 부정이다. 폴리스의 존립에 꼭 필요한 사람들을 시민들로 여길 수 없다

---

80 같은 책, p. 1276b.

는 명제에서 보면, "최선의 폴리스는 수공 기술자들을 시민으로 만들지 않을 것이다." 이 사람들을 시민이라고 부른다면, 시민의 탁월성이 오직 특정한 사회세력에게 속한다고 말할 수 없을 터이기 때문이다. 이 설명 다음에 한 걸음 더 나아가 살펴볼 만한 상황이 제시된다. 여기서 아리스토텔레스는 앞에서 밝혔듯 훌륭한 시민의 덕이 하나의 완전한 덕과 반드시 겹치지 않는다는 점을 상기시킨다. "여러 정치체제가 존재하기 때문에, 반드시 여러 종류의 시민들이 있기 마련이다. 특히 지배를 받는 시민들이 있어야만 한다. 따라서 어떤 정치체제에서는 수공 기술자와 고용 노동자가 반드시 시민이지만, 어떤 다른 정치체제에서는 그렇게 될 수 없다." 이를테면 귀족정에서는 이들 세력이 시민에 들 수 없는데, 여기에서 관직은 오직 덕과 가치에 따라 주어지기 때문이다. 이들의 생계 노동은 덕성을 키워 나갈 여유를 허락하지 않는다. 이와는 다르게 과두정에서는 고용 노동자는 시민일 수 없더라도 수공 기술자들은 시민이 될 수 있다. 이들 가운데 많은 사람이 실제로 부유하게 사는 덕택이다. 이러한 개개 사정들로부터 하나의 결론을 얻을 수 있다. "좋은 사람과 훌륭한 시민이 어떤 폴리스에서는 똑같지만, 다른 어떤 폴리스에서는 다르다. 좋은 삶의 덕과 훌륭한 시민의 덕이 똑같은 곳에서도 홀로 또는 다른 사람들과 더불어 공공 업무를 돌보는 일에서 최고 권위가 있거나 최고 권위를 행사할 수 있는 사람은 거기에 있는 모든 시민이 아니다. 오직 정치가가 그러하다."[81]

아리스토텔레스가 이해하는 시민의 의미는 폴리스의 질서τάξις를 유지했던 아테네 관습에 기댄 것으로 보인다. 임기 제약에 매이지 않은 채 배심원이나 민회에서 폴리스 통치에 가담하는 일이 그 본보기이다. 이처럼 엄격하게 정의된 언어 용례에서 좀더 나아가 '세밀히 살펴보려는 사람들μικρὸν ἐπισκεψαμένοις'은 먼저 전통을 해석하는 방법을 질문해야 할 것이다. 논리의 차원에서 보면 이 과제는 보편성과 특수성의 문제로 정리된다. 아테네 모델은 본성의 원리처럼 다른 폴리스들의 사례에도 그대로 적용될 수 있을까? 아리스토텔레스가 자연과 대비되는 윤리 영역을 따로 설정한다는 점을 상기할 수 있다. 탁월함이 실천에 근거를 둔 이 '영혼'의 마당에서 규칙과 어긋나는 특수한 상황들만 지배하는 것은 아니지만, 자연 법칙과는 무관하게 작용하는 인간의 행위양식은 가변적이고 제한적인 규칙성을 나타낸다. 이렇게 보면 이론 인식이 품성대로 행동하는 인간의 삶에서 어떤 역할을 하는가가 더욱 중요한 의미를 지닐 수 있다. 달리 말하자면, 우리가 경험하는 '좋음'이란 그때그때 상황에 적응하는 실제 행위로 나타난다. 그러므로 윤리 인식의 과제는 구체적이며 개별적인 사정들과 보편적인 요구 사이를 가늠하는 일이 될 것이다. 실제 사정에 맞게 실천 행위를 이끌지 못하는 보편 인식은 별다른 의미를 지니지 못할 것이다.[82] "그렇기에 좋음이란 어떤 공통적이며 단일한 보편자로 존재하지 않을 것이라는 점은 분명하다."[83] 이 표현처럼 아리스토텔레

---

[81] 같은 책, p. 1277b~1278b.
[82] Gadamer, H. (2010), 앞의 책, pp. 317 f.

스는 좋음의 이데아가 공허한 보편이념이라고 비판한다. 이렇게 플라톤의 사유방식에 맞서는 아리스토텔레스의 실천 지혜에서는, 수학자 같은 사람에게 바람직할 엄밀함이 윤리 인식에 있어서도 그대로 요구되는 것은 아니다. "곧 정확성이란 모든 분야에서 한결같이 찾을 것이 아니라, 개개 사정마다 주어진 주제에 따라, 또한 개별 탐구에 적합한 그만큼만 추구해야 할 것이다. (…) 어느 사정에서는 원리들의 사례처럼 '사실이 그렇다는 것'을 잘 드러내는 것으로 충분하다. 사실이 그렇다는 것이 일차적이며 원리이다. "**84** 이렇게 보면 다양한 정치체제들 아래에서 그때마다 달라지는 시민의 기능과 역할이 중요성을 지닌다.

"정치체제는 폴리스의 질서다. "**85** 그 안에서 공직 참여와 권력 배분을 조정하는 체계가 이루어진다는 설명이다. 아리스토텔레스는 무엇보다도 지배하고 지배받는 관계에서 통치 양식이 여러 유형으로 나뉘는 현상을 관찰한다. 통치행위가 구성원 공동의 유익함을 위해 나아간다면, 그 정치체제를 올바른 형태라고 이를 수 있다. 여기에서 추구되는 좋음이 완전하게 정의로운 것으로 나타나기 때문이다. 이와 달리 지배하는 사람들에게만 유익함이 쏠리게 되면, 그 정치체제들은 모두 타락한 형태들이다. 그것들이 올바른 통치체제에서 벗어난

---

**83** 《니코마코스 윤리학》, 23쪽.
**84** 같은 책, 31쪽.
**85** *Politica*, p. 1278b.

까닭이다. 지배관계와 통치 목적이 정치체제의 형태를 가르는 셈이다. 통치기구 내지는 통치자가 폴리스 안에서 최고의 권위를 갖는다고 보면, 한 사람 또는 몇몇 내지 여러 사람이 그에 걸맞은 위상에 오른다. 누구든 공동의 유익함을 위해 지배할 때, 그 정치체제는 반드시 올바르게 드러난다. 이 공공의 이로움이 한 사람이나 몇몇 또는 어느 집단πλῆθος에게만 한정되면, 그 정치체제는 타락하고 만다. **86**

한 사람이 지배하는 통치 형태를 군주정μοναρχία이라고 부르는데, 이 가운데 공동의 유익함을 이루려는 정치체제가 왕정βασιλεία이다. 이와 마찬가지로 몇몇 통치자가 공동의 유익함을 위해 지배한다면, 이는 귀족정ἀριστοκρατία의 이름에 합당하다. 그리고 여러 사람이 공동의 통치자가 되어 공공의 이로움을 얻기 위해 애쓴다면, 이 통치 형태는 모든 정치체제에 두루 통한다는 뜻에서 폴리테이아πολιτεία의 이름을 얻는다. 혼합정이라고 달리 부를 수 있는 이 통치 방식은 지배 세력의 덕성을 고려할 때 그 이름에 알맞다고 할 수 있다. 한 사람이나 몇몇 사람은 두드러지게 탁월할 수 있겠지만, 아무래도 그 덕이 모든 일에서 완벽하게 작용할 수 없기 때문이다. 여러 사람의 덕은 특히 공동체를 방어하는 일에서 보듯 집합의 탁월함에서 완벽할 수 있다. 타락한 정치체제들 역시 세 가지다. 왕정에서 참주정τυραννίς, 귀족정에서 과두정ὀλιγαρχία, 그리고 혼합정에서 민주정δημοκρατία이 각각 그릇된 형태로 생성한다. 참주는 오로지 한 사람 자신의 유익함

---

**86** 같은 책, p. 1279a.

을 위해 지배하고, 과두정은 부유한 사람의 편에 서며, 민주정에서
는 가난한 사람들이 자신들에게만 돌아올 유익함을 외치기 때문이
다. 이처럼 올바르고 정의로운 통치 양식에서 벗어난 정치체제들 가
운데 그 어느 것이든 공동의 이익에 어떤 기여도 할 수 없다. 정리해
서 보면, 참주정은 주인이 노예를 다루듯 폴리스 공동체를 지배하는
일인 통치 양식이다. 과두정은 부유한 소수가 최고의 권위를 누리는
정치체제다. 이와 반대로 민주정에서는 많은 재산을 소유하지 못한
사람들이 다수 세력으로서 지배를 행사한다. **87**

이렇게 갈라지는 정치체제의 유형들이 통치를 둘러싼 지배관계에
서 비롯한다면, "폴리스의 어떤 부분이 최고 권위를 가져야만 하는
가?" 아무래도 여러 사람의 집단이나 몇몇 부자들, 또는 그들 가운
데 가장 뛰어나게 훌륭한 한 인물이거나 참주가 그 자리에 오를 수
밖에 없는데, 이들 모두는 분명히 곤란한 문제δυσκολία를 안고 있다.
아리스토텔레스는 먼저 이렇게 묻는다. "만약 가난한 사람들이 다
수이기 때문에 부유한 사람의 재산을 나눈다면, 이것은 정의롭지 못
한 것이 아닐까?" 모든 덕은 그것이 무엇의 덕이든 그 상태와 기능을
잘 유지하도록 하고, **88** 모든 인간은 어떤 정의로움으로 서로서로
관계 맺는다고**89** 보면, 다수가 소수의 재산을 나누는 것은 정의로울

---

**87** 같은 책, p. 1279a~1279b.
**88** 《니코마코스 윤리학》, 63쪽.
**89** 같은 책, 303쪽.

수 없다고 할 것이다. 그대로라면 분명히 폴리스는 파멸의 길에 들어설 것이다. 더군다나 참주의 행위들도 온통 정의로운 것으로 될 것이다. 뭇사람πλῆθος이 부자들에게 강요하듯, 참주는 그들에게 더 강한 힘을 사용하기 때문이다. "그러나 그렇다고 한다면, 소수와 부자가 지배하는 것은 정의로운가?" 그들이 가난한 사람들의 재산을 빼앗는 행위는 정의롭지 못한 사례와 다를 바 없다. "그러면 너그러운 사람들이 모든 것들을 지배하는 최고 권위를 가져야만 하는가?" 이렇게 되면 다른 사람들은 모두 관직에서 배제되어 폴리스 구성원의 명예를 빼앗기고 말 것이다. 관직이 곧 명예이기 때문이다. 가장 빼어난 한 사람이 지배하더라도 더 나을 것은 없다. 나머지 모두는 여전히 잃어버린 명예를 되찾을 수 없기 때문이다. **90**

아리스토텔레스가 이렇게 더듬어 보는 아포리아ἀπορία는 오늘날의 표현으로 바꾸면 지배의 정당성을 둘러싼 질문이 될 것이다. 그는 이 난제를 사례별로 열거한 다음 한 가지 대담한 주제를 내세운다. "그런데 몇몇 가장 훌륭한 사람들보다는 뭇사람이 최고 권위를 지녀야 한다는 주장은 어떤 아포리아를 가졌더라도 참된 것으로 여겨질 수 있겠다." 다수가 개개인으로 나뉠 때 훌륭하지 않더라도, 함께 모이면 뛰어난 소수보다도 더 나을 수 있다는 설명이다. 아리스토텔레스는 몇몇 비유를 든다. 여러 사람이 이바지한 공동 잔치가 한 사람의 비용으로 마련한 것보다 더 빛나게 차려진다. 그들 가운데 개개

---

**90** *Politica*, 1281a.

인은 탁월성과 실천 지혜의 어느 부분만 갖고 있다. 그러나 그들이 함께 뭉치면 많은 손발과 감각을 지니는 한 사람처럼 되듯, 그들은 또한 품성과 현명함에서도 그렇게 될 것이기 때문이다. 이와 마찬가지로 여러 사람은 음악이나 시와 같은 작품들을 더 잘 품평할 수 있다. 누구는 어떤 부분을, 또 다른 누구는 다른 부분을 판단하지만, 그들 모두는 그 전체를 보고서 평가하기 때문이다. 91 그리고 마치 물의 양이 많을수록 쉽게 상하지 않듯, 다수가 소수보다 쉽게 타락하지 않는다. 한 개인의 판단은 화를 낼 때나 비슷한 종류의 다른 감정에 휘말리면 반드시 타락하지만, 똑같은 상황에서 한꺼번에 모든 사람의 성을 북돋우고 잘못을 저지르게 만드는 일은 쉽지 않다. 92

　"그러므로 뭇사람이 더욱 중요한 일들을 두고서 최고 권위를 가진다는 것은 정의롭다." 폴리스 통치를 책임지는 데모스와 평의회βουλή, 그리고 재판정δικαστήριο이 여러 사람으로 구성되기 때문에 그렇다는 설명이다. 아리스토텔레스가 보기에 이들 구성원 모두의 재산 평가가 중요 관직을 맡는 소수의 그것보다 더 크다는 이유도 작용한다. 그렇다면 폴리스 지배관계를 둘러싼 아포리아는 '이런 정도로 결정된 것으로 해둘' 수 있을까?93 더 나아가서 살펴본다면, 통치의 최고 권위를 지니는 다수가 어떤 사회세력들로 이루어지는지를 물을 수 있다.

---

91 같은 책, p. 1281a~1281b.
92 같은 책, p. 1286a.
93 같은 책, p. 1282a.

그 뭇사람 가운데 시민 또한 포함되는가? 앞서 보았듯 아리스토텔레스는 처음에 폴리스를 구성하는 부분들 가운데 시민을 으뜸 세력으로 여기는 원리를 내세운다. "그런데 숫자상 하나 이상의 정치체제가 있는 이유는 모든 폴리스가 한 부분 이상을 가지고 있기 때문이다." 이 표현과 더불어 이제 '최선의 정치체제'를 묻는 아포리아는 보다 복잡한 폴리스의 통치 질서에 한 걸음 더 깊이 들어간다. 그 구성요소 가운데 어떤 사람들은 부유하게 살고, 다른 어떤 사람들은 가난하게 살 도리밖에 없다. 그 중간에 끼어 있는 사람들도 있기 마련이다. 그리고 부자와 가난한 사람들은 중무장 병장기로 무장할 수 있는지 여부에 따라 구별된다. 이 폴리스 인구들을 사회적으로 나눌 때 크게 인민 δῆμος과 귀족γνωρίμοί으로 갈라진다. 먼저 농사짓거나 장사하며 수공 기술로 살아가는 사람들이 인민에 속한다. 94 여기에 대립하는 부분이 귀족이다. 이 세력도 또한 부와 자산의 크기에 따라 갈린다. 이를테면 말을 사육할 만한 능력을 지닌 귀족은 기병으로 전쟁에 참여하는 특권을 누린다. 이 세력에게 최고 권위를 넘기는 폴리스가 바로 과두정이다. 95

이렇게 나뉘는 폴리스의 부분들 가운데 전부가 통치에 참여하거나 때로는 소수, 때로는 다수가 지배관계를 이룬다. 이로부터 여러 유형으로 갈리는 통치 양식이 있기 마련이다. 정치체제란 무엇보다

---

94 여기에 바다 일에 종사하거나 (1291b) 가축을 치는 사람 (1318a) 이 포함되기도 한다.
95 같은 책, p. 1289b.

도 관직의 조정이고, 거기에 참여하는 사람들의 힘 또는 그들에게
두루 통하는 어떤 종류의 동등성에 따라 통치 권력이 나누어지기 때
문이다. 폴리스 부분들의 우월성과 차별성에 따라 관직을 조정하는
방식이 갈라지듯, 반드시 여러 다양한 정치체제가 있을 수밖에 없
다. 그렇지만 폴리스들의 역사를 깊이 들여다보면, 그 통치 양식이
과두정과 민주정으로 수렴되는 현상을 알 수 있다. 아리스토텔레스
는 흥미로운 비유를 들어 이 사실을 설명한다. 흔히들 여러 바람의
방향 가운데 북풍이나 남풍만 말하고 나머지 것들은 그 변형으로 일
컫듯, 귀족정은 과두정의 한 유형이며, 이른바 혼합정은 민주정의
한 유형이라고 할 수 있다. 마치 서풍은 북풍의 한 갈래로, 동풍은
또 그렇게 남풍과 같은 것으로 여겨지는 것과 같다. 그리고 선법旋法,
ἁρμονία들을 부르는 방식에서도 비슷한 현상을 볼 수 있다. 여러 음계
를 결합하여 황홀과 격정의 영감을 불러일으키는 효과를 프뤼기아
선법이라고 하며, 느슨하게 긴장을 풀도록 이끌어 부드러운 마음으
로 반응하도록 만드는 방법들은 도리아 선법에 모인다. 정치체제들
의 유형도 이런 방식으로 부를 수 있다. "너무 지나치게 조이고 통제
하면서 전제 권력을 행사하는 것은 과두정이고, 헐겁게 통제하여 부
드럽게 하는 것은 민주정이다."[96]

이처럼 다만 두 유형의 정치체제가 역사 현장에 남게 된다면, 폴리
스 지배의 정당성을 묻는 아포리아가 상당히 좁혀진 범위에 놓이게

---

96 같은 책, p. 1290a.

되는 셈이다. 오직 민주정에서만 '다수 자유인과 가난한 사람들이 관직의 최고 권위를 갖기' 때문이다. 97 그러나 앞서 보았듯 민주정 또한 과두정과 마찬가지로 타락한 유형에 속한다. 아리스토텔레스는 스스로 자신의 주장을 번복하고선 민주정과 최선의 정치체제를 하나로 보았을까? 그의 대답은 수많은 논쟁을 낳을 정도로98 미묘하다. "대부분 폴리스와 대부분 인간에게 최선의 정치체제는 어떤 것이고, 최선의 삶은 어떤 것인가?" 아리스토텔레스는 이렇게 스스로 물은 뒤 다음의 설명을 덧붙인다. "만일 윤리학에서 말한 대로99 행복한 삶이 덕에 따라서 방해받지 않는 삶이고, 덕이란 중용의 상태에 있는 것이 옳다면, 중간의 삶, 곧 개개인이 실제로 이룰 수 있는 중용의 삶이 반드시 최선이어야만 한다. 이와 같은 원칙이 또한 반드시 폴리스와 정치체제의 덕과 악덕에도 속해야만 한다. 정치체제는 폴리스 안에서 이루어지는 어떤 삶이니까." 여기에 걸맞게 최선의 삶을 보장하는 폴리스는 '중간μέση' 형태의 정치체제에서 가능하다. 아리스토텔레스는 무엇보다도 모든 폴리스에 섞여 있는 세 부분, 즉 너무 부유한 사람들, 너무 가난한 사람들, 그리고 이들의 중간에 있는 사람들에 주목한다. 이 구성원들에게 허락된 '좋은 운의 중간'을 소유하는 것이 가장 바람직하다는 것은 명백하다. "왜냐하면 그 상태가 이성에 가장 잘 복종하

---

**97** 같은 책, p. 1290b.

**98** 손병석(1999), "아리스토텔레스에 있어서 민주주의와 데모스(dēmos)의 집합적 지혜", 〈서양고전학연구〉, 14호, 135~161쪽.

**99** 《니코마코스 윤리학》, 65, 72~73, 270~271쪽.

기 때문이다." 폴리스 공동체가 가능한 한 동등하고 비슷한 사람들로 구성되는 것을 최고 목표로 삼는다면, 이 친애의 품성에 가장 알맞도록 '중간에 있는 사람μέσων'은 실제로 누구일까? 여기에 합당한 폴리스 구성원은 '모든 시민 가운데 중간의 사람들'이다. 바로 이들이 '자연스럽게 구성되는' 폴리스에서 '가장 안전하게 살아남을 수 있다'. 이들은 남의 재산을 욕망하지도 않고, 스스로 책략을 꾀하거나 남의 책략에 걸려 위험에 빠지지 않고 살아갈 수 있기 때문이다. 100

이렇듯 중간에 있는 사람들이 최선의 공동체를 구성하는 이 정치체제는 어떤 유형에 속할까? 아리스토텔레스가 이 질문에 명백히 드러내어 답하지는 않지만, 그 정치체제는 혼합정에 가깝다고 짐작할 만하다. 다음의 설명이 이를 뒷받침한다. 바로 그 중간의 정치체제에서 통치에 참여하는 시민들이 중간 규모의 적당한 재산을 가지고 있다는 점이 '매우 큰 행운이다'. 어떤 사람들이 너무 많이 가지거나 나머지가 아무것도 가지지 못한 곳에서는 극단에 치우친 민주정이나 혼합되지 않은 과두정이 생겨나고, 그렇지 않으면 양쪽의 지나침 탓에 참주정이 생겨나기 때문이다. 이 중간의 유형이 최선의 정치체제라는 것은 이곳에서만 파당이 없다는 점에서 분명하다. 중간에 있는 사람들이 많은 곳에서는 시민들 사이의 분쟁과 분규가 거의 일어나지 않기 때문이다. 아리스토텔레스는 이 유형의 정치체제가 민주정에 더 가깝다101는 점을 이렇게 시사한다. "민주정이 또한 중간에

---

100 *Politica*, p. 1295a~1295b.

있는 사람들 때문에, 과두정보다 더 안정적이고 오래도록 지속한다." 중간의 시민들이 민주정에서 더 많은 숫자를 유지하면서 더 많은 관직을 차지한다는 설명이 뒤따른다. 102

　민주정은 이제 '중간'의 통치 유형과 하나가 되어 최선의 폴리스를 유지하는 정치체제로 거듭나게 되는가? 민주정은 말 그대로 데모스, 곧 인민집단이 폴리스 지배관계에서 최고 권위를 지니는 정치체제이다. 이에 비해 '중간의' 정치체제에서는 부자와 가난한 사람 사이에서 중용의 덕을 지닌 시민이 통치 질서의 중심에 선다. 그렇다면 인민 또한 시민과 동등한 위상에서 지배의 정당성을 누릴 수 있는가? 이 질문들을 풀어 가는 아리스토텔레스의 설명은 유별스럽게 세세하다. 그는 먼저 인민이나 뭇사람 모두를 통틀어 다수가 소수보다 우월할 수 있는지를 묻는다. 만약 그럴 수 있다면, 같은 논의가 짐승들에게도 적용된다. "뭇사람은 짐승들의 삶을 선택하여 완전히 노예와 다를 바 없다"고 《니코마코스 윤리학》이 밝히듯, 103 그들 모두에게서 어떤 훌륭함을 기대할 수는 없다. 뭇사람 가운데 대부분은 부자로 살 수 없으며 관직 생활이 요구하는 덕도 갖고 있지 않다. 그러

---

101 아리스토텔레스는 앞서 혼합정의 특징을 설명하면서 비슷한 표현을 사용한다. "그 정치체제는 간단히 말해서 과두정과 민주정의 혼합이다. 하지만 민주정 쪽으로 치우쳐 혼합된 것만 혼합정이라 부르는 데에 익숙하다. 또 과두정 쪽으로 많이 치우쳐 혼합된 것을 귀족정으로 부르는 데에 익숙하다. 이는 교양과 고귀한 태생이 부유한 사람들에게 더 많이 함께하기 때문이다." 같은 책, p. 1293b.

102 같은 책, p. 1296a.

103 《니코마코스 윤리학》, 20쪽.

므로 그들은 '안전하게' 중요 관직에 참여할 만한 어떤 자격을 갖출 수 없다. 실제로 그들은 슬기롭지 못한 탓에 자주 잘못을 저지른다. 사정이 이렇더라도 그들을 폴리스 통치에서 완전히 배제하기도 우려스럽다. 그들에게 어떠한 몫도 나누어 주지 않는다면, 그 폴리스는 반드시 적들로 가득해질 것이기 때문이다. "그렇다면 이제 그들을 심의하는 일과 판정하는 일에 참여시키는 사안이 남아 있다."[104] 아리스토텔레스는 그 가능성을 솔론의 개혁정치에서 발견한다. 이 개혁가는 지나치게 강경했던 과두정을 철폐하면서 부채 때문에 노예 상태에 있었던 인민들을 구제했으며, 끝내 "정치체제를 잘 혼합하여 아테네 전래의 민주정을 확립하는" 업적을 남겼다. 특히 모든 데모스에 배심 법정δικαστήρια을 구성했다는 사실에서 민주정 요소가 두드러졌다.[105]

아리스토텔레스는 이처럼 솔론의 사례에서 '중간'의 정치체제와 함께할 수 있는 민주정의 가능성을 본 듯하다. 여기에서 인민들은 비록 관직에 직접 참여할 수는 없겠지만 관직자들을 선출하고 그들에 대한 감사청구권을 얻게 될 것이다. 다수가 함께 모였을 때 그들의 지각은 충만할 것이고, 그들이 가장 훌륭한 사람들과 섞일 때 그들의 힘은 폴리스의 유익함에 기여할 것이다. 순수한 음식과 뒤섞이는 거친 곡물이 잘 가공된 소량의 곡물보다 더 풍부한 영양을 지니

---

104 *Politica*, p. 1281b.
105 같은 책, p. 1273b~1274a.

는 것처럼, 인민들은 중간에 있는 사람들과 더불어 혼합의 정치에 함께할 수 있을 것이다. 하지만 개개인으로 흩어진 그들은 심의하고 판단 내리는 일에 있어 완전할 수 없다. 그렇다면 인민집단 가운데 어떤 세력이 폴리스 지배관계에서 최고 권위를 나누어 가질 수 있을까?106

아리스토텔레스는 인민의 종류에 따라 민주정의 여러 갈래가 생성하는 현상에서 그 해답을 찾는다. 그것은 폴리스가 여러 부분으로 구성되기 때문에 다양한 유형의 정치체제들이 존재한다는 사실에서 지배관계의 아포리아를 풀어 가는 방법과 비슷하다. 그가 보기에 농사짓는 인민이 가장 나으며, 이 집단이 농업으로 살아가는 곳에서 최선의 민주정이 생성한다. 농민들은 많은 재산을 갖지 못하므로 여가 또한 누릴 수 없다. 그래서 그들은 자주 민회에 참석하기도 어렵다. 그들은 다른 사람들의 재산을 탐하지도 않으며 관직에 참여하는 것보다 수확하는 일에서 더 큰 즐거움을 얻는다. 그들 가운데 대부분은 명예보다 이익을 더 욕망하는 까닭에 더욱 여유로운 사람들의 관직 참여를 기꺼이 용인할 수 있다. 농민 다음으로 목자들이 최선의 인민에 속한다. 목축이나 농사짓는 일이 많은 점에서 비슷하기 때문이다. 게다가 이들은 전장에서 뛰어난 역할을 할 만큼 잘 훈련되어 있으며, 훌륭한 신체조건 덕택에 야전을 잘 견뎌 낸다. 나머지 인민들, 곧 수공 장인들, 장사하는 사람들, 임금노동으로 견디는

---

106 같은 책, p. 1281b.

사람들은 하잘것없이 살아가며, 그들의 일은 덕에서 너무 멀리 있다. 그들은 늘 시장이나 도심을 떠돌기 때문에 민회에 쉽사리 참여할 수 있다. 바로 이러한 점에서 '더 나쁜' 민주정이 생성한다. 그러므로 인민의 숫자가 충분하다는 이유로 간단히 민회 회합을 열지 말아야 한다. "맨 마지막 순번의 민주정은 모두가 참여하는 것이기 때문에, 모든 폴리스가 그것을 견뎌 낼 수는 없다."[107]

민주정은 이처럼 여전히 염려의 대상이다. 아리스토텔레스는 《정치학》 곳곳에서 극단으로 치닫는 민주정의 폐단을 지적한다. '모든 종류의 인민'이 더 많은 참여를 요구하면, 그만큼 선동정치의 위협도 커진다는 설명이다. 이 현상은 민회의 결의가 법을 능가하여 최고의 권위를 가질 때 발생한다. 이것은 항상 데모스에서 출현하는 데마고그δημαγωγούς 때문에 일어난다. 모든 것을 인민의 결정에 넘길 때, '아첨꾼과 똑같거나 비슷한' 선동가가 일어서기 마련이다. 참주와 다를 바 없는 유일 통치자μόναρχος가 곧바로 인민집단의 지배정치에서 생성하는 셈이다.[108] 그렇더라도 민주정은 '중간'의 가능성을 연다. 농사짓거나 목축하는 인민이 '최선의' 지배 질서를 만들어 낼 수 있으며, 바로 그 통치 유형이 뭇사람의 공감을 불러일으키는 정치체제에 함께할 수 있기 때문이다. 중용의 삶을 잇는 '자유로운 사람들과 시민들 다수'가 통치의 정당성을 지닌다면,[109] 바로 그 '어떤 집단τὶ πλῆθος'

107 같은 책, p. 1318b~1319b.
108 같은 책, p. 1292a.

에 인민의 주요 부류 또한 속하게 되는 것이다. '안전한 중간'의 영역은 인민 세력과 더불어 더욱 넓혀지게 되며, 따라서 '가장 안정적인' 중간의 정치체제는 '인민의 정치체제'와 더 비슷해진다. 110

이로써 아리스토텔레스는 처음에 내세웠던 중심 주제, 곧 "폴리스의 어떤 부분이 최고의 권위를 가져야만 하는가?"라는111 아포리아가 실천 지혜의 체계 안에서 해결된다고 여기는 듯하다. 그 모든 설명은 《정치학》을 관통하는 하나의 으뜸 원리와 맞닿는다. "폴리스는 한 부분으로 이루어지기보다는 여러 부분으로 구성된다."112 그 부분들이 전체로 이어지는 구성 방식은 여러 기관을 지니는 동물들의 사례와 다를 바 없다. "필요한 부분들의 결합이 있는 만큼 여러 동물의 종種, εἶδος이 있게 되듯", 다양한 유형의 정치체제들은 폴리스의 여러 부분 탓에 생성한다. 113 바로 여기에서 유기체 사유방식이 유래한다고 짐작할 만하다. 아리스토텔레스는 다만 동물들의 신체보다도 영혼을 '실제로' 더 중요하다고 여겨야 하듯 '거기에 상응하는' 폴리스 부분들도 그러해야 한다고 본다. 앞서 보았듯 폴리스를 수호하는 군인들, 사법 정의에 관여하는 사람들, 그리고 통치 사안

---

109 같은 책, p. 1281b.
110 같은 책, p. 1302a. 아리스토텔레스는 다음과 같은 표현도 남긴다. "오늘날에는 폴리스들이 심지어 더 커졌기 때문에, 아마도 민주정 이외의 다른 어떤 정치체제가 생겨나기란 더는 쉽지 않다." 같은 책, p. 1286b.
111 같은 책, p. 1281a.
112 같은 책, p. 1274b, 1289b, 1290b.
113 같은 책, p. 1290b.

을 사려 깊게 판단하도록 심의하는 사람들이 그 부분에 속한다. '최선의 인민βέλτιστος δῆμός' 또한 그 부분에 속할까? 아리스토텔레스의 이론 지식은 늘 이 질문에 부정적인 대답을 내놓는다. 생업에 매인 인민은 그 어떤 부류라도 시민다운 훌륭함이나 탁월함을 지닐 수 없다. 그러나 현실정치에 들어가면 사정은 달라진다. 모든 데모스에 배심 법정을 설치했던 솔론의 개혁이 주요 사례로 등장한다. 여기에서 인민은 관직에 직접 참여하지 않더라도 심의하고 판단하는 역할을 경험했다. 다수 세력이 가장 훌륭한 몇몇과 화합했을 때, 그들의 지각은 폴리스의 공동 이익에 쓰일 만큼 충분했다. 그렇다면 인민이 어떤 영역들에서 최고의 권위를 가지는 것 또한 정당한가? 아리스토텔레스는 우선 모든 인민을 통틀어 그렇다고 할 수는 없다고 본다. 인민들 가운데 몇 부류는 비천한 삶을 이어 가기 때문이다. 그렇지만 '어떤' 인민을 두고서 그 질문에 참이라고 대답하는 것이 아무런 문제를 일으키지 않는다는 결론이 뒤따른다. 뭇사람은 훌륭한 몇몇보다 탁월성에서 뒤떨어지더라도 함께 모이면 '한 사람과 같은 성품과 현명함'을 지닐 수 있기 때문이다. 114

후대의 국가학자들은 바로 여기에서 어떤 영감을 얻었을 터이다. "인민이 없다면 진정한 국가도 없다." 블룬칠리가 남긴 이 경구 안에 오랜 의미 전승의 숨결이 들어 있다고 여길 만하다.

---

114 같은 책, p. 1281a~1282b.

## 2. 칸트

### 1) 칸트 이전

아리스토텔레스 정치학의 바탕을 이루는 존재의 목적론은 헬레니즘 시대의 철학으로 이어진다. 자연현상에는 우연의 산물이란 없으며, 무언가를 지향하는 개개 유기체들에 변화와 운동이 작용한다는 설명이 아리스토텔레스 자연학의 중심 원리이다. 이를 따랐던 스토아 학파 철학자들의 사유체계에서도 자연은 우주 전체를 하나의 통일체로 만드는 존재로 제시된다. 곧 자연은 개개 생명체를 씨앗에 새겨진 로고스에 따라 유기체로 성숙시켜 완성에 이르도록 작용하는 힘이다.[115] 이와 같은 의미 전승의 과정에서, 몸體을 뜻하는 그리스어 소마σῶμα 또는 여기에 짝하는 라틴어 코르푸스corpus는 정치적이며 사회적인 조직 단위를 표현하는 은유로 쓰인다. 처음에 아리스토텔레스는 기관, 곧 영혼에서 나뉘면서도 영혼과 결합할 수 있는 인체의 부분을 몸σῶμα이라고 불렀다. 이 용례가 차츰 더 넓게 나아가 인간집단을 표현하는 상위 개념으로 발전한 것이다.[116] 아리스토텔레스 사유방법을 바람직하게 수용한 사례는 중세 스콜라철학의 저

---

[115] 릭켄(2000), 앞의 책, 293쪽 이하.
[116] Böckenförde et al. (1978), "Organ, Organismus, Organisation, politischer Körper", p. 525.

작에서도 드러난다. 이를테면 방대한 《신학대전*Summa Theologiae*》을 완성했던 토마스 아퀴나스Thomas d'Aquino, 1225?~1274는 아리스토텔레스에게서 물려받은 '신체' 개념이 신학 논의의 테두리에서 벗어나 정치 쟁점에도 쓰이도록 그 의미를 변용한다. 애초에 그리스도의 '신비로운 육신corpus mysticum'을 일컬었던 말이 시간의 한계에서 벗어난 교회를 상징하는 표현으로 쓰이는데, 이 표상이 다음처럼 세속의 시선에 비치는 정치 공동체의 뜻으로 바뀌어 나타난다.

영혼이 이성뿐만 아니라 정자精子도 함께 지닌 채 퍼져 나간다면, 자손들의 감염은 자유로운 그들 의지의 강제력에서 말미암지 않게 될 것이기 때문에, 벌을 받아야만 하는 책임의 성격도 사라질 것이다. 아리스토텔레스 《윤리학》 제3권 제5장에 다음과 같은 말이 들어 있다. "그 누구도 태어나면서 눈먼 사람, 병이나 부상 탓에 눈먼 사람을 비난하지 않을 것이며, 오히려 그들을 가련하게 여길 것이다." 그러므로 우리는 다른 길에 들어서야 한다. 그리고 모든 사람이 아담으로부터 생성한 만큼 아담과 닮은 한 사람 유일 존재를 인정해야 한다고 우리는 말해야 한다. 왜냐하면, 모든 인간은 맨 처음 조상이 받아들였던 자연에서 하나의 부류가 되기 때문이다. 이는 모든 인간이 시민 생활에서 하나로 뭉친 공동체의 지체들로 되는 것과 같은 이치이다. 우리는 온 공동체tota communitas를 한 인간처럼 보듯 그 개개 구성원을 하나의 유일 주체unum corpus로 여겨야 한다. 포르피리오스Porphyrios는 종種을 두고서 이렇게 말한다. "여러 사람은 바로 그 종에 속한다는 점에서 같은 인간

이다."한 신체의 여러 지체가 있듯, 아담에게서 파생한 여러 사람이 있다. 117

토마스 아퀴나스는 아리스토텔레스의 자연학과 윤리학을 기독교 신학의 기초 이론의 뜻에 적용하면서, 이 위대한 선각자의 '오르가 논ὄργανον' 용례를 라틴어 '오르가눔organum'으로 옮겨 하나의 새로운 학술 용어로 만들었다. "아리스토텔레스는 운동하는 영혼의 힘을 서술한다." 아리스토텔레스의 《영혼론De Anima》을 인용하는 이 설명은 "탁월한 감각을 지니고서 생동하는 존재"가 영혼으로 구성되어 있다는 원리와 맞닿는다. 아퀴나스는 아리스토텔레스의 목적론 사유체계에 따라 자연의 영혼이 식물의 생식 혼과 동물의 감각 혼, 그리고 인간의 이성 혼으로 각각 나뉜다는 이론을 받아들인다. 오직 인간만이 지니는 이성 혼은 인간다운 지성 능력뿐만 아니라 다른 능력까지도 포괄한다. 이 영혼의 작용 덕택에 인간은 식물에 고유한 성장과 생식 능력에 더하여 장소 이동을 통제하는 동물의 감각을 함께 지닌다. 그리고 정보를 수집하여 관리하는 인지 능력과 목표를 추구하는 욕구 능력은 인간과 동물 모두에게 나누어진 자연 자산이다. 그렇지만 사고와 의지 능력은 오직 인간의 영역에 속한다. "영혼의 자산들 가운데 지성과 자유의지intellectus et voluntas가 모든 신체 능력을 능가한

---

117 von Aquin, Th. (1886), *Summe der Theologie*, prima pars secundae partis, quaestio 81, articulus 1, Regensburg: G. J. Manz, pp. 266 f.

다. 그것들은 신체의 부분들이 아니다. 다른 자산들은 영혼과 육신에 골고루 들어 있다." 아퀴나스는 인간 고유의 능력을 설명할 때 아리스토텔레스 명제를 빌려 "영혼이란 유기조직으로 구성되는 신체 가운데 모든 사실성의 원칙으로" 존재한다고 하면서, 인간 육신의 모든 개개 부분들이 한결같이 '유기적 신체corpus organicum'를 형성하는 지체들로 분절되지는 않는다는 논리를 세운다. 말하자면 영혼은 신체의 모든 부분에 골고루 편재하지는 않는다는 것이다. 곧, "신체의 한 부분이 여타 부분들보다 훨씬 탁월하다. 그것이 더 높은 수준의 감각 능력을 수행하기 위한 기관organum이며, 신체의 다른 부분들이 거기에 봉사하기 때문이다. 그렇지만 신체의 모든 부분은 한결같으며 진정으로 인간다운 성격을 지닌다."[118]

아퀴나스는 아리스토텔레스의 범례에 따라 '혼이 깃든 기관organum animatum', 곧 생동하는 몸의 지체와 혼이 빠진 '무생물 기관organum inanimus'을 구별한다. 이로부터 '오르가눔'의 이름은 정치 지도자를 신성하게 여기는 표현divina organa뿐만 아니라 지성과 공공 정신을 갖춘 공복과 그 기구의 묘사organum et instrumentum illius personae intellectualis et publicae로 넓혀진다. [119] 그 용례들이 반복되면서 근대 '유기체' 개념의 배양소를 이루었을 것이다. "눈동자와 시력이 눈을 구성하듯, 영

**118** von Aquin, Th. (1886), *Summe der Theologie*, prima pars, quaestio 76, articulus 1, Regensburg: Manz, G. J., pp. 312~31; 앤서니 케니 (2010), 《중세철학》, 김성호 옮김, 서광사, 355쪽 이하.
**119** Böckenförde et. al. (1978), 앞의 글, p. 546.

혼과 신체가 생명 존재를 구성한다."[120] 아리스토텔레스의 이 표현처럼, '혼이 깃든 신체'를 온전한 구성으로 보는 사유방식은 17세기에 이르러 모든 자연현상을 '역학 규칙les règles des mécanique'으로 설명하는 기계론을 만나면서 단절의 시간을 겪는다. 새로운 자연학의 중심에 섰던 데카르트René Descartes, 1596~1650는 다음 한마디로 오랜 전통의 자연 목적론에 도전한다. "이성 없는 동물들도 우리와 닮은 기능들을 지니고 있다." 그도 또한 스콜라학파 철학자들에게서 물려받은 오르가눔organum과 코르푸스corpus 용법을 새로운 자연학 사유체계에 적용한다. 그렇지만 그가 프랑스어로 옮겨 호명하는 그 단어들(organe, corps)은 아리스토텔레스 사유체계를 무너뜨리는 도구로 쓰인다. "신은 우리 가운데 어떤 사람과 아주 흡사한 인간 신체le corps d'un homme를 만들면서 앞서 말했던 물질만으로 그 외양뿐만 아니라 내부 기관들organes을 짜 맞추었고, 더불어 이성을 지닌 영혼은 물론이거니와 식물 혼과 감각 혼의 역할에 쓰일 만한 그 어떤 것도 처음에는 그 신체 안에 집어넣지 않았다."[121]

데카르트는 생각하고 인식하는 영혼의 작용 없이도 호흡이나 소화 기능처럼 인간 신체가 저절로 수행하는 자동운동 능력을 모든 생명 존재를 규정하는 하나의 보편 법칙으로 본다. 그가 '자연학 문제

---

**120** Aristoteles (1831), *De anima*, p. 413a.

**121** Descartes, R. (1824), *Discours de la méthode* (Texte établi par Victor Cousin), Paris: Levrault, tome I, pp. 173~174.

들'을 논의하는 《방법서설》 제5부에서 심장 운동과 혈액 순환 원리를 의과학 수준으로 상세히 설명할 때, 정신과 물체를 분리하는 기계론 역학이 명확히 드러난다. 그는 먼저 혈액 순환의 원리를 발견해 생리학의 혁신을 이끌었던 왕립 런던 의과대학의 교수 하비W. Harvey, 1578~1657의 견해에 따라 심장 박동과 혈관 작용 가운데에서 '가장 일반적인le plus général' 자연현상의 원리를 찾는다. 심장의 좌우에 있는 심실에 두 개의 관이 통하고, 이 기관들이 끊임없이 혈액 순환을 계속하도록 운동한다고 밝히는 하비의 설명은 오늘날 순환기 내과학의 기초 상식에 속한다. 데카르트는 여기에서 인간의 심장과 동물의 심장이 '모든 점에서 아주 비슷한' 기능을 지닌다는 논지를 세우고자 한다. 하비가 심장 박동을 일종의 자동 펌프 운동으로, 그리고 동맥과 정맥을 관통하는 혈액 순환을 심실 판막의 조종 작업으로 이해한다는 점에서, 그는 기계론 계열에 속하는 과학자이다.[122] 그렇지만 그는 순환기관들의 작용을 별들의 원운동으로 이루어지는 대우주의 구성 원리와 비슷하게 여기고, 거기에서 생명을 지속시키는 목적 요인을 찾아낸다는 점에서 아리스토텔레스 자연학과 멀리 떨어지지 않는다. 말하자면 하비는 혈액 순환을 '영혼 그 자체'로 보는 생기론 과학자였다.[123] 이처럼 자연 목적론 사유방식에서 완전

---

[122] 같은 책, pp. 175 ff.
[123] 김성환(2017), 《17세기 자연 철학: 운동학 기계론에서 동력학 기계론으로》, 그린비, 155쪽.

히 벗어나지 못한 하비의 생명학은 데카르트의 비판 대상이다. 데카르트가 보기에 혈액 순환기 작용은 시계 운동이 추와 바퀴라는 '자동기계'의 힘으로 인간의 머리보다 더 정확하게 시간을 헤아리고 때를 측정하듯 심장과 혈액 기관들의 물질 원리로 설명될 따름이다.

데카르트가 비판적으로 수용하는 혈액 순환의 의과학은 자연학이라는 큰 줄기의 가지들 가운데 하나이며, 이 자연학은 또한 형이상학이라는 뿌리에 이어져 있다. 이처럼 나무의 은유로 이해하는 철학 지식의 체계에서 자연학은 물질로 이루어지는 모든 사물의 참된 원리를 발견하고, 이로부터 전체 우주의 일반 구성을 살펴본 뒤 공기, 불, 자석 광물 등과 같은 지구상 물체들의 본성을 따진다. 그 뿌리의 지혜, 곧 형이상학은 신의 주요 속성, 비물질로 이루어지는 인간 영혼의 본성, 인간 내부에서 작용하는 명석 판단의 관념, 한마디로 말하면 지식의 원리를 추구한다. 기계학이나 의과학을 가지로 거느리는 이 자연학은 보편 지식의 원리라고 이를 수 있는 형이상학의 줄기로서 버팀목 역할을 맡는다. 이렇게 데카르트가 지식 전반의 체계를 세우면서 밝히고자 하는 명제는 인간 정신이 알아낼 수 있는 '지극히 명석한 원리', 곧 '나'라는 존재가 나 이외의 모든 것을 의심할 수 있더라도 나는 존재한다는 점을 의심할 수 없다는 지혜이다. 이 추론은 인간의 몸이 아니라 영혼 내지는 사유라고 부를 수 있는 본성의 산물이다. 이와 같은 사유 존재를 받아들이는 형이상학의 제1원리가 만들어진다. 바로 여기에서 세상의 모든 사물을 창조한 신의 존재, 신은 완전한 존재자로서 모든 진리의 원천이므로 오류에 빠질 수 없는 인간 지성을 만들었으며, 따라서 인간이 명석하게 지각하는 것은 참이 될 수밖에 없다는 명제들이 나온다. 124 이러한 으뜸 원리에 따라 데카르트 스스로 "제작자가 숙련되면 될수록 완전한 작품을 만들 수 있을 터인데, 만물의 최고 창조자가 만들어 낸 작품이 모든 점에서 어찌 완벽하지 않을 수 있을까?"라고 물으면서 하나의 대답을 내놓았을 때, 처음에 아리스토텔레스가 구상하고 스콜라 철학이 전승했던 자연 목적론은 참과 거짓을 따져 묻는 형이상학 원리의 장애물로 바뀐다.

내가 이런 점을 좀더 자세히 주목해 보면, 먼저 다음과 같은 생각이 떠오른다. 내가 이유를 알아내지 못하는 것이 신에게서a Deo 비롯했다는 까닭으로 놀라서는 안 된다. 그리고 신이 왜 그리고 어떻게 그것을 만들었는가를 내가 이해할 수 없으며, 그러한 것이 몇 가지가 있다는 이유로 신의 존재를 의심해서도 안 된다. 나의 본성은 매우 허약하고 옹색하지만, 신의 본성은 무한하고 헤아릴 수 없으며 무궁하다는 사실을 내가 알고 있는 까닭에, 내가 그 원인을 알 수 없는 수만 가지를 신이

---

124 데카르트가 철학 지식의 전반 체계를 설명하는 이 글은 1647년 프랑스어 번역판으로 나온 《철학의 원리》〔Descartes, R. (1647), *Les Principes de la philosophie*, Paris: Henry Le Gras〕에 데카르트 스스로 번역자에게 보낸 편지를 머리글로 덧붙인 내용이다. R. 데카르트 (2018), 〈프랑스어로 옮긴이에게 부치는 편지〉, 《방법서설/성찰/철학의 원리/세계론/정념론/정신지도를 위한 규칙》, 소두영 옮김, 동서문화사, 172~186쪽.

이루어 낼 수 있음을 또한 내가 깨달을 수 있기 때문이다. 내 생각으로
는 이 한 가지 이유만으로도 흔히들 목적에서a fine 끌어내는 온갖 종류
의 근거들은 자연 사물에서는 아무런 쓸모도 없다. 나에게는 신의 목
적을 찾아내려는 짓이 터무니없어 보이기 때문이다. 125

이른바 과학혁명의 거센 기운이 데카르트의 기계론으로부터 뉴턴
Isaac Newton, 1642~1727과 라이프니츠Gottfried Wilhelm von Leibniz, 1646~1716
시대의 역학 원리로 넘어간 때에도 아리스토텔레스 자연학을 부정
하는 기류에 어떤 변화가 생기지는 않았다. 여전히 모든 자연현상은
빈틈없이 수학이나 물리학 공식으로 설명할 수 있는 보편 법칙의 대
상이었으며, 거기에 질량의 규모에 있어 다른 위상이나 목적 동인을
지니는 자연 산물의 인식이 끼어들 틈새는 존재할 수 없었다. 데카
르트의 후예들은 인간 심리 현상마저도 기하학 법칙의 나뉠 수 없는
인과연쇄의 작용으로 이해할 수 있다고 보았다. 126 견고한 기계론

---

125 Descartes, R. (1904), *Meditationes de prima philosophia*, in *Oeuvres de
Descartes*, publiées par Adam, C. & Tannery, P., sous les auspices du
Ministère de l'Instruction Publique, vol. VII, Paris: Léopold Cerf,
Imprimeur-Éditeur, p. 55. 인용문의 번역은 다음 책들에서 도움을 얻었다.
Descartes, R. (1870), *Untersuchungen über die Grundlagen der Philosophie*, in
*Decartes' philosophische Werke*, übersetzt, erläutert und mit einer
Lebensbeschreibung des Descartes versehen von Julius Hermann
Kirchmann, 2. Abtheilung, Berlin: Heimann, pp. 72~73; 르네 데카르트
(2016), 《성찰, 자연의 빛에 의한 진리탐구, 프로그램에 대한 주석》, 이현복 옮
김, 문예출판사, 82~83쪽.

과 역학의 패러다임에 어떤 균열 징후가 나타난 분야는 국가학과 법 철학이었다. 스콜라학파의 '유기적 신체corpus organicum'를 이어받은 정치적 신체, 곧 '정치체제politischer Körper, corps politiques' 개념이 국가 나 지배체제의 구성양식을 묘사하는 용례가 그것이다. 옛 신성로마 제국의 범위 내에서 '머리와 지체들로 이루어지는' 온 조직의 국가가 그 사례에 해당한다. 이때 머리는 황제를, 그리고 지체들은 신분 서 열에 따라 계층을 이루는 제국 구성원을 은유하는 표현이다. 이와 더불어 옛 몸σῶμα, corpus 개념과 맞닿는 '국가 신체Staatskörper'가 차츰 기계론 어법에서 벗어나 유기조직의 의미를 나타내기 시작한 사례 도 새로운 현상이다. 이를테면 도이칠란트 남부 귀족집안 출신의 헌 법학자 뫼저Justus Möser는 18세기 후반에 발표했던 한 글에서 온 조직 체의 원활한 '작용'과 '순환'을 위해 개개 지체들이 저마다 맡은 '신체' 역할에 알맞도록 배치되는 국가상을 묘사했다. "한 지체는 다른 지 체의 방해물이 되어서는 안 된다."[127] 이 주장 가운데 국가체제와 헌 법의 개혁을 바라는 시대의 요청이 들어 있다. 스위스 법학자 파텔 Emer de Vattel, 1714~1767은 1773년에 근대 국제법 연구에 큰 영향을 끼 친 저서를 펴내면서 국가를 '정치적 신체corps politiques', 곧 전체 조화

126 김성환(2017), 앞의 책, 195쪽 이하; 김진(1993), "칸트의 목적론적 유기체론과 그 이후", 〈철학연구〉 50집, 45쪽.
127 Möser, J. (1793), "An einen jungen Staatsmann", in Brandi, K. ed. (1921), *Gesellschaft und Staat; Eine Auswahl aus seinen Schriften*, München: Drei Masken Verlag, p. 262.

를 이루는 '인간 공동체'라고 일컫는다. 이때 국가는 '법인체persona moralis'와 같은 역할을 지니는 상위 개념으로 등장한다. 그 지도자는 옛 제국의 지배자와 달리 새로운 정책 목적과 과제를 집행하는 인물이다. 국가 통치자를 '공공의지 기관Organ des Gemeinwillens'으로 표현하는 동시대 도이치어 용법도 같은 맥락에서 나타났다. 128 그렇지만, 과학혁명의 유산뿐만 아니라 아리스토텔레스 자연학을 비판적으로 수용했던 칸트 시대에 이르렀을 때 비로소 국가유기체 이론의 토대를 세우는 사유의 실험이 이루어질 수 있었다.

## 2) 인간학

이 세계에 드러난 자연현상은 온통 기계 법칙에 따라 작용하는가? 아니면 수학이나 물리학이 자연 사물에 적용하는 보편 규범으로만 설명할 수 없는 어떤 대상이 따로 존재하는가? 자연현상 가운데에 존재의 의도와 충동을 지닌 생명체가 뒤섞여 있다면, 우리는 그 속에 내재하는 목적의 본성을 어떻게 인식할 수 있는가? 이 전래의 질문들은 칸트 사유체계에서도 중심 주제를 이룬다. 그가 인간 이성과 지성의 '판단 능력Urteilskraft'을 철학의 성찰 과제로 삼았을 때, 자연현상의 다양함과 존재의 합목적성을 하나의 통일성 원리에서 관찰

---

128 Böckenförde, E. & Dorn-van Rossum, G. (1978), "Organ, Organismus, Organisation, politischer Körper", pp. 561~566.

하는 사유의 실험이 이루어진다. 1790년에 처음 나왔던 《판단력 비판》이 그 문제를 떠맡는다. "자연은 헛된 것을 만들지 않는다." 아리스토텔레스 《영혼론》에 들어 있는 이 명제는 자연현상의 인식방법을 묻는 칸트의 판단력 변증학Dialektik에서 되살아난다. "유기적으로 갖추어진 자연 산물은 그 안에서 전부가 목적이면서 번갈아 수단이 되기도 하는 것이다. 거기에서는 그 무엇도 쓸모없지 않으며 아무런 목적 없이 존재하지도 않는다."**129** 이처럼 칸트는 자연의 합목적성에 내재하는 선험 원리를 밝히고자 하면서도 아리스토텔레스의 자연 목적론을 곧이곧대로 받아들이지 않는다. 처음부터 그는 전체 자연 사물이 그 자체의 목적에 따라 객관적으로 존재한다고 보는 고전고대의 사유체계를 넘어서는 '설명방식'을 찾고 있었을 것이다. 그는 자연의 합목적성을 판단하는 능력이 정립과 반정립이라는 '이율배반Antinomie'의 변증학에서 가능하다는 성찰에 이른다.

판단력의 첫째 원리는 정립 명제이다. 곧 물질 사물들과 그 형식들의 모든 산출은 오직 기계 법칙들에 따라 실행할 수 있는 것으로 판단되어야 한다.

판단력의 두 번째 원리는 반정립 명제이다. 곧 물질 자연의 몇몇 산

---

**129** Kant, I. (1790), *Kritik der Urteilskraft*, in Königliche Preußische Akademie der Wissenschaft ed. (1908), *Kant's gesammelte Schriften*, vol. 5, Berlin: Georg Reimer, p. 376. 이 책을 인용할 때마다 다음 번역서의 도움을 얻었다. 임마누엘 칸트(2017), 《판단력비판》, 백종현 옮김, 아카넷.

물들은 다만 기계 법칙에 따라 실행할 수 있는 것으로 판단될 수 없다. 그것들의 판단은 전혀 다른 인과성Causalität 법칙, 곧 목적인들Endursachen의 법칙을 요구한다. 130

자연 사물을 판단하는 능력은 인용문의 설명처럼 언뜻 보기에는 양립할 수 없어 보이는 두 가지 준칙들에서 출발한다. 두 가지의 가능한 작용형식에 따라 모순에 빠진 듯 보이는 그 준칙들이, 판단력을 반성의 원리에서 '미로에 빠지도록' 한다. 이 변증의 방법을 어떻게 이해할 수 있을까? 칸트는 두 가지 형식의 판단력이 각각 다른 차원의 설명방식에 근거한다고 보면서 그 이율배반을 해결한다. 본래부터 물리적이며 기계적인 설명방식과, 목적론다우며 기교에 충실한 설명방식으로 각각 나뉘어 적용되는 준칙들 사이에는 이율배반이 성립하는 것처럼 보일 수밖에 없다. 우리가 '반성하는reflectirend' 판단력의 원리와 '규정하는bestimmend' 판단력의 원리를 각각 나누어서 보지 못하기 때문이다. 그리고 우리가 특수한 경험 법칙들을 이용하는 이성 작용을 구분하여 볼 수 없을 때, 다시 말해 단지 주관에서만 타당하다고 보는 반성 판단의 자율성Autonomie과, 보편성을 지니든 특수성을 지니든 지성에 따라 생성하는 법칙들을 준수해야만 하는 규정 판단의 타율성Heteronomie을 구분하여 볼 수 없을 때, 두 가지 판단력의 준칙 사이에 가상의 모순이 나타나기 마련이다. 131

---

130 같은 책, p. 387.

이 설명처럼 자연현상을 인식하고 설명하는 판단력이 각각 다른 외양을 지니며 서로 다른 영역을 사유하는 기능이라면, 사물들의 잡다함 속에서 자연의 합목적성을 판단하는 원리를 세우기 위해 먼저 판단력 그 자체의 성격을 물어야 마땅하다. 칸트의 인식능력 사유에서 판단력 일반이란 보편성 아래 포괄되는 특수한 것을 생각하는 능력이다. 우리가 규칙이나 원리 또는 법칙이라 일컫는 보편성이 주어졌다면, 그 아래에 특수한 것을 귀속시키는 판단력은 규정하는 성격을 지닌다고 말할 수 있다. 규정하는 판단력이란 우리가 인식하는 자연의 다양한 형식들을 지성의 보편 법칙으로 포괄하여 하나의 대상으로 만들어 내는 능력을 뜻한다. 지성이 세운 이 법칙은 규정하는 판단력 앞에 이미 '선험적으로a priori' 주어져 있다. 그러므로 규정하는 판단력은 자연 속의 특수한 것을 보편성 아래 배치하기 위해 스스로 고안해 내야 하는 법칙을 요구하지 않는다. 그러나 자연에는 여러 형식의 다양성이 있고, 또 그만큼 보편의 수준에서 볼 때 초월적인 자연 개념의 여러 양태가 있는 까닭에, 그것들은 순수 지성의 선험 법칙으로는 규정되지 않아서 불확실한 것으로 남아 있게 된다. 따라서 이것들을 위한 법칙들이 따로 세워져야 한다. 그것들이 마찬가지로 법칙이라는 이름을 얻으려면, 반드시 자연의 다양한 형식들과 그만큼 여러 형식으로 변할 수 있는 자연 개념들을 통일하는 하나의 원리에서 나와야 할 것이다. 이 원리에 따라 자연을 하나의 통

---

131 같은 책, p. 389.

일 개념으로 만드는 일이 반성하는 판단력의 과제이다. 판단력이 성찰한다는 말은 자연 속의 특수한 것을 보편의 수준으로 끌어올리는 임무를 갖는다는 것을 일컫는다. 이처럼 반성하면서 성찰하는 판단력은, 자연의 다양한 형식들을 하나의 개념으로 통일하는 원리를 이미 주어진 경험에서 빌려올 수는 없다. 그 원리가 모든 경험 원리들을 통합한다는 점에서, 거기에 마찬가지로 경험 속성이 들어 있다고 할 수 있다. 그렇지만 반성하는 판단력에 필요한 원리는, 모든 경험 원리들을 하나의 위계질서 아래 가지런히 세우는 가능성을 열어야 한다. 따라서 반성하는 판단력은 오직 스스로 그와 같은 '초월 원리 transzendentales Princip'를 자신에게 법칙으로 제공할 수 있다. 이 방식으로 성찰해야만 하는 판단력이 다른 곳에서나 자연으로부터 그 원리를 이끌어 올 수는 없다. 판단하는 능력이 이미 주어진 자연의 원리에서 비롯한다면, 그것은 곧 규정하는 판단력이다. 132

판단력이 기대는 원리와 그 적용 법칙이 두 가지 기능으로 나뉘면서 자연현상을 설명하는 방식도 그에 따라 두 가지로 나뉜다. 지성이 세우는 원리에 따라 우리가 이해하는 자연은 연장의 형식으로 주어진 현상이다. 데카르트의 사유방식에서 그러했듯, 자연은 기계론의 설명 대상이다. 이때 자연은 인간 사유 양식과 직관 형식에 따라 구성되는 현상으로 나타난다. 다시 말해 자연현상은 지성의 인과 필연성에 따라 사유체계에 수동적으로 들어온다. 판단력이 이 기계론의

---

132 같은 책, pp. 179~180.

인과 필연성에 기댈 때, 그 판단력은 규정하는 속성을 지닐 수밖에 없다. 그러나 이와 같은 기계적 원리가 그대로 적용될 수 없는 자연 산물이 따로 존재한다. 기계적 인과 필연성이 적용될 수 없는 자연현 상의 기체基體, Substrat가 바로 그것이다. 이 기체는 우리에게 직접 인 식되지는 않지만, '감성 저편에 있는 실재근거übersinnlicher Realgrund'이 다. 우리는 자율적 주체로서 인간 자신이 부분으로 속하는 자연현상 가운데 어떤 것을 기체로 생각할 수 있고, 그것의 근저에 대응하는 어떤 근원적 지성, 곧 '이지적인 직관intellectuelle Anschauung'을 내세우는 일이 가능하다. 이때 우리는 자연을 현상 저편에 있는 초월적 기체의 발현으로 이해할 수 있으며, 따라서 거기에는 기계적 인과의 필연성 이 적용될 수 없다. 감성 저편의 이 기체는 주어진 자연현상처럼 규 정할 수 있는 인식대상이 아니며, 따라서 그것을 설명하는 방법은 오 직 반성하는 판단력의 작용에 기댈 수밖에 없다. [133]

칸트가 이처럼 판단하는 능력을 까다로운 변증학의 논의로 이끄는 이유는 합목적의 자연 산물을 기계론으로 추론하는 원리가 목적론 원리와 나란히 설 수 있는가를 묻는 자신의 질문에 답하기 위해서다. 우리가 '자연목적'을 지닌 사물이라고 보아야만 하는 '유기체다운 존 재organisirtes Wesen'에서 기계적 산물과는 전혀 다른 산출 근거, 말하자 면 '목적들에 얽히는 인과성Causalität durch Zwecke'의 산출 근거를 불러

---

**133** 같은 책, pp. 405~440; 한자경 (2006), 《칸트 철학에의 초대》, 서광사, 202~ 204쪽.

내는 설명방법이 그의 대답이다. "어떠한 인간 이성도 단 한 개 풀잎의 산출조차 한갓 기계적 원인만으로 이해할 수 있으리라고는 기대할 수 없다." 이 주장은 자연 산물의 원인과 작용을 목적론으로 연결하여 하나의 통일 체계로 이해하는 방법이, 판단력 작용에 꼭 필요한 원리를 이룬다는 것을 설명한다. 칸트가 상정하는 자연목적은, 현상으로 드러나는 외적 대상들에서는 판단 작용의 '충분한 근거'와 '만날 수 없다'. 이 근거는 자연 가운데 존재하면서도 오직 '감성 저편에 놓인 자연의 기체'에서만 찾을 수 있다. 우리가 이 기체를 통찰할 수 있는 '모든' 가능성이 가로막힌 탓에, 자연 그 자체로부터 원인과 작용을 '목적에 접속하기 위한für Zweckverbindungen' 설명 근거를 얻어 내는 길은 우리에게 열려 있지 않다. 그러므로 인간 인식능력의 속성을 따져 볼 때, 우리는 그 목적 결합을 이루기 위한 최상의 근거를 '세계 원인'이라고 부를 만한, 어떤 '본원 지성'에서 찾을 수밖에 없다. 134 간추려서 보자면, 자연 산물을 설명하면서 물질의 보편적 메커니즘 원리와 목적론 원리를 통합하는 과제는 먼저 규정하는 판단력과 반성하는 판단력을 서로 다른 차원에서 사물들에 적용하는 두 원리로 구분하는 일이다. 이로써 기계론을 이미 주어진 자연현상에 적용하는 객관 원리로, 그리고 목적론을 감성 저편의 기체에 적용하는 주관 원리로 이해하면, 판단력의 기능에 내재하는 이율배반은 해결의 실마리를 얻는다. 135 자연 산물에서 메커니즘을 '빠뜨리지 않으면서' 목

134 Kant, I. (1790), 앞의 책, pp. 409~410.

적들의 원리를 '마찬가지로 꼭 필요한' 이성의 준칙으로 여겨야 한다는136 과제가 변증학의 중심을 이룬다. 바로 여기에서 유기체 존재들에 내재하는 합목적성을 판단하는 '원리'가 이루어진다.

"한 사물은 그것 스스로 원인이자 결과라면 자연목적으로 현존한다." 칸트는 이 명제와 더불어, 우리가 자연 산물로 인식하는 어떤 존재를 자연목적으로 판단하려면 거기에 원인과 작용이라는 인과성이 내재해야 한다고 밝힌다. 이 인과성은 자연 그 자체에 하나의 목적을 놓지 않고서는 그 산물들을 포괄하는 개념과 결합할 수 없다. 우리는 칸트가 예로 드는 나무를 보면서 이 명제를 좀더 쉽게 이해할 수 있을 것이다. 한 그루 나무가 자연 법칙에 따라 생산한 다른 한 그루는 나무라는 같은 유類에 속한다. 그러므로 그 나무는 유로서 자기 자체를 산출하는 것이다. 말하자면 그 나무는 유의 속성 안에서 스스로 원인이자 결과로 작용하여 자신을 통해 끊임없이 만들어지고 또 마찬가지로 자기 자체를 만들어 내면서 한결같이 유로서 존속한다. 아울러서 그 나무는 개체Individuum로서도 자신을 생산한다. 우리는 이 작용결과를 단순히 성장이라고 부를 수도 있겠지만, 그 과정은 기계 법칙들에 따르는 양적 신장과 전혀 다르다. 나무 한 그루가 성장하기 위해서는 외부로부터 자신에게 공급해야만 하는 물질이 필요하다. 그렇지만 그 나무는 단지 추출물로 보이는 이 재

---

135 한자경(2006), 앞의 책, 205쪽.
136 Kant, I. (1790), 앞의 책, pp. 410~416.

료를 독창성Originalität이라는 능력으로 분해하고 조성하여, 말하자면 그것을 특유한 질로 가공하고 배합하여, 자기 자신을 끊임없이 형성해 나갈 수 있다. 그리고 칸트는 나무 사례를 통해 유기체의 본성을 유추할 만한 인과성을 밝힌다. 곧, 나무라는 자연 산물은 부분들로 이루어져 있으며, 그 한 부분은 다른 부분에 의지하면서 자신을 지탱한다. 이와 같은 방식으로 나무의 부분들은 번갈아 가며 서로서로 의존하면서 전체 몸체를 유지하고 또 다른 몸체를 낳는다. 그 작용 결과를 하나의 생식Zeugung이라고 할 수 있다. 나무에 매달린 잎들의 작용이 두드러진 사례다. 나뭇잎들은 "나무의 산물이지만, 거꾸로 나무를 지탱해 주기도 한다. 거듭해서 나뭇잎을 떼어내게 되면 나무는 죽고 말 것이며, 또한 나무의 성장은 그 줄기에 끼치는 나뭇잎들의 작용에 의존하기 때문이다."[137]

칸트가 보기에, 나무의 생식 사례야말로 '가장 놀랄 만한 유기체 피조물의 특성'이다. 이로부터 판단력 비판의 중심 명제가 성립한다. "유기체란 우리가 그것을 다른 사물과 얽히는 관련성을 염두에 두지 않으면서 그 자체만으로 관찰하더라도, 자연 안에서 오직 그것의 목적으로만 있을 수 있다고 생각할 수밖에 없는 고유 존재이다." 이처럼 한 자연 산물이 유기체 존재답게 그것 자체로, 그리고 그것의 내적 가능성에서 자연목적이 되려면 다음과 같은 전제하에서 가능하다. 먼저 그것의 부분들은 서로서로 번갈아서 원인과 결과로 작용하여 "전

---

**137** 같은 책, pp. 370 f.

체라는 하나로 결합해야 한다". 그리고 바꾸어서 "전체 관념이 다시금 모든 부분의 형식 및 결합을 규정해야 한다". 칸트는 이러한 설명과 더불어 자연목적과 기예Kunst의 산물, 곧 다른 부분이나 전체를 위해 실존하는 도구Werkzeug나 기관Organ을 구분한다. 칸트는 시계의 사례로 19세기 유기체 정치이론에 큰 영향을 끼치게 될 이 중요한 원리를 설명한다. 하나의 시계 톱니바퀴는 다른 톱니바퀴들을 만들어 내는 원인으로 작용할 수 없다. 여기에서 한 부분은 다른 부분을 위해서 존재하지만, 그 역작용은 발생하지 않는다. 그리고 한 톱니바퀴가 다른 톱니바퀴를 만들어 내지 못하듯, 하나의 시계가 다른 시계들을 만들어 낼 수 없다. 그래서 하나의 시계는 부분을 스스로 대체하지 못할 뿐만 아니라 고장이 났을 때 스스로 수리하지도 못한다.138 바로 이러한 운동 속성이 유기체의 자연목적과 상반한다.

그러므로 하나의 유기체는 한갓 기계가 아니다. 기계는 오직 운동하는 힘만을 지녔지만, 유기체는 자기 내부에 형성하는 힘을 소유했으며, 더군다나 그것은 그러한 힘을 갖지 못한 물질들에게 나누어 줄 만한 (물질들을 조직하는) 힘을 지니기 때문이다. 그 힘은 말하자면 스스로 번식하며 형성하는 힘인데, 그것을 오직 운동능력(메커니즘)으로만 설명할 수는 없다.139

---

138 같은 책, pp. 373 f.
139 같은 책, p. 374.

칸트의 유기체 개념은 자연 산물 가운데에서 객관적 합목적성의 근거를 구하는 '통찰'의 성과다. 그의 설명은 이렇게 이어진다. 하나의 객관을 정리하는 개념은, 그것이 아울러 이 객관의 현실성 근거를 포함하는 한에서, 목적이라 일컬어진다. 그리고 한 사물이 다만 목적들에 따라 있을 수 있는 사물들의 그 속성과 일치하면, 그것을 사물 형식의 합목적성Zweckmäßigkeit이라 지칭할 수 있다. 자연은 이 합목적성 개념에 따라 마치 지성이 다양한 자연의 경험 법칙들을 하나로 합치는 근거를 지니는 듯한 표상으로 드러난다. 이렇게 보는 자연의 합목적성은 오직 반성하는 판단력 가운데에 그 근거를 지니는 하나의 특수한 선험 개념이다. 그 개념은 자연, 곧 객관의 법칙을 규정하지 않는다. 또한 그것은 우리가 자연의 대상들을 성찰할 때 하나의 통로를 따라 이어지는 경험을 염두에 두면서 처신하게 되는 유일한 방식의 표상이다. 그러므로 그 개념은 '판단력의 주관성 원리'이다. **140** 이렇게, 반성하는 판단력은 객관성의 실재보다는 판단하는 주관과 관련하여 사물이 소유하는 속성을 문제 삼는다. 말하자면 주관으로 되돌아가 성찰한 것으로 드러난 사물의 현존 형식이 반성하는 판단의 대상이다. 곧 주관이 객관의 합목적성을 판단하면서 자기 자신을 판단한다. **141**

**140** 같은 책, pp. 179~186.
**141** Kroner, R. (2007), *Von Kant bis Hegel*, vol. 1, Tübingen: Mohr Siebek, pp. 224~236.

간추려서 보자면, 칸트의 목적론 사유체계에서 유기체 사물은 자신 바깥의 이성 존재들과 얽히는 개념의 인과성 없이도 그 자체의 목적으로 존재한다. 그러기 위해 그 사물의 부분들은 서로서로 번갈아서 원인이자 결과로 작용하여 고유한 인과성에서 전체를 이루어야 한다. 그리고 그 개념은 거꾸로 하나의 원리에 따라 전체의 원인이 되고, 그 원인이 결과에 이어져서 목적인으로 말미암는 작용으로 판단될 수 있다. 이와 같은 판단의 근거가 곧 자연의 내적 합목적성이다. 진정한 의미의 자연목적이란 사물의 본질 내부에서 그 자체로 원인과 결과로 작용하는 합목적성을 달리 부르는 이름이다. 칸트에 따르면 이 내적 합목적성에서 목적론을 '절대적으로' 판단하는 정당성이 나올 수 있다.[142] 이처럼 내적이며 절대적인 성격의 합목적 존재가 바로 유기체이다. 이 유기체 사물은 목적개념에 객관적 실재성objective Realität을 마련해 준다. 이로부터 자연과학은 하나의 특수한 원리에 따라 그 대상들을 판단하는 방법을 얻는다.[143] 칸트는 이와 같은 판단의 원리가 국가의 본성이나 정치 질서의 형식을 묘사하는 개념에 직접 전이될 수 있다는 점을 명시하지는 않았다. 그렇지만 그는 유비Analogie를 통해 개념을 간접적으로 표현할 수 있는 '상징 표상 방법symbolishe Vorstellungsart'을 설명하는 가운데 국가유기체 이론으로 나아갈 통로를 열어 두었다. "한 군주 국가가 내치의

---

142 Kant, I. (1790), 앞의 책, pp. 366~369.
143 같은 책, p. 375.

인민법률Volksgesetz에 따라 통치되면 혼이 있는 신체로, 그리고 단일한 절대 의지를 통해 다스려지면 (흡사 손절구와 같이) 단순한 기계로 설명되지만, 두 사례 모두 단지 상징적으로 표상될 따름이다. 왜냐면 전제국가와 손절구 사이에는 전혀 유사성이 없지만, 두 사례와 그들의 인과성을 반성하는 규칙들 사이에는 꽤 유사성이 있기 때문이다."144 나아가 그는 '직접적인 자연목적들에 비추어 보는 유비를 통해' 유기체 개념을 국가 질서의 구체적인 형식에 적용할 수 있는 여지를 암시한다.

> 사람들은 요즈음 어느 유력한 인민집단을 하나의 국가로 온전하게 개편하려고 시도하면서 유기조직Organisation이라는 말을 행정기구 등과 바로 완전한 국가 신체Staatskörper에 아주 알맞게 적용했다. 모든 지체는 물론 그러한 전체 가운데에서 한갓 수단뿐만 아니라 목적이기도 해야 하며, 또한 그것은 전체가 가능하도록 협력함으로써 다시금 전체의 이념 덕택에 각자 지위와 기능에 걸맞게 확고하게 자리하기 때문이다.145

이 설명처럼 부분과 전체의 상호작용 가운데에서 '형성하는 힘'을 표현하는 유기체는 근대 국가의 상징으로 인식될 수 있었다. 국가 문제를 둘러싼 논의가 점점 인격들의 총체와 공공조직을 표상하는

---

144 같은 책, p. 352.
145 같은 책, p. 375 (아래 주).

하나의 몸Körper, 곧 체제 구성에 집중되었을 때, 유기조직체는 우두 머리와 구성원들 사이의 관계를 새롭게 설정하는 데 유용한 유비 사 례로 작용할 수 있었을 것이다. "국가civitas란 법률 규정들 아래 뭇사 람이 뭉친 상태이다."146 칸트의 만년 작품 가운데 하나의 귀중한 유산으로 꼽을 수 있는 《법이론의 형이상학 기초원리》에 들어 있는 표현이다. 여기에서 말하는 뭇사람eine Menge von Menschen이란 곧 '인 민Volk'을 뜻한다. 칸트 법철학 인식체계에서 개개인들은 인민에 속 하며, 이들이 국가의 지체Glieder를 이룬다. 이들 뭇사람이 '하나의 의지 아래' 공동체를 이루는 것은 법률 체계를 요구하기 때문이다. 법률 보호를 원하는 모두가 공동 이해 관심을 통해 '공공 조직체das gemeine Wesen'에 뭉친 형식이 곧 넓은 의미의 국가res publica latius sic dicta 이다.147 19세기 국가학자들과 헌법학자들이 그랬듯, 우리도 이 설 명에서 국가유기체 이론을 유추해 낼 수 있을 것이다. 칸트가 법철 학이라는 경험 지식의 인식체계 안에서 국가의 구성 원리를 묻기 이 전에 《판단력 비판》에서 이른바 '외적 자유'의 올바른 행위 준칙을 예비했다는 점에 깊이 주목할 만하다. 우리는 이 책의 끝부분에서 모든 유기체 가운데 홀로 자연목적을 도덕으로 고양하는 인간의 '감 성 초월 능력'을 밝혀냄으로써 반성하는 판단력 비판을 마감하려는

---

146 Kant, I. (1797), *Metaphysik der Sitten*, in Königliche Preußische Akademie der Wissenschaft ed. (1907), *Kant's gesammelte Schriften*, vol. 6, Berlin: Georg Reimer, p. 313.

147 같은 책, p. 311.

칸트 인간학을 만난다. 그의 설명을 좇으면, 우리는 이 세계 안에서 자신의 의지대로 스스로 목적을 세울 수 있는 단 한 종류의 존재에 주목할 수 있다. 인간이 바로 그 존재다. 이 존재자로부터 우리는 유일하게 자연조건에서 독립하여 그 자체로 필연성의 표상으로 나타나는 인과성 법칙을 인식할 수 있다. 우리가 인간이라는 존재에게서 고유한 특성으로 발견하는 이 법칙은 최상의 목적으로서 세계 가운데 최고선으로 앞세워진다.

인간 존재는 자신 안에 최고 목적 자체를 가진다. 그는 할 수 있는 만큼 온 자연을 자신의 최고 목적 아래에 둘 수 있으며, 적어도 이 최고 목적을 거슬러 자연에 굴복할 만한 그 어떤 영향력도 받지 않을 수 있다. 세계의 사물들이 실존에 매인 존재로서 목적들에 따라 행동하는 최상위 원인을 필요로 한다면, 피조물인 인간이야말로 그와 같은 궁극 목적이다. 인간이 없으면, 서로서로 매이는 목적들의 연쇄가 완벽하게 이루어질 수 없을 것이기 때문이다. 오직 인간 속에서, 곧 도덕성의 주체인 인간에게서만 어떤 조건에도 매이지 않는 입법이 목적들에 딱 들어맞게 이루어진다. 이로써 오직 인간만이 궁극 목적으로 존재할 수 있으며, 전체 자연은 목적론 관점에서 인간 밑에 놓인다.148

칸트는 목적들의 연쇄에서 최고선의 자격으로 맨 앞에 서는 궁극

148 Kant, I. (1790), *Kritik der Urteilskraft*, pp. 435~436.

목적이 '창조 그 자체'를 가능하게 하는 조건이기 때문에 다른 어떤 것도 필요로 하지 않는 목적이 된다고 설명한다. 이 최상의 목적은 절대성을 지니기 때문에, 자연이 거기에 충분조건으로 영향을 끼칠 수 없다. 자기 자신 가운데 내재하는 객관 성향 덕택에 반드시 지성으로 분별할 수 있는 원인의 궁극 목적으로 실존해야만 하는 사물, 곧 하나의 유기체는, 목적들의 질서에서 순전히 자신의 관념Idee 이외에 다른 어떤 바깥 조건에 매일 수 없는 특성을 가진다. 칸트가 이처럼 자연의 목적들을 궁극 목적 밑에 배치하는 까닭은 인간이 왜 한 유기체로서 '실존하는 것이 필요한가'라고 스스로 물었던[149] 질문에 답하기 위해서다. 그의 설명은 다음과 같이 계속된다. 어떤 사물을 그것의 내적 형식 때문에 자연목적이라고 판단하는 것은 그 실존을 자연의 목적이라고 여기는 바와 같다고 할 수 없다. 사물의 현존을 목적 그 자체로 이해하려면, 우리는 한갓 가능성으로 여길 만한 목적 개념을 가져야 할 뿐만 아니라 '궁극 목적'도 아울러 인식할 수 있도록 존재해야만 한다. 그렇게 하려면 우리는 감성 저편의 어떤 관련성에서 자연을 판단해야 한다. 자연 그 자체가 실존하려는 목적은 자연(본성) 너머에 있기 때문이다. 이를테면 우리가 유기체의 내적 구성을 내버려 둔 채로 풀이 가축에게, 그리고 가축이 인간에게 생존 수단을 제공하는 외적 합목적성만을 본다면, 어떤 범주로 확정할 수 있는 목적에 이르지 못하게 된다. 한 사물이 궁극 목적으로 실

---

149 같은 책, p. 378.

존하는 합목적성의 조건은 그 어디에도 매여 있지 않다. 그 조건은 오직 물리적 목적론에 따라 고찰하는 세계인식 바깥에 있다. 자연 산물이 유기체로 구성된다는 인식에는 반드시 자연목적의 사물 개념이 필요하다. 그것의 특수한 형식이 자연의 산물이기 때문이다. 그러면서도 이 개념은 전체 자연이란 목적들의 규칙에 따르는 하나의 체계를 이룬다는 관념으로 이어진다. 그리고 자연의 모든 메커니즘은 이성의 원리에 따라 이 관념에 종속되어야만 한다. 이성의 원리는 그 관념에 속하여, '세계에 존재하는 모든 사물이 어떤 좋은 목적을 지향하며, 그러므로 거기에서 쓸모없는 것이란 있을 수 없다'는 준칙으로 종사한다. 따라서 우리는 자연이 유기체 산물에서 드러내는 예증을 통해 자연 법칙에서 합목적성만을 기대할 수 있는 정당성을 얻는다.[150]

이처럼 인간의 실존 근거를 따져 보는 질문은 "피조물들은 무엇을 위해 여기에 있는가?"라는 보편의 문제와 맞닿는다. 칸트는 이에 두 가지로 대답한다. 어떤 뜻에 따라 작용하는 원인과는 아무런 관련성도 갖지 않는 사물의 현존과 그것의 산출이 그 첫째 대답이다. 우리는 그 원인과 작용이 자연의 메커니즘에서 비롯한다고 이해할 수 있다. '유용과 유익의 합목적성'에 해당하는 이 피조물의 목적은 다른 자연 산물 안에 있다. 이 '외적' 합목적성의 존재 '바깥에서außer' 어떤 '뜻의 근거'를 지니며, 따라서 이를 유기체라는 개념에서 떼어 놓

---

150 같은 책, pp. 377~381.

고 생각할 수 없는 사물이 '따로' 있다. "그러한 자연물의 실존 목적
은 그 자신 안에 있기" 때문에, 우리는 이 사물의 밑바탕에 목적인과
그 기초를 이루는 관념을 놓지 않을 수 없다. 유기체의 궁극 목적은
바로 그 자체 속에 있다. 이것이 칸트가 내린 두 번째 대답이다. 그
런 다음 그는 마침내 자연계의 산물들은 "어떤 목적에 좋은가gut?"라
고 묻는다. 그의 대답은 간결하다. "인간을 위해서." 왜 그런가? "인
간은 이 지상에서 창조의 최종 목적이다. 목적을 이해할 수 있으며,
합목적성답게 형성된 사물들의 집합에서 자신의 이성으로 목적들의
체계를 만들어 낼 수 있는 유일 존재가 바로 인간이기 때문이다."151

칸트의 '반성하는' 사유체계는 드디어 "인간이 자연의 주인"이라는
명제에 이르렀다. 152 자연 산물의 목적론을 새로운 체계로 구성하는
그의 '판단력 방법론'에서 인간은 이 지상에서 자신의 의지대로 스스
로 목적을 세울 수 있는 유일 존재의 위상에 자리한다. 자연 전체를
목적들의 연쇄로 이루어지는 하나의 체계로 이해하면, 그 최종 목표
는 인간의 사명에 닿는다. 그러나 여기에는 언제나 변함없는 조건이
따른다. 인간이 자신의 이성에 따라 자연목적들의 체계를 이해하
고, 자신의 의지대로 자연에 매이지 않는 목적 관계에서 자족할 수
있을 때 비로소, 인간은 자연 가운데에 놓일 수 없는 창조의 궁극 목
적으로 실존한다. 칸트 인간학이 이처럼 자연계 전체 목적들의 연쇄

---

151 같은 책, pp. 425~427.
152 같은 책, p. 431.

에서 독특한 위상을 차지하는 인류를 발견한다면, 인간은 자연의 한 구성원으로도 존재한다는 전제에서, 다음 질문이 뒤따라야 옳을 것이다. 자연과의 관계에서 도움을 받으면서도 인간 존재 그 자체의 가능성과 결합할 수밖에 없는 최종 목적은 인간 본성의 어떠한 기질 가운데 놓여 있을까? 칸트는 먼저 우리가 자연이 베풀어 주는 혜택 덕분에 만족할 수 있는 행복을 예로 든다. 행복 개념은 우리가 인간성 내면의 심층에 놓인 동물성에서 끄집어내는 어떤 천분天分, 인간 그 자체의 본능에서 추상해 내는 성향이 아니라, 우리가 경험할 만한 조건 아래 적응하려고 애쓰는 현실 상황의 순수 이념이다. 우리는 상상력에 기대거나 감관感官에 얽힌 지성을 통해 이런 성격의 이념을 스스로 구상할 수 있다. 그러나 인간이 이해하는 행복은 스스로 만족할 만한, 자신의 고유한 최종 목적으로 받아들여질 수 없다. 왜냐하면, 인간의 본성이란 소유하고 즐기는 기쁨을 어딘가에서 멈추게 할 수 있는 종류의 것이 아니기 때문이다. 다른 한편으로, 인간은 홀로 자연의 자비로움을 누리기보다는 늘 제해와 피습의 두려움 속에서 살아간다. 더군다나 인간 본성의 기질 가운데에는 전쟁이나 독재의 재앙을 불러오는 부조리의 성격이 함께 들어 있다. 따라서 인간 바깥의 자연이 제아무리 자비롭고 그 목적이 바로 인류의 행복에 있더라도, 그것의 마지막 단계는 이 지상의 자연 체계 안에서는 이루어질 수 없다. **153** 칸트는 자연의 최종 목적이란 오로지 자

---

**153** 같은 책, pp. 429~430.

연에만 기대할 수 있는 사물들에 그 가능성을 두는 목적들과 구별되어야 한다고 설명한 다음, 인간의 본성 속에 들어 있는 모든 목적 가운데 오직 형식적이며 주관적인 조건, 이를테면 적합성Tauglichkeit의 조건만 남는다고 서술을 마무리한다.

적합성이란 자신의 목적을 규정할 때 자연에 얽매이지 않은 채 온통 스스로 목적들을 세우고, 자연을 끌어대어 자신의 자유로운 목적들에 골고루 알맞은 수단으로 이용함을 뜻한다. 이는 자연을 일부러 그 바깥에 놓인 궁극 목적으로 향하게 배치하면서, 거기에 쓰이는 수단을 자연의 최종 목적으로 여기도록 하는 것이다. 한 이성 존재가 뜻하는 바의 목적들에 대체로(따라서 자신의 자유 속에서) 적합하게 만들어 내는 것이 문화이다. 그러므로 문화만 최종 목적이 될 수 있는데, 우리는 인류를 염두에 두면서 그 최종 목적을 자연에 두는 근거를 갖는다. **154**

인용문이 전하는 뜻은 분명하다. 인간은 자신의 힘으로 이룩한 문화와 더불어 최종 목적에 도달한다. 이처럼 궁극 목적의 관점에서 자연 체계를 인간 아래에 두는 칸트의 문화 개념은 전래의 자연학이 말하는 존재 현상과 대립하는 명제이다. 그는 《판단력 비판》보다 먼저 발표했던 한 역사철학 글에서, 인간은 이성 존재로서 자연 상태에 계속 머무를 수 없으며, 거기에서 벗어나게 하는 능력이 문화

---

**154** 같은 책, p. 431.

라고 설명한다. "한 피조물 속의 이성은 자신의 모든 힘을 사용하는 규칙과 의향을 자연 본능Naturinstinct을 훨씬 넘어서도록 넓혀 주는 자산이다." 이와 같은 이성의 기획에는 그 어떤 한계도 없다. 그 작용 덕택에 인간은 본능의 지도를 받지 않을 수 있다. "오히려 인간은 자기 자신에게서 모든 것을 이루어 내야 한다." 그러므로 인간은 자연 소질을 완전히 사용할 수 있도록, 깨달음의 한 단계에서 점차 다음 단계로 나아가는 이성의 힘을 요구하는데, '실험과 훈련과 교육'이 그것을 뒷받침한다. 155 말하자면, 자연이 인간의 쓰임새에 알맞도록 내려 준 소질을 잘 돌보아서 자기 자신의 힘으로 만들어 낸 인간 '고유의 작품'이 넓은 뜻의 문화이다. 칸트는 이 용어를 쓸 때 밭의 '경작'이나 작물의 '재배'로부터 '돌봄'이나 '수양'의 뜻으로 나아갔던 라틴어 어원의 의미를 연상했을 것이다. 그가 1797년에 처음 발표했던 《덕론의 형이상학 기초원리Metaphysische Anfangsgründe der Tugendlehre》에서 전통의 'cultura' 용례를 찾을 수 있다. "갖가지 목적을 실현하는 수단으로서 자신의 본성 능력(정신 능력, 영혼 능력, 신체 능력)을 기르는 일cultura은 인간이 자기 자신을 책임지는 의무이다." 이 표현에서 칸트는 굳이 '재배'나 '경작'이라는 뜻의 도이치어 'Anbau'와 그 라틴어 원형 '쿨투라'를 사용하면서 문화의 의미를 더욱 넓은 지평으로

---

155 Kant, I. (1784), "Idee zu einer allgemeinen Geschichte in weltbürgerlicher Absicht", in Königliche Preußische Akademie der Wissenschaft ed. (1923), *Kant's gesammelte Schriften*, vol. 8, Berlin und Leipzig: Walter de Gruyter & Co., pp. 18~20.

이끈다. 문화는 먼저 '마음의 가꿈'이나 '마음의 닦음'과 같은 옛 로마 시대의 의미에 가깝다. 곧, 인간은 스스로 목적을 설정할 수 있는 유일 존재로서 "자신의 능력을 자연 본능에 따르기보다는 그 능력의 정도를 결정하는 자유에 따라서" 길러 내야만 한다. 156 그리고 문화는 더 넓은 의미영역으로 나아가 덕성을 가꾸는 '교화'와 '교양'의 뜻을 아우르게 된다. 앞서 보았던 역사철학 글에서 흥미로운 대목을 읽을 수 있다.

우리는 예술과 학문을 통해 높은 수준의 교화kultivirt를 이루고 있다. 우리는 번거로울 정도로 사교에 필요한 온갖 겸손과 품위를 갖도록 문명화civilisirt에 이르렀다. 그렇지만 우리가 이미 도덕화moralisirt를 이루었다고 하기에는 많은 점이 부족하다. 왜냐하면, 도덕성이라는 이념은 아직도 문화Cultur에 속하기 때문이다. 그러나 명예욕과 겉보기 예절에 필요한 관례 따위만을 지향하여 이 이념을 이용하면, 단순한 문명화Civilisirung만 이루어 낼 따름이다. 157

이 글귀는 20세기 문명화 논쟁에서 '문화'와 '문명'이라는 두 개념 사이의 '대립관계'를 분명하게 드러내는 사례로 인용되곤 한다. 이를

---

156 Kant, I. (1797), *Die Metaphysik der Sitten*, pp. 444~445.
157 Kant, I. (1784), "Idee zu einer allgemeinen Geschichte in weltbürgerlicher Absicht", p. 26.

테면 엘리아스는 유명한 《문명화 과정》에서, 칸트가 '맨 처음' 도이칠란트의 특수한 역사적 사실과 언어 용례의 갈등 관계를 유사한 두 개념의 용례를 통해 표현했다고 설명한다. 엘리아스가 주목하는 '경험'과 '상황'이란, 프랑스에서 'civilisation'이라고 부른 신조어가 생겨나던 무렵 도이칠란트 사회 내부에 나타났던 적대관계였다. 한편에는 프랑스어로 말하며 프랑스식 모범에 따라 나날을 보냈던 '문명화된' 귀족들이 있었으며, 그 반대편에서는 광범위한 '중간층 지식인들'이 귀족들의 지배정치와 대립했다. 대부분 시민계급 출신이며, 때론 몇몇 시골 귀족들과 결합하고, 관료들과 자유 직업인들을 망라했던 이 신흥 사회세력은 도이치어를 사용하면서 정신, 학문, 또는 예술 영역에서 자기 존재의 정당성을 찾았다. '세계시민Weltbürger'이라는 자의식을 지니기도 했던 이들 지식인 부류가, 궁정 상류층의 겉치레 '문명'에 맞서 '문화' 개념을 옹호했다는 사실이 엘리아스의 주요 논점이다. 158 인용문이 드러내는 칸트의 언어 용법은 엘리아스의 해석을 뒷받침하는 듯 보인다. 그렇지만 칸트가 말하는 문화 개념 속에서 더 넓은 의미영역을 찾을 수 있다. 무엇보다도 '도덕성이라는 이념'이 '아직도' 문화의 부분이라는 주장에 주목할 만하다. 칸트는 아마도 문명과 문화 사이의 대립관계보다는 더 높은 수준의 도덕화를 더욱 강조하고 싶었을 것이다. 159 그가 1870년대에서 1880년대

158 Elias, N. (1981), 앞의 책, pp. 7 ff.
159 Fisch, J. (1992), "Zivilisation, Kultur", in Otto Brunner et al., eds.,

에 걸쳐 기록했던 '인간학 성찰'의 초고들에서 읽을 수 있듯, 칸트의 관심사는 늘 '인류의 역사'가 나아가는 과정과 그 지향점에 있었다. 따라서 그는 비슷한 의미소들로 얽힌 두 개념을 그 발전과정에 배치한다. 그 첫째 순서는 교육과 훈련을 통해 교양과 세련됨이 이루어지는cultivirt 숙련성의 단계, 곧 주로 '문화' 개념이 포괄하는 지점이다. 다음으로 자유와 평등의 합법성이 보장되도록 '문명화'에 이르는 civilisirt 단계이다. 그리고 완전한 도덕성Sittlichkeit의 단계가 인류 역사의 마지막 목표이다. "지금은 어떠한가?" 칸트는 이렇게 묻고는 스스로 다음처럼 답한다. 인류는 '높은 수준으로' 교양을 이루었지만, '오직 반쯤만' 문명화 단계에 이르렀으며, 도덕화 수준에는 아무래도 '전혀' 다다르지 못했다. 160

"세 가지 모두 도덕화Moralisirung의 목표에 이르러야 한다." 칸트는 이 말처럼 한 걸음 더 나아가 인류 역사의 과정에 쓰이는 세 가지 수단들, 곧 교육(문화)과 입법(문명)과 종교(윤리)가 도덕성의 길에서 어긋나면 너나없이 달갑지 않은 결과를 초래할 것이라고 본다. 161 그러므로 '문화'가 '문명'보다 더 바람직한 개념이라고 말할 수는 없

*Geschitliche Grundbegriffe.* vol. 7, p. 725.

160 Kant, I. (1780 ff.), "Entwürfe zu dem Colleg über Anthropologie aus den 70er und 80er Jahren", in Königliche Preußische Akademie der Wissenschaft ed. (1923), *Kant's gesammelte Schriften*, vol. 15, Berlin und Leipzig: Walter de Gruyter & Co., p. 897.

161 같은 책, p. 898.

다. 그가 관찰하는 문화는 겉으로만 번쩍이는 외면을 지니기도 하기 때문이다. "우리의 문화는 (어떤 계획에 따라) 보편의 최선이라는 목표를 따르기보다는 (계획도 없이) 오직 화려함에 기대어 생기를 얻는다."162 문명화도 마찬가지로 아직 제 수준에 이르지 못했다. 이 개념에는 종종 거짓으로 꾸미는 예절과 세련됨, 그리고 지나친 공손함 따위의 부정적 요소가 뒤따른다. 칸트는 문명화의 어두운 면을 직시하면서도 라틴어 'civilis'나 'civilitas'에서 유래한 의미의 원형을 되살린다. "적막한 섬에 홀로 남은 사람은 외롭게 자기의 움막도 몸도 돌보지 않으며, 꽃들을 찾아내거나 길러서 단장하려 들지도 않는다. 오직 사회 속에서만, 그저 단순한 인간이 아니라 자기 방식으로 품격을 갖춘 인간이 되고자 하는 마음이 그에게 떠오른다. (문명화의 시작은 이런 것이다.)"163 칸트의 문명화 개념은 이처럼 '시민다운 삶'을 떠올리게 하면서 정치 공동체의 희망을 나타내는 표현으로 나아간다. "(사고방식보다는 억압의 작용 탓에 억지로 꾸며진) 우리의 문명화는 아직 시민의 완전함, 곧 현명한 법률들로 누리는 진정한 자유와 평등에 훨씬 미치지 못하고 있다."164

칸트는 자신의 작품에서 프랑스 신조어 'civilisation'이나 거기에 짝하는 도이치어 단어를 거의 사용하지 않았다. 이로부터 칸트의 논

---

162 같은 책, p. 897.
163 Kant, I. (1790), *Kritik der Urteilskraft*, p. 297.
164 Kant, I. (1780 ff.), "Entwürfe zu dem Colleg über Anthropologie aus den 70er und 80er Jahren", p. 897.

점들이 문명과 문화 사이의 개념 대립에 어떤 '후견자' 역할을 했다고165 단정할 수는 없을 것이다. 그는 다만 '문명Civilisation'보다는 '문명화Civilisirung'라는 말을 즐겨 사용했을 따름이며, 그 현상을 문화Cultur보다 더 낮게 평가하지도 않았다. 더군다나 그는 '문명화'와 '문화' 사이를 뚜렷이 가르는 의미의 간격을 염두에 두지도 않았다. 개념들의 의미영역을 넓게 이해할 때, 칸트가 사용하는 두 단어 사이에서 본질상의 차이점을 찾아보기 어렵다. 그의 글에서는 문화 개념이 문명의 정치 지평과 같은 뜻을 표현한 적도 드물지 않다. 앞서 보았듯, 적합성이라는 주관의 조건에서 문화만을 최종 목적으로 여길 수 있다는 《판단력 비판》의 명제가 그 사례다. "그러나 모든 문화가 이와 같은 자연의 최종 목적에 충분히 이르지는 않는다." 이 표현은 개개 문화가 적합성의 조건을 채워 숙련성에 이르기가 어렵다는 점을 말하고 있다. 곧, '길들인다'는 의미에서 출발한 문화가 인간 의지를 욕구의 전제에서 벗어나게 작용할 수는 있지만, 목적을 규정하고 선택하는 주관성을 북돋우기에는 부족하다는 설명이다. 인간은 욕구로 말미암아 자연 사물에 매여 자신을 충동에 내맡기는 성향을 지닌다. 그래서 인간은 자신의 목적을 스스로 선택하는 능력을 상실한다. 더군다나 문화가 나아가면 나아갈수록, 인간은 그 과정에서 생겨나는 폐단에서 벗어나기 어렵다. '문화의 진보' 한가운데서, 양쪽으로부터 똑같이 거세게 폐단이 생겨난다. 그것은 한쪽에서는 외

---

**165** Elias, N. (1981), 앞의 책, p. 9.

부의 폭력 행위들로, 그리고 다른 한쪽에서는 내부의 불만족으로 말미암는다. 문화가 절정에 다다른 현상을 '지나침Luxus'이라고 부르는데, 이는 없어도 좋은 것에 매달리는 성벽性癖이 꼭 필요한 사안을 가로막기 시작할 때 발생한다. 그러나 이 '빛나는 재난'은 인류 가운데에서 자연 소질이 발전하는 현상과 맞물리고, 자연 그 자체의 목적은 이와 더불어 완성에 이른다. 다시 말하자면, 자연은 인간의 모든 소질을 발전시키기 위해 어떤 수단을 이용하는데, 인간이 사회관계 안에서 서로서로 다투는 성향이 바로 그것이다. 이 대립관계가 결과적으로 사회의 합법성 질서의 근거를 이룬다. 자연은 그 자체 소질에 걸맞도록 형식을 갖추는 이 조건formale Bedingung 아래 궁극 의도를 달성한다. 166

칸트는 보편사의 이념을 논하는 역사철학 글에서 "자연이 인간에게 해결하도록 강요하는 가장 귀중한 문제점"이 '보편의 법을 관리하는 시민사회'가 이루어지면서 풀린다고 설명한다. 곧, 시민들이 그 '지체'를 이루는 '사회 속에서만' 자연의 '가장 고귀한 계획'이 마지막 단계에 이르며, 오직 그 가운데에서만 인류가 모든 자연 소질을 계발할 수 있다. 그 결실이 문화로 나타난다. 167 이와 같은 의미연관 속에서 문화를 하나의 개념으로 보면, 원래 문명 개념의 요소들로

---

166 Kant, I. (1790), *Kritik der Urteilskraft*, pp. 431~432.
167 Kant, I. (1784), "Idee zu einer allgemeinen Geschichte in weltbürgerlicher Absicht", p. 22.

작용했던 civis(시민), civilis(시민다운), civilitas(사교성) 등의 뜻이 그 가운데 함께 들어 있다고 이해할 만하다. 그러므로 칸트의 언어 용례에서 문화와 문명화 사이를 분명하게 가르는 어떤 문제의식을 찾아보기 어렵다. 그의 문화 개념은 문명의 의미소들을 아우르는 데에만 그치지 않고 더 복잡한 작용연관에 얽힌다. "인류를 장식해 주는 모든 문화와 기예, 곧 가장 아름다운 사회 질서는 반사회성 Ungeselligkeit의 결실들이다." 역설처럼 보이는 이 명제는 사회 속에서 인간들이 너나없이 드러내는 적대감Antagonism을 지시한다. 칸트가 보기에 인간 본성에 내재하는 기질은 끊임없이 사회를 갈라놓으려고 위협하는 반항심에 얽히면서도, 사회를 구성하여 살아가려는 성향을 드러낸다. 이처럼 인간의 내면에서 서로 엇갈리는 경향성이 '친밀함 없는 사교성ungesellige Geselligkeit', 곧 인간들이 서로 어울림 없이 나타내는 사회성을 생성한다. 다시 설명하자면, 인간은 한편으로 타인들과 교제하는 상황 가운데서 자신의 자연 소질을 최적 상태로 발전시키려는 사회화 경향을 지닌다. 다른 한편으로 인간은 자신을 고립시켜 개별화 상황에만 두려는 성향도 지닌다. 인간은 본성의 기질대로 타자에게 맞서는 성향을 지녔음을 스스로 잘 알기 때문에 늘 사방에서 도전받는 사정을 예측한다. 이 저항감에서 비롯하는 적대관계는 인간들이 서로서로 의식하는 가운데 생성하여 그들의 모든 잠재능력을 일깨우면서 나태함을 물리친다. 이렇게 하여 인간은 함께 어울려 지내기도 어렵지만 그렇다고 그로부터 완전히 벗어날 수도 없는 동시대 사람들 사이에서 어느 수준의 질서를 만들어 낸다. 바로 여기에서 미숙 상태로부터 문화로 나아가는 '첫 번째 참다운 발걸음'이 출발한다. 이때부터 인간의 재능이 점차 발전하고, 계몽이 쉼 없이 이루어져서, 마지못해 사회로 뭉쳤던 사교성을 도덕 공동체로 바꿀 수 있는 사고방식이 자라나기 시작한다. 인간이면 누구나 자신의 기질 가운데 어떤 고유성으로 간직한 반사회성이 없다면, 인간의 재능들도 한가한 삶 가운데서 안락하여 아무런 꽃도 피우지 못한 채 사그라지고 말 것이다. 이렇듯 인간은 조화를 원하지만, 자연은 불화를 원한다. 그래서 인간은 자신에게 소유욕과 경쟁심을 가져다주는 자연에 감사할 수밖에 없다. **168**

자연 소질의 발전이라는 의미에서 인간의 최종 목적과 겹치는 칸트의 문화 개념은 자유를 위해 자유를 규제하는 '시민 체제bürgerliche Verfassung'의 의미연관에 얽히면서 합법성의 정언명법으로 나아가는 역동성을 얻는다. 여기에서도 고유한 역설 명제가 작용한다. 곧, 구속 없이 자유를 누리고 싶은 인간은 마지못해서, 바깥으로부터 가해지는 법률의 강제 아래 전혀 저항할 수 없는 위력의 공동체 속으로 들어간다. 이와 같은 속박의 상황은 인간 자신의 결핍에서 말미암은 것이다. 인간은 자연 그대로 자유로운 상태에서는 타인과 더불어 오랫동안 지낼 수 없는 성향을 지니기 때문이다. 이는 마치 숲속의 나무들이 서로에게서 공기와 햇빛을 빼앗으려고 경쟁하는 가운데 서로서로 곤궁한 처지에서 어쩔 수 없이 곧게 자라는 이치와 같

---

**168** 같은 글, pp. 20~21.

다. 이와는 거꾸로, 다른 나무들에서 동떨어져 제멋대로 가지를 뻗고 자라는 나무는 굽은 모습일 수밖에 없다. 그래서 자연은 인류에게 자유를 규제하면서 보장하도록 구속의 공동체를 구성하는 과제를 부여한다. '완벽하게 정당한' 시민사회가 그 귀결이다. 그 가운데서 인간은 강요받은 기예를 통해 자연의 싹을 온전하게 키워 내며, 그렇듯 '아름답기 그지없도록' 성장하는 '사회 질서'가 문화에서 절정을 이룬다. [169]

문화는 칸트 시대 진보의 사유체계 속에서 역사 시간을 인도하는 원칙이었다. [170] 1782년 언어학자 아델룽Johann Christoph Adelung, 1732~1806은 '문화의 역사'가 '다른 모든 역사보다' 앞선 자리에 있어야 한다고 주장하면서 다음처럼 말한다. "인류는 처음 나타난 이래 인구뿐만 아니라 문화가 끊임없이 진보하는 과정 가운데 있다."[171] 이보다 몇 년 앞서 1779년에 문필가 이어빙Karl Franz von Irwing, 1728~1801은 인류 전체의 문화를 사유하는 보편 이론을 요구한다. 그가 보기에 문화란 '인간의 완전성'을 가늠하는 '하나의 척도'가 될 수 있으며, 또한 인간의 능력과 힘들이 원하는 대로 그 작용의 목표와 대상을 개선하면서 넓혀 가는 현상의 '총괄 개념'이기도 하다. 이 줄기에서 그는 '오직 정신력에만 쏠린' 문화의 고유한 성격에 주목하면서 다음과 같은

---

[169] 같은 글, p. 22.
[170] Fisch, J. (1992), "Zivilisation, Kultur", pp. 706~716.
[171] 같은 책, p. 712에서 재인용.

결론에 이른다. "인류는 문화의 길에서 오늘에 이르기까지 이미 때때로 현저하게 드러나는 진보를 이루어 왔다."172 이들의 사유방식에서 문화는 앞으로 나아가는 역사과정 가운데 하나의 원동력으로 작용한다. 칸트는 정신의 업적을 진보하는 시간의 전망에 세워 놓는 동시대의 문화 의미론을 받아들인다. 앞서 보았듯, 인간은 자신의 힘으로 이룩한 문화와 더불어 '최종 목적'에 이른다는 명제처럼, 그의 문화 개념은 진보하는 시간의 역동성을 지녔다. 그렇지만 그 길은 끝에 이르기까지 굴곡의 이어짐이다. 말하자면 그의 언어 용례에서 문화는 중층의 의미연관에 얽힌다. 이를테면 그는 옛 그리스의 데모스 체제를 연상시키는 '시대와 인민'을 예로 들면서 다음처럼 '법률로 정하는 강제'와 더불어 더 나아갈 문화의 진보를 이야기한다.

모든 아름다운 기예에 알맞은 예비지식은, 그 완전성의 최고 수준이 목표라면, 지시하는 규정 가운데 있기보다는 인간답다humaniora고 지칭할 만한 소양들에 따라 길러 내는 감수성 능력의 문화 속에 있는 것으로 보인다. 아마도 인간다움이란 한편으로는 함께 나누는 보편의 감정을, 다른 한편으로는 자기 자신을 가장 진솔하게 그리고 두루두루 allgemein 알려 줄 수 있는 능력을 뜻하기 때문일 것이다. 이 속성들이 한데 어울려서 인간성에 적합한 사교성을 형성하며, 이로 말미암아 인

---

172 von Irwing, K. F. (1779), *Erfahfungen und Untersuchungen über den Menschen*, Berlin: Realschulbuchhandlung, pp. 122~135.

간성은 동물다운 편협성과 구별된다. 법률상의 사교성을 지향하는 왕성한 추동력으로 어느 인민집단ein Volk은 계속 이어지는 공동체를 만들어 내며, 그와 같은 추동력으로 자유(그리고 또한 평등과)와 강제(곧 두려움보다는 오히려 의무에서 나오는 존경과 복종)를 하나로 합치려는 어려운 과제를 두고서 커다란 곤경들과 씨름했던 시대와 함께 인민들이 있었다. 그와 같은 시대와 그와 같은 인민은 가장 잘 길러진 부분의 이념을 좀더 미숙한 부분과 서로 번갈아서 섞이게 하는 기예를, 또 전자의 넓혀짐과 세련됨을 후자의 자연스러운 소박함과 고유성에 맞추는 일을, 그리고는 이와 같은 방법으로 좀더 높은 문화와 검소한 자연 사이를 매개하는 수단을 먼저 찾아야만 했다. 이 수단은 보편의 인간 감각과 같은 취미에도 알맞은 올바른 척도를 이루지만, 그 척도는 어떤 보편 규칙에 따라 지정할 수 있는 것은 아니다.

좀더 나중의 시대가 그와 같은 범례를 쓸모없게 내버려 두기는 어려울 것이다. 그때는 점점 더 자연과 멀어져 남아 있는 자연의 실례들을 갖지 않고서는, 최고 문화의 법적 강제와 그 문화의 고유한 가치를 느끼는 자유로운 본성의 힘과 올바름을 이전과 같은 그 인민 안에서 행복하게 하나로 합치는 개념이 거의 만들어질 수 없을 것이기 때문이다. [173]

칸트가 인용문에서 말하는 '문화'는 먼저 농업에서 유래했던 옛적 의미처럼 '정신 농사georgica animi' 또는 '마음 경작cultura animi'과 닮은 인

---

173 Kant, I. (1790), *Kritik der Urteilskraft*, pp. 355~356.

간성 배양이나 교화를 표현한다. 이로부터 그의 문화 개념은 인간다운 소양의 계발이라는 동시대 용례를 답습한다. 그렇지만 그는 같은 시대를 살았던 사상가들이 대체로 완전한 인간성과 최고 수준의 계몽을 문화와 나란히 배치하면서 오늘에 다다른 정신의 활동이나 현상을 큰 줄기에서 긍정의 가치로 여기는 사유방식에만 머물지 않는다. 그가 말하는 문화도 '진보하는fortschreitend' 성격을 지닌다. 그렇지만 그 나아감은 인류 안에 불화의 씨앗을 넣어 놓고서는 거기에서 벗어나 화합으로 나아가도록 부추기는 자연의 욕구와 화해하는 과정이다.174 칸트는 아마도 옛적 그리스 인민이 이루었던 공동체를 떠올리면서 자유와 법적 강제, 또는 인간의 본성 기질과 규칙에 얽매이는 사교생활 사이에서 조화의 질서를 구성하는 원리를 염두에 두었을 것이다. 그래서 그때 그 인민의 경험에서 얻어 내어 나중 시간에 적용할 수 있는 하나의 범례가 논의의 대상이었을 것이다. 시민사회라는, 문화의 최종 목표에 다다르는 문제가 거기에 맞닿는다. 칸트가 보기에 시민사회를 이루는 문제는 '가장 어려운' 것이며, 따라서 '가장 나중에' 풀리게 될 것이다. 왜 그런가? 인간은 다른 사람들과 더불어 인간다운 유Gattung에 속하여 삶을 이어갈 때 반드시 어떤 지배자Herr를 필요로 하는 동물이다. 이 지배자는 개개 구성원에

---

174 Kant, I. (1798), *Anthropologie in pragmatischer Hinsicht*, in Königliche Preußische Akademie der Wissenschaft ed. (1917), *Kant's gesammelte Schriften*, vol. 7, Berlin: Georg Reimer, p. 322.

게 개인 고유의 의지를 포기하고 보편타당한 의지에 복종하게 하여 모두의 자유를 보장할 수 있도록 강요한다. "그러나 인간은 이와 같은 지도자를 어디에서 찾아낼 것인가? 인간 유에서 찾는 길밖에 없을 것이다. 그렇지만 이 지도자도 역시 어느 지도자를 요구하는 동물이기는 마찬가지다." 따라서 지배자들 가운데 최선의 인물이 등장할 수 있다. 그는 스스로 공공의 정당성Gerechtigkeit에 걸맞은 우두머리Oberhaupt이면서 아울러 한 사람의 인간이어야 한다. 그렇지만 인간은 모두 굽은 목재에서 빚어지므로, 바로 거기에서 온전하게 곧은 인물을 기대할 수는 없다. 그래서 우리는 오직 정의롭고 보편타당한 지배자라는 이념에 접근해 갈 수밖에 없다. 우리가 자연으로부터 부여받은 이 과제는 무엇보다도 먼저 성찰의 대상으로 삼을 수 있는 체제의 본성Natur einer möglichen Verfassung을 제대로 파악하는 개념들을 요구한다.175 이 문제는 다음에 보는 정치철학의 주제로 이어진다.

### 3) 공화주의

"인간은 가축처럼 한 무리Herde에 속하기보다는 꿀벌처럼 하나의 군체群體, Stock에 속하도록 정해졌다. 곧, 어떤 시민사회의 한 지체로 존재하는 필연성."176 칸트가 만년의 '인간학 강의록'에서 인류의 성

---

175 Kant, I. (1784), "Idee zu einer allgemeinen Geschichte in weltbürgerlicher Absicht", p. 23.

격을 간결하게 묘사하는 이 말 속에 인간이 이룩한 정치 질서의 요소와 현상을 개념들로 설명할 만한 매개 요소들이 들어 있다. 그는 먼저 인간의 사회를 벌집Stock에 맞대어 본다. 벌집은 지도자 중심의 생식활동과 군집노동의 질서를 아우르는 체계의 상징이다. 그것은 적대감과 정복 전쟁의 표상이기도 하다. 개개 벌집의 구성 요소를 이루는 벌들 가운데 대다수는 줄곧 도둑이 되어 서로 빼앗고 빼앗기는 관계에 들어선다. 인간 현상도 이와 다를 바 없다. 그렇지만, 한 벌집의 벌들이 상대편과 단결하여 자신들의 군체를 더 키워 나갈 수 없다는 본질과 다르게, 인간은 '간계와 폭력으로' 타자의 노고를 자기 목적에 이용할 수 있다. 개개 인민집단은 이웃 세력을 정복하여 자기가 속한 군체를 더 강력하게 만들려고 애쓴다. 이 행위가 집단 이익의 욕구로 말미암든 또는 타자의 위협을 염려하는 공포심으로 말미암든, 인류의 안팎에서 벌어지는 전쟁은 크나큰 재앙을 초래하면서도 야만성으로부터 '시민다운' 질서에 들어서는 동기를 이룬다. 거기에는 어떤 섭리의 장치가 작용한다. 그래서 세력다툼은 서로에게 손실을 끼치지만, 다른 동기들과 충돌하거나 그것들을 불러일으키는 가운데 오래도록 질서 있게 진행한다. 여기에서 말하는 섭리란 인간이라는 유기체 존재가 끊임없이 종을 파괴하면서도 그 종을 언제나 지켜 나가는 지혜, 곧 인간의 자연 기질을 가공하여 자기 자신과 늘 불화하는 악으로부터 선을 존속하게 만드는 기대를 뜻한

**176** Kant, I. (1798), *Anthropologie in pragmatischer Hinsicht*, p. 330.

다. 이로부터 시민 체제는, 비록 그 안에서도 동물성이 순수한 인간성보다 더 빨리 그리고 더 강력하게 나타나지만, 인간 내면의 선한 기질을 인류 사명의 최종 목적에 쓰이도록 가장 높은 수준으로 끌어올린다.177

칸트가 벌집에 비유하는 시민 체제는 '시민에 걸맞은 입법bürgerliche Gesetzgebung'과 함께 완전함에 이르는데, 그 형성과정에 '자유'와 '법칙'이 두 축으로 작용한다. 자유란 다른 사람이 강요하는 자의에서 벗어나는 자주성이며, 모든 인간이 자신에게 고유한 인간성 덕분에 오직 하나이면서 근본 상태로 지닐 수 있는 권리이다. 이 자유에는 평등, 곧 내가 다른 사람을 속박할 수 있는 만큼 상대편도 나를 속박할 수 있으며, 서로서로 그 이상의 자의를 행사할 수 없는 속성이 함께한다. 평등이란 다른 말로 인간이 자기 자신의 주인이어야 한다는 본성의 자격을 뜻한다. 그래서 이 타고난 자유를 내적 권리라고 부를 수 있다.178 그런데 인간은 오직 한 사람으로 태어나는 것이 아니라 처음부터 하나의 공동체에 속하는 구성원의 운명을 지닌다. 그러므로 개개인이 태어나면서 누리는 '인간의 자유'는 사람과 사람 사이의 관계에서 나타나는 '인간들의 자유'와 얽힐 수밖에 없다.179 인간은 실천이성의 능력을 지니면서 자신의 의지와 자의를 인지할 수 있는

---

177 같은 책, pp. 327~329.
178 Kant, I. (1797), *Die Metaphysik der Sitten*, pp. 237~238.
179 정호원 (2007), "칸트에게 있어서의 자유와 법의 상관관계에 관한 연구", 〈사회과학논집〉 제38집 1호, 4~20쪽.

인격체로서, 가장 흐릿한 의식 가운데서조차도 자신이 좇아야만 하는 의무법칙을 자각하고 있다. 그리고 인간은 바로 자기에게, 또는 자신으로 말미암아 타인들에게도 정당하거나 부당한 일이 발생할 수 있다는 감정을 지니고 있다. 도덕 감정이라고 할 수 있는 이 소질은 인간성 일반의 예지 성격이다. 180 그래서 자유는 내면의 본성에 놓이든 외부 성향으로 나아가든, 모두 개개 존재자가 '자신의 표상에 상응하여' 행동하는 욕구 능력을 지니기 때문에 '준칙의 보편 법칙'으로 삼을 만한 규범을 요구한다. 이 원리에 따라 '자유의 법칙들Gesetze der Freiheit'을 논할 수 있다. 이 법칙들은 자연 법칙들과 구분하여 보기 위해 도덕에 걸맞은moralisch 법칙들이라고 일컬어진다. 이 법칙들이 다만 '외적' 행위들이나 그 '합법칙성'과 연관성을 갖는다면, 그것들은 '법리상의juridisch' 법칙들이라고 할 수 있다. 이와는 다르게 그 법칙들이 그 자체로 행위의 규정 근거가 되어야 한다는 요구를 포함하게 되면, 그것들은 '윤리에 걸맞은ethisch' 법칙들이라고 불린다. 그리하여 법리상의 법칙들과 일치하는 것을 행위의 '합법성Legalität'이라고 하며, 윤리 법칙들과 일치하는 것을 행위의 '도덕성Moralität'이라고 한다. 전자의 법칙들에 해당하는 자유는 자의가 오직 외부 지향으로 쓰이는 성격 가운데 있으며, 후자의 법칙들에 해당하는 자유는, 이성 법칙에 따라 규정된다는 전제에서, 자의가 외부 지향과 내부 지향으로 쓰이는 성격 가운데 있다고 할 수 있다. 181

---

180 Kant, I. (1798), *Anthropologie in pragmatischer Hinsicht*, p. 324.

시민사회가 '합법칙의 질서gesetzmäßige Ordnung'로 이루어진다는 칸
트의 명제는182 단지 '외적 자유'만 규제하는 보편의 권리 법칙Rechts-
gesetz과 맞닿는다. "법Recht의 개념(곧 법의 도덕 개념)이 그것에 상응
하는 구속성과 관련된다면, 그것은 첫째로 한 인격체Person가 다른 인
격체와 맺는 '외적 관계', 더욱 정확히 말하면 '실천 관계'에만 해당한
다."183 다만 한 인격체의 행위가 사실로서 상대편에게 어떤 영향을
끼칠 가능성이 있다는 전제에서 그러하다. 184 그러나 법의 개념은
두 번째로 한 사람의 자의가 다른 사람의 소망과 맺게 되는 관계, 이
를테면 자애 따위의 행위들에서 갖게 되는 관계를 나타내지 않는다.
법의 개념은 오로지 자의의 상호관계만 나타낸다. 그리고 세 번째
로, 자의와 자의의 상호관계에서도 그것들의 질료, 곧 각자가 소망
하는 대상과 함께 의도하게 되는 목적은 고려의 대상이 아니다. 법의
개념은 한 사람의 행위가 보편 법칙에 따라 다른 사람의 자유와 서로
화해할 수 있는가를 문제 삼을 따름이다. 그러므로 법이란 한 사람의
자의가 자유의 보편 법칙에 따라 다른 사람의 자의와 하나로 합칠 수

---

**181** Kant, I. (1797), *Die Metaphysik der Sitten*, p. 214.

**182** Kant, I. (1784), "Idee zu einer allgemeinen Geschichte in weltbürgerlicher Absicht", p. 20.

**183** Kant, I. (1797), *Die Metaphysik der Sitten*, p. 230.

**184** 칸트의 설명에 따르면, 인격체란 자기 자신의 행위에 책임질 수 있는 역량의 '주체'
를 뜻한다. "그러므로 도덕다운 인격성은 바로 도덕 법칙 아래에 있는 이성 존재의
자유다." 이로부터 다음 결론이 나온다. 하나의 인격체를 규정하는 법칙들은 오직
한 주체가 자기 자신에게 지시하는 법칙들뿐이다. 같은 책, p. 223.

있는 '조건들의 총괄 개념'이라고 일컬을 수 있다. 이와 같은 자의들의 상호 일치는 법 개념과 보편의 도덕 법칙을 하나의 행위 준칙으로 엮어 준다. 한 사람의 자유로운 자의가 보편 법칙에 따라 모든 사람의 자유와 공존할 수 있으면, 그 개개 행위는 올바르다recht고 이를 수 있다. 그러므로 보편 법칙에 따라 다른 사람의 자유와 함께할 수 없도록 나의 행위를 방해하는 사람은 나에게 부당함, 곧 불법Unrecht을 저지르는 인물과 같다. 왜냐하면 그의 방해 행위는 보편 법칙에 따라 자유와 공존할 수 없기 때문이다. 따라서 보편의 권리 법칙은 다음과 같은 정언 명제와 일치한다. "너의 자의가 보편 법칙에 따라 어느 누구나의 자유와 공존할 수 있도록 외적으로 행동하라."185

자유로운 자의의 상호 구속성을 규정하는 법칙은 이렇듯 외적 행위의 정당성을 판단하는 척도이다. 보편 법칙에 비추어 볼 때 올바르지 않은 행위는 모두 자유를 방해하는 작용이기 때문이다. 그래서 그 법칙이 효력을 가지면서 공허하기 그지없는 큰소리에 그치지 않으려면 거기에 매개 요소로 쓰이는 어떤 것, 이른바 강제력Gewalt이 덧붙여져야 한다.186 어떤 사람의 자유로운 자의가 다른 사람의 자유를 방해할 때, 거기에 대항하는 강제Zwang는 '자유의 방해에 가해지는 방해물'이다. 그러므로 그 속박은 보편 법칙에 따라 자유와 일치할 수 있으며, 따라서 그것은 올바르다. 법을 허물어뜨리는 행위

---

185 같은 책, p. 231.
186 Kant, I. (1798), *Anthropologie in pragmatischer Hinsicht*, p. 330.

를 속박하는 권능은 '모순율에 따라' 마찬가지로 법과 결합한다. 이로써 우리는 보편의 준칙으로 작용하는 상호 강제가 '모든 사람의 자유'와 결합할 가능성 안에 법의 개념을 직접 설정할 수 있다. 다시 말하자면, 법 일반이 바깥으로 향하는 행위들 가운데서 대상 요소를 갖게 되듯, 어떤 윤리성에서 비켜난 엄격한 법은 오로지 외적인 규정 근거만 요구할 따름이다. 이때에만 법은 순수하며, 어떤 덕의 계율과 뒤섞이는 일이 일어나지 않을 것이다. 그러므로 엄격한 법이란 오직 외적인 법이라고 말할 수밖에 없다. 이와 같은 법은 명백하게 법칙에 따르는 구속성을 받아들이는 개개인의 의식에 근거하지만, 거기에 따라 자의를 규정하는 법은 순수하게 작용하려면 그와 같은 의식에서 동인을 끌어 낼 수는 없다. 그래서 법에 따르는 자의의 규정은 보편 법칙에 따라 모든 사람의 자유와 공존할 수 있는 외적 강제 가능성의 원리에 토대를 두어야 한다. "그러므로 법과 강제하는 권능은 하나의 같음을 뜻한다."[187] 이 강제력이 자유와 법칙의 효력에 더해져서 시민 체제의 완전성으로 나아가는 원리들에 '성공'을 가져다준다. 칸트는 이 세 가지 요소들이 결합하여 다음과 같은 체제들을 이룬다고 본다.

(1) 강제력 없는 법칙과 자유 ― 무정부. (2) 자유 없는 법칙과 강제력 ― 전제정체. (3) 자유도 법칙도 없는 강제력 ― 야만. (4) 자유와 법칙과 함께하는 강제력 ― 공화정.

---

187 Kant, I. (1797), *Die Metaphysik der Sitten*, pp. 231~232.

이 가운데 오직 공화정Republik만 '진정한 시민 체제'와 일치한다는 명제가 칸트 정치철학의 대강을 이룬다.188

"공화정은 참으로 완벽하게 인간의 법과 어울리는 오직 하나의 체제이다."189 이 표현은 1795년 칸트가 '영원한 평화'의 전망을 '끊임없이 더 가까이 다가가야 할' 하나의 성찰 과제로 내세운 글 가운데 들어 있다. '무한히 진보하는' 그 기대지평에서190 공화 체제republik-anische Verfassung는 먼저 법의 문제로 말하자면 원래 그 자체로 시민다운 헌정질서Constitution의 본바탕이다. 거기에는 또한 단순히 법 개념의 원천에서 나오는 그 근원의 순수함을 넘어서 영원한 평화를 동경하는 전망이 함께 들어 있다. 칸트는 그 근거를 다음처럼 설명한다. '전쟁을 치러야 할지 그만두어야 할지'를 결정하는 일에 국가 구성원의 동의가 필요할 때, '국가 시민Staatsbürger'은 고약하기 그지없는 그 놀이를 앞두고서 늘 머뭇거리기 마련이다. 그들이 누구보다도 자신들에게 닥칠 모든 폐해와 고난을 감내하면서도 전쟁 부담을 떠맡아야만 하기 때문이다. 이와는 반대로 신민Unterthan이 시민을 대신해 국가를 구성하는 정치체제들에서는 전쟁이 전혀 주저할 바 없는 일로 바뀐다. 거기에서 국가 원수는 단순히 국가의 구성원이 아니라

---

188 Kant, I. (1798), *Anthropologie in pragmatischer Hinsicht*, pp. 330~331.
189 Kant, I. (1795), *Zum ewigen Frieden. Ein philosophischer Entwurf*, in Königliche Preußische Akademie der Wissenschaft ed. (1923), *Kant's gesammelte Schriften*, vol. 8, Berlin und Leipzig: Walter de Gruyter & Co., p. 366.
190 같은 책, p. 386.

국가의 소유주이다. 따라서 이 우두머리 존재는 언제라도 전쟁을 즐거운 놀이처럼 결정할 수 있으며, 외무를 담당하는 부처에게 그 유희의 변명거리를 아무렇지 않게 떠넘길 수도 있다.[191]

이처럼 공화정이 '영원한 평화'의 기대지평으로 나아갈 수 있는 단하나의 체제라고 보아야 한다면, 그것의 구성에 작용하는 자유 법칙과 강제력의 상관성을 따져 보아야 할 것이다. 법 개념의 범주에서볼 때, 공화 체제는 첫째로 한 사회의 구성원들을 '인간으로' 여기는자유의 원리에 따라서, 두 번째로 그들을 '피치자被治者'의 위상에 세울 때 누구에게나 공통으로 적용되는 법칙 수립의 의존성 원칙에 따라서, 그리고 세 번째로 그 구성원들에게 '국가 시민'의 자격을 부여할 때 적용하는 평등의 법칙에 따라서 이루어진다. 그러므로 공화정은 '원천 계약der ursprüngliche Contract의 이념'에서 태어나는 숙명을 지니며, 한 인민집단의 법률상 자격을 규정하는 모든 법칙 수립도 거기에 근거할 수밖에 없다.[192] 그러나 이 정체를 세우는 일은 매우 어려우며, 더군다나 이를 유지하는 과제에는 더 어려운 고비들이 뒤따른다. 이기심을 지닌 인간들이 그토록 고상한 형식의 체제를 세울만한 능력을 조금도 지니지 못한다는 근거에서, 공화 체제는 아무래도 어떤 '천사들의 국가'임에 틀림없다는 말들이 더러더러 나오곤 한다. "그렇지만 실천에서는 무기력하더라도 이성에 근거해서 존경받

---

**191** 같은 책, pp. 350~351.
**192** 같은 책, pp. 349 f.

을 만한 보편 의지를 도우려고 자연이 작용하고 있으며, 그것도 바로 저 이기심의 경향을 통해 도움을 주게 되니, 오직 국가의 훌륭한 유기조직Organisation이 주요 문제가 될 따름이다." 이는 인간의 자연 기질에 내재하는 적대 성향들을 서로 마주치게 하여, 한쪽 힘이 파괴 경향을 지닌 다른 쪽 힘을 저지하는 과제에 속한다. "그렇게 인간은 비록 도덕성 기준에서 좋은 사람은 아닐지라도 훌륭한 시민이 되도록 강요받을 것이다." 말하자면 인간은 이성 존재로서 집단의 보존을 위해 보편의 법칙들을 구한다. 그렇지만 개개인으로 흩어지는 인간은 '남모르게' 자기 자신을 그 법칙들에서 예외로 두려고 한다. 이로부터 국가 설립의 문제는 개개인의 내면에 도사린 사악한 마음씨를 원래 없었던 듯 서로서로 억제하게끔 정리하여 하나의 합법 체제를 이루도록 공공의 처신을 북돋우는 과제로 이어진다. 이 난제는 도덕성보다는 인간의 본성 메커니즘을 어떻게 이용할 수 있는가 하는 질문으로 풀릴 수밖에 없다. 그것은 곧 개개인들의 적대감을 한 인민집단 안에서 조정하여, 누구든 강제 법칙들 아래 복속하도록 서로서로 강요하고, 그렇게 해서 법칙들이 효력을 갖는 평화체제를 억지로나마 초래하는 과제이다. 칸트가 보기에 아직은 매우 불완전하게 유기조직을 갖춘organisirt 현존 국가들에서 그와 같은 상태가 나타나는데, 이 국가들은 비록 내면의 도덕성 요소들에 말미암지는 않았더라도 외면의 양태로는 법 이념이 지시하는 바에 사뭇 가까이 있다. 그래서 다음과 같은 결론이 나올 수 있다. "훌륭한 국가체제를 도덕성에서 기대하기보다는, 오히려 거꾸로 먼저 훌륭한 국가체제에서 한 인민집단의 선한 도덕 형성을 기대해야 한다."[193]

칸트 정치철학의 원리에서, 국가는 개개 인간의 자연 기질에 내재하는 적대 성향을 서로 억제하면서 조정하는 힘들의 구성체이다. 이로부터 우리는 그가 일찍이 《판단력 비판》에서 자연현상을 유기체 목적론으로 설명했던 변증학이 인간학 사유체계와 결합하는 성과를 엿볼 수 있다. 그가 유기체 피조물의 사례로 들었던 나무는 단순히 자연의 추출물로 보이는 재료들을 독창성Originalität이라는 능력으로 분해하고 조성하여 자기 자신을 끊임없이 형성해 나간다. 이처럼 유기체 사물이 내적이며 절대적인 합목적 성격을 갖는다는 표현은 국가의 구성 원리를 설명하는 유비 사례로 쓰일 수 있다. 말하자면, 나무처럼 여러 지체가 서로서로 번갈아서 원인이자 결과로 작용하여 전체를 이루는 자연 존재는 국가의 구성 원리를 설명할 수 있는 상징 표상으로 이해할 만하다. 칸트는 19세기 정치이론에 흔히 나타나는 '생동하는 유기체' 또는 '도덕 유기체' 등의 말을 남기지는 않았지만, 그의 표현방식에서 '국가의 유기체 본성'을 유추할 만한 용례들을 찾을 수 있다. 그가 설명하는 국가 조직체는 단순히 기구들이나 제도들을 한 곳에 수렴하는 기제에 그치지 않는다. 그것은 개개 구성원들의 동물성과 이기심의 성향들을 통합된 보편 의지 가운데서 조정하는 법질서 체제이다. 먼저, '국가법' 서술을 시작하는 대목이 주목거리다.

---

[193] 같은 책, p. 366.

법다운 상태를 만들어 내기 위해 보편의 공표公表를 요구하는 법칙의 총괄 개념이 공법이다. — 따라서 이것은 한 인민집단, 다시 말해 뭇사람을 위한 법칙들 또는 다수 인민집단을 위한 법칙들의 체계다. 서로 번갈아서 영향을 주고받는 이들에게 하나의 체제, 곧 자신들을 하나로 묶는 의지에 따라 이루어지는 법률 상태가 필요한데, 이로써 이들은 정당함이라는 바로 그 상태의 혜택을 입는다. — 인민 가운데서 서로 관계 맺는 개개인들의 이 상태는 '시민다운 상태status civilis'라고, 그리고 개개인들의 총체는 그 고유한 지체들과 맺는 관련성에서 '국가civitas'라고 일컬어진다. 이러한 국가는, 법률 상태에 있고자 하는 모든 사람의 공통 관심사로 합쳐진 그 형식으로 말미암아, 공동체(넓은 의미의 공화국)라고 불리며, 다른 인민들과 맺는 관계에서는 간단히 지배력 potentia이라고 일컬어진다(그래서 세력들이라는 말이 있다). 국가는 또한 물려받은(주제넘게도 그렇다고 주장하는) 통합체라는 이유로 종족 집단gens이라고 불리기도 하며, 그래서 보편개념의 공법 아래에서 국가법뿐만 아니라 국제법ius gentium(만민법)도 생각할 계기가 생긴다. 그리고 지구 표면은 경계 없이 펼쳐져 있기보다는 구획이 지어진 표면이므로, 이것들은 불가피하게 인민들의 국가법 내지는 세계시민법이라는 이념으로 나아가게 된다. 그래서 만약 이 세 가지 가능한 법률 상태의 형식들 가운데 단지 어느 하나에서도 법칙들을 통해 외적 자유를 제한하는 원리가 적용되지 않는다면, 다른 나머지 건물들도 기반을 잃고서 무너져 버리는 파국을 피할 수 없다. **194**

간추려서 말하자면, 국가란 '뭇사람이 권리 법칙들 아래 하나로 뭉친' 법률 상태이다. 이 질서 체제가 법률의 외피 아래에 있고자 하는 모든 사람의 공통 이해관계에 근거하여 하나로 뭉친 공동체라는 점에서, 이성 이념 안에 선험 원리로a priori 놓인 공공 법칙의 필연성이 인간들의 외적 행위를 조정하는 강제성을 지닐 수밖에 없다. 이 필연성이 외적 권리 일반의 개념들 그 자체에서 비롯하므로, 그 공공 법칙의 형식은 국가 일반의 형식이며, 순수 법 원리들에 따라 존재해야만 한다는 이념상 국가가 그것을 선취한다. 이렇게 보면, 칸트가 이야기하는 국가는 현실 국가가 아니라 그것의 범례를 이루는 이상 속의 국가이다. 그러나 그 형식 범주 가운데에는 후대의 이론가들이 틀림없이 큰 영감을 받았으리라고 볼 만한 구성 원리들이 들어 있다. 그 가운데 하나는 우리에게 익숙한 것이다. "개개 국가는 저마다 자신 안에 세 종류의 권력을 가진다." 곧 입법자의 인격 안에 주권이, 통치자의 인격 안에 집행 권력이, 그리고 재판관의 인격 안에 재판권이 각각 나뉘어 있다. 흔히 말하는 입법권, 행정권, 사법권이 각각의 명칭이다. 195 이 세 가지 권력은 도덕 인격체들로서 서로 동등한 위치에 있다. 그래서 한 권력은 다른 권력을 보완하여 국가체제의 완전함을 이룬다. 그러면서도 이 권력들은 상호 종속 관계에 있기도 해서, 어느 한 권력은 자신이 돕는 다른 권력의 기능을 빼

**194** Kant, I. (1797), *Die Metaphysik der Sitten*, p. 311.
**195** 같은 책, p. 313.

앗을 수는 없으며, 각각의 권력은 저마다 고유한 원리를 갖는다. 이와 같은 두 가지 성격, 곧 동등함과 수직성이 통일을 이루어서 개개 피치자에게 국가의 권리가 나누어진다. 권력들의 존엄성을 두고서 말한다면, 입법자의 의지는 비난받을 대상이 아니며, 최고 명령권자의 집행 능력은 저항에 내몰리지 않으며, 최상위 재판관의 판결은 뒤집힐 수 없다. **196** 이와 같은 세 가지 권력에 근거해서 국가는 자유 법칙에 따라 자기 자신을 형성하고 유지하는 자율성을 갖는다. **197** 칸트는 이른바 삼권분립 이론가들이 이미 제안했던 통치 구성의 방식에**198** 공동체와 지체들의 상호작용 가운데 '형성하는' 힘을 표현하는 보편 의지의 통합 원리를 더함으로써, 나중에 열리게 될 국가유기체 이론의 길을 미리 닦는다.

입법 권력은 오직 하나로 뭉친 인민의 의지에만 속할 수 있다. 모든 법률은 입법 권력에서 비롯해야 하므로, 그 권력은 자신의 법칙을 통해서 그 어떠한 사정에서도 누구에게라도 옳지 않은 일을 전혀 저지를 수 없기 때문이다. 누군가가 어떤 사람에게 무엇인가를 행사할 때, 그가 그럼으로써 타인에게 부당한 짓을 행하는 일이 항상 가능하겠지만, 자기 스스로 결정한 사안을 두고서는 그렇지 않다(왜냐하면 스스로 원하는 사

---

**196** 같은 책, p. 316.

**197** 같은 책, p. 318.

**198** Mager, W. (1984) , "Republik", in Brunner, O. et al. , eds. , *Geschichtliche Grundbegriffe*, vol. 5, pp. 571 ff.

람에게 불법은 생기지 않기 때문이다). 그러므로 모든 사람이 동의하여 하나로 합치는 의지, 곧 하나로 뭉치는 보편의 인민 의지만 법칙 수립에 어울린다. 이것이 바로 어느 한 사람은 모두를, 그리고 모든 사람은 또 각자를 상대하여 꼭 같이 일치하는 사안을 결정하는 의지이다. [199]

"오늘날의 문명국가들은 인민국가인데, 인민이 인간의 총체로서 거기에 속하고 그 가운데에서 스스로 결정하고 의지를 표명하면서 활동하는 단일한 공동체로 뭉친다는 점에서 그러하다."[200] 1장에서 보았던 안종화 번역의 《국가학 강령》 가운데에 중심 명제로 등장하는 이 표현이[201] 칸트가 선취했던 국가구성의 원리들 가운데서 맞춤한 때를 기다리고 있었던 셈이다. 그렇다면 먼저 다음 질문이 앞서야 할 것이다. 구성원 의사의 통일성을 상징하는 인민 의지는 어디에서 어떻게 생성하는가? 앞서 보았듯, 자연이 인류 안에 불화와 화합의 씨앗을 한꺼번에 심어 놓은 탓에, 개개 인간들은 서로 적대하면서도 함께 어울려야만 하는 타고난 기질을 가진다. 그렇지만 그 성향이 국가 구성의 형식을 이루는 강제법칙의 수립으로 이어지려면, 거기에 어떤 매개 요소가 작용해야 할 터이다. "인민이 그 자체로 하나의 국가를 구성하는 행위가 원천 계약인데, 그것은 본래 그

199 Kant, I. (1797), *Die Metaphysik der Sitten*, pp. 313 f.
200 Bluntschli, J. C. (1874), *Deutsche Statslehre für Gebildete*, p. 11.
201 伯倫知理(1907), 《國家學綱領》, 安鍾和 譯, 廣學書舖, 13쪽.

에 따라서만 국가의 합법성이 성립할 수 있는 국가 이념이다." 한 공동체 수립의 전제조건을 이루는 그 계약은 이성 능력에서 비롯하는 순전한 이념다운 근본 성격을 지닌다. 이 계약에 따라 '인민 가운데 모두', 곧 만인이나 각자는 먼저 자신들의 외적 자유를 포기하는데, 이는 국가로 여겨지는 인민 공동체의 지체들로서 자신의 자유를 곧바로 돌려받기 위해서다. 이를 두고서 우리는 국가에 속하는 사람이 타고난 외적 자유의 일부분을 어떤 목적을 위해 희생했다고 말할 수는 없다. 우리는 오히려, 그가 자신의 자유 일반을 법칙에 의존하는 상태에서 다시 발견하기 위해 무법의 자유를 모두 버렸다고 말해야 옳다. 그와 같은 의존상태가 자기 자신의 입법 의지에서 비롯하기 때문이다. 202

칸트가 내세우는 '원천 계약'은 한마디로 공동체의 형식 범주를 규정하는 법률체제의 기본 이념이며, 그 위에 '시민에 걸맞은' 법칙 수립으로 완전함에 이르는 시민 체제가 설 수 있다. 203 이로써 이루어지는 '시민 상태'의 공동체가 그 고유한 지체들과 맺는 관련성에서 '국가 civitas'라고 일컬어질 때, 그 구성원들은 '국가 시민'의 이름을 얻는다.

이제 비로소 칸트가 자연학에서 빌려온 유기체 목적론은 정치철학

---

202 Kant, I. (1797), *Die Metaphysik der Sitten*, pp. 315 f.
203 Kant, I. (1793), "Über den Gemeinspruch: Das mag in der Theorie richtig sein, taugt aber nicht für die Praxis", in Königliche Preußische Akademie der Wissenschaft ed. (1923), *Kant's gesammelte Schriften*, vol. 8, Berlin und Leipzig: Walter de Gruyter & Co., p. 297.

의 사유체계와 맞닿는다. 공동체의 부분들 또는 지체들이 서로서로 번갈아서 원인과 결과로 작용하는 가운데, 하나의 총체로 결합하는 국가의 구성 원리는 쓸모 있는 현실 차원으로 나타난다. '국가 시민'은 먼저, 국가 형식을 규정하는 권리 법칙들이 모두의 동의로 이루어지는 선험 원리를 공유해야 한다는 점에서, 자신의 본질에서 벗어날 수 없는 권리 속성을 갖는다. 그것은 자기 스스로 동의한 사안 바깥의 어떤 다른 법칙에도 복종하지 않을 '법률상 자유', 자신에게 법률 구속성을 지시하는 도덕 능력의 인격 이외에 그 어떠한 상위 존재도 인민 안에서 인정하지 않을 '시민다운 평등', 그리고 공동체의 지체로서 오직 자기 자신의 권리와 능력에 의존하는 '시민다운 자립성'의 원리에 근거한다. 원래 이성의 능력 안에 선험 원리로 놓인 권리의 성격으로부터 시민다운 공동체 결성의 인격성이 실천에 알맞은 구체성을 얻는다. "오직 투표하는 능력이 국가 시민의 자격을 결정할 따름이다." 이 능력은 실행의 수준에서 '시민의 자립성'을 전제한다. 그것은 곧 인민 가운데 한갓 부분으로만이 아니라 자기 자신의 자의에 따라 다른 사람과 더불어 공동체의 지체로 작용하는 인격체의 속성이다. 이와 같은 성격의 실행 능력으로 '능동시민'과 '수동시민'이 갈린다. 칸트는 시민 가운데 한 부분을 표현하는 수동성 개념이 국가 시민 일반의 보편성과 서로 어긋나는 것처럼 보이는 문제점을 감수하면서도, 시민다운 인격성을 갖지 못한 다음 사례들을 가려내어 '법칙 수립을 지향하여 하나로 뭉치는' 사회 구성원의 이념에 실재성을 더한다. 곧, 상인이나 수공업자 옆에서 일하는 보조 인력, 가사노동

종사자, 농장에 매인 나무꾼, 가정교사, 소작농 등의 막일꾼처럼 다른 사람의 처분으로 실존할 수밖에 없는 사람들은 시민다운 인격성을 갖지 못한다. 이들 존재는 타인의 명령이나 보호를 받아야 하며, 따라서 그들의 속성은 시민다운 자립성과 어울릴 수 없다. 204

　칸트가 말하는 국가 시민의 투표 능력은 일찍이 아리스토텔레스가 최선의 공동체를 구성하는 필수 조건이라고 여겼던 폴리스 시민의 품성과 그다지 멀지 않다. 그렇다면 우리는 이렇게 물을 수 있다. 인민 역시 '국가 시민'과 동등한 위상에서 통치의 정당성과 함께하는가? 국가 시민의 능동성 명제는, 법칙을 수립하는 권리가 오직 인민의 통합 의지에만 귀속한다는 주장과 어떻게 화해할 수 있을까? 칸트는 이 문제점 가운데에서 공화정 체제의 가능성을 찾는다. 그는 먼저 수동 시민의 의존성과 불평등성이 함께 하나의 인민을 이루는 인간으로서 마땅히 가져야만 하는 자유와 평등에 대립하지는 않는다고 본다. 곧, 그와 같은 수동시민이 존재한다는 조건 가운데에서, 그 인민집단은 하나의 국가와 같을 수 있고, 또한 하나의 시민 체제에 들어갈 수 있다. 그렇더라도 이 체제 안에서 투표권을 행사하는 능력, 다시 말해 '국가의 회원'이 아니라 국가 시민의 위상에 오르는 자격은 모두에게 한결같을 수는 없다. 국가 구성원 모두는 타고난 자유와 평등의 법칙에 따라 자립의 인격성을 갖춘 타인에게 국가의 수동 부분에 해당하는 대우를 요구할 수는 있겠지만, 곧바로 이 사실에서 통치에 참

---

204 Kant, I. (1797), *Die Metaphysik der Sitten*, pp. 314 f.

여하는 능동적인 능력이 나오지 않기 때문이다. 그러나 투표하는 자격은 자유에 걸맞은 인민 모두의 형평성, 곧 수동 상태에서 능동 상태로 상승할 수 있다는 평등의 자연 법칙에 어긋날 수 없다. 205

국가를 구성하는 개개인은 무엇보다도 먼저 하나의 시민 상태에 진입해야 마땅하다는 칸트의 정언 명제는 공동체 구성원이면 누구나 자신 바깥의 타인들과 더불어 외적 강제에 스스로 복종하는 공공법칙에 합의해야 한다는 전제와 다르지 않다. 206 이 원리는 원천 계약의 정신에서 비롯하며, 바로 거기에 입법 권력의 구속성이 들어 있다. 이 이념에 합당한 통치방식은 오로지 '순수 공화국'과 일치한다. 그러므로 "모든 진정한 공화국은 인민의 대의제 조직이며, 그밖에 다른 무엇일 수는 없다". 이 체제 안에서 국가 시민은 '인민의 이름으로' 하나의 공동체로 결집하며, 인민을 대변하는 세력으로 작용한다. 대의원을 맡는 국가 시민의 매개 작용 덕택에 하나로 뭉치는 인민은 그저 주권자Souverän를 대변하고 마는 것이 아니라, 오히려 자기 자신이 곧 주권자이다. 왜냐하면, 바로 인민 안에 본래의 최고 권력이 있으며, 이로부터 모든 개개인의 권리가 나와야 하기 때문이다. 그래서 공화 체제에서는 법칙이 스스로 지배하면서 어떤 인격에도 매이지 않는다. 따라서 오로지 인민을 예속하는 일에 쓰였던 저 오랜 경험 형식들을 원천 형식 안에 용해할 수 있는 강제 원리

---

205 같은 책, p. 315.
206 같은 책, p. 312.

의 법칙 체제가 공법의 최종 목적에 들어맞는다. **207**

칸트는 이와 같은 설명을 끌어내기 위해 아리스토텔레스가 '폴리스 학문'에서 설정했던 세 가지 통치 방식, 곧 군주제, 귀족정, 민주주의의 순수형식과 그 변형들의 경험 세계에 주목한다. 그리고 그는 이 정체들의 유형을 역사철학의 지평에서 '전제정치인가 공화정치인가'라는 양자택일의 필연성으로 바꾸어 놓는다. 말하자면 역사의 길이 과거의 전제 체제에서 시간성 지표를 갖는 공화 체제로 이어졌다. "통치방식이 법 개념에 어울려야 한다면, 대의제도가 거기에 속하며, 그 안에서만 공화정다운 통치방식이 가능하다. 그러한 제도가 없는 통치 방식은 (그 체제가 무엇이고 무엇을 원하든) 전제와 폭력의 성격을 지닌다. 옛적에 공화국이라고 지칭했던 체제들 가운데 그 어느 편도 대의제도를 알지 못했고, 그래서 그 공화국들은 한 사람의 최고 권력 아래 있으면서 모든 체제 가운데 그나마 견딜 만했던 전제주의로 변모해 버리고 말 수밖에 없었다." 이처럼 수많은 과거 정치 경험을 담은 공화국이 하나의 기대개념으로 바뀐 것이다. 말하자면 공화 체제는 인류 역사의 과정에서 다른 정체들을 모두 물리치고서 홀로 미래 정치를 떠맡는 목적개념이다. 칸트는 거기로 향하는 지평을 가리키면서 오로지 법 개념의 순수 원천에서 발생하는 정치 체제를 맨 처음으로 '공화주의Republicanism'라고 명명한다. "공화주의는 집행하는 권력, 곧 정부 권력을 입법하는 권력에서 떼어 놓는 국

---

**207** 같은 책, pp. 340 f.

가 원리이다." 이처럼 옛 공화국의 경험 내용은 더욱 협소한 공간으로 내몰리고, 새로운 '주의'의 계명이 미래 정치의 행위를 지시한다. "그래서 우리는, 국가 권력의 담당자(통치자의 수)가 적으면 적을수록, 그와 반대로 국가 권력의 대표 세력이 크면 클수록, 국가체제는 그만큼 더 공화주의의 가능성에 일치한다고 말할 수 있다. 그리고 국가체제는 점차 여러 개혁을 거쳐 마침내 공화주의로 우뚝 솟을 희망을 지닐 수 있다."208

간추려서 보자면, 칸트의 '공화주의'는 역사 시간의 완성을 약속하는 '무한한 진보'의 '의무'를 정치 행위의 장에서 실행하는 하나의 운동개념이다. 209 앞서 보았듯, 210 칸트는 지고의 지상 행복을 뒤쫓는 계몽주의 목적론에 뒤이어 '무한한 진보'를 도덕성의 방향으로 이끌기 위해 실천의 윤리 계명을 내세운다. "온전한 세계는 항상 더 나은 방향으로 진보한다. 우리가 이 점을 마땅하게 추정할 수 있는 근거는 어떤 이론이 아니라 순수실천이성이다."211 이러한 매개 작용으로 원래 자연학에서 유래하는 '영원무궁의 미래 시간'은 공화 체

---

208 Kant, I. (1795), *Zum ewigen Frieden*, pp. 351~353.
209 Koselleck, R. (1979), *Vergangene Zukunft*, pp. 372 ff; Conze, W., Koselleck, R., Maier, C. & Reimann, H. L. (1979), "Demokratie", in Brunner, O. et al. eds., *Geschichtliche Grundbegriffe*, vol. 1, p. 850.
210 이 책 제2장, 1. 경계의 시간.
211 Kant, I. (1791), "Freissrift über die Fortschritte der Metaphysik", in Königliche Preußische Akademie der Wissenschaft ed. (1942), *Kant's gesammelte Schriften*, vol. 20, Berlin und Leipzig: Walter de Gruyter & Co., p. 307.

제의 국가연합이 이룩하게 될 '영원한 평화'의 기대로 전이한다. 우리는 칸트가 공법 이야기를 마감하는 대목에서 다음과 같은 설명을 들을 수 있다.

이제 우리 안에 있는 도덕성의 실천이성이 '어떠한 전쟁도 있어서는 안 된다'라는 불가항력의 거부권을 표명한다. 자연 상태에 있는 나와 너 사이의 전쟁도 있어서는 안 되며, 우리 사이의 전쟁, 곧 내적으로는 법칙 상태에 있으나 외적으로는 (서로서로 맺는 관계에서) 법칙 없는 상태에 있는 국가들 사이의 전쟁도 있어서는 안 된다. 왜냐하면 그 전쟁이 누구나 자신의 권리를 찾아야만 하는 방식이 아니기 때문이다. 그러므로 '영원한 평화가 어떤 사실인가 아니면 터무니없는 무엇인가'라는 질문은 더는 문젯거리가 아니다. 그리고 또한 '우리가 영원한 평화를 어떤 사실로 받아들일 때, 우리의 이론 판단에서 우리가 스스로 속지는 않을까'라는 질문도 더는 문젯거리가 아니다. 오히려 우리는 어쩌면 실재하지도 않을 그 평화가 사실인 듯 행동해야만 한다. 그래서 우리는, 지금까지 모든 국가가 예외 없이 그들의 내부 조직을 정비하면서 주요 목적으로 추진했던 절망의 전쟁에 종지부를 찍기 위해, 영원한 평화를 확립하고 가장 그럴듯하게 보이는 체제(아마도 모든 국가가 다 함께 이루는 공화주의) 가 이루어지도록 노력해야 한다. **212**

---

**212** Kant, I. (1797), *Die Metaphysik der Sitten*, p. 354.

# 3. 헤겔

## 1) 삶과 유기체

앞서 보았듯, 칸트 사유체계에서 공화주의란 '영원한 평화'의 지평으로 나아갈 수 있는 단 하나의 헌정질서를 상징한다. 인류사회의 궁극 목적을 형상화하는 이 이름은 '원천 계약'의 이념에서 유래하여 앞으로 '시민다운' 체제의 이상 세계를 완성하게 될 진보의 시간을 미리 알린다. 이에 따라 그 전망개념은 '훌륭한 조직 구성gute Organisation'의 과제를 부여받은 미래 국가의 기대와 맞닿는다. 여기에서 우리는 국가의 유기체 본성을 유추해 낼 수 있다. 칸트의 설명은 역사과정에 나타난 국가들이 '아직은 매우 완벽하게' 유기조직을 갖추지 못했다는 사실에 근거한다. 인간의 실천이 '무능한' 탓에 '훌륭한' 국가를 설립하는 일은 매우 어렵다. 그렇지만 "그와 같은 문제는 반드시 풀릴 수 있다". 왜냐하면, 인간의 도덕적 개선이 아니라, '오직 자연의 메커니즘'이 평화 상태를 초래하는 강제법칙의 효력을 개개인들 사이에 조성하기 때문이다. 213 그래서 개개인들은 유기체 피조물로 생성하여 성장하는 나무처럼 서로서로 원인이자 결과로 작용하면서 전체를 이루는 지체의 역할을 맡는다. 이때 인간 존재는 비록 도덕성 기준에서 훌륭하지는 않더라도 '시민다운' 주체로 거듭날 수 있다. 이와 같

---

213 Kant, I. (1795), *Zum ewigen Frieden*, p. 366.

은 사유방식은 자연현상을 유기체 목적론으로 밝히는 변증학과 시민 체제의 정치학을 결합하는 성과로 이어진다. 곧, 유기체 피조물은 자연 재료들을 고유한 능력으로 이용하여 자기 자신을 끊임없이 조성해 나간다. 마찬가지로 인간 이성의 능력 안에 자연 기질로 내재하는 보편 의지가 집단의 보존을 위한 법칙들을 이루어 낸다. 이로부터, 칸트가 《판단력 비판》에서 '혼이 깃든 신체ein beseelter Körper'와 '손절구' 사례를 예로 든 것처럼, **214** 인간 본성의 적대감을 조정하는 힘들의 구성체가 유비 관계 속에서 유기체 목적론의 적용 대상으로 나타난다. 20세기 국가학자 헤르만 헬러Hermann Heller는 그 용례를 다음처럼 설명한다. "칸트는 상징적인 유기체 표상을 바로 개인주의다운 법치국가 이념을 직관작용Veranschaulichung으로 나타내고 민주주의 제도들을 정치적으로 요청하기 위해 사용한다."**215** 칸트는 국가의 구성 원리에 적용하는 그 '상징적 표상 방법'을 다음처럼 설명한다.

우리가 사용하는 개념들의 실제성을 밝히려면, 언제나 직관들이 필요하다. 경험적 개념들의 사례에서는 그 직관들이 실례라고 일컬어진다. 순수 지성개념의 사례에서는 그 직관들이 도식들이라고 불린다. 그러나 우리가 이성개념들의 객관적 실재성, 곧 이념들의 객관적 실재

---

**214** Kant, I. (1790), *Kritik der Urteilskraft*, p. 352.

**215** Heller, H. (1921), *Hegel und der nationale Machtstaatsgedanke in Deutschland. Ein Beitrag zur politischen Geistesgeschichte*, Leipzig/Berlin: Teubner, B. G., p. 91 (각주 5).

성, 그러니까 이념들의 이론적 인식을 위해 그것을 밝혀야 한다고 주장한다면, 이는 불가능한 무엇을 요구하는 셈이다. 왜냐하면, 이념들에 알맞은 직관은 주어질 수 없기 때문이다.

모든 생생한 표현Hypotypose, subiectio sub adspectum은 감성작용으로서 도식적이거나 상징적인 두 가지 성격을 지닌다. 도식적인 표현에서는 지성이 파악하는 개념에 합당한 직관이 선험적으로 주어진다. 그러나 상징적인 표현에서는 오직 이성이 사유하는 개념에 단순히 유추 성격을 지니는 직관이 놓여 있어서, 그 직관과 더불어 판단력이 수행하는 방법은 직관이 도식화에서 관찰하는 것과 단지 유사할 따름이다. 그러므로 그 개념에 적합한 어떠한 감성적 직관도 있을 수 없다. 다시 말하자면, 순전히 이 수행방식의 규칙에 따라 직관은 그 개념과 일치하게 되며, 직관 그 자체로 개념과 어울리지는 않는다. 곧, 반성의 내용보다는 순전히 그 형식에 따라 직관은 개념과 조화를 이룬다. **216**

국가구성에 적용하는 유기체 개념을 오로지 '상징적 표상'으로만 이해해야 한다는 주장은, 칸트 후대에 뚜렷이 나타나는 국가학 교설의 경향성을 헤아려 본다면, '경고Warnung'의 정언으로 읽힐 수 있다. **217** 이 줄기에서 무엇보다도, 후대의 학문 경향성에 큰 영향을 끼치는 헤겔G. W. F. Hegel 법철학을 문제 삼을 만하다. 그의 설명에 따르

---

**216** Kant, I. (1790), *Kritik der Urteilskraft*, p. 351.
**217** Heller, H. (1921), 같은 책, p. 92.

면, "국가란 유기체"이며, 그 구성 원리는 "이념이 여러 측면으로 나뉘면서 저마다 객관적인 실체로 발전하는" 하나의 '필연성'이다. 218 곧, 국가 구성원의 영혼 가운데 개념상 전능한 힘으로 내재하는 권력 의지가 유기체 본성에 근거한다. 거기에서 개개인이 갈망하는 자유란 '국민다운national' 권력 의지가 국가의 권력 의지에 합쳐지는 자유와 일치한다. 개개인의 고유한 권력 성향이 국가 전체의 실행 권력과 조화를 이루는 것이 바로 헤겔 '유기체 원리'의 핵심 이념이다. 이로부터, 개인은 수단이 아니라 그 자체로 목적이라는 칸트 변증학에서 반대 방향으로 나아가는 사유방법이 나온다. 말하자면, 헤겔이 밝히는 유기체는 전체 구성으로서 자기 목적이며, 따라서 개인은 오직 수단일 따름이다. 따라서 국가의 지체를 이루는 개개인의 실존과 그 목적은 그의 관심사에서 부차적인 위상에 있다. 그가 정치체제를 말하면서 하나의 진정한 도덕적 완전함을 주장할 때, 거기에는 헌정 주체성의 시민에 걸맞도록 정치적 자유를 표방하는 칸트 방식의 입헌주의 헌장이 사라지고 만다. 헤겔이 구체적으로 프로이센 헌법 질서를 염두에 두면서 내세웠던 신분들이 시민을 대신하여 권력의 지체로 나타난다. 그러면서, 개개 권리는 '오직 전체 이념'과 조화를 이루어야 한다는 유기체 구성 원리가 국가학의 중심에 선다.

---

218 Hegel, G. W. F. (1833), *Grundlinien der Philosophie des Rechts, oder Naturrecht und Staatswissenschaft im Grundrisse*, in Gans, E. ed., *Georg Wilhelm Friedrich Hegel's Werke*, vol. 8, Berlin: Duncker und Humbolt, pp. 331 ff.

정치적인 국가의 근본 사명은 그 요소들에 안긴 이 실체적 통일을 이루는 것이다. (…) 그 요소들과 함께하는 이 이념 성격이란 마치 유기적 신체 안에 있는 생명과 같다. 생명은 그 신체의 개개 부분에 모두 들어 있다. 그런데 그 모든 지점에는 오직 하나의 생명이 있을 따름이며, 거기에 맞서는 저항력은 없다. 이 생명에서 떨어져 나오는 부분은 모두 죽고 만다. 모든 개개 신분, 권력, 단체에 담긴 이념 성격도 마찬가지여서 제아무리 존속하여 독립 존재로 있고자 하는 욕망을 가진다고 할지라도 그러고 만다. 그 사정은 유기체 조직 안에 있는 위胃와 같다. 이 기관은 자기 스스로 존립하려고 하지만, 아울러 지양되고 희생되어 전체에 속하고 만다. **219**

칸트는 아마도 유기체 목적론이 전체와 부분의 상호작용이라는 변증학 원리를 상실한 채 오로지 국가 전체라는 권력 의지의 합리화에 이용되는 사례를 경계했을 것이다. 칸트와 헤겔의 사유방식 사이에서 유기체 개념의 의미가 갈라지는 지형을 이해하려면, 칸트의 시점으로 되돌아가 개개인들 중심의 다양성과 권력국가로 향하는 통일성의 이념이 교차하는 가운데 새롭게 등장하는 사유 활동들을 잠시나마 눈여겨보아야 할 것이다.

칸트의 유기체 이론이 담긴 《판단력 비판》은 1790년에 처음 빛을 본 작품이다. 그는 아마도 1789년 프랑스혁명 전야 또는 정변의 와

---

**219** 같은 책, p. 362.

중에 그 글을 구상하고 서술했을 것이다. 거기에는 절대주의 국가체제의 유산을 직시하면서 권력의 폐쇄 현상에 맞서 자유의 주체성을 지키는 문제가 담겼다. 절대주의 시대의 역사성을 규정하는 정치 교설은 한마디로 국가 권력과 체제 구성원의 통일성을 통치자의 인격성 안에 묶어 둔다. 그렇지만 지배정치의 정당성에 걸맞은 국가 주권은 오직 겉모습에서만 권력 의지와 대중의 다양성을 하나의 이념 체계에 결합하면서도 그 내부에서 발생하는 균열 사태에 제대로 대처할 수는 없었다. 바로 여기에 입헌주의 법치국가와 권력분립 이론이 끼어들 수 있었다. 그러면서 그 자체로 평등한 개개인들에게 법률로 제한하는 자유가 주어지는 만큼, 국가 권력도 마찬가지로 법의 규정과 의무에 매일 수밖에 없다는 사유의 지평이 열렸다. 이전과 달리 이제는 다소간 계몽주의에 물든 통치자들의 선의를 대신하여 법률과 법칙이 국가에 귀속하는 체제의 통일성을 떠맡게 될 것이었다. 적어도 200여 년간 지속했던 자연법 시대는 항상 위기 상황을 예고했는데, 드디어 1789년의 집단 소요가 '대혁명'의 현상으로 나타났다. 그때까지 끊임없이 이성이 요구했지만, 반윤리성의 폭력이 계속 방해해 왔던 입헌질서가, 바로 주권을 요구하는 대중의 봉기 덕택에 현실로 등장했다. 그렇게 자연법은 완전한 걸작의 모습으로 나타날 수 있었다. 또한, 절대주의 시대의 외형적 통일성에 묻혀 버렸던 개개인의 다양성은 정치와 공론의 장에서 지나칠 만큼 넉넉할 수 있었다. 이와 더불어 국민국가 건설이라는 새로운 통합 과제가 시대의 요청으로 나타났다. 바로 여기에서 국가체제의 조직 구성과 얽히는 문제점이 드러난다. 국가의 지체로 작용해야만 하는 개개인들의 원자화가 사회의 저변에서 하나의 경향성을 이루는 한편으로, 법률의 형식으로 완성해야만 하는 권력분립의 기운이 정치 지형의 상층부를 장식했을 때, 하나의 체제 구성으로 나아가야 하는 전체의 통일성은 어떠한 실천력을 얻을 수 있을까?[220] 이 문제와 마주하는 방법에서 칸트와 헤겔의 길은 엇갈린다.

"우리가 한 물체Körper를 그 자체로, 그리고 그 내면의 가능성을 고려하여 자연목적이라고 판정해야 한다면, 그것의 부분들은 반드시 형식이나 연결 관계에 따라 서로서로 다 함께 상호작용으로 이루어져야 하며, 마찬가지로 전체는 자기 자신의 원인성에서 만들어져야 한다." 칸트의 《판단력 비판》에서 읽는 이 설명은, 사물들이란 '자연목적으로서 유기체 구성의 존재'라는 명제에 뒤따라 나온다. 그가 유기체라고 부르는 자연 산물은 '자기 스스로 형성하는 힘'을 지니며, 그러면서 그런 힘을 지니지 못하는 물질들과 더불어 조직 구성의 능력, 곧 '스스로 번식하며 성장하는 힘'을 함께 나눌 수 있다. 이와 같은 자연목적의 유기체 개념은 지성이나 이성이 직접 구성할 수 있는 것은 아니며, 다만 우리가 인지하는 목적들 일반의 인과성과는 먼 거리에 있을 수밖에 없는 '유비를 통해' 그와 같은 종류의 대상들을 탐색하는 과제에 쓰일 수 있다. 이 설명 끝에 칸트는 하나의 사례를 첨가한다. "사람들은 요즈음 한 위대한 인민집단을 하나의 국가

---

**220** Heller, H. (1921), 같은 책, pp. 1~20.

로 온전하게 개편하려고 시도하면서 유기조직이라는 말을 행정기구들 등의 설립과 완전한 국가체제Staatskörper, 바로 거기에 아주 알맞게 적용했다." 새로 만들어지고 있는 국가 조직을 이처럼 자연 산물의 구성 원리에서 유추해 낼 수 있다는 설명은 유기체 개념이 탐색 대상을 숙고할 때 '반성하는 판단력'에 하나의 규정 능력으로 작용할 수 있다는 전제에 근거한다. 이에 따르면, 국가를 구성하는 개개 지체들은 전체 조직 가운데에서 한갓 수단뿐만 아니라 목적으로 존재할 수 있다. 아울러서 그 지체들은 온전한 국가체제가 가능하도록 서로서로 협력함으로써 전체의 이념을 통하여 다시금 자신들의 지위와 기능을 보장받는다. 221

칸트는 이처럼 '유비를 통해' 쓰일 수 있는 유기체 개념과 관련하여 '하나의 국가'를 예시하면서 그 소재를 어디라고 지정하여 밝히지는 않는다. 우리는 다만 그의 설명에서 '대혁명'의 성과로 나타난 프랑스 국민국가와 그 입헌주의 체제를 유추해 볼 수 있을 따름이다. 그는 아마도 온전한 헌정질서의 표상을 내세울 때 오래 간직해 온 자연법 세계관에 자연학에서 빌려 온 유기조직의 구성 원리를 더하여 개인주의 이론체계를 완성하면서 그 극복자가 되려고 했을 것이다. 그가 나중에 완성하는 국가학 저술에서 전체와 지체들의 상호작용 가운데 형성하는 힘으로 나타나는 인민 의지의 보편적 통합 원리를 서술하는 대목이 주목거리다. 222 입헌 체제의 법칙 수립에 불가결

---

221 Kant, I. (1790), *Kritik der Urteilskraft*, pp. 372~376.

의 요소로 작용해야만 하는 이 힘의 드러남은 모든 개별 의지가 원자 운동의 차원에서 합쳐지는 총계와 같은 의미로 보이지는 않는다. 칸트가 '완전한 국가체제'라는 공동체의 구성 원리를 밝히기 위해 이성 이념 안에 선험 원리로 놓인 공공 법칙의 필연성을 강조했을 때, 그 것은 사회계약설의 원자화 기질에 근거하는 합리주의 경향성의 기계론을 경계하는 표현이라고 이해할 만하다. 마찬가지로 그는 국가와 그 지체들의 관계를 염두에 두는 유기체 개념이 이념들의 객관적 실체를 요구하면서 다다르게 되는 직관의 도식화를 우려한다. 그가 말하는 선험적 개념들은 다만 탐색 대상에 적용하는 반성의 순전한 규칙에 멈추어야 하며, 따라서 유기체 국가를 연상할 만한 통치의 사례들은 오직 상징의 표상으로만 나타나야 했다. 그렇지만 바로 현실정치 상황에서 그의 사유방식은 커다란 장애물과 부닥친다. 곧, 원래 자연법과 국가계약의 교설에 깊이 담겼던 일반의지가 프랑스 혁명의 진행과정과 함께 공포정치를 정당화하는 이념으로 전락한다. 그러는 동안 기요틴의 광기가 자유와 평등의 희망을 갈음하면서 잔인한 국가 권력을 상징하기 시작한다. 입헌주의의 이상 정치를 정치적 환멸의 기류로 바꾸어 놓은 모든 사태가 법치국가 이념의 결함을 명백하게 증명하는 현상으로 보일 정도였다.

정변에서 정변으로 이어지는 시대의 문제점들을 비판 철학의 언어체계로 깊이 성찰할 겨를도 없었던 틈바구니에서, 합리성의 믿음

---

**222** Kant, I. (1797), *Die Metaphysik der Sitten*, p. 313 f.

을 밀어 낸 낭만주의의 세계관이 신비스러운 목적론에 기우는 동경심을 불러일으켰다. 청년 헤겔은 그 혼돈의 토양에서 새로운 생명 감성의 형이상학을 길러 낼 수 있었다. 바로 이때 그는 칸트 비판인 식의 영향에서 완전히 벗어나 시적 감수성에 충만한 범신론으로 선회했다. 223 그가 프랑크푸르트 시절 삶과 운명을 노래했던 횔덜린 Johann Christian Friedrich Hölderlin과 재회하여 깊이 교유하면서 다듬었던 종교철학 단편들 가운데에서 다음과 같이 감상의 언어로 가득한 표현 한 구절을 만날 수 있다.

사유하는 삶은 형체, 죽어야 할 운명, 덧없는 것, 그리고 자기 자신과 적대하면서 투쟁하는 것으로부터 사라짐 없는 생명 존재, 다양성을 파괴하는 관계, 다양성이 그 자체로 소멸하지 않는 관계를 일깨워 북돋운다. 이 관계는 하나의 통일성, 곧 생각으로 이루어지는 관계라기보다는 생기발랄하며 온전한 힘으로 넘치는 무한한 생명이다. 그래서 우리는 이 생명을 신이라 지칭한다. 이 생명은 어떤 사정에서도 사유하거나 고찰하는 대상이 아니다. 왜냐하면, 반성에서 나온 것이거나 생기 없는 것은 삶의 목표물에 들어 있지 않기 때문이다. 224

223 Dilthey, W. (1921), *Die Jugendgeschichte Hegels und andere Abhandlungen zur Geschichte des Deutschen Idealismus*, in Nohl, H. ed., *Wilhelm Diltheys Gesammelte Schriften*, vol. 4. Leipzig/Berlin: Verlag von B. G. Teubner, pp. 40 ff.

224 Hegel, G. W. F. (1800), "Systemfragment von 1800", in Nohl, H. ed. (1907),

그 시절의 이념 경향성에 따라 형성기 헤겔의 생각에도 새롭게 등
장하는 삶의 감정을, 선과 악 저편에 놓인 생명 의지와 권력 의지라
고 바꾸어 읽는 방식이 가장 적절할 것이다. 225 그렇듯, 한 세기에
서 다른 세기로 넘어가는 즈음에 신비주의와 심미주의 성향을 결합
했던 사유 감정 가운데에서 개체성을 전체 아래에 두는 유기체 관념
이 자라나기 시작한다. 헤겔이 "생명 존재는 반드시 유기조직체로
여겨져야 한다"라고 했을 때, 거기에 전체와 부분이 골고루 서로서
로 영향을 주고받는 상호작용의 개념은 들어 있지 않았다. 이 무렵
그의 유기체 개념은 매우 모호하여 그 의미론을 정리해 내기 어렵지
만, 이미 이른 시점부터 다양성을 표현하게 될 부분들을 전체 아래
에 두는 사유의 실험이 시작했다고 짐작할 만하다. 그는 우선 칸트
처럼 다양성과 통일성을 함께 지니는 자연을 염두에 둔다. 자연은
조직체들이라고 할 수 있는 개별 존재들의 다양성이며, 그 다양성은
무한한 성격을 지닌다. 그러면서 자연은 통일성으로도 나타나는데,
이때 그것은 유기적으로 구성되거나 분리되어 있기도 하면서 하나
로 뭉치기도 하는 유일한 전체이다. 생명은 그와 같은 자연의 성격
에 매인다. 헤겔은 이 명제에 관계와 분리, 그리고 개별 존재와 보편
존재를 나누어 보는 반성 개념을 적용하면서 칸트 방식의 유기체 사

*Hegels theologische Jugendschriften nach den Handschriften der Königlichen
Bibliotheck in Berlin*, Tübingen: Verlag von J. C. B. Mohr(Paul Siebeck),
p. 347.
225 Heller, H. (1921), 같은 책, p. 23.

유에서 벗어난다. 헤겔의 표현대로라면, 반성은 스스로 존립하는 '개별 존재'와 서로서로 얽힌 '보편 존재'의 개념들을 삶에 적용하면서 '제한 성격을 갖는' 개별 존재와 '무제한 성격을 갖는' 보편 존재를 나눈다. 이와 같은 개념 정립을 통해 생명이 '본성(자연)'의 규정에 속할 때, 유기 구성의 개개 존재는 다양성을 통합하는 전체의 아래에 놓인다. 226

## 2) 국가 인격성

헤겔은 곧이어 발표하는 정치 논고들에서 개인주의 이념에 맞서는 전체 의지의 국가상을 내세우면서, 계몽주의자들의 자연법 이론과 특히 칸트의 법치 사상을 권력체제의 존립을 위협하는 요소로 보기 시작한다. 그는 같은 줄기에서 국가계약 이론의 대척점에 선다. 그의 주장대로라면, 계약처럼 하찮은 관계들의 격식은 도덕성으로 뭉치는 전체의 절대 위엄을 훼손한다. 군주와 신민, 정부와 인민의 관계는 본래부터 실체에 근거하는 통일성과 같으며, 따라서 민사법의 법률 규정에나 어울리는 계약 개념은 거기에 전혀 어울리지 않는다는 설명이 뒤따른다. 227 성숙기 헤겔의 법철학 서술은 이 주제를 보다 정교하게 다듬은 표현이다. 그는 여기에서 계약 당사자들이 모두

---

226 Hegel, G. W. F. (1800), "Systemfragment von 1800", pp. 345 ff.
227 Dilthey, W. (1921), 같은 책, pp. 122 f; Heller, H. (1921), 같은 책, pp. 83 ff.

인격체이며, 아울러서 계약 관계 속에는 소유권을 주장하는 양쪽의 동등한 의지가 존재한다는 점을 인정한다. 그렇지만 국가의 문제는 전혀 다른 위상에 있다고 한다. "인간은 이미 본성대로 한 국가의 시민인 까닭에, 개개인의 자의에 따라 국가로부터 자기 자신을 분리할 수는 없다." 왜 그런가? 그의 대답은 다음처럼 이어진다. 국가 안에서 삶을 지속하는 일은 본래 이성이 정해 준 인간 사명이다. 그러므로 국가는 마땅히 사람들에게 그의 구성원이 될지 말지를 두고서 재가를 내리지 않을 수 없다. 이 일은 개개인의 자의와 무관하므로, 국가는 뭇사람의 자의를 전제로 삼는 계약 관계에 매여 있지 않다. 인간이면 누구나 국가에 속해야만 한다는 필연은 절대 조건이다. 오늘날 국가가 이룩한 위대한 진보는 그 목적이 완전무결하다는 점에 있다. 그래서 이제는 그 누구도 이전처럼 국가와 맺는 관계에서 마치 사적 계약에 따르듯 처신할 수는 없다. [228] 정언명법의 형식으로 그 관계를 다시 정리하자면 이렇다. "국가 구성원으로 존재하는 일이 개개인의 최고 의무이다. (…) 국가는 실재의 정신이므로, 개인은 오직 국가의 지체로 존재할 때만 그 속에 객관성과 진리와 도덕성을 지닌다. 이렇게 통합을 이루는 일 그 자체가 개인의 참된 내면과 목적이며, 그 사명은 공공의 삶을 꾸려 나가는 데 있다."[229]

이제, 헤겔 고유의 유기체 이론이 어디에서 비롯하는지 분명하게

[228] Hegel, G. W. F. (1833), *Grundlinien der Philosophie des Rechts*, pp. 115~117.
[229] 같은 책, p. 313.

드러난다. 그것은 바로 개개인의 '사명'을 국가의 궁극 목적 아래 두는 사유방식에 근거한다. 그가 법사상의 역사에서 맨 처음 국가를 두드러지게 근대적 의미를 지니는 유기체라고 규정할 때, 그 개념 가운데에는 지배자와 구성원 권리, 곧 군주 주권과 인민 주권 사이의 대립을 극복한다는 명분이 들어 있다. 그는 먼저 국가구성의 계기가 어느 극단에도 치우치지 않는 '중심'에 자리하면서 이루어지는 '총체성'을 통찰하기 위해 유기체의 '본성'을 다음처럼 설명한다. "국가는 유기체이다. 이 말은 그 이념이 여러 가지 차별성을 만들며 발전한다는 뜻을 지닌다. 그렇게 나뉘는 여러 면면이 다양한 권력들과 그 직무 및 활동으로 나타나며, 이에 따라 보편 존재는 끊임없이 필연적인 방식으로 자기 자신을 생성한다." 여기에서 이루어진 유기체가 곧 '정치체제'라는 설명이다. 국가는 이 정치체제 덕택에 자기 자신을 보존한다. 마찬가지로 정치체제는 언제까지나 국가로부터 유래한다. 만약 양쪽이 따로 떨어져서 제멋대로 나뉜다면, 정치체제가 만들어 내는 통일성은 앞으로 기약할 수 없다. 유기체의 모든 부분이 정체성으로 합쳐지지 않고, 그 때문에 어느 한 부분이라도 홀로 선다면, 전체는 파멸에 이르고 말 것이다. 여기에 '유기체의 본성'이 있다. 이런 까닭에, '유기체로 이해해야만 하는 국가'는 몇몇 술어나 원리로 풀어서 밝혀낼 만한 '평판'의 대상일 수는 없다. 이는 마치 신의 본성을 어떠한 술어로도 파악해 낼 수 없는 바와 같다. 신의 '생명'은 오로지 우리의 '직관'으로 드러날 따름이다. 230

　헤겔의 유기체 개념이 이처럼 스스로 생성하면서 보존하는 보편 존재와 '공동 이익 그 자체'인 국가 목적을 하나로 볼 때, '국가의 개념적 현실성'이 바로 그 '필연성'이기도 하다는 명제가 성립한다. '국가의 실재성'이란 자기 자신을 잘 알며 무언가를 하고자 하는 '정신'과 같다. 그리하여 "국가는 이미 의식하고 있는 목적과 잘 알고 있는 원칙에 따라 작용하고 행동하며, 아울러서 법칙을 있는 그대로 준수할 뿐만 아니라 그것을 의식 대상으로 삼으면서 거기에 따른다." 말하자면 국가의 필연성이란 그 목적과 의지가 일치하는 '실재성'이다.231 헤겔은 이 국가의 보편성 명제로부터 입헌군주제의 역사적소명을 불러낸다. 그가 권력 본능의 상징으로 표현하고자 했던 유기체 사유의 범주는 '마지막 단계의 의지 결정으로 나타나는 주관성의 권력', 곧 입헌제 군주의 주권에 맞닿는다. "국가가 발전하여 입헌군주제에 다다른 성과는 근대세계의 업적인데, 그 가운데에서 실재성의 이념이 무한한 형식을 갖춘다."232 세계역사의 발전과정을 '참다운 모습'의 보편성으로 나타나는 인류의 도덕 생활이라고 묘사하는 설명 방식 가운데에서 유기체 개념은 국가 인격성Staatspersönlichkeit 사상과 밀접히 결합한다. "관념성이라는 보편 사상에 지나지 않는 주권Souverainetät은 오로지 스스로 확신하는 주관성으로, 그리고 추상적이면서 또한 근거도 없는 의지의 자기 소명으로 존재할 따름이다. 바

230 같은 책, pp. 331 f.
231 같은 책, p. 332.
232 같은 책, p. 355.

로 여기에 국가의 최종 결정이 근거한다. 이로써 국가는 그 자체로 개성 존재das Individuelle가 되며, 그 가운데에서만 국가는 스스로 하나의 존재로 성립한다. " 달리 표현하자면, 개체성Individualität 의지가 최종 단계에서 국가라는 자연적이며 역사적으로 한정된 공동체의 구체적인 내용으로 나타난다. 이때 국가는 개별 이익과 보편 이익, 자율성과 권위 사이의 균형을 지시한다. 여기서 국가는 실재하는 전체 의지와 일치한다. 이 전체 의지는 주관적인 개별 의지의 총계와 구별되고, "완벽하게 구체성을 지니는 의지의 객관성", 곧 "국가의 인격성"으로 응축한다. 이와 같은 국가의 인격성은 오직 하나의 인격, 곧 군주로서 현실성을 갖는다."**233**

헤겔의 설명에 따르면, "개체성이란 국가의 유기조직 속에서 으뜸가며 최고 수준의 침투성을 지닌 규정이다". **234** 공동체의 계기로 작용하는 이 개체성은 어떻게 생겨나는가? 헤겔은 '의지 가운데에서'라고 답한다. 그렇다면 개체성의 본질은 국가 인격성과 어떠한 연관 관계에 놓이는가? 그가 보기에 국가란 자기 자신을 규정하면서 최종 결단을 내릴 수 있을 정도로 '완벽한 무제한의 의지'인데, 이 표상을 떠올리기는 그다지 어렵지 않다. 그렇지만, "무언가를 열망하는 나

---

**233** 같은 책, pp. 365 f.

**234** Hegel, G. W. F. (1845), *Encyklopädie der philosophischen Wissenschaften im Grundrisse. Dritter Theil. Die Philosophie des Geistes*, in Boumann, L. ed. , *Georg Wilhelm Friedrich Hegel's Werke*, vol. 7 (2. Abteilung) , Berlin: Duncker und Humbolt, p. 411.

Ich will"를 인격으로 파악하는 일은 매우 어려운 문제이다. 그래서 자의를 일삼는 군주의 행위를 항상 옳다고 여길 수는 없다. 군주는 오히려 구체적으로 협의해야만 하는 사안에 매인 까닭에, 입헌제도 아래에서는 오직 자신의 이름을 서류에 적는 일만 할 수 있을 따름이다. "그래도 이 이름이 중요하다. 그 무엇도 능가할 수 없는 정점이 곧 그 이름이다." 그렇듯 헤겔은 군주의 이름이 표상하는 의지 작용 가운데에서 고대세계와 근대세계를 분명하게 가르는 계기를 보고자 한다. 그의 설명은 옛적 아테네 시절로 거슬러 올라가 '아름다운 민주제도' 속에도 이미 '유기조직의 짜임새organische Gliederung'가 들어 있었다고 밝힌다. 그러나 그때 그리스 사람들은 최종 결정을 신탁과 같은 외부의 현상에 기댔으며, 따라서 자아의식은 아직 '주관성의 개념화'에 이르지 못했다. 말하자면, 결단을 내려야 하는 일을 두고서도 인간의 의지가 드러날 수는 없었다. 헤겔의 설명대로면, 결국 '국가라는 위대한 건축물' 속에서 "나는 열망한다"라는 그 한마디가 인간 자신에게서 나타나는 시기는 근대세계에서나 가능했다. **235**

헤겔이 국가의 주권과 인격성을 진지한 사유의 대상으로 받아들였다는 점에 의심의 여지는 없어 보인다. 그렇지만 그의 법철학이 유기체 국가라는 개성 존재 위에 지배자의 인격성을 쉽게 옮겨 놓을 수 있도록 열어 두었던 길에도 주목해 볼 만하다. 그의 사유체계에서 국가는 의지의 표상으로 나타나기 때문에, 누가 그것을 자신의

---

**235** Hegel, G. W. F. (1833), *Grundlinien der Philosophie des Rechts*, pp. 370 f.

주체성으로 감당할 수 있느냐의 문제가 남을 수밖에 없다. 이를 두고서 그의 인식세계는 '최종의 의지 결정'으로 나타나는 '주관성의 권력'에 이른다. **236** "군주다운 강제력 안에서 온갖 권력들이 개체 성격의 통일체로 합쳐진다. 이것이 완전함, 곧 입헌군주제의 정점이며 출발점이다."**237** 헤겔 시대에는 군주제 원리와 의회제 원리의 차별성을 표현하는 개념이 아직 명확하게 정립되어 않았다. 이 틈바구니에서 그는 나름대로 군주 중심의 권력 집중화와 입헌주의의 견제력이 어떻게 조화를 이룰 수 있는가를 깊이 사유할 수 있었을 것이다. 말하자면 국가 권력은 그 완전한 능동성을 지배자를 통해 드러내야 할 터이다. "왜냐하면, 모든 행위와 현실 상황을 시작하여 완수하는 일은 한 사람 지휘자가 결단하는 일체성에 달려 있기 때문이다."**238**

유기체 구성 원리와 결합하는 국가 인격성 이념은 시민 체제의 '다수성Vielheit에 얽매이지 않는' 권력 의지의 일체성 가운데에 굳건하다. **239** 여기에서 개개 권력들은 개념의 차별성을 넘어서서 '커다란 개체 성격의 온전함Ein individuelles Ganzes'에 합쳐진다. **240** 이로써 하나의 지점에 모이는 권력의 실천 작용은 지배자의 인격에 맡겨지며, 이 지배자는 역사 무대에서 모든 주권을 한 손에 쥔 인격일 따름

---

**236** Heller, H. (1921), 같은 책, pp. 103 ff.
**237** Hegel, G. W. F. (1833), *Grundlinien der Philosophie des Rechts*, p. 355.
**238** 같은 책, p. 369.
**239** Heller, H. (1921), 앞의 책, p. 114.
**240** 같은 책, p. 351.

이다. 241 이처럼 군주제 원리와 완전히 결합하는 권력 집중의 경향
성에 의회제 원리의 제도들은 그다지 큰 영향력을 행사할 수 없다.
바로 이 전제 아래에서 헤겔은 입헌주의를 어느 정도까지는 수용할
수 있었을 것이다. 그가 내세우는 명제대로면, 헌법은 '국가 권력의
짜임새Gliederung der Staatsmacht'이다. 그 바탕에서 국가는 '생동하는 정
신lebendiger Geist'이며 '하나의 유기체다운 온전함ein organisirtes Ganzes'의
모습을 갖는다. 242 오로지 그와 같은 권력을 바탕으로, 그리고 그
권력을 더 높이기 위해, 군주체제는 입헌주의 색채를 띤 신분제의회
와 함께한다. 이 기제는 특별한 직업 영역들이나 개인들로 흩어진
인민과 정부 사이를 이어 주는 '중재 기관'으로 작용한다. 이렇듯 매
개 과제를 '사명'으로 삼는 신분제의회는 국가와 정부의 '의향과 신
조'에 부응하는 만큼 '특수 집단과 개개인들의 이해관계'에도 주목하
도록 요청받는다. 아울러서 이 기관은 군주의 권능이 극단적으로 고
립되어 '한갓 행정 강제력이나 자의'로 나타나지 않게 하고, 더 나아
가서는 개개인들이 중구난방의 의견과 의지에 사로잡힌 채 '다만 유
기체 국가에 적대하는 집단 폭력으로' 나아가지 않도록 조정하는 역
할을 떠맡는다. 그렇더라도 헤겔이 이 제도에서 진정으로 바라 마지
않았던 것은 일찍이 칸트가 표방했던 '입법 권력'처럼 '인민의 통합

241 Heller, H. (1921), 같은 책, p. 116.
242 Hegel, G. W. F. (1845), *Encyklopädie der philosophischen Wissenschaften im
Grundrisse. Dritter Theil.* p. 405.

의지'에 귀속하는243 대표기구가 아니라 오히려 그 반대의 사안이었다. "신분제의회가 본래 이루고자 하는 중요성은 국가가 그 기관을 통해 인민의 주체의식 속으로 침투하고, 인민도 국가의 몫을 나누어 갖기 시작하는 것이다." 따라서, 어느 극단에도 치우치지 않는 '중간'에서 '유기 구성의 요소'로 자리한다는244 이 대의기구는 정부의 부수기관에 머물러서 국가 권력을 뒷받침하는 제도의 역할에 충실할 따름이다.

권력 의지의 '짜임새'가 이처럼 유기체 원리와 결합하면서, 입헌주의 제도에서 비롯하는 몇몇 구성내용이 헤겔 법철학의 국가상을 꾸밀 수 있었다. 그래서 그는 '참으로 유기체다운 전체성wahrhaft organische Totalität'이 '인민 가운데에서' 내재적으로 발전하고 있다는 생각에 이르기도 한다. 그의 법철학 서술은 이렇게 밝힌다. 주권이 국가에 귀속되었다는 전제에서 그 온전함을 두고 말한다면, "주권이란 인민 가운데 내재한다"라고 규정할 수 있다. 그러나 근래에 이르러 이 '인민 주권Volkssouverainetät'을 군주에게서 실존하는 주권과 대립하는 의미로 받아들이는 경향이 짙어졌다. 이처럼 주권 소재를 적대관계 속으로 끌어들이는 현상은 '난잡한 인민 표상' 가운데 있는 생각의 혼란에서 비롯한다. 인민을 두고 말하면서 그 군주를 무시하거나, 그 군주와 필연적으로 밀접하게 얽히는 '온전함의 짜임새Gliederung des Ganzen'를

---

243 Kant, I. (1797), *Die Metaphsik der Sitten*, p. 313.
244 Hegel, G. W. F. (1833), *Grundlinien der Philosophie des Rechts*, p. 395.

빼놓는다면, 인민은 그저 '아무런 형태도 갖추지 못한 사람 뭉치'와 같을 따름이다. 그러므로 그 상태를 국가라고 할 수 없으며, 오직 내부 형식이 다듬어진 온전함 가운데서만 존재하는 주권, 정부, 재판정, 공권력, 신분제의회 등의 규정 권리가 거기에는 귀속하지 않는다. "그처럼 하나의 유기조직과 또 국가 생활에 얽히는 계기들이 한 인민집단 가운데 나타나려면, 그 인민은 그저 보통 생각으로 그렇다고 하는 추상 개념에 멈출 수는 없다." 그러므로, '인민 주권'이라는 표현이 공화제 형식이나 더 명확히 규정하여 민주정체의 형식이라는 의미로 받아들여진다면, 이와 같은 표상은 오늘날 더 발전한 입헌군주제 이념에 비추어 논할 사안이 아니다. 이 생각 끝에 헤겔은 군주 없는 인민보다는 인민 없는 군주의 표상을 내세운다. "주권이란 온전함의 인격성die Persönlichkeit des Ganzen으로 존재한다. 그리고 그것은 그 개념에 적합한 실재성 가운데에서 군주의 인격으로 존재한다."**245**

헤겔 법철학은 여러 세기에 걸쳐 국가 권력의 주체를 둘러싸고 벌어지는 학술 논쟁의 역사와, 그 가운데서 지배자의 권리와 구성원의 권리로 갈라지는 경향성을 충분히 인식하는 하나의 '학문' 갈래이다. 그의 설명대로 그 '학문의 내재적 발전'을 보면, 먼저 직접 권리들에서 추상적이었던 인격성이라는 근본 요소가 다양한 형식의 주관성을 거쳐 차츰 더 나아가는 형성과정을 겪고 난 다음에 비로소, 지금 이 절대성의 권리들 가운데에서, 즉 완벽하게 구체적인 객관성의 의지

---

**245** 같은 책, pp. 367 f.

속에서, 국가의 인격성과 국가 그 자체라는 자기 확실성이 궁극의 경지에 이른다. "국가야말로 개념의 요소들이 저마다 갖추는 고유한 진리대로 현실성에 다다른 총체성 바로 그것이다." 이렇게 보면, 헤겔이 드디어 군주 주권도 인민 주권도 초월하여 국가 그 자체의 주권이라는 인식세계에 이르렀다고 여길 만하다. 여기에서 국가의 인격성은 '군주의 인격으로서만' 현실성을 유지한다고 하더라도, 거기에 어떤 자의의 행위가 허용될 수는 없다. 그래서 군주는 언제나 헌법이 규정하는 근거 내에서 권력 제한의 대상이어야 한다.246 이로써 국가 인격성 이념은 '훌륭하게 이용할 만한' 유기체 이론과 결합하여 입헌제도 아래의 군주를 조화로운 인격의 상징으로 내세운다. 완전한 인격성의 정점이자 출발점을 이루는 이 군주는 의지의 전체성에 매이고, 그런 만큼 헌법은 굳건한 위상을 유지한다. 이러한 일은 어디까지나 '이념 가운데에서나' 가능하다. 바로 그 군주가 실천의 장에서는 '절대성'의 상징으로 등장하고 만다.247

20세기 초반의 역사학자 오토 힌체Otto Hintze는 헤겔에게서 비롯하는 군주 중심의 입헌주의를 '낡은 계몽 절대주의가' 색다르게 나타난 '하나의 변용'이라고 표현한다.248 이 견해처럼 헤겔은 근대 권력국

---

246 같은 책, p. 365 f.
247 Heller, H. (1921), 같은 책, p. 115.
248 Hintze, O. (1911), "Das monarchische Prinzip und die konstitutionelle Verfassung", in *Preußische Jahrbücher*, vol. 144, p. 387. Heller, H. (1921), 같은 책, p. 114에서 재인용.

가 이데올로기의 '아버지'로 활동하면서**249** 19세기와 20세기에 걸치는 국가학 영역에서 수많은 추종자를 낳았다. 이 줄기에서 이제 우리는 다음처럼 질문할 수 있다. 이 책이 중심 문제 가운데 하나로 다루는 블룬칠리의 국가학도 헤겔의 이념 전통을 계승하는가? 얼핏 보더라도 대한제국과 인연을 맺은 이 헌법학자는 입헌군주제의 옹호자이며, '국가는 하나의 인격'이라는 전제 아래 유기체 국가의 교설을 다듬을 수 있었던 인물이다. 더구나 그는 헤겔처럼 사회계약 이론과 마주 서는 적대감을 숨기지도 않았다. 그리고 헤겔의 법철학 서술에서 끌어온 듯 보이는 주요 용어들이 그의 작품 곳곳에 널려 있다. 그렇지만 그는 칸트 인간학에 가까운 문명론을 저술했으며, 이 토대 위에서 유명한 국제법 저서와 헌법 이론서를 내놓을 수 있었다. 무엇보다도, "인민이 없다면, 진정한 국가도 없다"라고 표현했던 그의 명제가 벌써 절대성의 군주 이데올로기와 맞선다고 내다볼 만하다. 따라서 우리는 블룬칠리가 펼치는 유기체 국가론 가운데에서 흥미로운 긴장관계를 기대할 수 있을 것이다. 먼저 그의 문명론 서술을 살펴보자.

---

**249** Heller, H. (1921), 같은 책, p. V.

# 4

## 생동하는 문명국가


## 1. 블룬칠리 문명론

블룬칠리의 유기체 국가론은 그 자신이 편집하는 '국가학 사전'에 따로 실었던 '문명론' 서술과 밀접한 관련성을 갖는다. 근대 국가학의 발전과정을 문명의 개념과 그 역사 속에서 파악하는 그 글 첫머리에 기조Guizot의 '유명한' 유럽 문명론 저술을 요약하는 다음 표현이 들어 있다. 곧, "첫째로 외적 정치상황의 발전과 시민사회의 형성, 둘째로 정신적 삶의 발전과 인간의 완성이" 모든 문명의 특징이다. 그리고는 다음 설명이 이어진다. 우리는 인간 정신의 발전이 드러나지 않는 문명을 생각할 수 없다. 문명이란 자연의 소산이라기보다는 인간다운 노력의 결과로 얻어지는 정신 계발의 산물이기 때문이다. 이 줄기에서 블룬칠리는 문명화의 역사에 담긴 종교의 의미를 묻는다. 어원과 함께 보는 '문명' 개념 속에는 원래 종교 요소가 들어 있지 않지만, 블룬칠리는 "문명과 종교의 차별성을 분명하게 드러내는" 가운데 인간의 정신 작용에 기대는 정치적 공동생활이 국가 형성과 얽혀 드는 '필연성 관계'를 설명한다. 1 종교 문제와 국가 문제를 엄격하게 구별하는 헌정질서 가운데에서 새로운 정치발전 이념의 이론체계를 논의하는 동시대의 학술 경향이 그의 문명론 서술에도 영향을 끼친 것으로 보인다.

블룬칠리는 먼저 문명과 종교가 '자매처럼' 한결같이 인간의 완전함을 위해 존재하면서 '밀접하게' 결합한 현상을 본다. 그렇지만 양쪽은 성격과 행위방식에서 서로 길을 달리한다고 그는 설명한다. "때때로 우리는 인민집단들의 삶 속에서 종교 없는 문명이, 혹은 문명 없는 종교가 활동하는 현상을 찾을 수 있다." 곧, 인류의 역사 현장 가운데에는 한 인민집단이 종교와 전혀 얽히지 않은 채 상당히 높은 수준의 문명을 이루어 내는 사례도 있다. 이를테면 로마의 지배를 받던 헬라스 사람들, 또는 로마인들 스스로가 첫 번째 제정帝政 시대에 그러한 현상을 경험한다. 이와는 반대로 어떤 인민들은 신앙에 투철하면서도 아주 낮은 단계의 문명에 머무르기도 했다. 이슬람 세계와 옛 폴란드 사람들, 그리고 중세 초기 게르만족들이 그렇게 생존했다. 유럽 세계와 밀접한 연관성을 갖는 기독교 역사도 같은 줄기에서 이해할 수 있다. 이 종교는 고대에도 근대에도 대체로 문

---

1 Bluntschli, J. C. (1857), "Civilisation", p. 511.

명이 발전하는 추세와 발맞추면서 그 외연을 더 넓게 펼칠 수 있었다. 그래서 사람들은 유별나게 오로지 기독교의 성장 과정에서 문명의 진보를 추론하는 경향성에 익숙해졌다. 그렇지만 기독교와 문명은 엄연히 다르다. 역사 세계에서 이 사실을 분명히 알 수 있다. 처음에 로마 사람들이 게르만 인민들에게 기독교를 전파하면서 국가 이념과 다양한 문명의 유산들도 아울러서 전해 주었다. 그래서 프랑크족 계열의 왕들은 기독교를 받아들이는 한편으로 옛 로마의 전통 요소를 섞은 프랑크 특유의 문명도 펼칠 수 있었다. 그런 뒤 새로운 유럽이 세계의 다른 한편에 있는 야만인들을 평화로운 방식으로 정복하는 일은 대체로 기독교의 전파에 뒤따라 일어났다. 그렇지만 종교의 성자가 항상 문명의 영웅과 같은 인물로 등장했던 것은 아니다. 각각 전혀 다른 수단을 통해 한쪽은 가르침을 전파하고 다른 쪽은 낯선 곳에 침투했다. 기독교인들 가운데 오직 소수의 몇몇이 문명에 정성을 기울이는 가운데, 그 대다수는 문명의 성과와 담을 쌓고 생활하면서 그 역사적 가치를 항상 과소평가했다. 이처럼 신앙생활과 문명 수준이 각각 별개의 역사로 나아가는 발전과정에는 인간의 본성과 관계하는 양쪽의 형성 원리가 작용한다. 종교 교육은 신에게서 출발하며, 인간들을 신에게로 인도한다. 문명은 인간 정신에서 출발하여 인간들을 서로서로 가깝게 지내도록 엮어 준다. 종교는 무엇보다도 먼저 믿음이라는 정서의 격정에 기댄다. 이와 달리 문명은 사유하는 지성의 방법에서 자양분을 얻어 낸다. 종교가 우선 개인들을 정화하고 치유한다면, 문명은 인간들의 공동생활 상태를 값지게 만들고 또 개선한다. 종교는 주로 개인의 내면에 작용한다. 그러나 문명의 역할은 사회의 외적 관계를 좋게 만드는 과제에 기울어 있다. 종교가 공동의 하느님 숭배를 불러일으키는 한, 그것은 교회 속에서 그 바깥 모습을 갖는다. 이와 비교해서 보는 문명의 기능은, 원래 그 개념에 내재한 속성에 걸맞도록 정치적 공동생활 가운데에서 가장 큰 비중을 차지한다. 곧, 문명이 인간들의 외적 삶을 목적에 맞도록 가지런히 질서를 세우려고 애쓰는 한, 그것은 국가 속에서 가장 강력한 지원과 지배적인 영향력을 찾는다. 2

문명의 진보를 기독교 전파에서 별개로 갈라진 궤적이라고 주장하는 설명방식은 문명화 과정에 담긴 인류의 공동체 유산을 강조하는 인식 관심에서 비롯한다. 그래서 그는 자신의 문명론이 기대는 진보의 역사 서술을 이렇게 묘사한다. "기조Guizot는 개념 규정에서 개인들을 상당히 높은 위상에 올렸다. 그러나 그 언어 용례는 외톨이 사유자 한 사람에게 귀속하는 문명을 대상으로 삼지 않는다. 모든 문명은 항상 공동의 재산이다. 새로운 진리를 깨닫게 하고 외적 제도들의 개선을 이룰 수 있는 어떤 학문적 또는 기술적 발명은 거기로 향하는 많은 사람의 이해관계와 관심사가 분명히 드러나고, 또 그것의 유용성이 밝혀지는 바로 그 순간부터 문명의 진보로 일컬어진다." 이렇게 보면, 인류 공동의 공공생활 가운데에서 개개인의 내적 순화의 성과로 나타나는 예의범절과 같은 행위는 '오직 문명의 한

---

2 같은 글, p. 512.

측면'일 따름이다. 개개인의 삶을 인간답게 꾸려 나가도록 이끌어 주고 보장해 주는 제도들은 다른 영역에 속한다. 따라서 개인이 자기 자신을 위해 홀로 생각하고 창조한 것은, 가장 현명하고 고귀하다고 할지라도, 진보하는 문명의 성과일 수는 없다. 이와 마찬가지로 개개 인민집단이나 어느 특별한 민족성이 문명의 진보에 이바지하는 성과를 평가할 수 있다. 다양한 인민집단들이 이룩한 고유 문명들에는 모름지기 그만큼 여러 모습의 민족 성격이 뚜렷이 새겨져 있다. 마찬가지로 문명의 단계들은 여러 시대에 따라 다른 면모를 보인다. 그러나 문명들과 그 단계들의 깊은 연관성은 인류에게 공통되는 과제에 근거한다. 우리는 그러므로 그 역사성 가운데에서 특정한 인민집단들에게 한때나마 어떤 의미를 남겨 준 문명의 측면들을 낮추어 볼 수밖에 없다. 이와 같은 사유의 연장선에서 블룬칠리는 개개인의 소질과 덕성에 귀속하는 교양Bildung을 문명의 의미론과 뒤섞어 표현하는 동시대의 저술방식을 비판한다. 그는 '진정으로 교양을 갖춘' 인간이라면 대체로 '한 사람 문명인'의 자격을 충분히 갖췄다는 점을 인정한다. 아울러서, 예외적으로 대단히 높은 수준의 기예와 학문 분야의 소양을 갖추고도 야만인다운 관습에서 벗어나지 못한 사람들이 다수 존재한다는 사실도 그의 주목에서 벗어나지 않는다. 그러나 그가 내린 결론대로면, "교양은 문명의 주요 수단이지만, 그것이 유일한 수단이 될 수는 없다." 이를테면, 인류의 모든 문명 현상 가운데 중국의 사례는 특히 전통 지혜의 영역에서 아마도 가장 정교한 교양 교육을 자랑할 만하지만, 그 전반적인 문명 수준은 아직 낮은 단계에 머무른다고 평가할 수 있다. 이와 비교할 만한 유럽 방식의 국가뿐만 아니라 사적 소통의 위대한 제도들이 더 귀중한 성과를 이루었다고 할 수 있을지라도, 그것들은 "전혀 본래의 것이라고 여길 수는 없는 교양 시설"에 그칠 따름이다.³

블룬칠리가 이렇게 표현하듯, '문명' 개념이 진보와 더불어 앞으로 나아가는 시간의 질을 지시한다면, 거기에는 '유럽 역사'와 '유럽인'이라는 자의식과 우월감이 담겼다고 짐작할 만하다. 유럽 바깥 지역을 차별의 대상으로 여기는 이데올로기 편향성이 이미 '문명'의 의미를 형성하는 과정에 내재했다는 추론은 마땅해 보인다. 블룬칠리도 마찬가지로 자기 시대의 경향성에 매여 있었을까? 그는 먼저 다음과 같이 표현한다. "우리는 문명화에 이르지 못한 인민과 문명화를 이룬 인민을 나누어 보면서도 (…) 통상 이와 같은 구별을 미개 인민과 문명 인민의 차별성과 혼동한다. 야만이라는 표현은 단순히 문명의 결핍을 뜻하기보다는, 문명 반대편의 저급한 상태, 말하자면 그저 교양 없음이라기보다는 드러난 미개성 그 자체를 뜻한다. 원시 인민들은 너나없이 그 유년기에는 미개한 상태에 있었지만, 그렇더라도 모두가 야만인은 아니었다. 문명 인민이라는 자만심은 여타 인민들을 모두 야만 상태에 있다고 비하하는 오랜 경향성에 맞닿는다. 그러나 그와 같은 언어 사용은 그 자체로 하나의 야만스러운 여운을 지닌다. 왜냐하면 그 용례가 모든 인간을 인간답게 평가하는

---

**3** 같은 글, pp. 512~513.

가치에 어긋나기 때문이다." 이렇듯 블룬칠리는 동시대의 이데올로기 편향성에서 어느 정도 자유롭다. 그의 문명론 서술은 오히려 원시 야만 상태에서 차츰 문명으로 진보하는 인류 보편의 역사 발전에 더 많이 기운다고 보아야 옳을 것이다. 그는 계속해서 야만성이라는 표현을 역사과정의 사례 가운데에서 더욱 세밀하게 다듬는다. 곧, 문명사 서술에서 널리 쓰이는 그 용어는 인간 속에 내재하는 동물 속성이 아직 현저하게 나타나는 상태를 지칭할 따름이다. 그래서 좀 더 고상한 정서 능력과 정신 능력이 아직은 다만 본능에 따르고 무의식 상태에 있다 할지라도 감성 충동을 억제하는 상황에서는 그러한 표현을 알맞다고 여길 수 없다. 이를테면 게르만족은 타키투스 Tacitus 시대에는 아직 미개 상태에 있었던 인민이었다. 그러나 타키투스가 이미 문명을 이룬 로마인들에게 게르만 사람들의 탁월한 풍속을 모범과 훈계의 사례로 전해 주었을 때, 그가 사용했던 표현은 야만이 아니라 앞으로 이룩하게 될 더 높은 문명의 전망이었다. 그리고 아울러서, 프랑스 문필가들이 항상 게르만 사람들을 야만인으로 지칭하고, 그러면서 의도하지 않은 듯 그들을 짐승들과 나란히 보는 말버릇은 비난받아 마땅하다. 물론 타키투스 시대의 게르만 인민들에게서 나타나는 야만 속성은 아주 뚜렷했다. 그렇지만 그 요소가 그들의 본성과 꼭 들어맞았다고 볼 수는 없다. 그와는 정반대로 이미 그들의 원시종교, 법률제도, 가족 풍속, 전투조직, 그리고 그들의 언어 가운데에는 더 높은 문명으로 발전하게 될 맹아들이 넘칠 만큼 풍성했다. 그와 같은 요소들은 실제로 야만답다고 이를 만한

인민들이나 야수들에게는 아예 존재하지 않는 하나의 문명화 능력이다. 4

　문명과 야만 또는 개화와 미개의 대비관계를 오로지 '유연하게' 적용할 만한 개념 규정에 따라 파악하는 서술방법이 블룬칠리 문명론의 특징이다. 그의 설명대로 문명은 원래 미개 상태에서 생성하여 시간의 흐름에 따라 차츰 성숙한다. 그러면서 문명은 끊임없이 야만성과 투쟁하는 가운데 더 높은 단계의 완전성을 향해 나아간다. 개개 인간이 자신의 내면에 여전히 동물답고 조야한 자기 본성을 지니면서도 되도록 그것을 지배하는 자리에 있으려고 애쓸 따름이듯이, 인민집단은 야만 상태의 위험 앞에서 아주 완벽하게 안전하다는 자각을 단 한 번도 느낄 수 없다. 그리고 개개인에게서 감성의 격정이 때론 거칠게 생겨나듯, 문명을 이룬 인민들도 종종 야만 상태의 돌출 탓에 헝클어지는 시대를 경험할 수밖에 없다. 그래서 인류 역사는 아직도 그 완전함의 목표에 훨씬 미치지 못한다는 역사적 평가가 가능하다. 왜냐하면 인류의 공공 상황들 가운데에서 아직 너무나 많은 야만성이 오늘날의 문명과 함께하기 때문이다. 이를테면 유럽 내부의 평화는 화산처럼 치솟는 혁명의 열기나 문명국들의 전쟁 탓에 때때로 무너지고 서로서로 적대하는 상황 속에 내몰리기도 한다. 더군다나 권력의 담당자들은 정신적 수단과 더불어 더 많은 품위를 지키면서 훨씬 훌륭하게 통치할 수 있는 여건 속에서도 너무 자주 물

---

4　같은 글, pp. 510~511.

리적 폭력을 행사한다. 그리고 거대 인민계급들, 특히 노동자들을 위한 배려는 너무 적어서 누구나 마땅히 누려야만 하는 문명인의 삶은 그들의 몫으로는 거의 돌아가지 않는다. 진보하는 문명의 역사 가운데 내재하는 이 모든 문제점을 지적하고 난 뒤, 블룬칠리는 다음과 같은 결론에 이른다.

> 그렇지만, 어떤 인민이 할 수 있는 수준까지 문명을 달성한 뒤에는 이제 어쩔 수 없이 내리막길에 접어들 수밖에 없다는 이유에서, 그리고 반쯤 야만 상태에 있는 인민이 문명을 향해 더욱 힘차게 진보할 수 있는 전망을 가졌다는 근거에서, 누군가 야만성을 찬양한다면, 우리는 거기에 맞서서 다음처럼 응답할 수 있다. 곧, 인간이나 인민은 그들 삶의 과제를 완수하고 난 뒤 안락하고 평온하게 늙어 가면서 죽음을 맞이한다. 한 인민집단이 자신의 사명을 다 채우고서 소멸하면, 그것은 이루 말할 수 없을 정도로 고귀한 삶이다. 문명 인민은 인류에게 하나의 풍성한 유산을 물려준다. 그 대신 야만 인민은 아무런 값어치도 없이 사라질 따름이다. [5]

---

[5] 같은 글, p. 515.

## 2. 국가학 방법

블룬칠리 문명론의 바탕을 이루는 '진보 모델'은 흔히 유럽과 북아메리카 이외의 세계를 어느 정도의 교화와 교양의 '발전'에 미치지 못한 여타 지역으로 분류한다. 거기에는 문명의 수준을 어떤 유일한 척도로 잴 수 있는 비교의 공식이 그 성과의 등급을 매기고 단계별로 각각 나누어 볼 수 있다는 원리가 작용한다. **6** 세계의 인민들을 '야생, 야만, 반¾ 교화, 완전한 교화'의 경로로 나누어 설명하는 구분법이7 이미 18세기 후반기 도이칠란트 지식사회에 등장한다. 이렇듯 일직선으로 나아가는 진보의 단계 위에서 문명은 오직 유럽권에만 나타나는 특수 현상이다. 블룬칠리가 '문명화' 과정을 '인간다운 상태의 순화'로 설명할 때, 그 역시 여전히 동시대의 유럽 중심주의 세계관에 사로잡혀 있었다. 이를테면 그의 문명론에서 다음과 같은 서술 내용을 만날 수 있다. "흑색 인민들(야만인은 본래 이들에게 해당하는 언어 의미이다)은 스스로 자신들의 문명을 이루어 낼 수는 없었으며, 좀더 세련된 인민들을 통하여 기꺼이 문명화를 받아들일 수도 없었다. 이 흑색인들은 따라서 단순히 미개 상태에 머물 뿐만 아니라, 4천 년 전에도 그러했듯 오늘날에도 여전히 사실상 야만인

---

6  Fisch, J. (1992), "Zivilisation, Kultur", pp. 740~752.

7  Meiners, C. (1786), *Grundriß der Geschichte der Menschheit*, Frankfurt und Leipzig, p. 81.

들로 남아 있다. " 블룬칠리는 이처럼 표현하면서도, 문명과 비문명 사이의 '대립관계'가 뚜렷한 경계선으로 나뉘지 못하여 '오직 애매한' 상태에 있다고 생각한다. 8 따라서 그는 유럽 역사와 유럽인의 자부심을 이데올로기 편향성으로 이끌고 가는 사상 지형에 가까이 다가서지 않는다. 그의 서술 곳곳에서 인류문명의 역사를 다양성의 원리로 파악하려는 본뜻을 엿볼 수 있다. 이와 같은 인식 세계는 그가 일찍이 국가학 과제를 시작했을 즈음에 이미 하나의 사유체계를 구성하는 원리로 작용했던 것으로 보인다.

유럽 학계에 블룬칠리의 명성을 크게 알린 《일반국법》은 연구방법의 다양성을 실험한다는 점에서도 깊은 주목의 대상이다. 그는 스스로 이 책의 성과를 두고서 '병에 담아도 좋을 만큼 잘 익은 포도주'라기보다는 '아직도 발효 가운데 있는 신맛'에 가까워서 대중들의 미감에 미치지 못한 작품이라고 겸양을 보이지만, 9 거기에서는 상당히 흥미로운 내용을 전하는 '서술방법'이 한 장으로서 책을 꾸민다. 10 그 논의에 담긴 표현들은 얼핏 보더라도 이데올로기 지향이나

---

8  Bluntschli, J. C. (1857), "Civilisation", p. 511.
9  Bluntschli, J. C. (1884), *Denkwürdiges aus meinem Leben*, vol. 3, pp. 108~109.
10 Bluntschli, J. C. (1863), *Allgemeines Statsrecht*, vol. 1, München: Literarisch-artistischen Anstalt der J. G. Cottaschen Buchhandlung, pp. 26~32. 다음 장에서 자세히 보겠지만, 이 텍스트는 1872년부터 여러 부분으로 나뉜 일본어 번역서들로 거듭나는데, 그때그때 해당 원서의 판본이 달라졌다. 지금까지 이 번역서들을 직접 참고했다고 전해지는 구한말 또는 일제 강점기의 지식인은 아직 알려

사변의 편향성에 기울기보다는 국가 형성의 역사성과 구체성, 곧 실제로 역사성을 지닌 정체들과 국가 구성체의 완전함과 발전의 잠재력이라는 이상 세계를 함께 아우른다. 블룬칠리의 설명은 다음처럼 국가학 연구에서 흔히 나타나는 몇몇 방법론 오류를 지적하면서 시작한다. 국가 구성의 법률 형식과 그 작용을 다루는 학술 논의는 여러 가지 방식으로 실행될 수 있다는 점이 첫 번째 주목 사항이다. 그 다양함을 큰 체계로 구분해서 보면, 특별히 고유한 성격에 충실한 두 가지 연구방법과 병폐 양상을 보이는 두 가지 변종이 존재한다. 앞의 두 가지 사례는 철학적 연구방법과 역사적 연구방법에 해당한다. 여기에서 벗어나는 두 가지 변형들은 철학적 또는 역사적 방법들이 너무 지나칠 만큼 지배적으로 작용할 때 나타난다. "철학적 방법으로부터 한갓 추상적이며 이데올로기 지향의 변종이, 그리고 역사적 방법에서는 한쪽으로 치우친 경험적 변종이 생겨나는데, 원형이 퇴락하여 일그러진 모습을 만들어 내는 것과 비슷하다."11

국가와 법률의 상관관계와 그 구성 원리를 사유하는 방법의 다양함은 어디에서 비롯하는가? 블룬칠리의 설명대로면, 국법의 고유 성격 그 자체뿐만 아니라 국법학 체계 안에서 작용하는 정신 기질이 여러 갈래로 나뉘기 때문에, 그 방법론들은 서로 엇갈리는 대립관계

---

진 바 없다. 그렇지만 그 일본어 번역서들의 원전 판본을 여기에서 구별하여 인용하는 일은 그 나름의 중요성을 지닌다고 할 수 있다.

11 같은 책, p. 27.

에 설 수밖에 없다. 좀더 자세히 보면, 모든 법규는 관념적인 측면, 곧 도덕적이며 정신적인 내용을 그 안에 담고 있다. 그러면서 그것은 다른 한편으로 법률 권능을 행사하기 위해서 실질적인 토대 위에 근거하는 구체성의 형식과 효력을 지니기도 한다. 추상성의 이데올로기에 치우친 학문 방법은 법률의 실제 내용을 잘못 판단하면서 그 중요성을 간과하는 탓에 자주 오류에 빠진다. 국가란 원래 '도덕적인 유기체 본성'을 지니는 구성체인데, 이 존재를 '한갓 냉정한 논리의 산물'로 볼 수는 없다. 그리고 국가의 법이란 더군다나 '사변적인 형식으로 꾸며지는 법 조항들의 집합'도 아니다. 이와 같은 문제점들을 제대로 파악하지 못한 채 법률의 이데올로기 측면에 지나치게 기우는 사유 성향이 실제 연구 작업과 결합하면, 고정관념에 정당성의 효력을 부여하거나 기존 법률 체계를 무너뜨리는 위험에 빠질 수도 있다. 특히 혁명과 같은 비상시기에 이념 지향의 주장들은 거침없는 권력을 행사하지만, '새로운 유기체를 만들어 낼 수 있는 능력을 상실하여' 모든 정치 현안을 선동적인 폭력에 내맡기고 만다. 여기에 맞서 오로지 경험 사례들을 중심으로 국가 문제를 사유하는 방법은 실제 현상들, 곧 현존하는 법체계의 외적 형상 또는 법칙이나 법규의 자구들에 지나칠 정도로 집착한다. 대체로 국가학이나 국법 분야의 거대 총서를 통하여 학문의 위상을 드러내곤 하는 이 방법은 대척점에 서 있는 이념 경향성처럼 곧바로 온 국가 질서를 위태롭게 하지는 않지만, '번쩍이는 정당성의 칼날에 달라붙은 녹처럼' 공공의 복리를 갖가지 장애물로 감싸고, 국가의 도덕 능력을 쇠잔하게 만들며, 마침내 국가의 건강을 그르치고 만다.

정리해서 보자면, 순전히 이념 경향에 치우친 방법이 실행력을 갖게 되면 국가를 격정의 분위기와 위기상황으로 몰고 가듯, 오로지 경험 사례들에만 주목하는 방법은 만성의 해악을 낳고 만다. 이 두 가지 경향성의 오류들은 그 원형 방법들을 복원할 때 비로소 바로잡힌다. 먼저 원형의 역사적 방법은 경험에 집착하는 성향과는 다르게 현존하는 법률과 사실들을 아무런 사유 과정 없이 '노예근성처럼 무조건 숭배하기보다는', 과거와 현재 사이의 '내적 연관성', 곧 '인민 생활의 유기체다운 발전'과 역사과정에서 분명하게 드러나는 도덕 이념을 분별력을 다해 간파하면서 조명한다. 이 방법은 무엇보다도 먼저 실제 현상에서 출발하면서도, 그것을 '죽은 현상이 아니라 생동하는 현상으로' 파악한다. 그다음으로, '참다운' 철학 방법은 '단순히 추상적으로 사변하기보다는', 구체성을 사유하는 근거에서 이념과 현실을 연결한다. 역사 현상과 역사 발전의 과정을 바탕으로 삼는 이 방법은 인간 영혼의 인식에서 시작하여 역사 속에 나타나는 인간 정신의 표현을 살펴본다. 12

블룬칠리가 보건대, 이 두 가지 관찰방법을 '기꺼이' 하나의 사유 체계 안에서 '함께 지니려고 했던' 인물은 이른바 정치학문의 역사에서 매우 희귀하다. '우리의 경탄'을 받을 만한 아리스토텔레스 이래 몇몇 이론가들이 국가학 영역에서 귀중한 지적 유산을 남겼더라

---

12 같은 책, pp. 28 f.

도, 누구는 '역사적 방법에 치우쳐서', 그리고 또 누구는 '철학적 방법에 치우쳐서' 몰두하는 편이었다. 그러므로 '한쪽으로만 기우는 탈선'의 잘못에서 벗어나려면, 양쪽의 방법들이 서로 다툴 만한 근거가 전혀 없다는 인식이 무엇보다도 중요하다. 이로부터 블룬칠리는 역사적 방법과 철학적 방법을 결합하여 '뜻깊은 종합'에 이를 수 있다는 결론을 얻는다.[13] "이 두 가지 방법들은 도리어 서로를 보완하면서 바로잡아 나간다. 누군가 스스로 역사를 완수하면서 더는 새로운 법칙이 탄생할 수 없다고 생각한다면, 그는 틀림없이 한 사람 고루한 역사가일 따름이다. 그리고 자기 자신이 모든 진리의 처음이자 마지막이라고 생각하는 사람이 있다면, 그는 공허하고 어리석은 철학자다. 올바른 역사가는 학자답게 철학도 못지않은 학술 가치를 지녔음을 인정할 수밖에 없다. 그리고 진정한 철학자는 마찬가지로 역사로부터 좋은 생각을 얻을 수 있음을 잘 알고 있다."

이처럼 블룬칠리는 두 갈래로 나뉜 관찰방법을 하나의 사유체계로 합치면서 거기에 담긴 장단점의 사례들을 밝혀낼 수 있다고 본다. 먼저, 역사적 방법에서 이끌어 올 주요 내용은 그 결과의 풍부함과 확실성이다. 역사란 원래 온전히 생동하는 다양함과 같으며, 아울

---

13 Wölky, G. (2006), *Roscher, Waitz, Bluntschli und Treitschke als Politik-wissenschaftler. Spätblüte und Untergang eines klassischen Universitätsfaches in der zweiten Hälfte des 19. Jahrhunderts*, Inauguraldissertation zur Erlangung des Grades eines Doktors der Philosophie in der Fakultät für Geschichts-wissenschaft der Ruhr Universität Bochum, p. 278.

러서 그 진행과정 가운데에는 속속들이 구체성이 들었다. 말하자면 탁월한 창작력을 보이는 사유자가 자신의 머리 가운데서 곰곰이 생각해 낼 수 있는 것은, 인류 역사과정에 나타난 사상들에 비추어 볼 때 대체로 한갓 보잘것없거나 희미한 모습을 띤 미완의 조성품일 따름이다. 그렇지만 다양한 장소나 시간에 흩어져 있는 역사 사실들을 수집하여 관찰하는 과업에는 항상 몇몇 위험요소가 뒤따를 수밖에 없다. 역사의 경로를 밟으면서 현란한 다양성에 정신이 팔려 통일성을 잃어버리거나 어마어마하게 많은 역사 경험들에 압도당할 수도 있으며, 특히 과거에 사로잡혀서 지금의 삶과 미래로 향하는 '신선한 시선'을 잃어버릴 위험성 등이 그 문제점들이다. 그래서 이를 보완하여 더 높은 단계의 사유체계로 나아가는 인식방법이 요구된다. 여기에 꼭 들어맞는 철학적 방법은 본래부터 정확함, 조화로움, 체계의 통일성을 주요 과제로 삼는다. 이로부터 완전함, 곧 이상 세계를 기대하는 인간의 보편 성향을 그 어느 학문 분과보다도 더 온전하게 충족할 수 있다는 장점이 철학 연구와 함께한다. 그러나 철학자들은 어떤 하나의 큰 주제를 사유하면서 종종 단순하게 생각한 목표를 뒤쫓는 가운데 자연의 내적 다양함과 실질 존재의 풍부한 내용물을 간과한다. 이밖에도 그들은 종종 성급하게 비약하는 생각에 따르느라 현실성 있는 법칙들을 찾아내기보다는 내용 없이 텅 빈 공식들이나 발견하고, 자연스러운 발전을 잘못 인지하여 덜 익은 과일을 거두며, 뿌리 없는 나무를 땅에 꽂는 등, 어리석은 이념의 망상에 자주 빠지고 만다. 14

블룬칠리는 자신의 명성에 걸맞은 국가학 주제를 예비하는 단계에서, 이미 그 분야와 밀접하게 얽히는 방법론 과제를 깊이 생각했던 듯 보인다. 1844년에 나온 한 저술에서 다음 표현을 읽을 수 있다. "이데올로기 주창자들의 추상적 견해를 나는 이전부터 혐오스럽게 여겼다. 영혼 없이 타성에 젖는 경험론자들의 작업도 마찬가지였다." 그래서 그는 역사학 유파의 연구 경향 가운데에서 '정신'을 발견할 수 있었는데, 이야말로 '저들이' 생각지도 못했던 '실제 삶reales Leben이라는 설명이 뒤따른다.15 그의 회고록 속에도 흥미로운 표현 한 토막이 들어 있다. 1827년 그가 베를린대학에서 수학하던 시절의 이야기다. 그때 말년의 헤겔은 이곳에서 학문 생활의 마지막 절정을 누리고 있었다. 블룬칠리는 그 위대한 철학자를 두고서 다음처럼 회상한다. "나는 그 어느 철학 학파에도 기대지 않았다. 그 무렵 강의하던 헤겔은 나에게 너무 추상적으로 보였다. 나는 그의 철학이 가지는 진실뿐만 아니라 심지어 어떠한 성실성마저도 신뢰할 수 없었다. 나에게 그의 철학은 학술의 겉치레를 이용하여 사람들을 속이면서 억누르기 위해 상투어들을 재기발랄하게 다루는 유희로 여겨졌다."16 이보다 더 적나라한 동시대 헤겔 비판을 찾아보기 어려워 보인다. 블룬칠리는 그의 작품 곳곳에 헤겔뿐만 아니라 관념과

14 Bluntschli, J. C. (1863), *Allgemeines Staatsrecht*, pp. 30~32.
15 Bluntschli, J. C. (1844), *Psychologische Studien über Staat und Kirche*, Zürich und Frauenfeld: Druck und Verlag von Ch. Byel, p. 12.
16 Bluntschli, J. C. (1884), *Denkwürdiges aus meinem Leben*, vol. 1, p. 67.

사변 체계에 기울었다고 보는 철학자나 철학 유파와도 거리를 두는 듯한 느낌을 남긴다. 그렇다면 철학의 방법론 가운데 그 어떠한 성분이 역사적 요소와 합쳐 '뜻깊은 종합'으로 이어질 수 있을까?

"이때 나는 잔뜩 긴장하고 기대에 부풀어서 나보다 조금 젊은 한 사람을 처음 만나는데, 비범한 성격을 지닌 이 사람은 나의 정신 발전에 매우 중요한 영향력을 행사하면서 내 삶의 운명도 바꾸어 놓을 만한 감화를 끼쳤다."[17] 블룬칠리의 회상 속에 등장하는 이 시기는 1841년으로, 그가 자신의 고향 취리히Zürich에 새로 들어선 대학의 법학 강사로 있었던 무렵이다. 그리고 그가 잠시나마 깊이 사귀었던 그 젊은 지식인은 바이에른 출신의 프리드리히 로머Friedrich Rohmer, 1814~1856이다. 뮌헨대학에서 철학을 수학했던 로머는 처음에 셸링의 강의에 심취했다가 곧 그의 관념 철학에 크게 실망하고선 살아 있는 사람이라면 그 누구도 스승으로 받아들이지 않았다고 한다. 이 젊은 철학도가 그나마 '가장 심오하고 가장 진솔한 사상가'로 생각하며 존경을 바친 학자는 17세기에 활동했던 스피노자Baruch de Spinoza, 1632~1677였다. 범신론에 기울었던 로머가 1835년 '사변Spekulation의 처음과 끝'이라는 주제로 실존하는 존재의 형식 규정을 다루었던 첫 논문 가운데 스피노자 인식론의 몇몇 사유 요소들이 작용했을 것이다. 그런 뒤 그는 '진정한 철학자라면 진정한 국가 지도자여야만 한다'라는 플라톤의 경구를 깊이 받아들여, 학술에서 얻은 인식체계를

---

**17** 같은 책, p. 259.

인간의 사회생활과 정치 과업을 완수하는 수단으로 이용해야 한다는 관점에 이르렀다. 이때부터 그는 인간 행위와 영혼의 상관관계를 밝히는 일에 몰두하면서, 그 심층부를 제대로 이해하고 파악하는 방법이 곧 모든 실제 진보의 기본 조건이 된다는 깨달음에 이른다. 이 길이 그를 신생 심리과학 연구로 이끌었다.[18] 1841년 그가 가톨릭 보수정당의 기관지에서 활동하기 위해 취리히에 왔을 때, 그곳 지식 사회는 그에게서 처음 전해 듣는 인간 행위와 심리 현상의 과학으로부터 신선한 충격을 겪었다고 한다. 일찍부터 심각한 신경증을 앓았고, 게다가 괴팍한 성격 탓에 남과 잘 사귀지도 못했으며, 뚜렷한 학술 업적이나 사회적 명망을 쌓은 적도 없었던 이 새로운 정신과학 연구자는 처음 한동안 블룬칠리 눈에는 바보거나 사기꾼, 이도 저도 아니면 한 사람의 천재로 비칠 만큼 혼란을 불러일으키는 인물이었다.[19] 그와 같은 성격의 소유자가 고전어에 익숙하고 다방면의 지식과 교양 훈련을 거치면서 이제 막 출세가도에 들어선 학자에게 큰 영향력을 끼쳤다는 사실에 이채로움을 느낄 만하다. 블룬칠리는 물론 처음부터 프리드리히 로머의 추종자 무리에 끼지는 않았지만, 차츰 그가 추구하는 학문의 본질을 알게 되면서 그의 세계관에 가까이 다가갔다고 한다. 특히 그로부터 새롭게 배운 심리학 지식이, 이제

**18** Bluntschli, J. C. (1864), "Friedrich und Theodor Rohmer", in Bluntschli, J. C. & Brater, C. eds., *Deutsches Staats-Wörterbuch*, vol. 8, pp. 643~645.
**19** Bluntschli, J. C. (1884), *Denkwürdiges aus meinem Leben*, vol. 1, pp. 268 f.

막 국가학을 시작하는 젊은 법학도의 연구 기획에 '인간 삶의 밑바탕에 깊이 숨겨져 순수하기 그지없는 형태로 운동하는 요소들'을 설명할 수 있는 이해력을 가져다주었을 것이다. **20** 그 무렵 블룬칠리가 적어 두었던 비망록 속에서 로머의 기본 생각을 전해 들을 만한 몇몇 사유의 조각들을 만날 수 있다.

깊이 숨어 있는 권리Recht의 본성을 이해하려면, 우리는 신을 떠올려야 한다. 신은 권리의 영원한 원천이다. 권리란 존재이다. 존재한다는 것은 반드시 그 자체로 권리를 지니기 마련이다. 존재가 고귀하면 권리도 고귀하다. 인간이 신의 창조물 가운데 가장 존귀한 존재이므로 가장 존귀한 권리를 갖는다. 역시 악마도 속담대로 자신의 권리를 갖고 있다. 그가 존재하는 한, 인간은 그 존재에게도 그의 권리를 허용해야 한다. 그러므로 우리는 저급하고 사악한 인간들이 그렇다는 이유로 그들을 없애 버릴 수는 없다. 나쁜 사람도 역시 그 자체로 권리를 가져야만 한다. 다만 그에게 다른 존재를 악의로 공격하여 상해를 가하는 일이 허용되지 않을 따름이다. 좀더 고귀한 존재는 그렇지 못한 사람과 마주하여 더 고귀한 자신의 권리를 주장한다. 인민들, 가족들, 그리고 개인들은 다양한 존재를 누린다. 그런 만큼 그들은 각기 다른 권리를 지닌다.

근본주의자들이 내세우는 바와 같은 권리의 평등이란 본성에 맞게

---

**20** 같은 책, p. 273.

다양성을 지니는 존재들과 모순 관계에 있으므로 어리석은 말이다. 그와 같은 평등성은 토지와 거기에서 나오는 산출들을 공평하게 나누고, 일하고 즐길 수 있는 공평한 능력들을 전제할지도 모르지만, 그러나 그것은 본성에 어긋나는 까닭에 아무 의미도 갖지 않는다. 오로지 모든 인간 속에 들어 있는 인간다운 본성이 모두 다 같은 것이라면, 권리의 평등은 가치를 갖는다.

권리는 한갓 고안물도 창작물도 아니다. 자연은 존재자들에게 그 권리를 이미 원칙대로 넘겨주고 있다. 권리는 역시 국가의 자의대로 만들어진 작품이 아니며, 국가 산물도 아니다. 그래서 국가란 하나의 권리 기관이며, 그 반대로 권리가 한갓 국가 발명품이거나 국가 설비가 아니라는 주장이 성립한다. (…)

양과 질이 나누어지는 계기가 곧 국가 형성의 동인이다. 양이란 인민이며, 질은 통치자이다. 인민은 밑받침이며, 통치자는 고유성이다. 양쪽이 합쳐 국가를 형성하며, 그 한 부분 또는 다른 부분이 고립하여 존재하지는 않는다. 개개 국가들에서 나타나는 구성 양식들은 매우 다양하다. 근본 사정은 항상 그와 같다. 21

블룬칠리는 자신의 회상록에서 그보다 더 '풍부한' 생각과 '활기찬' 감성을 지닌 '천재 인간'을 만난 적 없다고 밝히는 프리드리히 로머의 영향으로 심리학 교설에 상당히 깊게 빠져든 듯 보인다. 22 이때 그

21 같은 책, pp. 270~271.

가 주로 애썼던 과제는 생리학과 심리학의 인식방법을 정신과학의 문제들에 답하도록 끌어들여 존재를 도덕 의무와 당위의 수준으로 고양하는 사유의 실험이었다. 이로부터 그는 적어도 존재의 실재성은 하나의 통일성을 이루어야 하며, 이를 파악하는 범주들이란 하나로 합치는 몸과 영혼의 구성체와 맞닿는다는 방법을 얻는다. 말하자면 그 인식체계에서는 물질과 정신, 자연과 영혼, 그리고 관념주의와 현실주의가 어떠한 방식으로든 연관관계에 놓인다. 블룬칠리는 그 정확한 인식방법이 무엇이라고 밝히지는 못하지만, 인간이 자연으로부터 인류에 다다르고, 그리고 그 반대로 인간다운 도덕률로부터 인간 본성으로 나아간다는 유기체 사상을 사유체계의 중심으로 삼을 수는 있었다. 로머의 범신론을 본받은 그의 설명은 다음처럼 이어진다. 인간은 '창조의 최고 작품'이며, 모든 지식은 '인간다운' 본성을 지닌다. 따라서 모든 과학은 인간의 인식에서 시작해야만 한다. 오직 여기로부터 인간이 신과 신성 관념에 얽히는 관계가 밝혀질 수 있으며, 그렇게 하여 자연을 '참되게' 알 수 있는 통찰력이 얻어진다. 이와 같은 인식은 인간이 '자신의 정신적이며 감성적인 유기체sein geistiger und gemüthlicher Organismus'와 더불어 '발전의 법칙'을 잘 알 때 가능한 인식이다. 우리가 이와 같은 의미에서 인간을 인식한다면, 인류 역사의 과거와 현재도 마찬가지로 그 나름의 특성 가운데에서 밝혀질 수 있다. 왜냐하면, 인류는 인간과 다른 유기체를 지닐

---

**22** 같은 책, pp. 304 ff.

수 없으며, 그 '발전 법칙'도 인간에서 동떨어지지 않기 때문이다. 23

블룬칠리가 심리학을 이렇게 보았듯, 그의 국가학은 '정신과 생명으로 가득 찬' 새로운 사유방법이 '국가의 본성을 더 깊이 인식할 수 있는 실행'으로 이어질 수 있는지를 물으면서 다음처럼 하나의 시작점을 찾는다. "철학보다는 국가학이 나에게 더 친숙하다. 나의 성향, 나의 연구, 그리고 나의 정신과 성품 기질은 나를 국가로, 곧 국가를 인식하는 과제로 이끌어 갔다."24 심리학 지식과 유기체 사상에 바탕을 둔 새로운 인식의 실험은 무엇보다도 블룬칠리가 형성기이래 그 진실성과 적합성을 두고서 의구심을 버릴 수 없었던 두 가지 방향의 국가 이론에 맞추어진다. 그 한 가지는 루소 방식의 계약설인데, 거기에서 국가란 원자 상태의 개개인들이 합의하여 만들어 내는 '하나의 사회적 동맹'일 따름이다. 다른 하나는 국가를 '하나의 인조 기계'로 보면서 공공의 안녕과 복지를 틀에 박힌 목적으로 삼는 이론이다. 첫 번째 교설은 '국가의 통일성과 인민의 인격성'을 제대로 인식하지 못하여 전체를 부분들로 흩어 버리고 만다. 두 번째 견해는 국가로부터 생명을 빼앗아 버리고 '죽어 있는 역학 기계'를 정신의 자리에 갈음한다. 그러므로 국가는 '정신과 생명'이 살아 있는 학설로 거듭나야 한다. "내가 확신하건대, 국가는 하나의 생동하는 유기체이며 인민은 하나의 인격체이다. 이 인격체는 물론 개개인들

---

23 Bluntschli, J. C. (1844), *Psychologische Studien*, pp. III~XIV.
24 Bluntschli, J. C. (1884), *Denkwürdiges aus meinem Leben*, vol. 1, p. 316.

처럼 신의 직접 피조물이 아니라 인간 정신과 인간 역사의 간접 작품이다. 그렇지만 인민은 한갓 날조품, 곧 법률가들이 상상으로 만들어 낸 인격체가 아니라 하나의 생동하는 문화 인격체로서 공동 성격과 공동 정신의 민족 가운데 그 본성의 토대를 두고 있다."[25]

블룬칠리는 마침내 자신의 고유 주제라고 할 만한 이상적 국가의 표상들을 만들어 낸다. 국가 속에서 그는 인간다운 유기체와 '꼭 닮은 형상'을 찾아내는데, 그것은 곧 자연과 인간 정신을 한곳에 모으는 전체 힘들이다. 국가는 무엇보다도 인간다운 기구이면서 신이 인간에게 만들어 준 질서이기도 하다. 신이 국가를 구성할 수 있는 '욕구Trieb'를 지니도록 인간을 창조했기 때문이다. 국가의 토대는 인간의 본성 가운데에 근거한다. 그 토대는 다시금 신의 의지에 귀속한다. 그러므로 인간은 본성에서부터 국가 존재라고 할 수 있다.[26] 국가의 근거가 이렇다면, "국가를 인식하는 열쇠는 오로지 인간 영혼의 질서 가운데에서 찾을 수 있다. 바로 심리학이 밝혀낸 그 질서가 인간 신체를 지배한다. 따라서 인간은 국가를 자신과 닮은꼴로 형성하면서 의식하든 의식하지 않든 본능대로 국가 권력의 질서 속에 인간 영혼의 힘을 닮은 복제품을 만들어 둔다. 그래서 국가 신체Staatskörper는 인간의 몸을 자신의 본보기로 삼는다."[27] 이 표현은 우리가 앞에

25 같은 책, p. 317.
26 Wölky, G. (2006), 앞의 글, pp. 276 f.
27 Bluntschli, J. C. (1884), *Denkwürdiges aus meinem Leben*, vol. 1, p. 318.

서 보았던 아리스토텔레스의 고전 유기체 이론, 곧 '혼이 깃든 몸'과 영혼은 각각 독립하는 실체가 아니라 하나의 통일성으로 얽혀 있다고 하는 명제를 되돌아보도록 이끈다. "나는 인간성 가운데에서 국가의 최고 이상을 인식하고 국가를 총체적인 인간이라고 지칭했던 (…) 옛 그리스 철학자들의 생각에 확실한 근거를 둔다"라고 설명하듯, **28** 블룬칠리는 특히 아리스토텔레스 자연학과 신학을 수용하는 바탕에서 자신의 국가학에 어울리는 인간상과 유기체 모형을 만들어 간다.

한 사람 '천재'로부터 물려받은 새로운 과학 지식은 앞으로 온 유럽에 퍼지고 일본을 거쳐 한국에까지 건너오게 될 블룬칠리의 국가학 성과에 커다란 자극제로 작용했다고 짐작할 만하다. 그의 작품 곳곳에 그 흔적이 보인다. 그리고 그는 로머 방식의 과학 지식이 대단히 신선하며 그 적용 가능성도 또한 매우 높다는 점을 누누이 강조한다. 그러나 그것을 이용하여 새로운 메타이론 체계를 구성하는 과제는 또 다른 문제이다. 이 저명한 법학자가 자신의 고유 방법론, 곧 역사적·철학적 관찰의 '뜻깊은 종합'을 둘러싸고 제기하는 논쟁에 심리 이론의 요소들이 그 구성 계기로 작용하는 사례는 찾아볼 수 없다. 말하자면 그는 심리학에서 빌려 쓸 만한 개념들을 이용하여 자기 나름의 독창성이나 배타성을 주장할 만한 어떤 방법론을 이루어 낼 수는 없었다. 그가 그렇게 하고 싶어 했더라도, 그 실현 가능성은 매우 희박했을지도 모른다. 우선, 로머의 심리학 이해는 도

---

**28** 같은 책, p. 317.

대체 어떠한 지식체계로 이어질 수 없는 성격을 지니고 있었다. 그가 전하는 이야기들이 '논리로 구성할 수 있는 사변의 가공작품'으로 만들어지는 사례는 찾아보기 어렵다. **29** 그리고 그 인물은 블룬칠리가 스스로 비판했던 '철학자'처럼 '너무 성급하게' 생각하여 결론에 이르자마자 곧바로 이를 뒤집곤 하는 유형에 속했다. 게다가 블룬칠리 자신이 추상적이며 사변적인 철학 사유에서 지나칠 정도로 거리를 두려고 하는 학자였다. 그와 같은 계기 없이 어떻게 역사적이며 철학적인 거시 방법론 체계가 만들어질 수 있을까? 블룬칠리는 이 질문에 제대로 답할 수 없었다.

우리는 그가 막 학문 직업의 길에 접어든 시기에 기록했던 일기로부터 흥미로운 생각 한 토막을 전해 들을 수 있다. "지금은 실증 학문의 시대다. 우리는 그렇게 작업하면서 개별적인 것들에서 사실성의 결과를 얻어야만 한다. 그런 뒤 언젠가는 가공한 자료 더미를 개관하여 본질을 조화롭게 이해하는 사변의 시기가 찾아올 수도 있을 것이다."**30** 여기에서 말하는 실증 학문은 역사학을 의미한다고 보아야 옳을 것이다. 블룬칠리는 1820년대 말 본Bonn대학에서 수업하던 때 로마사 연구로 명성을 떨치던 니부어Bartold Georg Niebuhr, 1776~1831의 강의에서 '상당히 의미심장한 영향'을 받았다고 한다. 로마법 공부에 몰두하던 그의 '정신 기질을 정치로 향하도록 일깨워 주었

---

**29** 같은 책, pp. 308 ff.
**30** 같은 책, p. 171.

던'31 니부어는 '사료 비판Quellenkritik'의 방법을 역사연구에 접합시켜 근대 역사학의 맨 앞자리에 설 만한 성과를 남긴 역사가다. 동시대 낭만주의 경향성과 잘 어울린 그의 비당파적 역사서술은 '역사 그 자체'를 해명하는 경험 학문과 같은 뜻이었다. 바로 여기에 블룬칠리가 피해 갈 수 없었던 문제점이 있다. 니부어에게서 비롯하는 이른바 역사학파의 방법론은 문제의 '뜻깊은 종합'의 가능성을 실현할 만한 이론체계와는 거리가 멀었다. 니부어를 계승하여 근대 역사학의 '아버지' 자리에까지 올랐던 랑케Leopold von Ranke, 1795~1886는 '실제 있었던 그대로wie es eigentlich gewesen'라는 유명한 경구 덕택에 새로운 역사학 방법론을 일구어 낸 원조처럼 알려졌지만, 그 표현은 사실상 인식론의 부재 그 자체를 의미했을 따름이다. 굳이 따져 보자면, 역사가는 과거의 '정신 속으로' 몰입하여 그 시대의 사상에 맞추어 사유할 때 비로소 역사적 객관성에 도달할 수 있다고 보는 견해는 지금 관찰자와 과거 사실 사이에 놓인 시간 격차를 '텅 빈 심연'으로만 남겨둘 수밖에 없는 한계를 지니고 있었다. 32 역사의식이 자기 자신으로 되돌아가면서 전통의 의미를 되살리는 성찰, 곧 자기 자신의 역사에서 자기 자신을 이해하는 인식방법은 19세기 말에 이르러 심리학을 해석학 사유체계와 결합하는 딜타이의 새로운 정신과학 실험에서 비로소 시작할 수 있었다. 33

31 같은 책, p. 80.
32 Gadamer, H. (2010), 앞의 책, pp. 207~216, 296~305.

블룬칠리가 사실의 조각들을 추상성의 수준에서 종합하는 과제를 뒤로 미루어 둔 채 실증 작업의 역사연구에서 '정신'을 찾아내려고 했을 때, 그 방법론은 소박한 사유체계를 넘어설 수는 없었다. 그의 국가학 서술에서 논리 정연한 명제들을 자신의 고유한 방법에 적용하여 새로운 이론의 구성 가능성으로 나아가는 실험을 기대한다면, 이는 시대적 한계를 돌아보지 않는 무리일지도 모른다. 그는 단순히 동시대 관념론의 사유방법들, 그 가운데서도 특히 권력국가의 이데올로기 형성에 지배적인 영향력을 끼쳤던 헤겔의 이론체계에서 벗어나는 대안의 논리 요소들을 찾고 있었던 듯 보인다. 그는 처음부터 심리학 지식이 '세계역사의 관찰'에 '비상한 실천 방향'으로 작용하리라는 기대를 지니고 있었다. 그가 보기에, "헤겔의 역사 관찰방법에서 변증 법칙의 운동에 따르는 실제 삶이 곡해로 나타나듯", 심리학 방법에서도 실제 사실들이 '선입견과 가설'로 말미암아 그릇된 형태를 띨 위험이 상존한다. "그렇지만, 정신력의 심리학 법칙이 헤겔 방식의 변증법 논리보다 훨씬 더 풍부하고 생기에 넘친다고 분명히 밝힐 수 있다."[34] 이 바탕에서 블룬칠리가 '인민의 공공 정신'과 '국가 정신'을 말했을 때, 그 개념의 성격은 헤겔의 언어 사용법과 전혀 달랐다. 앞에서 보았듯, 헤겔이 국가란 '생동하는 정신'이라고

---

**33** 같은 책, pp. 222~246; 빌헬름 딜타이(2009), 《정신과학에서 역사적 세계의 건립》, 김창래 옮김, 아카넷.

**34** Bluntschli, J. C. (1884), *Denkwürdiges aus meinem Leben*, vol. 1, pp. 305 f.

말했을 때, 그 표현은 바로 '유기체다운' 권력국가의 '짜임새'와 다르지 않았다. 블룬칠리도 마찬가지로 국가를 자주 '정신적이며 도덕적인 유기체'라고 표현하는데, 그 국가는 '인민 역사의 산물'이자 '자결권을 갖도록 조직된 특정 나라의 인민 인격체' 그 자체이다. "나는 이제 법을 만들어 내는 몸통이 전체 인민을 머리와 지체로 표현하는 사명을 지니며, 따라서 그 주체가 국가의 모든 능력을 나타내고 대표할 수 있다는 사실을 분명히 깨닫는다."[35] 이렇듯, 블룬칠리 국가학을 넓게 개관하면 그의 인식방법을 다음과 같은 기본 특징으로 정리할 수 있다. 곧, 역사 현장 가운데에서 발견하는 '정신의 힘'이 국가 형성의 구체성과 그 발전의 잠재력에 작용한다.

## 3. 유기체 국가

1851년에 처음 나와 여러 수정 판본으로 거듭났던 《일반국법》의 제1권이 '국가의 개념'을 다루는 가운데, 그 제1장은 다음처럼 역사과정에 나타나는 국가의 성격을 논한다. "우리에게 역사를 눈여겨보도록 이끄는 수많은 국가를 두루 살피면, 우리는 곧바로 그 국가들이 모두 몇몇 특징들을 공유한다는 사실을 발견한다." 이 표현은 국가의 본성을 하나의 보편 성격으로 인식하려면, 그 형성의 역사성과

---

**35** 같은 책, pp. 319 f.

구체성을 먼저 주목해야 한다는 주장이다. 그래서 아리스토텔레스 《정치학》의 설명처럼, 블룬칠리의 국가론도 마찬가지로 '정치 공동체' 구성의 잠재력을 찾아가는 서술에서부터 시작한다. 그 맨 처음 싹은 가족과 혈족에서 발아한다. 나중에 인민과 인민집단으로 발전하는 그 원초 공동체야말로 국가의 기원을 간직한 질서의 기억이다. 촌락이나 도시, 그리고 큰 지역의 우두머리는 집안의 어른처럼 존경받으면서 그곳 사람들을 다스리는 한편으로 보호했다. 곧, 족장은 뭇사람의 지도자였다. 그러나 더 높은 단계의 국가 형성은 좁은 범위의 원초 공동체가 무너지고, 그 대신에 친족이나 혈족 관계가 인민이라는 집단으로 더 넓혀졌을 때 가능했다. 오늘날 수준에서 볼 때, 입법과 행정의 권위는 가장과 족장의 권위와는 상당히 다른 성격을 지닌다. 국가 가운데 존재하는 시민들의 결합체는 국가의 권력 질서와 정치적 자유와 마찬가지로 결혼이나 혈족보다는 인민의 본성과 욕구 가운데에 그 근거를 갖는다. 그러므로 다음처럼 말할 수 있다. "인민의 집단형성이 없으면 국가도 없다."**36**

'인민의 동질감'이 국가 구성의 원동력이라면, 인민을 구성하는 뭇사람이 땅과 더불어 맺는 지속 관계가 국가의 존속에 필수불가결한 요소로 작용한다. "국가는 국토를 요구하며, 토지는 인민에 속한다." 말하자면 인민이 땅과 더불어 고정된 주거지를 획득했을 때,

---

**36** Bluntschli, J. C. (1868), *Allgemeines Statsrecht*, vol 1, München: Literarisch-artistische Anstalt der J. G. Cotta'schen Buchhandlung, pp. 34 f.

비로소 국가 형성의 조건이 채워진다. 이를테면 유목민은 추장의 지휘를 받지만, 이 무리가 진정한 국가 구성의 인민으로 발전하는 것은 아니다. 모세가 이끌었던 유대인 역시 국가를 세우지 못했다. 옛 게르만 종족들이 왕들이나 사령관들의 지휘 아래 고향 땅을 버리고 병사 무리를 이루어 로마제국의 영역으로 물밀듯 쳐들어갔을 때, 그들은 옛 국가를 포기한 채 아직 새 국가를 건설하지 못했다. 그들은 정복지들을 로마제국으로부터 떼어내어 계속 지배할 수 있었을 때 비로소 새 국가를 세웠다. 동고트족과 서고트족, 프랑크족, 부르군트족 등의 국가들이 그렇게 탄생할 수 있었다. 그러므로 또한 이렇게 말할 수 있다. "국토가 없으면 국가도 없다."[37]

　인류의 역사 속에서 살펴보는 국가의 기본 성격이 인민과 국토에 토대를 둔다면, 그 현대성의 징표는 다음처럼 간추려질 수 있다. 먼저, '오늘날' 국가는 자신의 의지를 밖으로 드러내고, 자신의 고유 임무와 활동에 최대 효율성을 더하기 위해 통합을 요구한다. 그러므로 그 성격을 무엇보다도 '하나의 온 존재'라고 할 수 있다. 다양한 국가들 가운데 상대적으로 이원성을 지니는 사례도 있다. 여러 영방領邦 국가가 구성하는 통합국가가 거기에 해당하는데, '오늘날 도이치 제국'이 그와 같은 사정에 있다. 그렇지만 그러한 이원 조직은 중앙 국가와 영방들을 통틀어 통일하는 일에 애쓰는 가운데 양측 사이의 갈등이 해소되거나 통일을 보장하는 조직을 통해 극복된다는 전제 아

---

**37** Bluntschli, J. C. (1874), *Deutsche Statslehre für Gebildete*, p. 12.

래에서만 가능하다. 그다음으로, 모든 국가는 어쩔 수 없이 자신의 내부에 대립관계를 지닌다. 공권력과 신민, 정부와 피지배자 사이의 갈등이 그 두드러진 사례다. 이 현상은 왕정과 귀족정뿐만 아니라 민주정체에서도 마찬가지로 나타난다. 그러므로 이렇게 말할 수 있다. 모든 사람의 절대 평등은 곧 국가의 부정이다. 상위와 하위 없는 국가란 생각조차 할 수 없다. 개개 시민은 법률 체계, 다시 말하자면 입법자의 권위와 권능에 종속된다. 소수는 다수에 따라야만 한다. 그 다수가 국가 의지를 표명하는 자격을 지니기 때문이다. 이와 더불어 역사는 우리에게 국가의 유기체 본성을 알려 준다. 이로부터 우리는 국가가 식물이나 동물 유기체들처럼 낮은 수준이 아니라 더 높은 종류의 유기조직으로 존재한다는 점을 인식할 수 있다. 역사과정에서 분명하게 드러나는 국가의 본성은 무엇보다도 '도덕적이며 정신적인 유기체ein sittlich-geistiger Organismus'이다. 말하자면 이 구성체는 하나의 커다란 신체Köper로서, 그 안에 인민집단들의 감성과 생각을 받아들여 채우고 법률을 공포하면서 과업을 집행할 수 있는 능력을 지닌다. 나아가 역사는 우리에게 개개 국가들의 성격을 규정하는 도덕본성을 일깨운다. 이로부터 국가란 정신과 신체를 갖추고서 고유 의지를 나타낼 수 있는 인격체라는 인식이 하나의 지식체계로 갖추어질 수 있다.[38]

블룬칠리는 역사과정에서 나타나는 국가의 근본 속성들을 일일이

---

[38] Bluntschli, J. C. (1869), *Allgemeines Statsrecht*, vol 1, pp. 36~40.

설명한 끝에 다음과 같은 명제에 이른다. "현대의 문명국가는 인민국가이다." 블룬칠리는 이 표현에 들어 있는 '문명국가'라는 개념이, 거기에 내재하는 이름의 뿌리를 거슬러 살펴본다면 원래 의미에 꼭 들어맞는다는 점을 암시한다. 그의 설명에 따르면, 먼저 옛적 그리스 사람들이 폴리스πόλις라는 용어로써 도시와 국가를 함께 표현했다. 그들이 사용했던 국가 개념은 도시에 근거했으며, 그 범위는 도시의 시계市界 내에 한정되었다. 라틴어 키비타스civitas도 여전히 도시에 거주하는 시민층을 지시했다. 이 시민 세력은 국가의 핵심으로서 그리스 말 '폴리스'가 표현하는 의미보다 더 인격적인 성격을 지녔으며, 그 개념 속에는 시민보다 더 큰 범위의 인민 대중이 들어 있었다. 그리고 키비타스에 어원을 둔 문명Civilisation은 국가가 내포한 고도의 도덕성 의미를 표현하면서 그 실행 과제와 유용하게 얽히는 어떤 기대감을 예비한다. 이렇게 보면 문명국가는 인민의 동질감에 근거할 때 그 이름에 걸맞은 성격을 완벽하게 지닐 수 있다. 인민이 인간들의 총체로서 거기에 속하고 그 안에서 스스로 결정하고 의사를 표명하며 활동하는 단일한 공동체로 합친다는 점에서 그러하다. 인민의 공공 정신은 국가 안에서 영혼으로 활동하고 국가 헌법 가운데에서 신체를 얻는다. 39

우리는 블룬칠리의 설명에 따라 역사과정에서 나타나는 국가의 보

---

**39** 같은 책, pp. 41 f(Anmerkung) ; Bluntschli, J. C. (1874), *Deutsche Statslehre für Gebildete*, p. 11.

편 성격을 다음과 같이 정리할 수 있다. 국가는 인간들의 총체로서 통치자와 피치자의 꼴을 갖추어 어느 특정한 영역 위에 도덕성을 지닌 유기조직으로 뭉친 인격성이다. 좀더 줄여서 표현하자면, 국가는 어느 특정한 토지 위에서 정치적 유기체 조직을 갖춘 인민 인격체이다.40 이처럼 블룬칠리가 국가의 보편적 역사성을 밝히는 서술은 마침내 그 구성의 성격에서 결론을 맺는다. 그러면서 유기체다운 '국가의 본성'은 아울러 그 '개념의 역사적 발전' 가운데에도 설명의 계기들을 간직한다. 말하자면, "맨 처음 그리스 사람들이 국가를 논하는 학문을 만들어 낸" 이래, '오늘날의 국가 개념'에 이르는 논의들이 '유기체 본성'에서 마지막 성과를 나타낸다. 그 줄기에서 블룬칠리는 먼저 "인간은 정치적 존재"라고 밝혔던 아리스토텔레스의 사유에서 시작한다. 정치학, 곧 '폴리스 학문πολιτική ἐπιστήμη'의 선구자는 국가의 근거를 '인간 본성'에 두면서 현실 국가의 지식을 인간의 욕구와 결합하는 국가론을 창안했다. 이 유산을 물려받은 로마 사상가들은 옛사람들 가운데 '가장 천재적인 법치 인민Rechtsvolk'의 모범을 보인다. 이를테면 키케로는 국가를 인간 미덕이 빚어낸 가장 고귀한 창작물로 설명하면서 국가 공권력을 신체에 작용하는 정신에 비유한다. 그 뒤 로마의 국가론자들은 인민이라는 정치 개념을 알게 되면서 국가를 인민의 형성체로 설명할 수 있었다. 하나의 통일적인 '인민의 의지Volkswille'가 모든 권리의 원천이 된다는 생각은 그들에게서 비롯했다.

---

**40** Bluntschli, J. C. (1868), *Allgemeines Statsrecht*, vol 1, p. 41.

그리스 국가는 폴리티Politie41라는 그 이름이 지시하듯 원래 한 도시 Polis의 본질과 연결되어 있었다. 이어서 로마 국가는 인민국가Volksstat로 넓혀졌다. 바로 여기에서 블룬칠리는 공화정이라는 말의 '원래 의미'를 찾는다. 42

이어서 중세에는 국가 개념의 발전에 큰 영향을 끼친 두 세력이 등장한다. 기독교 교회와 게르만 사람들이 그 사례이다. 옛 로마제국이 기독교를 승인하면서, 로마는 교회와 더불어 이원성 체제 가운데 있었다. 이때 국가는 지상의 육신 제국으로서 세속의 검을 휘두르는 일에 만족하면서 정신의 교회 제국에 복속해야만 했다. 뒤이어 신성로마제국 시대의 황제들은 세속의 검과 정신의 검의 동등한 지위를 주장했지만, 그들의 국가는 정신의 권위를 내세우는 교회의 힘을 능가할 수 없었다. 다른 한편으로, 유럽 중세의 나라들과 제국들은 대부분 게르만 세력의 지배를 받았다. 게르만 사람들은 전투 능력, 남성다운 성격, 대담한 자유 감성, 도덕의 힘, 그리고 신체의 활력에서 로마 사람들보다 월등했다. 그렇지만 그들은 로마 사람들의 교양 수준을 뛰어넘는 문명 세계를 이룰 수는 없었다. 그래서 그들은 종

---

41 이 말은 통치 형태나 정치 조직체를 뜻하는 그리스어 폴리테이아($\pi o\lambda\iota\tau\varepsilon\acute{\iota}\alpha$)에서 유래했다. 일찍이 루소(Jean-Jacques Rousseau)는 이 말로써 합의에 근거했던 고대 사회 공동체를 표현했는데, 블룬칠리의 설명은 바로 이 용례에 근거했을 것이다. Brandt, R. & Herb, K. eds. (2012), *Jean-Jacques Rousseau. Vom Gesellschaftsvertrag oder Prinzipien des Staatsrechts*, Berlin: Akademieverlag, pp. 109 ff.

42 Bluntschli, J. C. (1874), *Deutsche Statslehre für Gebildete*, p. 5.

교와 국가 행정에서 로마식 교육과 훈련 방법에 익숙해져야만 했다. 그 덕택에 여러 인민집단과 종족이 독립적으로 국가를 건설할 수 있는 자유를 쟁취했다. 게르만 사람들의 법률 감각은 불가피하게 자연스러운 상황들 가운데에서 진정한 권리의 근거를 인식했으며, 자연법을 임의법에 앞세웠다. 그들은 그 무엇보다도 인간다운 자유를 사랑했다. 따라서 그들의 국가는 신이 계시한 종교뿐만 아니라 개개인과 공동체의 자유와 사법私法 자율성의 제약을 받았다. 그렇지만 그들의 국가학은 성숙하지 못했다. 그들은 다시금 공법에 사법 요소들을 뒤섞음으로써 순수한 법체계 질서를 허물었다. 정부 직책들은 가문들 내부에서 이루어지는 상속의 전유물이었고, 세습토지와 세습재산이 그 부산물이었다. 중세시대 영지권Lehensrecht과 세습 국가 관념은 바로 그와 같은 혼합과 혼탁의 산물이었다. 그러는 가운데 온존재로 향하는 국가 통합의 동력은 흩어지고 말았다. 43

이른바 르네상스 시대에 이르렀을 때 비로소 새로 소생한 고전고대의 문학과 예술의 기억, 그리고 그 뒤 이어진 교회개혁의 열기가 하나의 전환점을 불러올 수 있었다. 고전고대의 문예를 되살리는 운동에서 이탈리아 사람들이 선두에 섰다. 그리고 교회개혁은 주로 게르만 사람들의 작품이다. 이탈리아 사람들은 고대 국가 관념의 명예를 회복하고, 먼저 가능한 한 절대적 통치권의 형식 가운데에서 국가 지도자들의 자의식을 일깨웠다. 게르만 사람들은 로마 교회가 수

**43** Bluntschli(1868), *Allgemeines Statsrecht*, vol 1, pp. 58 ff.

백 년 동안 속박 속에 가두어 두었던 양심을 되살려 내면서, 세속 군주와 나라들에 드리워진 교황 지배권을 물리쳤다. 그렇지만 그들은 아직 새로운 국가 개념에 이를 수는 없었다. 그들은 도덕적인 국가 존엄을 깨달았지만, 아직도 속세 제국과 영적 제국이라는 이원론에 사로잡힌 국가를 구출해 낼 수 없었다. 그러면서도 이 한계지점은 차츰 모든 문명국가가 관여하여 다음 세기의 발전을 약속하게 될 새로운 국가학의 시작지점이었다. 16세기의 가장 걸출한 국가학자이자 피렌체 정치가였던 마키아벨리Machiavelli, 프랑스 사람 보댕Bodin, 17세기 네덜란드 학자 드 그로티우스Hugo de Groot 등의 인물이 그 창시자들이다. 아울러서 잉글랜드의 밀턴Milton, 홉스Hobbes, 그리고 로크Locke는 각각 공화정, 절대적 복고주의, 입헌군주정체를 대변했던 학자들이며, 도이치어권의 푸펜도르프Puffendorf와 라이프니츠Leibniz, 그리고 네덜란드 유대인 스피노자Spinoza도 그 반열에 든다. 이들의 지식 활동과 함께 국가 관념은 신학의 지도에서 벗어난다. 신학을 대신하는 철학과 역사가 그 해방의 토대를 마련해 주는데, 그 위에서 새로운 세속의 국가 개념은 자유를 얻고 더 넓은 안목으로 인민들을 파악할 수 있었다. 여기에서 발전하는 국가학은 고전고대의 사례와 같이 전체성에서 출발하기보다는, 먼저 개인들을 한데 묶어gesellschaftlich 국가와 화합시키려고 했다. 국가란 계약으로 이루어질 수 있다는 사회국가Gesellschaftsstaat 사상은 그렇게 생성했다. 그러면서 그 학문 경향성은 그 개념에 자유의 정신을 채워 국가 관념을 더 정교하게 다듬었다. 그렇지만 1540년에서 1740년에 이르는

200년 사이에 국가학의 발전 추세는 한풀 꺾이고 만다. 유럽 대륙의 거의 모든 영역에서 절대적인 국가 권력이 등장했기 때문이다. 루이 14세의 프랑스 왕국이 그 전형에 속한다. 바로 이 시기에 '공권력 국가'의 주장에 맞서는 '사회국가'의 원리가 미래의 국가학 발전을 예비하고 있었다.[44]

근대 국가의 형성은 18세기에 이르러 가능했다. 세 가지 큰 사건이 이 시기를 구획한다. 먼저, 1740년에 프리드리히 대제는 프로이센 국가를 일으켰다. 이와 함께 신성 법률과 국왕의 영지지배권이라는 중세 교설에 대적하는 법률 체계의 원리가 국가의 근대성을 밀고 나갈 수 있었다. "국왕은 첫 번째 국가 공복이다"라는 경구가 그때의 시대정신을 상징한다. 1876년과 1788년 사이에 북아메리카 지역에서 일어난 일들은 또 다른 사례이다. 그곳 식민지들은 잉글랜드의 지배에서 벗어나 대의제 공화국을 건설하고, 연맹체를 결성하면서 하나의 연방공화국으로 결속했다. 그리고 곧이어 발발한 프랑스혁명은, 1789년 이래 인간의 권리를 천명하면서 자유와 평등의 이념을 새로운 국민국가 체제 내에서 실현하려는 여러 실험으로 이어진다. 블룬칠리가 보기에 이 세 가지 사건들은 '철두철미한 근대성'을 지닌다. 이로부터 새롭게 생성하는 국가는 거기에 참여하는 인간의 자율 작품으로서 그 자체의 형상을 갖출 수 있는 과제를 떠맡는다. 사변의 논리와 자연법사상에 근본 바탕을 둔 국가학이 거기에 안성

---

**44** 같은 책, pp. 63 ff.

맞춤으로 작용한다. 국가의 보편성 개념을 규정하는 그 학문 경향성
은 무엇보다도 국가계약설에서 두드러진 영향력을 자랑한다. 맨 처
음 홉스와 푸펜도르프가 이러한 교설을 다듬었다. 루소는 자신의 이
름을 널리 알린 작품에서 그 교설을 대중에 알맞도록 설명하면서 자
유로운 국가체제의 새로운 형태를 동경하던 한 세대로부터 엄청난
환호를 받을 수 있었다. 칸트도 여기에 속하지만, 그는 계약설의 한
계에서 벗어나기 위해 이미 발을 빼고 있었다. 45

블룬칠리의 눈에 비치는 사회계약 사상은 여러 결함을 함께 지닌
다. 그 교설은 먼저 사회와 인민의 개념들을 혼동하면서 국가의 통
합뿐만 아니라 그 역사도 파악하지 못한다. 그것은 사상누각과 같은
국가를 개인적 자유의지의 산물이라고 여기면서 개개 시민들의 변
화무쌍한 생각들에 따라 끊임없이 변동하는 위험에 내맡긴다. 이럴
때 인민은 해체되어 따로따로 떨어진 개인들이 되며, 그들은 각자
자신을 위해 살며 자신의 고유 의지에 걸맞도록 행동한다. 사람들이

---

45 같은 책, pp. 66 ff; Bluntschli, J. C. (1874), *Deutsche Statslehre für Gebildete*,
pp. 9 f. 블룬칠리는 그렇게 설명하면서 다음과 같은 칸트의 표현을 근거로 내세운
다. "많은 사람을 어느 하나의 (공동) 목적(모두가 가지는)에 결합하는 것은 모두
사회계약에서 이루어져야 한다. 그러나 그것 자체로 목적이 되는(그 목적을 개개인
이 다 가져야만 하는) 결속은 (…) 시민다운 상태 가운데에 존재하는, 곧 하나의 공
동체를 약속한다는 전제 아래의 사회 가운데에서만 이루어질 수밖에 없다." Kant,
I. (1793), "Über den Gemeinspruch: Das mag in der Theorie richtig sein,
taugt aber nicht für die Praxis," in Königliche Preßische Akademie der
Wissenschaft ed. (1923), *Kant's gesammelte Schriften*, vol. 9, Berlin und
Leipzig: Walter de Gruyter & Co., p. 289.

오로지 개인 의지에 근거를 둔다면, 그들이 서로 어긋나는 성향과 생각을 지니면서도 어떻게 하나의 국가로 뭉칠 수 있는가라는 질문은 그 답이 밝혀질 수 없다. 계약은 기껏해야 잠시 존립하는 가운데 변화를 정지시킨 한 사회를 만들어 내지만, 의지를 지닌 한 인민과 영속하는 한 국가를 산출해 낼 수는 없다. 그러면서도 사회계약 이론은 모두의 평등을 전제한다. 그러나 일찍이 아리스토텔레스가 국가 형성이란 평등으로 설명되지 않는다고 했듯, 다른 사람들을 능가하는 한 우두머리나 공권력의 우세한 권위가 인민의 승인을 획득한다는 전제에서만 국가 구성이 가능하다는 점에 주목해야 한다. 그리고 계약이란 모든 이해당사자의 의지가 일치해야만 한다는 요청이 있다. 그러나 그와 같은 화음은 한 국가의 모든 시민을 망라하는 관계에서는 실제로 존재할 수 없다. 루소는 그러한 점을 고백하면서도 한 마술 같은 작품을 통하여 다수를 전체로 꾸며 냄으로써 다수의 의지를 모두의 일반의지라고 천명했다. 그렇지만 계약체결에서 소수에게 자신의 의지를 강요하는 다수는 존재하지 않으며, 개개인이 자신의 특수 의지를 표현할 수 있거나 표현해야만 한다. **46**

"그처럼 범람하는 오류 가운데에서도 국가란 단순히 어쩔 수 없는 본원적 필연성의 산물이 아니며, 인간의 자유의지 또한 국가를 세우고 이끄는 과업에 하나의 몫을 차지한다는 확고한 진리를 찾을 수 있다." 블룬칠리는 이 표현을 '인간의 본성' 가운데 '국가 본능

---

**46** Bluntschli, J. C. (1874), *Deutsche Statslehre für Gebildete*, pp. 25 ff.

Statstrieb'이 잠재한다는 명제에 덧붙인다. 그러면서 그는 사회계약 교설이 그와 같은 원리를 주로 다수의 개개인으로 흩어지는 인민집단의 이해에 적용한다고 이해한다. 그의 주장에 따르면, 인민은 모두 인간들의 구성으로 이루어지지만, 그렇더라도 그 존재는 개개인들의 단순한 총합은 아니다. 모든 개개 인간들의 본성 속에는 그들 삶의 운동을 규정하는 내적 대립이 들어 있다. 인간이라면 누구나 자신이 하나의 온 존재이며, 따라서 자신의 고유한 기질과 의지를 그 자체로 지니는 덕택에 여타 사람들과 여실히 구별된다는 점을 느끼며 알고 있다. 사법과 사회법은 함께 이 같은 개개 본성과 욕구들 가운데 그 근거를 마련한다. 그러면서도 인간은 한 가족, 한 동아리, 한 종족, 한 민족의 지체, 큰 인류 '게마인샤프트Gemeinschaft'의 한 가지로 느끼면서 자기 자신을 이해한다. 이러한 공동체는 그 내적 충동을 좇으며 그 공통의 생명 욕구를 채워 줌으로써 인민의 공공 의지를 기관들로 이끌어 신체와 같은 조직체를 국가 가운데에서 생성한다. 말하자면 국가는 깨어 있는 공공 정신과 공공 의지가 가장 높은 수준으로 나타난 것이다. 이와 같은 요소들은 일찍이 아리스토텔레스가 "인간이란 본성부터 국가적 존재"라고 말했던 것과 의미가 상통한다. 그렇듯 국가는 인간의 기질과 능력 가운데에서 자신의 욕구를 채워 주는 근거를 마련한다. 인류의 역사과정에서 관찰할 수 있는 국가 발전의 형상들은 모두 국가 감성과 국가 본능이 개별적으로 드러난 사례들이다. 이로부터 블룬칠리는 간결한 결론을 얻는다. "역사는 온통 사회계약의 교설과 어긋난다."47

그리고 새로운 세기가 열렸다. 혁명의 열기와 자연법 질서의 기대가 18세기의 마지막 시간을 채웠다면, 19세기는 '동요'의 시간과 함께 시작했다. 이 바탕에서 '도이치 국가학'은 인민을 사회와 혼동하고 국가를 개개 인간의 단순 집합체로 이해하는 원자론 이념에 맞서 유기체 이론을 내세울 수 있었다. 블룬칠리는 국가의 '유기체 본성'을 설명하기 위해 먼저 하나의 흥미로운 비유를 든다. "유화油畵가 포화 기름방울의 채색 뒤범벅과 같지 않으며 하나의 입상立像이 한 덩어리의 대리석 결들과 어느 정도 다르듯, 마찬가지로 인간이 그저 다량의 세포와 혈구가 아니듯, 인민도 단순한 개개인의 총합이 아니며 국가 또한 밖으로 드러난 기구들의 단순한 축적물이 아니다."[47] 유기체 성격이 국가뿐만 아니라 인민의 본성 가운데 공동체 구성의 요소로 존재한다는 설명으로 읽힌다. 블룬칠리는 이와 같은 인식방법이 특히 도이치 언어의 학문 전통에서 비롯한다고 주장하면서, 국가 신체Statskörper, 국가 원수Statsoberhaupt, 인민 의지Volkswille, 인민 정신Volksgeist, 인민 특성Volkscharakter, 국가 주권Statshoheit, 국가 권력Statsgewalten과 같은 '아리아 혈통 인민들'의 언어 관습을 사례로 삼는다.[48] 그리고 무엇보다도 역사주의 법학의 '공적' 덕분에 국가의 지배체제와 구성원 사이의 관계가 주목할 만한 주제로 바뀔 수 있었다고 말하지만,[49] 블룬칠리가 이해하는 유기체 이론은 아리스토텔레

---

**47** 같은 책, p. 28.
**48** 같은 책, pp. 12 f.

스의 자연학과 정치학을 유기체 목적의 판단력 비판에 적용했던 칸트의 사유 전통에서 멀리 벗어나지 않는다. 이를테면, 《판단력 비판》의 초판이 출간된 지 약 10여 년 지나서 셸링은 칸트의 표현을 국가의 기본 이념에 다음처럼 적용한다. "모든 국가는 개개 지체가 전체를 위한 수단이면서 또한 그 자체로 목적이 되는 관계 가운데에서 온전하다."50 블룬칠리는 그렇게 전이된 개념에 정신과 도덕의 의미 요소들을 가미하여 나름의 유기체 국가학을 완성할 수 있었다. 51 말하자면 그 개념 체계에서 국가란 '하나의 생명 없는 도구'나 '하나의 죽은 기계'가 아니라 "활동하고 있으며, 따라서 유기체 존재이다"라는52 정의가 내려진다. 그의 설명은 다음으로 이어진다.

국가는 어떻게 도구나 기계와 같이 '생명 없는 존재'와 차별성을 지니는가? 우선, 도구나 기계는 부속들을 지니지만 지체들로 구성되지 않는다. 그것은 성장도 할 수 없으며 오로지 자동 법칙에 따라 매번 똑같은 방식으로 운동한다. 국가는 또한 식물이나 동물과 같은 자연 소산물과도 구별된다. 무엇보다도 그 가운데에서 인간 정신이 작용하기 때문이다. 인간이 인간다운 목표들을 완수하기 위해 창조

---

49 Bluntschli, J. C. (1868), *Allgemeines Statsrecht*, vol. 1, pp. 71 f.

50 Schelling, F. W. J. (1803), *Vorlesungen über die Methode des academischen Studium*, Tübingen: J. G. Cotta'sche Buchhandlung, p. 44.

51 Böckenförde, E. -W. &Dohrn-van Rossum, G. (1978), "Organ, Organismus, Organisation, politischer Körper", pp. 587 ff.

52 Bluntschli, J. C. (1875), *Allgemeine Statslehre*, Stuttgart: Verlag der J. G. Cotta'schen Buchhandlung, p. 18.

한 존재가 바로 국가이다. 그것은 최고 성격의 유기체 그 자체이다. 다시 말해, 국가는 스스로 의식하고 자기 자신을 억제하며 고유한 의지에 따라 행동하는 존재라는 점에서 하나의 '인격체'이다. 그것의 인격은 인간 성향과 인민 기질, 그리고 종족의 공동체 정신 가운데에 불가피한 본성의 토대를 두면서 인간다운 자유의 숨결로 생명을 유지한다. "국가는 자연의 소산물이 아니라 인민 역사의 산물이다."53 그러므로 국가는 '하나의 문화 개념'이며, 따라서 그 존재를 '자연 개념'으로 정의할 수 없다.54

국가는 이처럼 식물이나 동물과 같은 '천연 유기체ein natürlicher Organismus'가 아니지만, 그 본성과 기질 가운데에는 자연 소산물들을 닮은 내용이 들어 있다. 그래서 그 성격을 두고서 '복제품 유기체ein nachgebildeter Organismus'라는 개념 정의가 가능하다. 거기에 다음과 같은 요소들이 함께하기 때문이다. 먼저 우리는 국가 구성물 가운데에서 혼이 깃든 몸처럼 국가 이념과 행정 기능을 잘 결합한 제도들을 관찰할 수 있다. 그리고 국가에 내재하는 정신의 힘이 국가의 기관들, 공무원들, 그리고 대의기구와 같은 부분들의 배치에 작용한다는 점도 우리의 인식 대상이다. 이 지체들은 그때그때 국가의 생존 욕구대로 다양한 기능들을 수행하며, 거꾸로 그것들은 하나의 온전

---

53 Bluntschli, J. C. (1874), *Deutsche Statslehre für Gebildete*, p. 28.
54 Bluntschli, J. C. (1865), "Staat", in Bluntschli, J. C. & Brater, C. eds., *Deutsches Staats-Wörterbuch*, vol. 9, Stuttgart/Leipzig: Expedition des Staats-Wörterbuchs, pp. 612~630.

한 전체가 이루어지도록 조화로운 영향력을 행사한다. 이렇듯 한 국가가 내면으로부터 발전하고 외부로 성장하는 길은 전체와 부분의 상호작용에 기대는 것뿐이다. 이처럼 국가는 자연산물과 같은 유기체 목적을 지니지만, 본질상 기계와 같은 작동방식을 따를 수는 없다. 생명 없는 존재에도 부속품들이 함께하지만, 그 부분들은 인간의 사지와 같은 지체의 기능을 가질 수 없기 때문이다.

　그러므로 국가란 '생동하는 유기체'라고 정의할 수 있다. 이 구성체는 '혼이 들어 있는 문화 존재'이며, '가장 고귀한 성격'을 지니는 하나의 인격체이다. 55 그렇지만 이 인격 존재는 단순히 인위적으로 만들어졌거나 꾸며낸 작품이 아니다. 국가의 인격은 공동의 인간 본성과 인민 본성, 그리고 종족의 공공 정신 가운데에 불가피한 자연적 토대를 두며 인간다운 자유의 숨결로 생기를 띤다. 그 인격은 필연성의 대지 위에 서 있으면서 그 우두머리에게 쾌청한 자유의 공기를 공급한다. 인간다운 의지를 표명하며, 법률들을 창안하고 보유하는 능력이 국가에 내재한다는 의미에서, 그것은 또한 하나의 법인체이다. 더군다나 국가는 법질서를 형성하고 보호하는 사명을 지닌다는 점에서 이 세상 최고의 법률 존재이다. 국가는 나아가 하나의 도덕 인격체이다. 곧, 국가는 자신의 의무를 의식할 수 있을 뿐만 아니라 또 그러해야만 하는 존재이며, 신과 인류 앞에서 이 의무를 완수해야 하는 사명을 지닌다. 국가 속에 살면서 배려와 보호를 요청하는 사람들

---

55 Bluntschli, J. C. (1865), "Staat", pp. 617 f.

뿐만 아니라 인류와 다른 국가들에게도 본분을 다해야 하는 책임을 국가가 지기 때문이다. 국가들의 법률상 책임이 국제법에서 다만 불충분하게 다루어지더라도 신이 내린 운명 가운데에서 판결을 집행하는 세계역사가 최고의 도덕적 정당성의 권위와 엄정함을 증언한다. 나아가 국가는 사회뿐만 아니라 경제와 문화를 둘러싼 인민의 요구를 배려한다는 점에서 하나의 경제 인격체이면서 문화 인격체라고 이를 수 있다. 마지막으로, 국가는 정치 인격체이기도 하다. 스스로 헌법을 제공해야만 하는 과제에 더하여 인민의 요구에 따라 통치하고 관리하며, 공동생활을 완수하고 공공복지를 후원하여 온 세계에 자신의 존엄을 공포하는 책무가 국가의 인격 요소들이다. 56

간추려 말하자면, 유기체 이론이 밝히는 국가는 한갓 시설이나 기관에 멈추기보다는 인격체들이 얽힌 하나의 구성물이다. 그 실제 토대가 오직 인민이어야 한다는 점에서 근대 국가의 특징과 본성을 찾을 수 있다. "국가는 하나의 인격체로서 주권을 소유한다. 그러므로 우리는 이 주권을 국가 주권Statssouveränetät이라고 부른다. 그것은 국가 앞에 있지 않으며, 더군다나 국가 바깥이나 국가 위에도 있지 않다. 국가 주권은 국가 그 자체의 힘이며 통치권이다. (…) 언어가 당파 투쟁들을 거치면서 엉클어지지 않는다면, 우리는 이와 같은 국가 주권을 적절하게 인민 주권Volkssouverainetät이라고 칭할 수 있을 것이다. 우리가 인민을 흩어져 있는 다수의 개인이라기보다는 정치 지

---

56 Bluntschli, J. C. (1874), *Deutsche Statslehre für Gebildete*, pp. 14 f.

체의 꼴을 갖춘 총체로 이해한다는 전제에서 그러한데, 그 총체 가운데에서 우두머리가 최상위 일원이며, 개개 지체들은 각자 본성에 걸맞은 지위와 과제를 지닌다."[57] 이렇듯 국가는 한 인민의 유기조직으로서 인민의 생존 과제를 수행한다. 그래서 그것을 인민 현상이라고 부를 수 있다. 따라서 국가 지배자는 입헌과 행정의 영역에서 적절한 권력을 분배받는다. 그렇더라도 그 지배자가 온 국가 권력을 자신의 의지대로 배치할 수는 없다. 국가는 오직 인민의 생존과 같은 공동체를 대표할 따름이다.[58] 이 모든 구성체의 성격을 관찰하면서 우리는 오늘날 문명 세계에 적합한 국가 개념을 다음과 같이 간결하게 정의할 수 있다. "국가란 자결권을 갖도록 유기조직을 갖춘 특정 나라Land의 인민 인격체Volksperson이다." 이와 같은 국가 구성의 역사과정에 상황의 필연성이 개입하지만, 거기에서 두드러지게 나타나는 현상은 국가 구성원들의 자발성과 자립성이라고 말할 수 있다. 그러므로 "오늘날 문명국가들은 거기에 속한 전체 인간들을 하나의 위대한 인민으로zu Einem Volke 통합하며, 인민이 헌법 가운데에서 인민 정신으로 생기를 얻을 수 있는 하나의 공동 신체가 되도록 해준다는 점에서, 본질 그대로 인민국가들이다. 로마 사람들이 국가를 인민의 구성constitutio populi이라고 설명했듯, 우리는 그것을 '인

---

**57** Bluntschli, J. C. (1868), *Allgemeines Statsrecht*, vol. 2, München: Literarisch-artistische Anstalt der J. G. Cotta'schen Buchhandlung, p. 10.
**58** Böckenförde, E. -W. (1991), *Studien zur Rechtsphilosophie, Staatstheorie und Verfassungsgeschichte*, Frankfurt am Main: Suhrkamp, pp. 263~272.

민의 화신Verkörperung des Volks'이라고 이름 붙일 수 있다." 따라서 오늘날 국가 개념은 그 의미 가운데 반드시 다음과 같은 요구를 담을 수밖에 없다. "인민이 없다면, 국가도 없다."[59]

## 4. 정치체제

우리는 이제 유기체 이론이 블룬칠리 국가학의 기본 성격이며, 그 구성 원리의 중심에 '인민 주권'이 자리한다고 마무리할 수 있다. 그러면서 그의 방법론 명제들을 되새겨 보면, 국가의 본성을 다루는 논의들이 '특별히 내면 근거를 갖는 두 가지 연구방법' 가운데 주로 관념적인 측면의 철학 사유에 기울어 있다는 느낌을 지우기 어렵다. 말하자면, 국가를 유기체로 인식하는 방법이 역사과정에서 실제로 나타나는 국가의 형상과 내용을 모두 다 채울 수 없다고 여길 만하다. 그렇지만 그의 국가학 체계는 어떤 편중 상태에만 머물지는 않는다. 그는 처음부터 그 문제점을 잘 인지하고 있었다. 그래서 그의 《일반국법》 '서론'은 다음과 같은 첫마디로 시작한다. "옛 그리스 사람들은 국가πολιτεία를 다루는 온전한 학문을 정치라고 일컬었다." 블룬칠리의 관찰에 따르면, '오늘날' 사람들은 그 국가 학문을 두 가지로 쪼개어서, 하나를 국법학Wissenschaft des Statsrecht이라고 하며, 다

---

**59** Bluntschli, J. C. (1865), "Staat", pp. 619~620.

른 하나에는 정치학Politik이라는 이름을 붙였다. 국법학은 국가의 조직, 국가의 삶이 지속할 수 있는 기본 조건들, 국가 존속의 규칙들, 말하자면 국가 상황의 필연성을 드러내어 서술한다. 있는 그대로의 국가, 곧 질서를 갖춘 상태의 국가가 바로 국법학의 대상이다. 정치의 학문은 국가의 다른 면모를 관찰한다. 주로 국가의 삶과 그 발전 과정을 문제 삼는 정치학은 공공 행위들이 지향하는 목표를 제시하면서 거기에 이르는 길과 수단을 일깨운다. 두 학문의 대상 세계를 한마디로 정리하자면, "법과 정치의 관계는 질서와 자유의 관계와 마찬가지다." 그것은 또한 몸이 자신의 행위들뿐만 아니라 때때로 여러 방향으로 자유롭게 뻗어가는 정신과 어쩔 수 없이 얽히게 되는 연관성에도 견줄 만하다. 그렇다면, "실제 국가와 밀접한 것으로 드러나는 내용이 학문에서 나누어지는 현상을 어떻게 이해할 수 있을까?"[60] 블룬칠리는 스스로 물었던 질문에 다음처럼 대답하면서, 유기체 존재의 본성에 걸맞은 국가학이라면 두 영역을 함께 아울러야 한다고 주장한다.

법뿐만 아니라 정치에도 도덕성 내용이 담겼다. 국가는 도덕 존재이며 덕성다운 삶의 과제를 지닌다. 그러나 도덕률이 혼자 힘으로, 그러면서 또 온전하게 법과 정치를 규정할 수는 없다. (…) 우리는 국법과 정치를 어떻게 해서든 서로 떼어 놓을 수 없다. 현실 국가는 법과 정치가

---

60 Bluntschli, J. C. (1868), *Allgemeines Statsrecht*, vol. 1, p. 1 f.

결합한 상태에서 생존한다. 그래서 법이란 완벽한 고정 상태에도, 불변의 형상으로도 있을 수 없으며, 정치 운동도 마찬가지로 평온 상태에 이르기도 한다. 한갓 법률제도뿐만 아니라 법의 역사도 함께 존재한다. 곧, 입법의 정치가 함께한다. 유기체 본질이 나타나는 곳이면 어디서나 그렇듯, 법과 정치 사이에 상호성이 작용한다는 점을 우리는 인지해야만 한다. 61

블룬칠리가 아리스토텔레스의 폴리테이아πολιτεία (정치체제) 개념을 되새기는 본뜻은 원조 정치학자의 '폴리스 학문πολιτική ἐπιστήμη'을 본받아 그의 국가학에서 통치 유형의 논의를 빠뜨리지 않겠다는 의지에서 비롯했을 것이다. 그래서 블룬칠리는 '국가 형태'의 종류와 역사성을 서술하면서 지배관계와 통치 목적을 판단기준으로 올바른 통치(왕정, 귀족정, 혼합정)와 타락한 통치(참주정, 과두정, 민주정)를 구분해서 보았던 옛 정치체제 유형학을 원용한다. 아리스토텔레스가 먼저 '공동의 유익함' 또는 '지배자 자신만의 유익함'을 겨냥하는 정치체제들을 각각 정의롭거나 타락한 폴리테이아로 규정하는 원리로 삼듯, 62 블룬칠리는 지배와 피지배의 대립관계에 주목하는 네 가지 근본 형태Grundformen를 설정한다. 첫 번째 유형은 관념 통치 Ideokratie 또는 그 극단 형식의 신권정치Theokratie이다. 이 체제에서는

---

61 같은 책, pp. 2 f.
62 Aristoteles(1831), *Politica*, p. 1279a.

지배자가 '초인 존재'로서 그 어떤 사정에서건 인민 위에 군림한다. 이에 첨단으로 맞서는 유형이 곧 민주정인데, 여기에서 인민이 스스로 통치한다는 뜻에서 인민지배Volksherrshaft라는 별칭도 가능하다. 그다음으로 귀족정을 들 수 있다. 이 체제에서는 지배와 피지배의 구분이 인민 안에서 이루어진다. 그 방식은 인간다우면서도 인민 가운데 더 상위 계급이 통치자로, 그리고 나머지 인민이 피통치자로 각각 제 모습을 띠는 질서를 갖는다. 마지막 네 번째 유형은 왕정이다. 이 체제에서는 통치를 장악하는 한 개성이 피치자와 같을 수 없는 군주이며, 그래서 국가가 온통 그에게 귀속하고 인민 공동체의 통일성이 개인화 상태에 놓일 정도로, 지배와 피지배 사이의 대립관계는 현저하다. 63

네 가지 근본 체제를 보완하여 볼 만한 부수 형태Nebenformen를 세 가지로 나눌 수 있다. 이 이형異形들은 "폴리스가 자유로운 사람들의 공동체"라는 원리에서 '벗어나' 마치 '주인의 지배와 같은' 통치 형식을 나타낸다고 하는 아리스토텔레스의 분류 방식을 베낀 듯하지만, 세 가지 모두 '타락한' 체제라고 이를 수는 없다. 블룬칠리는 '피지배의 측면에서' 고려할 만한 자유의 정도에 따라 먼저 전제정체와 독재 체제를 첫째 사례로 든다. 여기에서는 피치자들이 전부 통치권력 아래 아무런 조건도 없이 굴복하여 절대성의 복종명령에 얽매였다는 점에서, 이 체제를 '자유 없는 국가 형태', 곧 '구속 상태의 인민무리'

---

63 Bluntschli, J. C. (1868), *Allgemeines Statsrecht*, vol. 1, pp. 287 f.

라고 지칭할 수 있다. 그다음은 중세시대의 신분제 국가들을 전형으로 삼을 만한 '반쯤 자유로운' 체제가 하나의 유형으로 정해진다. 그 구성원들 가운데 상층 계급이 공공 사안들에 참여하여 통제할 수 있는 권리를 누리는 한편, 나머지 대중, 그중에서도 특히 '하층 인민계급'은 정치 영역에서 자유의 상태에 있을 수 없으며, 따라서 정치 권리를 나누어 가질 수 없다. 세 번째인 자유로운 정치체제는 모든 인민계급이 정치 영역의 권리를 누리며, "전체 나라(인민)가 정부를 통제하고 입법과정에 함께 참여하는 실행력을 갖는다". 그러므로 이 유형을 달리 넓은 의미의 '공화정' 또는 '인민국가'라고도 지칭할 수 있다. 이 체제는 다시금 통제와 참여 정도에 따라 시민의 회합이 직접 정치를 수행하는 옛 공화정과, 위원회와 대리자들을 통하여 간접 정치가 이루어지는 대의제로 나뉜다. 현대적 의미로 분류할 수 있는 입헌군주제와 대의제 민주주의가 간접정치의 대표 사례이다. [64]

블룬칠리는 이와 같은 세 가지 부수 유형들을 근본 체제들과 합쳐서 현대세계에 적용해 볼 만한 정치체제를 상정하는데, 민주정과 왕정이 주요하게 고려할 만한 대상에 오른다. 민주정이 자유로운 국가 형태로 나아갈 수 있는 '내적 경향성'을 가졌다는 점은 이미 주지의 사실이다. 그렇지만 이 체제는 소수세력과 마주하는 전제정치로 나아가거나 개개 시민들과 대립하면서 아예 독재체제로 바뀔 수도 있다. 그리고 민주정체는 굴종하는 계급과 얽히는 관계에 있어 반쯤

---

**64** 같은 책, pp. 291 ff.

자유로운 국가의 형태를 띨 수 있다. 이 체제와 견주어 볼 만한 왕정은 다시 다양한 유형들로 나뉜다. 동방의 전제국과 서양의 절대주의 왕정은 모두 명백하게 자유 없는 국가 형태에 속한다. 중세의 봉건 체제는 반쯤 자유로운 왕정의 유형이다. 옛적 로마왕국이나 프랑크 왕국은 인민집회가 국정에 직접 참여하는 것을 허용하는 자유로운 정치체제를 경험한 적도 있다. 그렇지만, 이 모든 사례를 다 살펴본 뒤 다음과 같은 결론에 이를 수 있다. "현대의 입헌군주정은 마침내 대의제 헌법을 갖춘 자유 국가에 이르도록 지금까지 다듬어져 온 최상급의 왕정이다."[65]

블룬칠리는 대의제 군주체제가 '진정한' 왕정이라는 표현과 함께 다양한 국가 형태들 가운데 가장 으뜸으로 삼는 한 가지 유형을 편든다. 무엇이 그 "왕정의 본성인가"? 그는 스스로 묻는 이 질문에 "의심할 바 없이 국가 통치권Statshoheit과 국가 권력이 한 개인 안에 인격화되어 있다"라는 해답을 내놓는다. 국왕이 보존하는 국가 권위가 고도로 개인성을 지니는 표현으로 나타날 수밖에 없다는 명제로 이해할 만하다. 말하자면, 입헌군주의 인격은 공화정체의 권위가 표현하는 집단의지의 반대편 자리에 있다는 설명인 셈이다. 이러한 본성의 통치 양식은 역사과정에서 명멸했던 여타 왕정들과 비교하여 어떠한 차별성을 지니며, 어떤 요소들이 그 체제를 '자유로운' 국가 형태로 이끌었을까? 블룬칠리가 입헌제도의 개념 규정 가운데 그 위상

---

[65] 같은 책, p. 293.

을 배치하는 군주는 자신의 권능에 따르거나 자의적으로 법을 만들어 내놓을 수 없을 뿐만 아니라, 원칙상 정부의 통치행위를 좌우할수도 없다. 그 왕정이 이중의 구속성을 갖는다는 점에서 입헌군주제의 '색다름'을 찾을 수 있다. 첫째, 군주는 입법과정에서 '인민의 요소로 남겨진 부분'이 대표성을 갖는 제도에 매인다. 따라서 입법은 '의회의 참여와 동의'를 필수 요건으로 삼는다. 그다음으로, 군주는 통치 법규를 실행하고 그 의무를 완수하는 과정에서 내각의 간섭을 인정해야만 하는 헌법 질서에 매인다. 그렇더라도 입헌군주제가 다수 원칙의 의회제나 내각책임제와 같을 수는 없다. 왜냐하면 "최상위 국가 통치권과 완벽한 국가 권력이 군주에게 귀속하기" 때문이다. 무엇보다도 그와 같은 성격의 왕정은 개개 통치권의 집합이기보다는 '모든 국권의 통합과 온전함'과 같다. 따라서 군주는 법률을 발의하고 동의할 수 있으며, 온갖 국가 행정을 자신의 이름으로 수행하고, 개개 국가 기구들을 자신의 권력 아래에 배치한다. 헌법 질서에 기초를 두는 군주체제는 '불가결의 표지標識'를 지닐 수밖에 없다. 블룬칠리는 군주의 권능과 한계를 함께 지니는 그 고유 성격들을 법학자다운 서술로 간결하게 정리한다.

1) 입헌군주제는 헌법에 따르는 존엄과 권력이다. 입헌제도의 군주는 헌법 바깥에도, 헌법 위에도 서 있지 않으며, 헌법 안에 존재한다.

2) 입헌제도의 군주는 헌법 규정들뿐만 아니라 국가의 법률들을 유념해야 하는 의무를 갖는다. 그는 오로지 헌법과 법률에 근거하는 복

종을 기대하고 요구할 수 있다.

3) 입법 권리는 다만 의회(인민 몫의 대표 기관)와 결합하는 전제에서 군주에게 귀속한다. 군주가 하나의 법규를 제정하려면 한갓 자문 기구가 아니라 반드시 의회의 동의를 얻어야만 한다.

4) 국가의 예산 규칙과 국가 조세의 결의는 대의기구의 참여와 동의를 얻어야만 한다.

5) 입헌군주가 정부와 당국을 감독하려면 반드시 내각의 참여가 필요하다.

6) 내각과 다른 정부 관료들의 책임성은 헌법의 효율을 위해 불가결하다.

7) 법 집행의 자율성과 내각 사법권Cabinetsjustiz의 제척除斥은 정부 권력을 제한하고 시민권을 보장하기 위한 필수 조건이다.

8) 군주의 권리만큼이나 신성불가침한 개인 권리와 공공 권리가 각기 다른 인민계급들과 개개 시민들에게 귀속한다는 승인이 있어야만 한다.

블룬칠리가 현실 세계의 국가 형태들 가운데 이상 체제의 유형으로 삼는 입헌군주제는 '넓은 의미'에서 공화정에 속한다. 그의 생각대로면, 옛적 그리스 사람들이 그렇게 이해했듯, "인민의 자유를 귀하게 여기고 공공 정신에 충만한" 국가라면 모두 독재정치 또는 미성숙 체제에 대립하는 공화정이라고 일컬을 만하다. 이처럼 유연한 인식방법에서 그의 국가학이 지니는 남다른 성격을 엿볼 수 있다. 66

그렇다면 이로부터 '좁은 의미'의 공화정, 곧 원리상 모든 왕정체제에 맞서는 민주정도 아울러서 시대에 걸맞은 어떤 실용성을 지닌다고 유추할 수 있을까? 그의 비망록에 남겨진 한 에피소드가 흥미로운 내용을 전한다. 때는 1848년 5월이었다고 한다. 프랑스 2월 혁명의 영향으로 인근 여러 나라가 새로운 국가 건설의 열기에 들떴던 시절이었다. 바로 그즈음에 블룬칠리는 그에게 심리학 지식을 전수했던 프리드리히 로머와 단교에 이를 정도로 심각했던 불화를 겪는다. 바로 스위스의 정체 문제를 두고 벌인 언쟁 탓이었다. 이때 로머는 '싸늘하게 비웃는 목소리로' 다음과 같이 주장하면서 친구의 분노를 돋우었다. 이제 스위스가 존립할 만한 모든 조건은 망가졌다. 이 나라의 중립성은 사라져 버렸다. 우리는 그 문제를 더는 걱정할 필요조차 없다. 프랑스 말을 쓰는 스위스 사람들은 프랑스의 관심사로 넘어가면 그만이다. 우리는 그저 도이치 말을 쓰는 사람들을 걱정할 따름이다. 스위스에서 공화정은 끝장났다. 그 제도는 주인을 제대로 만나야 한다. 도이칠란트에는 지금 정치가 살아 있지만, 스위스 사정은 그럴 수 없다. 블룬칠리는 이 주장을 부당하다고 반박하면서 스위스 공화정체를 변명한다.

스위스는 유럽을 온통 격동의 혼란으로 몰고 있는 바로 그 열기를 조금 부드러운 형식으로 겪었다. 지금 스위스는 조용하게 기력을 되찾고 있

**66** Bluntschli, J. C. (1874), *Deutsche Statslehre für Gebildete*, pp. 88 f.

다. 스위스가 아니라 강대국들이 유럽 혁명의 책임을 져야 한다. 스위스 사람들은 다른 나라 인민들과 비교해서 잘 견디고 있다. 스위스는 자신의 중립을 지켜 내었다. 왕정에 견주어 보는 공화정은 여전히 중요성을 지니고 있다. 로만 계열뿐만 아니라 도이치 말을 쓰는 스위스 사람들은 항상 친밀하게 결합하고 있으며, 바로 스위스 공화주의자로서 공통의 스위스인다운 민족 감정을 느끼고 있다. 스위스는 오로지 공화국으로 생존할 수 있으며, 다른 가능성은 없다. 스위스가 간절히 원하는 것은 독립이다. 이 자립성은 도이치 연방에 속하는 나라들이나 제국들이 누리는 바와 다르게 더 자유로워야 한다. 자유를 빼앗기면 스위스는 죽고 말 것이다. 만약 그렇다면, 폴란드 사람들이 겪고 있듯, 스위스 사람들의 가슴속 원한이 계속 살아남을 터이다. [67]

우리는 이 이야기로부터 블룬칠리가 한 국가의 인민에게 귀속할 자유의 정도를 통해 체제 문제를 판단한다는 결론에 이를 수 있다. 곧, 그는 이론 수준에서는 엄격한 법치 질서에 따르는 입헌군주제를 최선의 정치 유형으로 가려내면서도 공화정의 실현 가능성을 마음속에 깊이 새긴 절충주의자라고 보아야 옳을 것이다. 그렇다면 어떤 방향의 공화정치가 그의 조국에 '오로지' 하나의 적용 가능성으로 꼽힐 수 있었을까? 블룬칠리는 먼저 아리스토텔레스가 《정치학》 제 6권에서 '민주정의 원리'를 설명하는 대목에 주목한다. 우리가 앞서

---

**67** Bluntschli, J. C. (1884), *Denkwürdiges aus meinem Leben*, vol. 2, pp. 85 f.

보았듯 이 옛적 '정치학' 이론가가 주장하는 "민주정다운 정치체제의 근본 원리는 자유"라는 명제에서 시작한다. 이로부터 누구나 이것이 바로 민주정이라고 동의할 만한 정의正義가 나온다. 이는 모든 사람이 수에 따라서 꼭 같은 몫을 갖는다는 원리인데, 바로 여기에 동등함의 형식과 '인민' 지배의 권위가 뒤따른다. 현실 정치세계에 적용할 만한 가능성을 염두에 두면, '농사짓는 인민'으로 살아가는 사람들을 중심으로 삼을 때, '최선의' 민주정이 이루어질 수 있다. 그들은 다른 사람들의 재산을 탐하지도 않으며 관직에 참여하는 것보다 수확하는 일에서 더 큰 즐거움을 얻는다. 그들이 무언가 명예욕을 갖는다면, 관직자 선출과 감사를 둘러싼 최고 권위를 얻는 일에 크게 만족하면서, 직접 통치하는 일을 기꺼이 좀더 여유로운 사람들에게 넘겨줄 따름이다. **68** 어찌 보면 냉소하는 듯한, 이 같은 설명 방식이 직접 민주정의 한계를 일깨운다. 이 체제는 옛적 그리스의 농사짓고 목축하는 인민이 도덕심을 더 경건하게 간직할 수 있었던 시절에나 적합했다. 좀더 나은 생활 여건에서 더 높은 문화를 이룩한 인민들도 한때나마 그 제도에서 어떤 계기로 이어질 만한 자극을 받을 수 있을지라도, 그 체제는 얼마 못 가서 위험하고 불만스러운 국가 유형으로 드러나고 말 것이다. 옛적 그리스 사람들의 조건 아래에서는 그와 같은 직접적인 정치체제가 더욱 자연스럽고 훨씬 적절했겠지만, 그 유형이 '문화 인민'의 조건 아래에서는 너무 지나친

---

**68** Aristoteles(1831), *Politica*, pp. 1317a~1319b.

무절제의 경향으로 나아갈 터이다. "그 국가체제가 약속하는 자유는 자칫 고귀한 요인들을 더 많이 억누르면서 다수의 거친 지배욕과 방종으로 이어질지도 모른다. 그리고 그 체제가 근거하는 평등은 더 발전한 삶이 갈등과 다양성을 낳자마자 명백한 거짓말과 부당함으로 밝혀진다."[69]

블룬칠리가 보기에, 아리스토텔레스가 아테네의 경험을 사례로 자세히 설명할 수 있었던 민주정의 제도와 운영방식의 문제점은 현대에 이르러 스위스의 체험에서 고스란히 되살아난다. 블룬칠리의 회상록에는 그 현실 체험이 1831년 6월이라고 적혀 있다. 그 무렵 그는 베를린과 본에서 법학 수업을 마친 뒤 취리히대학에서 교수 이력을 시작하기 직전에 그곳 지역 의회의 한 분과위원회 서기를 맡고 있었다. 이때에도 1830년 프랑스 7월 혁명의 영향으로 여러 이웃 나라들은 새로운 헌법 제정을 둘러싼 정쟁의 와중에 있었다. 그의 기억 속에서 스위스 정파들은 여러 갈래로 나뉘는데, 민주주의 세력의 주장이 주목거리로 오른다. "나는 민주정다운 국가 형태가 작은 규모의 산악 지역에서 익숙했던 바대로 하찮고 단순하게 살아가는 인민들에게 아주 적절하다고 여겼는데, 그들의 도덕 관습과 직관력은 동질의 성격을 지녔다. 그러나 그 유형을 더 풍부한 문화 특징들과 더 높은 수준의 교양을 지니고 더 부유하게 사는 인민들에게 꼭 필요한 대의체제와 비교해서 보면, 그것이 낮고 거친 단계의 국가 형

---

69 Bluntschli, J. C. (1868), *Allgemeines Statsrecht*, vol. 1, p. 318.

성에 어울릴지라도, 많은 사람이 착각하듯 그렇게 최상의 국가 이상에는 알맞을 수 없다." 왜 그런가? 스위스 여러 주 지역의 회의기구로 활동하는 '민회Landsgemeinde'에서 농사짓는 시골 사람들이 모두 모여 무언가를 결정할 때, 그들의 사사로운 소망을 국가의 요구사항 아래에 두기가 쉽지 않다. 그래서 그들은 쉽사리 개개인의 의사를 국가 의지라고 우기는 유혹에 빠져들면서, 종종 무정부주의와 전제주의 사이에서 갈피를 잡지 못하는 지경에 이른다.[70] 블룬칠리는 이와 같은 민주정을, 총명한 머리 없는 동물들의 낮은 교양 수준에 비추어 보면서 대의제 국가 유형에 기우는 '열정'을 다음과 같은 표현으로 기록한다.

나는 대의제 국가 형태들 가운데에서 중세나 고대의 국가들과 다르게 커다란 진보를 이루는 오늘날 국가 건설을 본다. 이 진보는 무엇보다도 게르만 사람들이 자유에 바치는 사랑뿐만 아니라, 처음에 잉글랜드 사람들이 가꾸고 게르만 사람들이 발전시킨 관습의 덕택도 입고 있다. 국가를 하나의 올바른 공화국으로 만들고, 거기에서 국가 자신의 통일성과 왕을 제거하지 않았던 대의제 군주정, 아울러서 대의제 공화정을, 나는 문명화 단계에 다다른 인민에게 가장 잘 어울리면서 자유와 질서도 지키는 두 가지 현대식 국가 형태라고 해석했다. 특권층에 어울리고 도시민 중심이었던 스위스 귀족정의 시대는 지나갔다. 이제는 오로지

---

[70] Bluntschli, J. C. (1884), *Denkwürdiges aus meinem Leben*, vol. 1, pp. 123 ff.

대의체제가 오늘날의 인구층을 만족시킬 수 있다.

스위스 주 의회는 의심할 바 없이 주권을 행사하는 권한을 소유했다. 그것은 인민의 대변자이며 국가 의지의 최상위 기관이었다. 이 기관이 통치 당국을 지명하는 일을 그 무엇도 방해할 수는 없었다. 그렇더라도 주 의회는 그 대변자를 자처하는 인민에게서 자신의 권위를 끌어내었다. 인민의 이름으로 그 기관은 국가 의지와 법률을 표명했으며, 자신의 고유 권리의 힘에 기대지는 않았다. 그 주권이 인민에게서 나오고 인민에 근거하는 관념 가운데 놓였다는 점을 나는 인정했다. 그렇지만 나는 우리가 그러한 까닭에 인민을 통치자로 명명해야만 한다는 점에 이견을 내세웠다. 나는 통치와 국가 원수라는 표현을 꼭 같은 의미로 여기기 때문에 그렇게 논박했다. 대의제 공화정에서 인민은 그 자체로 지배자가 아니었으며, 다만 입법기관 가운데서 국가 의지의 최고 기관, 곧 한 사람 지배자를 만들어 내었다.[71]

이때 블룬칠리는 20대 초반의 청춘이었다. 아마도 그가 만년에 그 시절의 경험 사례를 떠올리면서 나중에 쌓은 역사학과 국가학 지식을 거기에 뒤섞어 기록했으리라고 짐작할 만하다. 고전 정치학이 최선의 정치체제와 그 변형을 구분했던 요소가 이미 거기에 들어 있기 때문이다. 우리는 앞에서 '더 나쁜' 민주정을 우려하던 아리스토텔레스를 만난 바 있다. "민주정의 또 다른 종류는 여느 문제들에서

---

71 같은 책, pp. 134 f.

는 같지만, 거기에서 법이 아니라 뭇사람이 최고 권위를 가진다. 이는 법 대신에 결의가 최고 권위를 가질 때 발생한다. 이것은 인민 선도자들 탓에 생겨났다. 왜냐하면, 법이 지배하는 민주정에서는 인민 선도자들이 생겨나지 않고, 최선의 시민들이 선도하는 위치를 차지하기 때문이다."72 이 표현처럼, 참주와 다를 바 없는 유일 통치자가 인민 세력의 지배정치에서 생성하는 셈이다. 아리스토텔레스의 경고에 따르면, 모든 결정을 인민의 의사에 넘길 때, 데모스에서 늘 데마고그가 출현할 수밖에 없다. 이와 비슷하게 블룬칠리도 어떤 극단으로 치달을지도 모르는 민주정의 폐단을 염려한다. 나중에 그는 자신의 국가학 체계를 다 갖추고 난 뒤 그 문제를 정리할 때, 경험 사례를 서술하는 듯하면서도 사실상 이론 수준에서 민주정의 원리를 선취한다. "현대의 공화정은 모든 시민이 균등하게 인민 주도의 지배정치에 참여했던 옛 민주정과 비교해 보면 가장 뛰어난 사람을 인민의 대표자로 선발하는 민주정, 다시 말하자면 귀족다운 분별로 고상해진 민주정이다. 지배의 권리는 역시 이 체제에서도 전체 시민, 곧 인민에게 귀속하지만, 통치의 행사는 인민의 대표자로 위탁할 만한 탁월한 사람들의 몫이다."73

　‘고귀한 민주정 만들기Veredelung der Demokratie’는 어떻게 가능한가? 블룬칠리는 아리스토텔레스처럼 ‘인민집단의 덕성’을 ‘좋은 민주정’

---

72 Aristoteles (1831), *Politica*, p. 1292a.
73 Bluntschli, J. C. (1875), *Allgemeine Statslehre*, p. 544.

에서 빠뜨릴 수 없는 '실제 요구조건'으로 본다. 그래서 그 체제는 하나의 대의제 원리 위에 설 수밖에 없다. "인민 가운데 가장 탁월한 사람이 인민의 이름과 위탁으로 통치해야만 한다." 그러나 '신념과 통찰력에서' 남달리 뛰어난 사람을 '인민지배의 대리자'로 가려내는 선거의 조직 방법에 '커다란 어려움'이 있다. '투표의 머릿수'가 역시 가장 중요한 문젯거리다. 이를테면, 전체 인민이 통틀어 표결에 참여하고 투표자의 머릿수를 단순하게 계산하여 통치행위를 결정하는 방법은 옛적에나 통했던 직접 공화정의 경험 사례일 따름이다. 블룬칠리는 대의제 민주정의 고유성을 다른 곳에서 찾는다. 곧, 국가 통치의 정당성은 원래 다수에 귀속하지만, 그 행사는 소수에게 맡겨지는 원리가 대의제 민주정의 특징이다. 그러므로 소수가 다수의 의미로 통치하기 위해서는 '오로지 전체의 부분'이 온 인민을 대신하여 대표자로 뽑혀야 하기에, '머릿수 원리'는 거기에 적합할 수 없다. 따라서 '오늘날 공화정'은 "인민 가운데서 정신과 도덕뿐만 아니라 재산도 아우르는 삶의 요소들을 틀림없이 갖춘" 최선의 능력자에게 정치권력을 맡기도록 보장하는 제도와 함께해야만 올바르다. [74]

블룬칠리가 내세우는 대의제 민주정은 한마디로 엘리트 지배정치와 같다. 다수 의사가 소수 의지보다 더 올바르다는 당위성이 경험현실에 근거할 수 없다는 전제에서, 국가 지배권이 교양과 재산을 갖춘 유력자에게 돌아가기 때문이다. 그 원리를 뒷받침하는 선거제

---

[74] Bluntschli, J. C. (1868), *Allgemeines Statsrecht*, vol. 1, pp. 326 f.

도는 일종의 계급선거권에 따라 표의 무게를 달리 결정하는 정치 질서를 요구한다. 이와 같은 체제의 성격을 두고서, 거기에 필요한 시행 방안을 세세히 담지 않은 그의 주장들이 너무 추상성에만 매달린 탓에 현대의 정치 현실에 적용할 만한 내용이 결여되었다는 비판을 내놓을 만하다. 더군다나, 그가 원했든 원치 않았든, '순정한' 민주정의 미명 아래 인민의 직접 통치 참여를 가능한 한 제한한다고 여겨지는 지배정치 이론이 자칫 현실의 권력국가를 거드는 결과로 이어지고 말았다는 비난도 가해질 수 있을 것이다. 이 문제는 그의 국가학이나 정치학 주제들이 헤겔의 법철학 체계와 어느 정도 상관성을 갖는가를 헤아려 보도록 요구한다. 헤겔의 군주정 이념보다 더 강한 힘으로 비스마르크의 시대정신이나 현실 국가체제를 떠받치고, 아울러서 그의 권력국가 사상만큼 도이치어 민족에게 처음으로 최고의 도덕 과제로 정립하면서 20세기에 이르기까지 생생한 영향력을 끼친 교설은 잘 드러나지 않기 때문이다. 헤겔이 국가 이념의 지평에서 남긴 파급력은 블룬칠리의 시대뿐만 아니라 그 이후에도 지속된다. 그의 지배력 안에 있는 여러 역사학자와 철학자, 그리고 블룬칠리를 직접 가르친 교수들을 포함하는 법학자들은 셀 수 없을 정도지만, '위대한 역사주의 이론가' 드로이젠Johann Gustav Droysen이 남긴 몇 마디 말로써 그의 영향력을 충분히 가늠하리라고 본다. "국가는 모든 도덕 공동성의 집합, 곧 총유기체이며, 그 목적이 되고자 요구한다. 국가는 안으로든 바깥으로든 보호와 방어를 위한 공공 권력이다."**75** 이 표현이 암시하듯, 드로이젠과 같은 정치 지향의 역사

가들은 헤겔과 더불어 민주정의 실현 가능성을 덮어놓고 물리치면
서도 극단성의 자유주의와 보수주의 사이를 매개하여 현실 국가체
제의 정당성을 굳게 지키고자 했다. 76

헤겔 사유체계의 자장 안에서 블룬칠리의 국가학 주제들을 찾아
볼 수 있을까? 그의 언어 표현들 가운데 헤겔의 표현방식을 따르는
사례는 적지 않다. 그렇더라도 그의 이론체계나 서술 내용이 헤겔식
권력 이념을 뒤따른다는 흔적은 흐릿하여 분간하기 어렵다. 아무
튼, 그가 국가 개념의 역사와 거기에 깃든 이념 경향성을 밝힐 때,
헤겔 사상에 정면으로 맞서는 그의 관점이 두드러진다. "근대철학
은 국가 이념을 더 깊게 이해하려는 노력을 거듭한다. 도이칠란트
철학자들 가운데 헤겔은 특히 국가의 도덕성 의미를 다시금 강조하
면서, 국가란 하나의 필요악이라고 하는 비참한 사고방식에 맞서서
가장 고귀하고 훌륭한 법이념을 실행하는 국가를 찬양한다. 그렇지
만 그의 국가는 한낱 하나의 논리를 갖춘 추상이어서 실제 삶도 신
체도 지니지 못하며, 변증법 사유의 유희이거나 수사학 표현이어서
아무런 본질도 갖지 않는다."77 그리고 그는 현실정치에 적합한 정
치체제의 문제를 두고서 입헌군주제를 가장 바람직하다고 여기는
점에서 헤겔과 길을 같이하는 듯 보이지만, '인민 주권'을 무턱대고

75 Droysen, J. G. (1868), *Grundriss der Historik*, Leipzig: Verlag von Veit &
   Comp., p. 33.
76 Heller, H. (1921), *Hegel und Machtsstaatsgedanke*, pp. 177 ff.
77 Bluntschli, J. C. (1868), *Allgemeines Statsrecht*, vol. 1, p. 73.

배제하지 않는다는 전제에서 그럴 따름이다. "입헌군주제는 오로지 자유로운 인민으로 구성되는 인민왕국Volksfürstenthum으로 이해할 만하다."78 이와 같은 생각은 인민과 국가체제 사이의 관계를 다음처럼 설명하는 칸트의 사유방식과 사실상 크게 다르지 않다고 여길 만도 하다. "인민이 만족해야만 하는 희망의 약속과 관련해서는, 만약 군주가 선하다면(다시 말해, 그가 그럴 수 있는 의지뿐만 아니라 통찰력도 가진다면), 군주제(여기서는 원래 전제체제)가 가장 훌륭한 국가체제라고 이를 수 있다. 그렇지만 이 말은 동어반복의 격언으로 다음과 같은 뜻을 말할 따름이다. 최선의 체제란 이를 통해 국가 관리자가 최선의 통치자로 만들어지는 체제, 곧 가장 훌륭한 체제, 바로 그것이다."79 이 표현에는 '인민이 모두' 수동 상태에서 자신 상위에 군림하는 한 사람에게 복종한다면, '국가 시민다운 신민'은 존재할 수 없다는 경고가 들어 있다. 그리고 이 이성의 철학자는 같은 줄기에서 민주정의 밑바탕에 놓인 위험요소를 지나쳐 버리지도 않았다. "세 가지 국가 형태 가운데에서 민주정 유형은 원래 지닌 말뜻 그대로 어쩔 수 없는 전제주의Despotism다. 왜냐하면, 이 체제는 하나의 행정 권력을 만들어 내는데, 거기에서 모든 사람이 (동의하지 않는) 한 사람 위에서나 한 사람을 거슬러서, 그러니까 도대체 모두일 수 없는 모든 사람이 결정을 내리기 때문이다. 이는 곧 그 자체뿐만 아

**78** Bluntschli, J. C. (1875), *Allgemeine Statslehre*, p. 501.

**79** Kant, I. (1979), *Die Metaphysik der Sitten*, p. 339.

니라 자유와도 어긋나는 보편의지의 모순이다."[80] 그래서 우리는
결론 삼아 다음과 같이 정리할 수 있다. 블룬칠리의 정치체제 논의
는 동시대의 국가론 체계에서 최선의 위치에 있다고 이를 수는 없지
만, 그것이 적어도 비스마르크 체제 아래의 주도 이념을 훨씬 앞질
러 갔다고 단정할 수 있다. 더군다나, 나중에 자신의 국제법 텍스트
에서 '인민 자결권'으로 되살아나는 그의 '인민 인격체' 개념은 오늘
날 국가 구성의 문제점들을 다시 따져 볼 때 하나의 가교 역할에 충
분하리라고 추론할 만하다.


## 5. 인민과 민족

인민Volk이 국가 구성의 지체이며 온전한 공동체의 중추라는 설명이
블룬칠리의 유기체 방법론에서 중심 명제를 이룬다. 그는 이 과제를
다룰 때 거의 어김없이 인민을 민족Nation과 함께 국가 형성의 '근본 조

---

**80** Kant, I. (1795), *Zum ewigen Frieden*, p. 352. 칸트는 민주정을 독재정과 귀족정
에 비추어보면서, 다음과 같이 설명을 이어간다. "곧, 대의제 성격을 갖지 않은 모든
통치 형식은 하나의 기형이다." 입법자가 같은 인격으로 한꺼번에 자기 의지의 집행
자일 수 없기 때문이다. 독재정과 귀족정이 대의제답지 않은 까닭에 결함을 지녔더
라도, 이 체제들이 적어도 대의제도의 정신에 걸맞은 통치방식을 받아들일 수는 있
다. 이를테면, 자기 자신이 한갓 국가의 가장 높은 종복일 따름이라고 말하는 프리
드리히 2세(Friedrich II)가 그 사례에 속한다. 그렇지만 민주정은 그와 같은 일을
이루어 낼 수 없다. 왜냐하면, 그 체제에서는 아무나 지배자이고자 하기 때문이다.

건'으로 이해하는 한편, 그것들의 역사성과 개념 의미를 각각의 고유성에 따라 구별해서 본다.81 이와 같은 인식방법이 20세기 초반 한국 지식사회에도 전해졌다는 사실에 주목할 만하다. 1908년 7월 30일 〈대한매일신보〉에 '민족과 국민의 구별'이라고 제목을 붙인 논설 한 편이 실리는데, 그 글은 이렇게 시작한다. "국민이라는 명사는 민족 두 글자와 구별이 크게 있거늘 그것을 모르는 자들이 왕왕 이 두 용어를 혼칭하니 이는 불가한 일이라." 논설의 방향은 뚜렷하다. 그것은 그때까지 경계가 모호했던 '민족'과 '국민'의 의미를 나누어 보면서 주권의 주체를 개념으로 구성하는 하나의 실험이다. 그런데, 여기에서 보는 '국민'은 불룬칠리가 설명하는 '인민'과 같은 말이다. 〈대한매일신보〉의 논설 기고자는 그 표현을 아마도 량치차오의 글에서 빌려온 것으로 보인다. 안종화가 량치차오의 번역에 기대어 펴냈던82 《국

---

81 불룬칠리는 그의 주저 《일반국법》의 첫 번째 판본(1851~1852년)에서는 '인민'을 중심으로 '국가의 근본 토대'를 설명했지만, 그 두 번째 판본(1857년)에서 '인민'과 '민족'의 성격을 설명한 뒤 이 책의 판본을 거듭하면서 그 개념들을 보다 엄격하게 구별하여 사용했다. 그리고 그는 브라트(Brater)와 함께 펴냈던 《도이치 국가학 사전(*Deutsches Staats-Wörterbuch*)》 제7권(Stuttgart und Leipzig, 1862)에도 민족, 인민, 민족성 원리를 설명하는 항목을 포함했다. 안종화가 펴냈던 《국가학 강령》의 원전이었던 《교양인을 위한 도이치 국가학》 제2장에도 비슷한 내용이 들어 있다. 안종화는 이 부분을 번역하지 않았는데, 그가 참고했던 량치차오의 번역문이 이 장을 다루지 않았기 때문이다.

82 일본 망명 시절의 량치차오가 편집을 맡고 있던 〈청의보(淸議報)〉는 1899년에 몇 차례에 걸쳐 '國家論 卷一'이라는 제목의 번역물을 연재하는데, 안종화 번역의 《국가학 강령》은 그 내용을 번역 텍스트로 삼았다. 이 이야기는 이 책 제5장 '수용과 소통'의 '량치차오와 불룬칠리' 부분에 자세히 서술되어 있다.

가학 강령》의 원서, 곧 *Deutsche Statslehre für Gebildete*(1874) 제 2장에는 원래 '민족과 인민'을 다루는 장이 들어 있는데, 량치차오는 자신의 번역문에 이 부분을 담지 않았다. 그 대신 그는 블룬칠리 사상을 소개하는 〈정치학 대가 백륜지리의 학설政治學大家伯倫知理之學說〉을 발표하면서, '국민과 민족의 구별 및 그 관계'를 설명하는 하나의 장을 붙였다. 바로 여기에서 원래 블룬칠리가 중심 개념으로 삼았던 'Volk'가 '국민'이라는 용어로 옮겨졌으며, 이 표현방식이 한국 지식 사회에도 그대로 이어진 듯 보인다. **83** 그러므로, 다시금 '국민'을 '인민'으로 바꾸어 읽는 방법이 또 다른 텍스트 이해Verstehen이다. **84**

"제멋대로 함께 모였거나 모집된 다수의 인간이 민족을 형성하지는 않는다. 그리고 몇몇 개인이 합의하더라도 하나의 인민, 하나의 국가가 일어나지도 않는다." 블룬칠리는 이렇게 시작하면서 가족과 같은 어떤 집단의 결합 그 자체만으로는 하나의 민족도, 하나의 인민도 만들어지지 않는다고 밝힌다. 먼저 민족의 발생과 발전 과정이 논의의 대상이다. '하나의' 민족은 지금까지 존속해 온 종족 또는 오랜 뿌리를 가진 '대규모 민족' 내부에서 새로운 분열이 있을 때 발생

---

**83** 량치차오, 강중기 옮김(2011), "정치학 대가 블룬칠리의 학설", 〈개념과 소통〉 8호, 253~286쪽. 이 글은 원래 량치차오가 편집을 맡고 있던 〈신민총보(新民叢報)〉 제 38 · 39호 합본(1903. 10. 4.), 19~53쪽에 실렸다.

**84** 나는 이전에 《일반국법》의 4번째 판본(1868)에 실린 '민족과 인민' 장을 번역할 때 량치차오의 관례에 따라 'Volk'를 '국민'으로 번역했다("3. 요한 카스파 블룬칠리, 《일반국법》", 〈개념과 소통〉, 7호, 259~269쪽). 이제 그 번역어를 한말 문헌에 자주 나왔던 '인민'으로 바꾸고자 한다. 이 표현이 원서의 뜻에도 더 가깝기 때문이다.

한다. 그러므로 민족 형성은 한 무리가 나머지와 나뉘어 갈라지는 현상이다. 그 과정에는 해당 무리가 고유하게 물려받은 집단 품성이 중요한 구성요소로 작용하거나 거기에 다른 종족으로부터 유래하는 다양한 습속이 뒤섞여서 새로운 변용이 생기기도 한다. 그 요소와 성격에 가장 큰 영향력을 끼치는 힘은 정신이다. 그 가운데 언어보다 더 강력하고 완벽하게 민족들을 갈라놓거나 하나로 합치는 요인은 없다. "언어 공동체Sprachgemeinschaft는 가장 확실한 민족 공동체nationale Gemeinschaft의 징표이다. 그것은 정신문화의 통일을 의미한다." 관습과 법률 공동체는 그다음 차례에 든다. 이와 같은 민족 형성의 과정은 매우 완만하다. 종족들이나 무리의 집단이 수많은 세대를 거치면서 차츰 어떤 고유성을 만들어 전래한 다음에야 비로소 하나의 성격을 지니는 민족 품성이 정신과 기질, 또는 신체 특성 가운데 나타난다. 85

블룬칠리가 관찰하는 민족은 하나의 문화개념Culturbegriff이다. 이와는 다르게 인민은 하나의 국법개념ein statsrechtlicher Begriff에 속한다. "국가 안에서, 그리고 국가를 통할 때 비로소 민족은 인민이 된다. 국가 공동체Statsgemeinschaft가 인민통일Volkseinheit을 이룬다."86 이렇게 보면, 민족 그 자체로는 인민을 형성하는 요건을 다 채울 수 없다. 그 구성원들이 국가라는 통합 조직으로 향하는 지속적 생존과

---

85 Bluntschli, J. C. (1868), *Allgemeines Statsrecht*, vol. 1, pp. 83 f.
86 같은 책, p. 84.

공동생활을 유지할 때 비로소 진정한 인민의 통일성이 이뤄진다. 그럼으로써 특정한 인민 정신과 인민 성격이 생성하여 발전하는데, 이는 개개인의 정신이나 성격과는 달리 인민이 뭉친 큰 무리 가운데에서 번성한다. 따라서 하나의 민족 품성이 있듯 하나의 인민 품성도 있다. 이 품성이 민족과 인민의 인격성을 규정하는데, 그 두 가지는 항상 일치하지는 않는다. 민족은 선천적인 의미에서 하나의 인격체로 불릴 수 있는데, 주로 개개 민족마다 고유한 언어로써 정신의 통일성을 표현한다. 그러나 그 어떠한 법률제도도 민족 공동체를 조성하거나 확정할 수 없다. 그래서 민족은 법률상 의미의 인격체로 나아갈 수 없다. 인민의 인격성은 이와 다르다. 인민은 국가 속에서 온전한 신체, 곧 전체 구성조직을 갖추면서 법률상의 인격체가 된다. 그러므로 모든 인민집단은 유기조직의 존재다. 이 구성체는 따라서 유기체다운 생명의 자연 법칙 아래에서 존속한다.

인민이란 이 말이 완벽하게 표현할 수 있는 최상의 의미에서 국가로 뭉치고 국가다운 유기조직을 갖춘 정치 인격체politische Person다. 모든 개개 국가의 통치자와 피치자가 다 함께 이와 같은 국가의 인민을 구성한다. 군주는 인민 바깥에서 존립하지 않으며, 다만 인민의 우두머리로서 그 정점에 서 있다. 출신이나 직능 구분을 포괄하는 다양한 신분들과 여러 정치 계급들도 그와 같은 인민 개념이 규정하는 한낱 지체들과 부분들일 따름이며, 개개 시민들도 평민 자격으로 거기에 속한다. 인민은 이 모든 계기 가운데에서 헌법이 규정하는 형식대로 분명하게 선을 그은 구획 설정에 따른다. 국가 귀속의 경계가 곧 인민의 경계이다. 이와 같은 의미에서 인민은 하나의 통일 의지를 지니며, 그 뜻은 입법으로 나타난다. 그리고 인민은 하나의 대의기구를 통하여 다른 인민들뿐만 아니라 국가들과도 법률관계에 선다. 인민은 법률 존재이다. 우리는 자주 그 법률 존재를 국가라고 부르면서 인민이라고는 호칭하지 않는다. 그렇지만 우리는 국가란 그와 같은 인민의 육신과 같을 따름이며, 이 육신 가운데 생존하는 정신적이며 도덕적인 존재가 실제로는 인민이라는 점을 잘 알고 있다. 그러므로 인민은 국가라는 인간성 개체이고, 진정한 국가 존재이다. 곧 인민이란 머리 따로 몸통 따로 동떨어져 존재하지 않으며, 그것은 머리와 지체를 아울러 크게 하나로 합친 통일 존재이다. 87

블룬칠리는 민족과 인민의 역사성과 개념들의 특성을 설명하면서 그 용어들의 관습에 내재하는 오랜 어법의 혼란에도 주목한다. 이를 테면 영어와 프랑스 말에서 'nation'은 정치적 통일성을 이루는 공동체를, 그리고 'people' 또는 'peuple'은 공통의 언어, 풍속, 거주와 밀접한 관련성을 갖는 '비유기적unorganisch' 대중을 의미한다. 이와는 다르게 도이치어 용법에서 'Nation'은 단순히 문화 공동체를, 그리고

---

87 Bluntschli, J. C. (1862), "Nation und Volk, Nationalitätsprincip", in Bluntschli, J. C. & Brater, C. eds., *Deutsches Staats-Wörterbuch*, vol. 9, Stuttgart/Leipzig: Expedition des Staats-Wörterbuchs, p. 154.

'Volk'는 국가 안에서 이루어지는 정치 공동체를 의미한다. 블룬칠리는 도이치어 용례가 원래 어원에 더 충실하여 두 개념의 역사성과 차별성을 명확하게 밝힐 수 있다고 본다. 곧, nation 또는 Nation의 어원은 '태어나다'를 뜻하는 라틴어 동사 nasci인데, 여기에서 유래한 명사 natio는 출생, 집안, 종족 등을 지시한다. 인민을 말하는 Volk의 어원을 살펴보면, 이 말이 그리스어 폴리스πόλις 또는 주민과 뭇사람을 뜻하는 라틴어 populus와 가깝다는 사실을 알 수 있다. 이렇게 보는 어원학은 영어와 프랑스어의 뒤바뀐 관습을 입증한다. 그러니까 도이칠란트 사람들의 언어 감성은 올바른 의미를 따르는 셈이다. 그래서 블룬칠리는 민족을 하나의 문화개념으로, 그리고 인민을 하나의 국법개념으로 규정한다. 제대로 된 언어 감성에 따르면, 중세시대 게르만 사람들은 하나의 민족이면서 또한 하나의 인민이었다. 그러다가 그들은 지난 몇 세기 동안 하나의 민족이었지만, 그들에게 닥친 정치 상황으로 말미암아 하나의 인민으로 나아갈 수 없었다. 그리고 드디어 19세기 후반에 이르러 도이칠란트 제국이 역사 무대에 나타나자, 그곳 사람들은 비로소 하나의 인민을 이룩할 만큼 충분한 근거와 소양을 갖추게 되었다. 이에 비추어 스위스 사람들의 사례를 살펴볼 수 있다. 그들은 다양한 민족성Nationalität의 뿌리들을 가지면서도 정치적 통합을 이루어 하나의 인민으로 발전할 수 있었던 전형에 속한다. **88**

---

**88** Bluntschli, J. C. (1868), *Allgemeines Statsrecht*, vol. 1, p. 85 (Anmerkungen).

'민족'과 '인민', 그리고 거기에서 갈라져 나온 파생어들이나 인접 개념들은 유럽 역사의 정치뿐만 아니라 문화 영역에서도 중심의 자리에 있다. 이 용어들로써 인간 무리를 사회적, 법률적 수준과 인종과 종족의 단위로 각각 나누어서 규정하는 용례는 고전고대의 언어 관습으로 거슬러 오른다. 이를테면, 옛 그리스 말 '에드노스ἔθνος'는 한 종족이나 족속 또는 때로 이방인을 지칭하는데, 여기에 짝하는 라틴어는 'gens'(씨족, 종족)와 'natio'(출생, 집안, 족속)이다. 유럽 근대세계의 한 이념 경향성을 짙게 장식하는 내셔널리즘nationalism이 특정 인간집단의 뿌리에 집착하는 근거가 바로 오랜 내력의 언어 관습 가운데 깊이 잠재한다고 여길 만하다. 이와는 사뭇 다른 의미로 인간집단을 지시하는, 옛 그리스어 가운데 언어 영역뿐만 아니라 사회와 정치의 장에서 가장 두드러진 파장과 영향을 남긴 표현은 앞서 보았듯 아리스토텔레스의 '폴리스 학문'에서 중심 개념으로 작용하는 '데모스δῆμος'라고 이를 수 있다. 이 말과 짝하는 라틴어 표현은 'populus' 또는 'plebs'(평민, 서민)나 'vulgus'(군중, 졸병) 등으로 나뉘는데, 이 가운데 특히 populus가 '인민'이나 '주민'을 뜻하는 근대 유럽어의 모형으로 굳어진 사례도 하나의 언어 관습에 속한다. 이와 같은 용례들의 계통에서 굳이 따져 묻는다면, 도이치어 Volk의 어원은 블룬칠리의 설명처럼 그리스어나 라틴어 표현들과 직접 맞닿는다고 여기기 쉽지 않다. 이 말은 원래 'folc' 또는 'volc'라는 꼴로 쓰였으며, 군대를 이루는 무리 혹은 낮은 지위의 주민 집단이 그 뜻에 해당한다. 이렇게 보면, Volk의 원래 의미는 옛 로마 사람들이 사용했던 vulgus와 친화력을 갖는다고 할 수 있다. 15세기에 이르러 Nation이 하나의 차용어Lehnwort로서 인문주의 운동에 편승한 민족사상의 전파를 떠맡는 동안, Volk가 하나의 시대 언어로서 행사할 수 있는 역할은 미미했다. 프랑스어와 영어 표현방식의 '인민'(프랑스어 peuple, 영어 people)에 글꼴과 의미요소를 물려준 라틴어 populus는 도이치어 영역에서 다만 plebs의 뜻과 짝한다고 볼 수 있는 Pöbel(천민, 무지렁이)의 쓰임새에만 영향을 끼칠 따름이었다. 드디어 1800년 무렵에 이르러서야 비로소 Volk의 용례에 커다란 변화가 일어난다. 그때부터 이 말의 의미론은 평가절상을 겪는다. 곧, '국가 인민Staatsvolk'이라는 용어가 민족Nation과 주민Bevölkerung의 의미를 포괄하는 한편, 자연법 영향 아래에서 Volk는 populus가 오래도록 유지해 온 정치 영역의 의미를 국가에 귀속하는 인민으로 유지하도록 해주는 하나의 번역어로 정착할 수 있었다. 89

블룬칠리는 아마도 주로 자신 당대의 언어 현상에 집중하면서 민족과 인민의 밑바탕에 원초적 형태로 남은 옛 의미소들을 세세히 들추어내지는 않았지만, 두 개념의 역사성을 잘 인지했던 셈이다. 그 의미영역들을 유비 방법으로 관찰하면, 개념들이 표현하는 실상들이 더욱 분명하게 드러나는 한편, 상반하는 방향으로 나아가는 듯

---

89 Brandt, P. (2001), "Volk", in Gabriel, G. ed., *Historisches Wörterbuch der Philosophie*, vol. 11, Basel: Schwabe, pp. 1080~1090; Koselleck, R. et al. (1992), "Volk, Nation, Nationalismus, Masse", in Brunner, O. et al. eds., *Geschichtliche Grundbegriffe*, vol. 7, Stuttgart: Klett-Cotta, pp. 142 f.

보이는 개념의 성격들 사이에 어떤 본성다운 상호 연관성이 존재한다는 점에 오늘날의 의미론 연구는 주목한다. 말하자면 '민족'과 '인민', 이 두 기본개념은 다 함께 스스로 조직하고 스스로 인식하는 정치 행위의 단위들뿐만 아니라 거기에 포함되지 못하는 여타 행위주체들이나 외부 집단들에도 주목하도록 지시하는 시대적 힘으로 작용했다는 설명이 그중 하나다. **90** 블룬칠리의 다음 표현이 바로 그와 같은 인식의 밑바탕을 이룬다. "문명이 진보한 덕택에 비로소 우리는 민족의 권리를 말하며 거기에 주목할 것을 요구하기 시작한다. 민족들이란 인류의 부분이며 거대한 세계사적 발전과정의 산물이기 때문에, 그 존립 기반도 또한 주목받고 보호되어야만 한다. 항상 인간 존재가 우선적이며 자연적인 기본권리이다. 그렇지만 그 어떤 인간 존재가 민족다운 공동 정신의 존재보다도 더 나은 본성의 권리를 지닐 수 있는가?" 이렇듯, 블룬칠리는 자주 뒤섞여 사용되곤 하던 두 개념의 의미를 분리하면서 국가 구성의 문제와 관련하여 인민을 민족보다 상위에 두는 한편으로, '민족성Nationalität'도 아울러 근대 국가의 원리라는 점에서 '정치적 의미'를 지닌다고 본다. 그는 그 원리를 다음처럼 설명한다.

민족성 원리를 오로지 민족다운 언어, 풍속, 그리고 법률관례의 존중으로 이해한다면, 이 원리는 적어도 도이치 학문 영역에서 널리 알려

---

**90** Koselleck, R. et al. (1992), 같은 글, pp. 380 ff.

졌으며, 주로 비교적 하찮은 사안들에서만 그 원리는 사실상 때때로 인정되지 않는다. 그러나 오늘날 민족성 원리는 이전과 전혀 다르게 본질상 정치적인 의미를 지닌다. 사람들은 그 원리를 더욱이 근대적 국가원리로 선언했으며, 그 원리의 이름으로 유럽 국가체제의 전반적인 개편을 요구했다. 이 새로운 민족성 원리의 교설은 아주 간결하게 표현하자면 다음과 같은 주장을 펼친다. 개개 민족은 모두 국가로 한데 뭉치고 유기조직을 갖출 수 있는 권리, 말하자면 인민이 될 수 있는 자격을 가진다. 민족은 기질이며, 인민은 이 기질의 충족이다. 인간들이 다양한 민족들로 나뉘어 있으므로, 그들은 그만큼 많은 국가가 민족들로서 존속하도록 요구한다. 국가 영역과 민족 규모는 일치해야만 한다. 그렇지 않은 사정이라면, 민족은 현존하는 국가 질서와 국제법 협약들의 장벽을 반드시 허물어 버려야만 하더라도 항상 그와 같은 형평성을 조성해 낼 권리를 갖는다. 91

블룬칠리의 설명대로면, 민족성의 원리란 한마디로 민족이 정치의 장에서 행사할 수 있는 권리의 밑바탕이다. 이 권리는 개인 존재의 기틀이면서 인류 발전의 기본 조건이다. 이처럼 처음에는 단순히 윤리 문제였던 계명을 적절한 법률 형식으로 규정하는 일은 점차로 이루어질 따름이다. 곧, "민족성 원리의 중요성은 국법에 있다기보다는 그 무엇보다도 정치에 있다". 그래서 민족 권리는 그 구성원들

---

**91** Bluntschli, J. C. (1862), "Nation und Volk, Nationalitätsprincip", p. 157.

이 받아들일 수 있고 또 그러기에 충분하도록 다음과 같은 요강들로 다듬어져야만 한다.

첫째, 개개 민족은 모두 자신의 언어를 사용할 권리를 갖는다. 언어는 어느 민족에게나 가장 고유하고 원초적인 재산이며, 민족마다 지녀 온 특성들을 가장 선명하게 나타낼 수 있는 재능이다. 그러므로 국가는 민족 고유의 언어뿐만 아니라 거기에 뿌리를 두는 문예도 금지할 수 없으며, 그것들의 육성과 발전도 방해할 수 없다. 국가가 할 일은 오히려 그 반대다. 언어문화가 자유로운 소통의 장에서 마음껏 펼쳐지면서 그 보편 교육에 아무런 장애가 없도록 후원하는 과제가 국가에 지워진 의무다. 옛적 로마 사람들처럼 속주들의 토착어를 억눌렀던 일은 끔찍하기 그지없었던 국가 폭력의 한 사례이다.

둘째, 모든 민족은 전통적 관습을 실행할 수 있는 권리를 지닌다. 그러나 그 민족 유습이 더 고귀한 인간 도덕률에 어긋나지 않거나 국가 권리를 훼손하지 않는다는 전제하에서 그러하다. 원시 종족이나 오랜 전통의 민족들에게 아직도 남아 있는 희생제 같은 유산은 마땅히 금지되어야 하지만, 아무런 해악을 끼치지 않는 민중 유희를 금지하는 국가 행위는 그 어떠한 정당성도 가지지 못한다.

셋째, 어느 민족이 고유한 법률제도의 영역에서 그저 민족이라는 사실 하나만으로 국가의 승인과 보호를 받을 만한 정당성의 근거는 거의 없다. 왜냐하면 법률과 얽히는 사안에서 한편으로는 국가로 뭉치는 통일성과 그 테두리 안에서 이루어지는 조화 작용이, 그리고 다른 한편으로는 국가 안에 있는 문화 인민Culturvolk의 관심사들이 더 큰 힘을 행사하기 때문이다. 따라서 권리 신장의 문제와 관련하여 인민이 민족의 상위에 있다고 할 수 있다. 말하자면, 다채로운 민족 특성들은 법률의 통일성과 그 집행 과정에 양보할 수밖에 없으며, 국가 시민Statsbürger의 권리 평등이 민족 관례의 다양성보다 앞선다.

넷째, 한 민족이 국가 권력의 침해 탓에 도덕과 정신의 토대를 잃어버릴 위험에 처한다면, 그 동포들은 거기에 맞서 저항할 수 있어야만 한다. 이때 합법성을 지키는 일보다 민족성을 방어하는 권리가 우선하는 정당성을 지닌다.

다섯째, 한 민족이 인민으로 나아갈 만한 정치 소양을 갖추면, 민족 본성은 그 시점에 맞추어서 만개할 수 있다. 거꾸로, 여러 민족 요소를 아우르는 인민은 도리어 특수한 민족으로 거듭나려고 애쓴다. 이 현상을 두고서 민족과 인민 사이에 '본성을 따르는 상호작용 natürliche Wechselwirkung'이 내재한다고 이를 수 있다. 그와 같은 변화 과정에는 항상 후원하거나 방해하는 힘이 끼어들어 정치 파장을 일으킨다. 그러므로 거기에서 민감한 권리문제가 발생할 수밖에 없다. 이 문제를 규정 형식으로 정리해 보면, 먼저 모든 민족이 한결같이 인민의 자격을 지니지 못한다는 점을 예로 들 수 있다. 한마디로, "능력이 없으면 권리도 없다". 여기에서 말하는 능력이란 스스로 통치할 수 있는 한 민족의 정신적, 도덕적 힘이다. 이로부터 다음 규정이 성립한다. "고유한 국가 이념과 아울러 그것을 실행할 만한 힘과 욕구를 지닌 민족은 하나의 민족국가ein nationaler Stat를 세울 자격을 갖는다." 이렇게 한 민족이 인민으로 나아갈 수 있더라도,

최고 수준의 국가 건설은 단일 민족성에 한정되지 않는다. 다양한 민족성 요인들이 공통의 인간 질서로 결합할 때 비로소 민족국가는 형성 단계에 이를 수 있다. 이 모든 민족성 현상과 국가 형성의 계기를 살펴본 다음에 인민과 민족 사이에서 작용하는 권리들의 연관성을 이렇게 정리할 수 있다. "한 국가가 서로 다른 민족성들로 이루어지고, 이로부터 아울러 하나의 위대한 인민Ein Volk이 만들어진다면, 정치 권리들은 민족성들에 따라 분배될 수는 없으며, 오히려 민족성들에 차별을 두지 않은 채 정치 공동체와 평등성 권리를 지켜야만 한다."92

민족의 권리를 '원리'로 규정할 수 있다는 점에서, 민족성은 다분히 이념의 영역에서 작용한다고 여길 만하다. 이에 견주어서, 헌정 수립의 문제와 얽히는 인민의 과제는 실천의 장에 더 많이 얽힌다. 블룬칠리는 국가 신체Statskörper 안에서 실제로 생존하는 동안 총체성의 인격으로 '활동하는' 인간 무리를 설명하기 위해 흥미로운 개념 쌍을 제시한다. '자연 인민Naturvolk'과 '국가 인민Statsvolk'이 그것이다. 고유한 국가 이념을 지니지 못하거나 그 정신의 힘을 스스로 실행할 수 있는 능력을 결핍한 민족이 곧 자연 인민이다. 그러므로 '날것 그대로의' 본성 집단보다 국가 인민이 국가 체제 안에서 더 높은 자격을 갖는다. 말하자면 헌법이 실제로 '인민다움Volksthümlichkeit'을 지녀야 한다는 설명인데, 여기에서도 '생동하는' 총체성을 이루기 위해

92 Bluntschli, J. C. (1868), *Allgemeines Statsrecht*, vol. 1, pp. 86 ff.

인민과 민족 사이의 실천적인 상호작용이 요구된다. 곧, 국가 인민이 오직 하나의 자연 인민으로 이루어져만 한다는 어떤 '필연적' 요건보다는, '여러 갈래의 민족 요소들'과 함께하는 '인민다움'이 헌법 체제에 훨씬 더 유리하게 작용한다. "두 가지 또는 더 많은 민족성이 하나의 '위대한' 인민 속에서 이루는 통합이 민족성들의 결함을 보완하면서 그 장점들을 키워 내도록 도울 수 있다. 이와 같은 혼합은 아울러서 국가가 단순히 인민에 적당하기보다는 인간다운 사명을 지녀야 한다는 의식을 생생하게 유지할 수 있도록 쓰인다."[93]

블룬칠리가 민족과 인민을 역사성의 개념들로 규정하면서 밝혀내는 의미연관은 유럽 사람들이 고전고대 시대 이래로 물려받은 유습을 당대의 현실 문제와 매개하는 유용성을 지닌다고 평가할 만하다. 그때까지 구별 현상으로만 여겨지던 두 개념의 규정들이 상호작용하는 정치화Politisierung의 계기들로 거듭날 수 있다는 점에서 그 의미론의 특징적인 파괴력과 새로움을 찾을 수 있다. 주로 국법 영역에서 주체의 의미를 지니는 '인민'은 유기체 구성의 지평으로 나아가면서 민주화Demokrtisierung의 계기와 밀접하게 얽힐 수 있었다. 아울러서, 언어 전통의 유산을 물려받은 '민족' 개념은 국가 이전의 원초적 성격에서 벗어나 '국가 안에서' 인민과 하나의 신체를 이루는 정치 지형의 경험 영역으로 나아갈 수 있었다. 블룬칠리가 설명하는 '민족 원리'는 그 두 가지 경향성이 서로 겹치고 서로 영향을 주고받으

---

93 같은 책, p. 91.

면서 더 높은 단계로 나아간 '국가 문화höhere Staatskultur'에 속한다. **94**
이와 같은 민족성의 의미론과 더불어 19세기 중반 이래로 풀리지 않
은 채 남아 있는 갈등요소들과 오늘날에도 끊임없이 분출하는 재앙
들을 해결해야만 하는 문제점이 개념 이해의 장에 들어섰다고 평가
할 만하다. 블룬칠리가 한 사람의 국가학자이자 국제법 전문가로서
민족 분쟁의 '분류奔流'를 예방하기 위해 '오늘날 토론해 볼 만한 규칙
들'을 다듬으려는 실험에 힘썼다고 하는 코젤렉의 설명을 깊이 헤아
려 볼 만하다. **95**

우리가 이 책 제1장에서 다루었던 《공법회통》도 인민과 민족 개
념의 의미와 관련해 다시 주목할 만한 대상이다. 대한제국의 '국제國
制'와 깊은 인연을 맺었던 이 번역 텍스트의 원서에는 블룬칠리 특유
의 인민과 민족성 개념이 인식 고리의 위상에 있다는 점이 이미 앞
에서 밝혀진 바 있다. '민족 발전의 권리와 인민 자결권'을 논의하는
부분이 책 서문의 결론을 장식한다는 사실만으로도 그 중요성은 다
드러난 셈이다. "인민은 생동하는 인격이다." 거기에서 읽는 이 한
마디가 국가를 구성하는 인간 집합체의 의미론을 압축해서 표현한
다고 볼 수 있다. **96** 아울러 우리는 직접적으로든 간접적으로든 블
룬칠리의 개념 세계와 맞닿는다고 짐작할 만한 1908년 〈대한매일

---

**94** Bluntschli, J. C. (1862), "Nation und Volk, Nationalitätsprincip", p. 158.

**95** Koselleck R. et al. (1992), "Volk, Nation, Nationalismus, Masse", pp. 388 f.

**96** Bluntschli, J. C. (1868), *Das Moderne Völkerrecht der civilisirten Staten*, pp. 46~
49.

신보〉의 논설 한 편을 새롭게 읽을 수 있다. 다음 글이 그 중요 내용이다.

민족이라는 것은 다만 똑같은 혈통에 속하며, 똑같은 토지에 거주하며, 똑같은 역사에 속하며, 똑같은 종교를 받들며, 똑같은 언어를 사용하며, 곧 똑같은 민족이라 칭하는 바이거니와, 국민이라는 두 글자는 여차히 해석하면 불가할지라. 대저 혈통, 역사, 거주, 종교, 언어의 동일함이 국민 되는 요소가 아님은 아니나, 단지 이것만이 똑같다고 곧바로 국민이라고 말할 수 없다. 비유하건대, 피골근맥락彼骨筋脉絡은 틀림없이 동물 되는 요소이나, 허다히 해산된 골근맥락을 한곳에 모아, 이를 생기 있는 동물이라고 억지로 인정하도록 할 수 없음과 같이, 쟁반 위에 어지럽게 널린 모래처럼 모여 사는 민족을 가리켜 국민이라고 칭함이 어찌 올바를까.

국민이란 것은 그 혈통, 역사, 거주, 종교, 언어의 똑같음 외에 또 반드시 똑같은 정신을 가지며, 똑같은 이해를 느끼며, 똑같은 행동을 하여 그 내부의 조직이 일신의 골격과 상동하며, 그 대내의 정신이 한 병영의 군대와 흡사하여야 이를 국민이라 말하나니. 오호라 고대에는 국민 자격이 없는 민족이라도 가히 한구석에 거처하며 토지를 경작하여 자손을 기르며 수초를 따라 생활을 이었거니와, 오늘날에 이르러서는 만일 국민 자격이 없는 민족이면 대지 위에 간신히 머무를 틈바구니 땅도 없을지라. 그래서 미주의 인디언이 처음에는 틀림없이 번창하는 민족이었으며, 호주의 흑인이 처음에는 역시 번성했던 (…) 민족이었지만, 단지 국민 자격을 갖추지 못한 까닭에 그들이 20세기 우승열패의 시대를 만나서 자연스레 쇠퇴하니, 천연의 법칙을 회피하지 못한 소이가 아닌가.

오호라 이 같은 시대를 만난 자여! 귀가 있으면 총명하게 듣도록 훈련하며, 눈이 있으면 밝게 보려고 애쓰며, 영성이 있으면 재주와 지혜를 닦으며, 지체가 있으면 용맹을 힘쓰고, 똑같은 정신과, 똑같은 사상으로, 똑같은 진보를 이루어 국민 자격을 양성할지어다.

량치차오의 블룬칠리 해설에서 민족이란 '민속의 연혁으로 생긴 결과'이며, 주로 같은 '언어와 풍속'을 공유하는 이 집단이 '본래 국가를 건설하는 사다리'라는 표현을 읽을 수 있다.[97] 〈대한매일신보〉의 논설 기고자는 그 글의 대강을 좇아서 민족의 뜻을 서술한 것으로 보인다. 아울러서 국민이 민족의 형성 조건 외에 정신과 이해, 그리고 행동을 같이 나눈다는 설명도 량치차오의 해설 내용과 거의 비슷하다. 여기에서 말하는 '국민'이 블룬칠리가 표현했던 '인민'의 별칭이라는 점은 이미 앞에서 지적한 대로다. 량치차오는 그 인민의 뜻과 같은 국민을 국가라는 '법률체'와 연관하여 설명하면서, '국민의 자격'이 국가에 '참으로' 필요하다고 밝히는데,[98] 이 내용이 〈대

---

97 량치차오, 강중기 옮김(2011), "정치학 대가 블룬칠리의 학설", 〈개념과 소통〉 8호, 261쪽.
98 같은 글, 263쪽.

한매일신보〉의 논설에서는 '국민의 자격 없는 민족' 등의 말로 거듭난다. 그리고 이 논설은 "그 내부의 조직이 일신의 골격과 상동하며"라는 표현으로 국민의 뜻을 풀이하는데, 이는 아마도 인민이 '유기조직'의 '인격체'라고 설명하는 블룬칠리의 서술방법을 본받았을 것이다. 원문의 해당 내용을 다시 보면, 인민이란 국가로 뭉치고 국가다운 유기조직을 갖춘 정치 인격체이며, 또 국가란 인민의 육신과 같아서 이 육신 가운데 생존하는 정신적 · 도덕적 존재가 곧 인민이라는 표현을 찾을 수 있다. 량치차오는 이를 다시 풀어서, 국민이란 "유기적인 국가를 바탕으로 하여" 권리를 주장하는 '인격'이라고 밝힌다. 그는 또 '국가유기체설'을 따로 설명하는 다른 절에서, "사지와 뼈들이 연계되어 하나의 전체를 구성한다"라고 표현한다. **99** 〈대한매일신보〉의 논설 기고자는 아마도 이와 같은 내용을 보고서 신체기관들에 '비유하는' 국민을 말했을 것이다. 그런데 이 글에는 국민의 "정신이 한 병영의 군대와 흡사하여야 이를 국민이라 말"할 수 있으며, 어느 민족이 '국민 자격'을 갖추지 못한 탓에 '20세기 우승열패의 시대를 만나서' 도태의 '법칙'을 회피하지 못하여 쇠퇴하고 만다는 설명이 들어 있다. 진화의 법칙으로 '국민 자격'을 설명하는 이 내용은 량치차오의 해당 글에 들어 있지 않다. 더구나 블룬칠리 국가론은 진화의 교설과 먼 거리에 있다. 〈대한매일신보〉의 논설 기고자는 틀림없이 량치차오의 다른 글들에서 그와 같은 표현방식을

**99** 같은 글, 259쪽 이하.

빌렸을 것이다. 이 중국 계몽사상가가 일본 망명 시절에 그곳의 진화론을 수용하면서 '생존경쟁'이나 '우승열패'와 같은 용어로써 나름의 국가 사상을 다듬었으며, 그 단편들이 대한제국 말기의 지식사회에 큰 반향으로 작용했다는 사실을 떠올릴 만하다. **100** 바로 여기에서 우리는 번역과 소통 과정에 뒤따르는 의미 굴절의 문제점을 만난다. 이로부터 빚어지는 세세 이야기는 다음 장에 이어진다.

---

**100** 이광린(1981), 《한국개화사상연구》, 일조각, 255~287쪽; 우남숙(1985), "한국 근대사에서의 사회진화론 수용 양식: 장지연·박은식·신채호를 중심으로", 〈한국정치외교사논총〉 제21집 제1호.

# 5
---

## 수용과 소통

## 1. 일본어 번역과 굴절

블룬칠리의 국가학 사유방식이 처음으로 동아시아 언어와 만날 수 있었던 장소는 일본 관료사회였다. 1872년 5월 일본 문부성은 《국법범론國法汎論》이라는 책의 첫째 권(首卷)을 펴내면서 한 편의 '소개 글'(國法汎論小引)을 덧붙이는데, 거기에서 다음과 같은 내용을 읽을 수 있다. "문명 세계의 법전을 들어 제시하고, 이를 널리 논의할" 필요성을 느끼던 참에, "유럽 국법론을 국왕 앞에 나와 강의하라는 명"을 받고서, "스위스 사람 블룬칠리ブルンチュリ씨가 서술한 *Allgemeines Staatsrecht*アルゲマイ子ス・スターツレヒト (국법범론이라는 뜻)를 택하여 곧바로 번역작업을 시작하고, 그 첫째 권 번역을 완성"하여 어전 학습교재로 사용한다는 설명이 그 대강이다.[1] 이 텍스트는 우리가 앞 장에

서 보았던 《일반국법》 가운데 '서론Einleitung'을 일본어로 옮긴 책으로, 메이지明治 일왕의 시강侍講을 맡고 있던 가토 히로유키加藤弘之, 1836~1916가 그 번역자다. 그 무렵 그는 대학대승大學大丞과 문부대승文部大丞을 거쳐 외무대승外務大丞의 관직에 올랐으며, 나중에는 옛 도쿄대학뿐만 아니라 도쿄제국대학의 초대 총장을 지냈다. 그는 이른바 '양학'에 능통했던 관료였으며, 아울러서 메이지 초반기의 시대정신과 함께했던 저명한 법학자였다. 그가 번역했던 블룬칠리 국법학이 메이지 군주의 강독 교재로 쓰였다니, 이보다 뒤에 중국에서 한문 번역서로 나온 《공법회통》의 사례도 그러했듯, 블룬칠리의 정치사상이 동아시아 3국의 정치 수뇌부와 깊은 인연을 맺은 셈이다.

《국법범론》은 일본어 번역서로 나온 '최초의 도이치 사상'이다. 2 이 책이 나왔던 시점에 주목할 만하다. 그 시절 일본 정국은 1869년 이른바 판적봉환版籍奉還 이후에 천황을 정점으로 하는 중앙집권 체제를 수립하는 문제로 들썩이고 있었다. 1870년 11월 말 중앙 최고 부서 태정관太政官이 불러 모은 '국법회의'는 혼란을 거듭하는 정체 문제를 바로잡아 강력한 군권君權의 메이지 헌정체제를 수립한다는 시대의 요청이었다. 《국법범론》의 번역자는 바로 이 '국법 어전회의'(國法御會議)에 참석했으며, 곧이어 며칠 뒤에 '시독侍讀의 명을

---

1  加藤弘之(1872), "國法汎論小引", ヨハン・カスパルト・ブルンチュリ 著(1872), 《國法汎論》, 首卷, 文部省, 1~2쪽.

2  山田央子(1992), "ブルンチュリと近代日本政治思想(下): '國民'觀念の成立とその受容", 〈東京道立大學法學會雜誌〉 제33권 제1호, 222쪽.

받들어' 메이지 국왕에게 제왕학을 가르칠 과제를 떠안았다. 가토는 나중에 그 일을 다음과 같이 회상한다.

나는 서양학 담당(이런 말도 없었지만) 이었는데, 서양의 헌법이나 기타 여러 가지 법률과 관련하는 사항을 아뢰는 일이었다. 그래서 아마도 한 주에 두세 차례 강의 말씀을 아뢰어 올린 것 같다. 그때에는 우선 서양의 서책을 번역하여 아뢸 수밖에 없었다. 그 무렵에도 제법 역사인지 무엇인지의 책이었든 번역서가 나와 있어서, 그것을 대본으로 삼아 아뢰는 일도 가능했지만, 법률제도라고 할 방면의 책이 될 만한 번역서는 도무지 없었다. 그래서 원서를 번역하여 그것을 교과서로 삼아 아뢸 수밖에 없었다. 그런데 성상도 당시에는 겨우 18세의 약년弱年에 계셔서, 드려야 할 말씀을 가르쳐 아뢰는 일이 상당히 어려웠다. 헌법 등에 관련하여서는 서양 책에서 번역하여 《국법범론》(나중에 문부성에서 출판) 이라는 책을 만들어, 그 줄거리를 아뢰어 올렸다. [3]

블룬칠리의 국법학을 교재로 삼았던 가토의 어전 교수 이력은 메이지 3년(1870) 부터 8년(1875) 까지 이어졌다. [4] 문부성이 차례로 출

---

**3** 〈내가 선제(先帝) 시강(侍講) 을 맡았던 시절의 기억〉이라는 제목의 이 회상 기록은 전집 형식으로 가다듬어져 나온 《국법범론》의 '해제' 가운데 들어 있다. 木村毅 (1971), "《國法汎論》 解題", 明治文化硏究會 편, 《明治文化全集》, 補卷 二 (《國法汎論》), 東京: 日本評論社, 9~10쪽.
**4** 같은 글, 11쪽.

간행던 《국법범론》의 부분들은 이 기간의 어전강독 자료로 쓰였다. 그 내용은 맨 먼저(1872) 나왔던 서론, 곧 '首卷'을 필두로 제6장 주권과 국가 원수(1872~1873), 제7장 국가 직무와 고유 정령(1873), 제8장 사법(1874), 제9장 국가의 교육사무(1874)에 이른다. 가토는 시독의 직책에 이어서 원로원 의관議官과 도쿄대학 총장을 역임하는 동안 《국법범론》의 제1장(국가의 개념), 제2장(국민과 국토), 제3장(국가 기립과 멸망), 제4장 전반부(정체)를 번역하였다.5 어전 강의와 관련하여 두 가지 사실을 눈여겨볼 수 있다. 먼저, 메이지 시대 초반기에는 새로운 국가 건설의 문제에 참고할 만한 서양

---

5 權 純哲(2012), "大韓帝國の'國家學' 書籍におけるブルンチュリ・梁啓超・有賀 張雄の影響", 〈奇玉大學紀要(教養學部)〉제48권 제1호, 99~102쪽. 이 책 나 머지 부분들(제4장 후반부, 제5장 입법관과 법률, 제10장 경제 사무, 제11장 정 촌, 제12장 자유권)의 번역은 도이칠란트 대학에서 유학을 체험했던 히라타 도스 케(平田東助, 1849~1925)의 손에서 1888년과 1890년 사이에 마무리 지어졌다. 나중에 여러 고위 관료직을 맡게 되는 이 인물은 메이지 4년(1871)에 이와쿠라(岩 倉) 사절단의 일행으로 유럽 여러 나라를 방문한 뒤 도이칠란트에 남아 하이델베르 크대학과 라이프치히대학에서 학업을 이어갔다. 그 무렵 그가 하이델베르크에서 법학 교수를 지내던 블룬칠리로부터 '직접' 가르침을 받았다고 하면서도 구체적으 로 어떤 강의를 들었는지는 밝히지 않았다. 이 이야기는 그가 블룬칠리의 저서 〔Bluntschli, J. C. (1874), *Deutsche Statslehre für Gebildete*, Nördingen: Druck und Verlag der C. H Beck'schen Buchhandlung〕를 번역하여 펴낸 다음 책 제2 권의 모두에 블룬칠리의 서거에 즈음하여 추모 형식으로 전하는 글에 들어 있다. ブルンチュリー 著(1882), 《國家論》, 卷之二, 平田東助 譯, 東京: 島屋一介. 히라타는 메이지 9년(1976)에 귀국하여 내무성과 대장성에서 관직 이력을 쌓은 뒤 메이지 15년(1882)에는 이토 히로부미(伊藤博文)와 헌법 조사 과제를 함께 수행 하기도 했다. 木村毅(1971), 앞의 글, 22쪽.

'법률제도'의 번역서가 존재하지 않았다는 사실이다. 그래서 아마도 시독을 기회 삼아 해당 텍스트의 번역과 출판 작업을 서두를 수 있었을지도 모른다. 그다음으로, 어전 '서양학' 교수가 강독 원전을 자신의 의사대로 선택했으며, 그 내용의 번역 차례도 아울러 결정했다는 점이 주목거리다. 블룬칠리의 《일반국법》 가운데에서 번역자가 우선순위로 가려 뽑아 번역했던 장들은 대체로 국가 건설의 실용성과 현실성에 치우쳤다. 이 사실은 '정무에 필요한' 부분을 '먼저' 번역하여6 '국법' 논의에 보탬을 더하려는 가토의 의도에서 비롯했을 것이다. '진보하는' 문명 세계의 과정으로 이해하는 국가의 역사성이나 첨예한 이론 논쟁을 함축하는 부분들은 번역의 나중 순위에 들어 있다. 블룬칠리 국가학을 시독 텍스트로 선택했던 가토는 먼저 나이 어린 국왕의 계몽에 관심을 두었겠지만, 그의 문제의식은 실제로 새로운 '국법' 제정을 이끌어 갈 고위 실세들로 향하고 있었을 것이다. 그렇다면 왜 블룬칠리 국가학이 참고자료의 첫 번째 순서에 올랐을까? 가토가 직접 서술한 《국법범론國法汎論》의 '소개 글'에는 그 답이 추상적이다. "이 책은 여러 나라의 오늘날 법전을 가져와서 강론하는 것이 아니라, 실로 문명 세계가 다 같이 좋을 만한 통론공

---

6 《일반국법》의 원서를 번역할 때 실무에 필요한 장을 먼저 내어 놓는다는 가토의 설명은 '제 6장 주권과 국가 원수'의 앞부분에 해당하는 다음 책 첫째 쪽에 그 숫자 표기 없이 들어 있다. ヨハン・カスパルト・ブルンチュリ 著(1872), 《國法汎論》, 卷之六上, 文部省. 이 내용은 明治文化研究會 편(1971), 《明治文化全集》, 補卷 二(《國法汎論》), 29쪽에 다시 실렸다.

리通論公理에 따라 일반국법을 논술한다."7 이 설명보다는 오히려 그가 번역작업 직전에 펴냈던 한 권의 저술 가운데에서 블룬칠리의 기대지평에 더 가까운 표현을 읽을 수 있다. "입헌정체立憲政體라는 것은 공명정대하고 확고불변하는 국헌國憲을 정하여 세우고, 민民과 정치를 함께하여 다스림의 진정한 핵심을 구하는 정체를 말한다."8 가토는 '개화문명'으로 나아가는 세계 역사의 과정에 등장하는 정체들을 분류하여 군주천제君主擅制, 군주전치君主專治, 상하동치上下同治를 아우르는 군정君政과 민정民政, 곧 귀현전치貴顯專治와 만민공치萬民共治로 열거하면서 '확고불변한' 입헌체제의 군주정과 공화정을 '새로운' 일본의 앞날을 위해 '오직' 논의할 만한 대상으로 가려낸다.9 여기에서 우리는 앞 장에서 보았던 블룬칠리의 정치체제 논의를 다시 떠올릴 수 있다. 가토는 아마도 문제의 어전강독과 번역작업 이전에 블룬칠리의 작품을 미리 읽고서 그 적용 가능성을 가늠했다고 여길 만하다. 이 문제에 좀더 깊이 들어가 보자.

가토는 "입헌주의를 체계적으로 소개하는 책을 맨 처음 일본 사람

7  加藤弘之(1872), "國法汎論小引", 3쪽.
8  加藤弘之(1972), 《立憲政体略》, 植手通有 責任編集, 《日本の名著34西周·加藤弘之》, 中央公論社, 331쪽. 이 책의 내용을 우리말로 옮길 때 다음 번역서를 참고한다. 가토 히로유키(2017), 《입헌정체략(立憲政體略)·진정대의(眞政大意)》, 김도형 옮김, 세창출판사. 이 번역서 44쪽에는 '인민과 정치를 함께 함으로써'라는 번역 표현이 나오는데, 원문의 '民'을 '인민'으로 옮길 수 있는 근거를 두고서 의문을 제기할 만하다.
9  같은 책, 332쪽 이하.

의 손으로" 만들어 냈을 뿐만 아니라, 10 "독학으로 도이치어를 습득하여 일본에서 최초로 그 언어에 통달했던" 인물이기도 하다. 11 그의 양학 수업은 일찍부터 시작했던 이른바 난학蘭學에서 시작했다고 한다. 1856년, 에도 막부江戶幕府가 양학을 가르치는 번서조소蕃書調所를 설립했던 일이 가토에게 기회의 장을 열어 주었다. 가토는 19세 (1854년)에 사쓰마번薩藩의 의사로 있던 쓰보이 이슌坪井爲春, 1824~1886 문하에서 난학을 배우기 시작했는데, 몇 년 뒤 그의 추천으로 번서조소의 조교직을 얻을 수 있었다. 이때부터 가토는 가학家學이었던 '병학兵學'을 멀리하면서 '철학, 윤리학, 법학 등의 연구를 마음껏' 계속할 수 있었다. 그리고 그는 이즈음에 '처음으로' 도이치어를 배울 수 있었는데, 그의 출세가도에서 이보다 더 크게 영향을 끼친 사례는 드물지도 모른다. 때마침 그는 한 명의 외국인을 만날 수 있었으며, 이 일이 그를 새로운 언어의 세계로 이끌었다. 문제의 인물은 아시아 사정을 잘 알고 있었던 지볼트Philipp Franz von Siebold, 1796~1866였다. 동인도 육군병원에서 군의관으로 근무했던 이 도이칠란트계 네덜란드 사람은 1920년대에 약 7년 동안 나가사키에 체류한 적이 있었으며, 이때 극동지방의 자연과 문물을 탐사하여 유럽에 알리는

---

10 安世舟(1976), "日本におけるドイツ國家思想の受容に關する一考察: ブルンチュリと加藤弘之を中心として", 日本政治學會編, 《年報政治學 1975: 日本における西歐政治思想》, 東京: 岩波書店, 113쪽.

11 木村毅(1971), "《國法汎論》解題", 12쪽; 下出隼吉(1967), "《眞政大意》解題", 明治文化研究會編, 《明治文化全集》, 第二卷 自由民權篇, 5~12쪽.

책을 쓰기도 했다. 가토가 이 인물을 만난 시점은 그의 두 번째 일본 방문 기간이었다. 가토는 이 해박한 지식인으로부터 도이칠란트가 유럽 여러 나라 가운데 학술이 가장 발달했다는 소식을 전해 들었다. 그 뒤 프로이센이 일본과 조약을 체결하기 위해 특명전권공사를 파견하는 한편으로 일본에 전신 기계를 증정할 무렵 그 사용방법을 배우라는 명령 덕분에 도이칠란트 사람들과 교제할 기회가 늘어났다. 그래서 그는 동료 두 사람과 함께 도이치어 문법과 회화를 익히기 시작했는데, '도이치어獨逸語 학습'은 그렇게 '맨 처음' 시작할 수 있었다.12 이때로부터 어전 교수에 이르는 동안 그는 새로 배운 언어로 '유명한 국법학자의 국법론'을 이해하는 과제에 애썼던 것으로 여겨진다. 그 시절 기억은 다음과 같은 기록으로 남아 있다.

나는 서양의 정치, 법률 등의 책을 읽고서는, 루소 등이 제창했던 천부인권의 주의를 믿었으며, 무릇 우리 인류가 태어나면서부터 모두 한결같이 평등한 권리와 자유를 지니게 되었다는 주장을 세상에 둘도 없는 진리라고 생각했다. 그래서 한때는 공화정치를 더할 나위 없이 공명정대한 정체 유형으로 믿을 만한 정도였다(굳이 드러내 놓고 말할 수는 없더라도). 그 뒤 유명한 블룬칠리 및 기타 온화한 학자들의 책을 읽기에 이르러서는 루소 등과 같은 방식의 과격한 설을 긍정하는 마음

---

**12** 加藤弘之先生八十歳祝賀會 編(1915), 《加藤弘之自叙伝: 附·金婚式記事概略·追遠碑建設始末》, 加藤弘之先生八十歳祝賀會, 20~26쪽.

은 사라지고, 공화정치를 최상의 정체라고 생각하는 것이 잘못된 견해라는 것도 깨달았지만, 그러나 우리 인류에게 천부 권리가 있다는 설은 단호하게 믿었던 까닭에, 옛 저술은 모두 그러한 생각에서 설파한 것이었다. 13

블룬칠리의 국가학에서 공화정치를 '잘못된 견해'라고 밝히는 주장을 어디에선가 찾을 수 있을지의 문제점은 덮어 두더라도, 가토는 분명히 그로부터 정체 유형의 이해를 새롭게 가다듬을 만한 지식체계를 습득했을 것이다. 이 줄기에서 그가 1868년에 펴냈던 《입헌정체략立憲政體略》에 주목할 수 있다. 가토가 그 책의 제목을 '입헌에 근거하는 통치 형식'이라고 풀이할 수 있는 도이치어 'Konstituierende Regierungsform'에 착안하여 정했다고 본다면, 14 거기에 블룬칠리의 사유방식을 뒤따른 서술이 들어 있으리라고 추론할 만하다. 다음 표현이 주목거리다. "앞 장에서 논한 것처럼, 다섯 정체 중에서 공명정대, 확고불변한 국헌을 제정하여 세우고, 이로부터 진정한 치안治安을 구할 수 있는 것은 오직 상하동치와 만민공치의 두 정체뿐이다. 그러므로 이를 입헌정체라고 일컫는다. 이에 이 두 정체의 제도를 개략적으로 논하고자 하니, 이것이 이 책을 지은 본뜻이라 하

13 加藤弘之(1972), 《経歴談》, 植手通有 責任編集, 《日本の名著34西周·加藤弘之》, 中央公論社, 488쪽.
14 박삼헌(2012), 《근대 일본 형성기의 국가체제: 지방관 회의·태정관·천황》, 소명출판, 229쪽.

겠다." 가토가 여기에 아무런 전거典據도 대지 않아 그 유래를 전혀 알 수 없지만, 그 표현의 뜻은 블룬칠리의 방식과 닮았다고 지적할 수 있다. 그리고 이 인용문 바로 앞에, 유럽의 "백성들이" 공론의 주장에 따르면서 "왕과 귀족의 가혹한 정치를 거부하여" 그들의 "포악한 위세"가 점점 꺾여 가는 가운데, 유럽 여러 나라가 "민民과 함께 정치를" 가꾸어 가는 정체가 발전할 수 있었다는 설명이 펼쳐진다. 이와 같은 '개화문명'의 과정에 여러 명사와 대학자가 등장하여 "왕과 귀족이 천하의 인민들을 사유私有하는 것이 그릇된 일임을 변론" 했는데, "영국인 밀턴 씨, 로크 씨, 프랑스인 몽테스키외 씨, 루소 씨, 독일인 칸트 씨, 피히테 씨 등"이 그들에 속한다.15 이 설명은 가토가 《국법범론》을 처음으로 펴낼 때 번역 대본으로 삼았던 블룬칠리 《일반국법》의 제3판 가운데 '근대 국가이념'을 설명하는 부분과 거의 흡사하다.16 이 원전이 1863년에 나왔다는 점을 염두에 두면, 가토가 1868년에 자신의 정치체제 이야기를 하나의 작품으로 엮어 낼 때 나중에 번역하게 될 그 책을 미리 읽었을 개연성은 열려 있다고 여길 만하다.17

---

15 加藤弘之(1972), 《立憲政体略》, 333쪽 이하; 가토 히로유키(2017), 《입헌정체략(立憲政體略)·진정대의(眞政大意)》, 48~49쪽.

16 Bluntschli, J. C. (1863), *Allgemeines Statsrecht*, vol. 1, pp. 63~71.

17 앞에서 보았던 安世舟(1976)의 글(120쪽, 주23)에는, 가토가 설명하는 해당 부분이 블룬칠리의 《일반국법》(제4판)의 제2장 제5절(pp. 64~76) 가운데 "사회계약론 소개의 대의와 거의 다르지 않다고 보면", 그가 나중에 번역서를 내는 원전의 앞부분을 이해하려고 노력했다는 점을 추측할 수 있다는 설명이 들어 있다. 가토는 나

가토가 블룬칠리의 국법학을 번역하여 펴내기 전에 그 원서를 미리 읽었다고 추론할 수 있다면, 1870년에 나온 《진정대의眞政大意》가 그 흔적을 좀더 뚜렷이 드러낸 셈이다. 가토가 《입헌정체략》의 속편으로 구성했다는 이 책은 '정치를 시행하는 방법'을 주요 주제로 다룬다. 다음 설명이 눈에 띄는 대목이다. "그런데 원래 국정에는 치법治法과 치술治術의 두 계통이 있다. 치법이란 이른바 치안의 기본인 헌법 제도를 말하고, 치술이란 지금 시행하는 치안의 방술方術을 말한다. 국정이란 곧 이 두 가지인데, 《입헌정체략》에서는 이 치법에 대한 것만을 개론했다. 그러나 이 두 가지는 국정을 운영하는 데에서 이른바 수레바퀴의 두 축(車輪), 새의 양 날개(鳥翼)와도 같아서 결코 하나라도 빠져서는 안 되는 것이다. 왜냐하면, 치법이라는 헌법 제도가 완전히 갖추어지지 않으면 치술의 기본이 제대로 정해지지 않기 때문에 자칫하면 포악한 정사政事를 베풀게 된다. 또 설령 제대로 치법이 있어도 치술이 졸렬하여 치안을 영위하기에 충분하지 않으면 겨우 제대로 된 치법을 마련한다고 해도 결국 그림의 떡이 되어 행해지지 않기 때문이다."18 여기에서 말하는 '치법과 치

중에 원전의 해당 부분을 번역할 때 1868년에 나온 제4판을 대본으로 사용했지만, 그가 《입헌정체략》을 서술할 즈음에 참고했다고 짐작할 만한 원전은 그와 내용이 거의 다르지 않았던 1863년의 제3판이라고 추정해야 옳을 것이다. 그의 첫 번째 번역 작품이 1863년의 대본에 근거했다는 사실도 주목할 점이다.

18 가토 히로유키(2017), 《입헌정체략(立憲政體略)·진정대의(眞政大意)》, 113~114쪽. 이 한글 번역서의 내용을 인용할 때 다음 책에 실린 원전 자료를 참고한다. 加藤弘之(1972), 《眞政大意》, 植手通有 責任編集, 《日本の名著34西周·

술'은 블룬칠리가 표현하는 '국법과 정치'와 같은 개념이다. 앞에서 이미 살펴보았듯, 블룬칠리의 《일반국법》은 가토가 말하는 '양 날개'처럼 국가의 조직과 존재의 규칙뿐만 아니라 국가의 삶과 공공 행위들을 모두 관찰하는 학문 방법, 곧 국법과 정치를 아우른다는 설명으로 시작한다. "우리는 국법과 정치를 어떻게 해서든 서로 떼어놓을 수 없다. 현실 국가는 법과 정치가 결합한 상태에서 생존한다."19 이 줄기에서 우리는 치술과 정치를 비슷한 개념 현상으로 이해할 수 있다. 가토는 '치국의 본의'와 '치술의 목적'을 '안민安民'이라는 '정칙'으로 보면서, 이를 달성하는 '방술'이 곧 '진정眞政'이라고 밝힌다. 오늘날의 정치 개념으로 이해할 만한 '진정'의 시행을 무엇보다도 먼저 '인성人性'을 깨닫는 일에서 시작한다고 주장할 때, 블룬칠리의 유기체 이론을 모방하는 듯한 치술의 원리가 드러난다. "이것이 앞에서 치술을 시행할 때 첫째로 먼저 인성을 알지 않으면 안 된다고 말한 까닭이다. 원래 국가와 정부가 생겨난 것도, 억조億兆를

---

加藤弘之》, 中央公論社, 345~379쪽.

19 Bluntschli, J. C. (1863), *Allgemeines Statsrecht*, vol. 1, pp. 1~2. 그리고 블룬칠리가 '근대 국가의 특성'으로 설명하는 다음 대목도 주목할 만하다. "국가 본성에 두 가지 측면, 곧 안정과 운동, 현존과 발전, 육신과 정신이 있으며, 이처럼 내면에서 유기체답게 서로 얽혀 있는 대비 관계에 따라 국가학도 국법과 정치로 나뉘듯, 마찬가지로 국가 원리도 크게 둘로 나뉜다. 곧, 반짝이는 두 별처럼 국가의 삶을 밝게 비추어 고무하듯, 국가의 형식과 내용을 규정하는 국가 원리는 정의와 공공복지라는 양면을 갖는다. 정치가는 무엇보다도 공공복지를, 그리고 법률가는 오히려 정의를 더 중요하게 여긴다. 권리 이념은 무엇보다도 국법을 규정하며, 복지 이념은 특히 정치를 이끈다." 같은 책, p. 70.

통일하여 뭉치게 하지 않고 사람들의 개개 생각들만으로는 도저히 권리와 의무 두 가지가 함께 행해지면서 각자가 자신의 행복을 추구할 수 있는 토대가 서지 않는다는 자연의 도리가 첫 번째 근원이 된 것이다. 그러므로 원래 불기자립不羈自立하여 타인의 제어를 받을 리가 없는 민인民人일지라도, 위와 같은 도리로부터 정부의 신민臣民이 되어 그 제어만큼은 반드시 따라야만 하는 것이다."**20**

가토가 이처럼 자신의 '입헌정체'와 '안민'의 정치 논의에 블룬칠리의 사고방식을 원용했으리라는 추론과 더불어, 그 '유명한' 국법학자의 책을 읽고서 그가 어떤 새로운 깨달음을 얻었다는 이야기로 되돌아가 보자. 가토는 처음에 "공화정치를 더할 나위 없이 공명정대한 정체 유형으로" 믿었지만, 블룬칠리 덕택에 그 '잘못된 견해'를 깨우쳤다고 밝힌다. 그러면서도 그는 그 무렵 여전히 천부인권의 원리를 '단호하게 믿었던' 근거에서 '옛 저술'을 펴냈다고 회상한다. 그런 뒤에 유럽 학자들의 새로운 책을 읽어 보고서 비로소 천부인권설의 근거가 전혀 없다는 점을 깨달았다는 이야기를 이어 나간다. "다윈이나 스펜서 등의 진화주의 책을 읽음으로써(내 나이 40세 즈음의 일이었다), 우리 인류가 본래 특수한 생물이 아니라 진화에 따라서 비로소 우리 인류로 된 내력을 알게 됨으로써 오로지 우리 인류에게만 천부인권이 존재할 만한 도리가 없는 까닭을 명료하게 이해하고는,

---

**20** 가토 히로유키(2017), 《입헌정체략(立憲政體略)·진정대의(眞政大意)》, 120쪽; 加藤弘之(1972), 《眞政大意》, 351쪽.

옛 저서가 매우 그릇된 견해에 속한다고 깨달아서, 다시금 책을 지어서 구저旧著의 오류와 신저新著의 진리를 널리 알리고자 하여 거기에 착수하던 터에 예측하지 못한 일이 일어났다." 그래서 '즉시'《입헌정체략》과《진정대의》뿐만 아니라 블룬칠리의 원서를 번역하는 동안 저술했던《국체신론》(1874)의 '절판을 신청하는' 한편으로 '옛 주의'를 스스로 배척하면서 새로운 주장을 내세웠다고 한다.[21]

그 '일'은 1881년이 저물 무렵에 일어났다. 가토가 마침 도쿄대학의 문·법·이학부 종리綜理에 올랐던 바로 그 무렵에 자신의 책을 둘러싼 조야의 비판에 내몰리고는, 어쩔 수 없이 그 절판과 옛 주장을 뒤집는 자기비판을 널리 공개하기에 이르렀다는 이야기가 그 대강이다. 그 이면에는 매우 복잡하게 벌어지던 정쟁이 있었다. 1874년부터 민선의원 개설을 둘러싼 민권운동과 그 반작용이 점차 극심한 정쟁으로 치달으면서 마침내 정한征韓 논쟁과 세이난西南 전쟁이라는 혼란에 이르기도 했다. 이 난국을 평정했던 정부 내에서도 '정당내각제'와 천황 '친정'의 군주제로 갈린 헌법 논쟁이 이어졌으며, 마침내 1881년에 일어난 '메이지 14년 정변'이 그 귀결점이었다. 프로이센 방식의 군권주의君權主義 헌법을 제정한다는 약속으로 영국식 입헌군주제를 주장해 온 세력들을 정부에서 몰아낸 일이 그 사건의 앞뒤이다. 이때 정부 주류의 중심에 들어선 '흠정헌법' 이론은 천부인권설과 양립할 수 없었으며, 덩달아서 가토도 '우리 국체'를 훼손

---

21 加藤弘之(1972),《経歴談》, 488쪽.

했다는 비난에 굴복할 수밖에 없었다. 1882년 10월 가토가 '천부인권이 망상에서 나온 까닭을 논함'이라는 제1장을 붙여 내어 놓았던 《인권신설人權新說》은 "나의 주의를 일변했다"라는 변명과 함께 드디어 '우승열패'와 '권력 경쟁'의 국가주의로 나아가는 선언의 표현이었다.22 이 과정에 블룬칠리의 국가론이 어떤 작용을 했을까?

가토가 자신에게서 일어난 '주의의 변화'를 겪을 때 블룬칠리와 같이 온건한 사상가의 책을 읽고서 어떤 깨달음을 얻기 시작했다는 이야기에서 문제를 풀어 보자. 가토의 '절판' 선언이 천부인권설의 부정과 강권의 국가주의를 바라보는 '전향'으로 이어졌다면, 블룬칠리 국가론은 그와 같은 경향성과 아주 먼 거리에 있다고 여겨야 옳을 것이다. 그가 루소 방식의 사회계약설을 반박했다는 사실이 가토의 '전향'에 어떤 논리적 정당성을 거들었더라도, '인민 인격성'이 블룬칠리의 유기체 국가이론에서 중심의 명제로 자리한다는 점을 지나칠 수는 없다. 그리고 국가의 역사와 그 구성 원리에 해박했던 이 이론가가 자신의 조국 스위스에 알맞은 공화 체제의 실현 가능성을 깊이 인식했을 뿐만 아니라, 입헌군주제를 넓은 의미의 공화정으로 이해했다는 사례도 깊이 새겨 둘 사항이다. 그래서 그의 국가이론 체계를 가토 청년기의 시대 인식에 비추어 본다면, 그 대강은 민권을 억누르지 않는 입헌체제에 있다고 이를 만하다.

---

22 김도형(2015), "가토 히로유키(加藤弘之)의 《人權新說》과 천부인권논쟁", 〈東亞人文學〉 33집, 535~570쪽; 박삼헌(2012), 앞의 책, 248~262쪽.

이 바탕에서 가토가 겪었던 '일'을 되새겨 볼 수 있을 것이다. 그 시작점은 1874년이었다. 이해에 의회설립 운동이 처음 일어났을 즈음, 가토는 민선의원이란 문명국에서나 필요한 까닭에 일본과 같은 미개국에는 해롭기만 하다고 논변하면서 그 '시기상조론'을 내세웠다. 이 주장은 이 무렵 인민을 대신하는 지방관 회의로 민선 의회를 대신하려는 정부의 정체 개혁안과 다를 바 없었다. 그리고 그가 그 뒤 정국을 흔들었던 정체 논쟁을 반영하여 《국체신론》을 펴냈을 때, 거기에 담긴 주요 명제들은 블룬칠리의 사유체계와 비교해 봄 직한 구성 내용을 갖추었다. 우선 이 책은 '공명정대한 국체'를 내세웠다는 점에서 앞선 저작들과 같은 선상에 있었다. "국가란 인민을 주안主眼으로 내세우는데, 특히 인민이 안녕과 행복을 찾는 일을 그 목적으로 정하며, 더불어 군주와 정부는 오로지 이 목적을 다하기 위해 존재함을 국가의 대지주로 삼는 국체라고 할 수 있다."[23] 이렇게 말하는 국체가 신도神道 계열의 국학자들이 굳게 믿는 '천신정치天神政治'와 완전히 다른 개념이라는 뜻에서, '신론新論'이라는 표현이 책의 제목에 붙었을 것이다. 그래서 전통의 국체 관념을 혹독한 언어로 비판하는 내용이 그 첫 페이지를 장식했을지도 모른다. "군주도 사람이고, 인민도 사람이다. 절대로 이류異類의 존재일 리 없다. 그런데도 오직 권리를 두고서 하늘과 땅 만큼이나 차이가 나는 것은 도대체 무슨 까닭일까.

---

**23** 加藤弘之(1972), 《國体新論》, 植手通有 責任編集, 《日本の名著34西周・加藤弘之》, 中央公論社, 390쪽.

이렇듯 야비野鄙하고 누열陋劣한 국체의 나라에서 태어난 인민이야말로 사실상 가장 불행하다고 말해야 할 것이다."24

이처럼 국가의 주요 목표를 인민에 두면서, '인민을 위해' 군주가 존재한다는 '국가 및 군민君民 성립의 이치'가 곧 '새로운' 국체 이념의 기본 성격이라면, 가토의 주장은 블룬칠리의 이론체계와 얼추 어울린다. 그렇지만, 가토는 국체와 정체를 '서로 다른' 위상에 두는 사유방식을 펼치면서 블룬칠리의 국가학 원리에서 벗어난다. 가토는 먼저 국체란 '정치의 선악과 공사公私'를 오로지 관장하는 체제라고 본다. 국체가 그 이치에 어긋나지 않으면서 야비루열野鄙陋劣의 상태에서 벗어날 때, '진성眞誠의 국가'라는 이름이 가능할 수 있다. 그러므로 가토가 표현하는 국체 개념에는 '만국과 더불어' 보편의 성격을 지녀야만 할 필요성이 내재하지만, 정체도 그 원리를 따라야만 할 이유는 없다. 왜 그런가? "정체의 가부可否는 특히 그 나라 고금의 연혁沿革과 유래 및 그 인정과 풍습에 따라 정하는 바를 모범으로 삼기" 때문이다. 이와 같은 '이치'에 따라 일본 '나라國'는 만세일계万世一系의 천황을 으뜸으로 삼는 정체를 유지할 수 있으며, "군주와 정부가 인민에 대하여 시행해야만 하는 권리·의무"를 다한다는 전제에서, 천황 친정 체제도 만국과 더불어 한결같이 진성 국가를 이룩하는 국체의 '논설'이 가능할 수 있었다. 이 맥락에서, 마땅히 '공명정대'한 정체에 속할 수 있는 '공화정치'는 종래 군주정을 유지해 온 나라에 "갑자기

24 같은 책, 383쪽.

적용하면 틀림없이 치안을 지키기 어려울 뿐만 아니라, 오히려 치안을 훼손시킬 수도" 있을 것이라는 우려에 내몰리고 말았다. 25

가토는《국체신론》을 시작하면서 문명국가의 지평 저편에 있는 '야비루열의 풍속'을 그리며 시작한다. 문명개화를 아직 완전히 이루지 못한 나라들은 일찍이 국가뿐만 아니라 군민君民의 진리를 알지 못했던 탓에, 천하의 국토는 참으로 한 군주의 사유물이었다. 그리고 거기에서 살아가는 억조億兆 인민은 모두 한 군주의 신복臣僕일 따름이었으며, 군주는 본래대로 자신의 신복을 목양牧養하는 임무를 맡는 것으로 그만이었다. 26 그렇다면 그의 기대지평에서 문명국가는 어떤 모습으로 나타날까? 그가 1907년에 펴낸 한 권의 저술은 이렇게 밝힌다. "우리 국체란 물론 일본민족의 대부大父이신 제실帝室이 만세 통치의 대권을 장악하시고, 족자族子인 우리 신민을 어루만져 기르시며, 아울러 족자인 우리 신민도 그 통치를 받아들여 백성臣子다운 도리를 다하는 것이다. 이는 이미 명료한 것으로, 정말 세계 만국에서 도무지 견줄 만한 데 없는 국체이다."27 이 국체가 20세기 문명 세계에서 홀로 우뚝 서 있는 '족부族父 통치의 정체'라는 주장이다. 가토는 이 명칭이 법민족학Rechtsethnologie의 창시자로 알려진 포스트Albert Hermann Post, 1839~1895가 고대 미개의 한 통치 형식을 표현

---

25 같은 책, 405~406쪽; 박삼헌(2012), 앞의 책, 243~247쪽.
26 加藤弘之(1972),《國体新論》, 383쪽.
27 加藤弘之(1907),《吾國體と基督教》, 東京: 金港堂書籍株式會社, 41~42쪽.

했던 '족장체제Patriarchie'와 같다고 본다. 28 입헌군주정을 대신한다는 이른바 '입헌 족부통치국'은 여전히 '야비루열의 풍경'에서 멀리 떨어진 문명국가의 일종일까? 흥미롭게도 그는 블룬칠리의 저서도 태곳적 그리스와 게르만을 사례로 '동양同樣의 정체'를 서술했다고 밝힌다. 그 책은 1875년에 나온 《일반국가학Allgemeine Statslehre》 제1권인데, 앞에서 여러 차례 인용했던 《일반국법》의 수정판이다. 29 가토가 지시하는 이 책의 면수를 찾아가서 읽어 보면, 문제의 '족부통치'가 헬레니즘 시대의 그리스와 고대 게르만 사회에 존속했던 이른바 '혈족왕정Geschlechtskönigthum'의 사례와 겹친다는 인상을 받는다. 블룬칠리가 설명하는 이 옛적 정치 형식은 고대 동방세계에서 신정정치의 형식을 유지했던 유일 지배체제로부터 인간다운 제도로 거듭난 유형에 속한다. 이는 왕의 명예권과 세습권에 바탕을 둔 이 체제가 국가 권력 전반을 장악하면서도 '인민의 동의'을 구했다는 특

---

28 가토는 다음 책을 사례로 든다. Post, A. H. (1884), *Die Grundlagen des Rechts und die Grundzüge seiner Entwickelungsgeschichte: Leitgedanken für den Aufbau einer allgemeinen Rechtswissenschaft auf sociologischer Basis*, Oldenburg: A. Schwarz.

29 1875년과 1876년 사이에 블룬칠리는 이미 나왔던 《일반국법》 제1권과 제2권의 다섯 번째 수정 판본을 내면서 그 표제를 《일반국가학(Allegmeine Statslehre)》 제1권과 제2권으로 바꾸고, 거기에 새로 《정치학(Politik als Wissenschaft)》을 더하여 모두 3권의 《근대국가학(Lehre vom modernen Stat)》(Stuttgart: Verlag der J. G. Cotta'schen Buchhandlung) 이라는 표제의 총서를 펴냈다. 가토가 1907년에 펴낸 책에서는 그 총서가 'Lehre vom modernen Lehre'라는 이름으로 잘못 적혀 있다. 加藤弘之(1907), 《吾國體と基督教》, 43쪽.

징을 지닌다. 특히 그리스 사람들이 신의 질서, 그리고 조국에 매이는 법률과 관습을 중요하게 여겼다는 점에서, 그들의 혈족 체제는 동방의 전제군주제와 차별성을 갖는다고 한다. 블룬칠리는 이와 같은 체제의 형상을 문명국가의 한 상징으로 보았을까? 그럴 리 없는 이 체제가 '족부통치'의 모범이라면, 가토가 그리는 국체 유형은 과거지향의 지평에 놓인다고 단정할 만하다. 그리고 그의 '절판' 소동이 무색하리만치, 그 기대는 국체와 정체를 굳이 나누어 보고자 했던 《국체신론》 가운데에서 이미 움트고 있었던 셈이다. 그렇다면 그때나 이때나 블룬칠리의 작품이 이른바 '전향'의 핑계에 어떤 쓰임새 역할이나 하지 않았는지 의심할 수도 있을 것이다. 그의 번역작업도 그러한 조짐을 드러낼까? 블룬칠리 국가론의 중심 명제들 가운데 유기체 국가의 원리를 설명하는 대목이 어떤 표현의 문구로 번역되었는지를 하나의 사례로 들 수 있다. 먼저 원전의 해당 부분을 우리말로 옮겨 보자.

신이 국가 본능Statstrieb을 인간 본성 가운데 심어 놓음으로써, 그리고 신이 국가의 실현을 원했던 만큼, 국가는 간접적이나마 어느 정도 신성한 모습으로 나타난다. 그러므로 국가란 무엇보다도 먼저 인간의 과제와 작품으로 설명되더라도, 건강한 종교적 감정은 손상을 입지 않게 된다. 아울러서 실제로 국가를 형성하도록 권력이 힘차게 드러나는 현상이 어쩔 수 없다는 점은 국가의 의미 가운데 용인된다. 왜냐하면, 본질다운 권력은 국가 형성으로 향해진 공동의 인간 본성 가운데 들어 있는 인민의 능력Volkskraft이기 때문이다. 궁극적으로 국가의 권리는 역시 정신적이며 도덕적인 계기들을 지니는 의지에 양도된다. 여기에서 우리는 여러 갈래로 나뉘고 산만한 상태로 있는 개개 의지zersplitterte und zerfahrene Einzelwillen보다는 오히려 본성대로 공통성과 통일성을 지니는 인민 의지 또는 국가 의지를 문제로 삼는다.

우리가 국가 본능이라고 일컫는 공공의 통합 본능과 유기조직 본능der gemeinsame Einigungs und Organisationstrieb처럼 민족들 가운데에도 마찬가지로 기질에 따르는 전체 의지Gesammtwille가 들어 있다. 이 전체 의지는 공공연히 드러나면서 국가 의지Statswille로 바뀐다. 그러는 동안, 두 개인이 서로 하나의 계약을 맺으면, 순수한 개별 의지는 그것대로 개인 성격으로 머문다. 전체 의지의 올바른 표현은 계약이 아니다. 지속하는 질서와 얽힌다면 그 의지는 통일성의 법칙이고, 감시 기능과 관련해서는 명령과 같다. 그리고 정당성의 집행이 문제라면, 그 의지는 곧 판정이다. 국가는 그 자체 내에 전체 의지에 복무하는 기관들을 지니는데, 그 전체 의지는 스스로 조직하고, 그것을 의식하며, 스스로 표현하는 의지이다.

그러므로 국가는 그릇된 열정을 길들이기만 하는 하나의 질서도, 하나의 필요악ein nothwendiges Uebel도 아니며, 반드시 있어야만 하는 하나의 선ein nothwendiges Gut이다. 전체 존재와 같은 인민집단과 전체 존재와 같은 인간집단은 오로지 자신들의 국가 기질을 국가로 실현함으로써, 자신들 내부에 잠재하는 공통성과 통일성을 나타내고, 커다란 총합으로서 자신들의 자기 결정에 이를 수 있다. 국가는 전체 질서의

충족이며 전체 삶이 모든 공공 사안 가운데에서 완벽하게 이루어지도록 하는 유기조직이다. **30**

국가 형성에 작용하는 인간의 권력 욕구는 피할 수 없는 요인이지만, 그것이 원래부터 인간의 자연기질 가운데 잠재하는 '인민의 힘'이라는 설명이 블룬칠리 국가론의 중심 명제이다. 이렇듯 그는 먼저 인간의 본성 안에서 모든 국가 형성의 보편 근거를 찾는다. 그 본성은 개개인에 따라 드러나는 다양성과 더불어 본연 기질로 나타나는 공통성과 통일성을 내재하고 있다. 이와 같은 인간 본연의 기질이 발전하여, 처음에는 민족의 내적 공통성과 통일성 가운데에서 인민의 경험이 나타나고, 거기에 맞추어서 겉모양을 갖춘 존재가 국가이다. 말하자면, 인간의 기질 가운데에서 국가를 이루고자 하는 욕망으로 내재하는 본능이 전체 존재의 외적 조직을 인간다운 자기 지배, 곧 국가라는 형식으로 만들어 낸다. 권력자들의 사례에서는 정열적인 지배 욕구로 나타나는 이 본능은 약자들의 세계에서는 노예다운 굴종의 형상을 띤다. 오직, 그 두 경향성에서 벗어난 자유 존재들 사이에서만, 그 본성 기질은 지성을 거쳐 명민해지고, 도덕성 감정과 조화를 이루는 자기감정의 순화를 통해 품위와 결합한다. "그러므로 자유로운 국가가 진정한 국가이다." 왜냐하면, 오직 그럴 때만 국가 본능은 보편성을 지니면서 활기찬 기운으로 넘치기 때문이다. **31** '생

---

**30** Bluntschli, J. C. (1868), *Allgemeines Statsrecht*, vol. 1, pp. 276~277.

동하는' 유기체 국가의 구성 원리를 경험판단의 명제로 설명하는 이 대목은 가토의 번역문에서 어떠한 서술형식으로 나타날까?

생각건대, 천신天神이 사람의 천성에 국가 구성成國의 정의情意를 부여했음이 분명하다고 볼 때, 그 논자論者가 국가란 간접적으로 천신의 창건에 관계한다고 여기는 것은 굳이 불가하지는 않다. 다만, 국가가 사람의 창설에 직접 관계한다는 점을 우리가 지금 인정할지라도, 그 뜻은 본디 사람의 천성에 국가 구성의 정의가 있음을 부정하지 않기 때문으로, 절대로 우리가 신도神道의 진정한 뜻을 해친다고 생각해서는 안 된다. 그리고 국가의 창립에 권력이 필수인 이유를 논하는 앞의 논지와 같은 것도 우리의 논지와 완전히 어긋나는 것은 아니다. 왜냐하면 사람들이 서로 결합해 국가를 이루는 천성에서 생긴 합동력合同力이란 곧 진실로 권력이기 때문이다. 아울러서 사람의 의사意思가 국가 기립起立에 세력을 나타내는 것이라는 논지와 같은 것도 반드시 취할 바가 있다. 그러나 우리는 말하자면 각 개인 각자의 의사インディフィデゥエルレ井ルレ로 국가의 기립에 세력을 드러내는 것이 아니라, 단지 사람들이 함께 가지는 의사, 곧 통유의사通有意思, ゲサムト井ルレ 내지는 방국의사邦國意思, スターツ井ルレ만으로 오로지 국가의 기립에 힘을 보충한다고 인정한다.

생각건대, 통유의사는 원래 인간을 결합하는 정의結合ノ情意, オルガニサ ティオンストリーブ, 곧 국가를 이루는 정의成國ノ情意, スターツトリーブ와 마찬

31 같은 책, pp. 275 f.

가지로 민종民種에 따라 차이가 있다. 그리고 이 통유의사는 실제로 발생할 때는 마침내 방국의사スターツ井ルレ가 되지만, 그 각 개인 각자의 의사インディフィデウェルレ井ルレ에 이르러서는 시종 각자의 의사에 불과하며, 절대로 방국의사가 되지 않는다. 그러므로 예를 들어 지금 두 사람이 서로 계약을 맺어 서로 협동하는 일이 있어도, 그 두 사람의 의사는 오로지 순연純然한 각자의 의사이며, 그 성격은 변하지 않는다. 따라서 통유의사라는 것은 결코 계약을 이루는 의사가 아님을 봐야 한다. 생각건대, 통유의사가 실제로 발생하는 사례에서는 국민의 협동 일치를 불러일으킬 헌법을 제정하는 입법권, 국가의 치안을 운영하는 시정권施政權 및 공의 정직을 수호하는 사법권이 된다. 따라서 국가는 반드시 위에서 말한 통유의사의 용도에 쓰이는 관사官司를 구비具備할 필요가 있다.

이렇게 보면, 국가를 섣불리 인민의 정욕을 억제하여 방지하기 위해 설립하는 부득이한 흉물ノートユンディゲス, ユーベル로 보는 것은 심히 잘못되었다. 국가는 실로 부득이한 양물不得已ノ良物, ノートユンディゲス, グート이라 말하지 않을 수 없다. 사람이 모두 서로 결합해 국가를 이루는 성性을 가진다면, 국가의 기립에 연유하지 않으면 어떻게 그 천성을 창달해서 완전한 협동 일치를 도모하고, 일대一大 전체를 이룰 수 있을 것인가. 이런 까닭에 국가는 곧 인민이 서로 협동 일치를 도모하고, 이로써 일대 전체를 이루는 데 꼭 필요한 도구要具임을 인정하지 않을 수 없다. **32**

---

**32** ヨハン・カスパルト・ブルンチュリ 著(1877), 《國法汎論》, 卷之三, 文部省,

먼저, 인간의 본성 가운데 내재하는 국가 형성의 욕구가 권력 현상으로 나타나는 원리를 두고서 원전이 설명하는 의미와 번역문의 반영을 보자. 국가 본능이 천연의 기질이기 때문에, 국가 구성에 어느 정도 신성한 형상이 함께하듯, 그 형성과정에서 나타나는 권력 현상은 건전한 종교 감정처럼 받아들일anerkennen 만한 대상이라고 원문은 밝힌다. 무엇보다도 그것이 덕성의 조화와 공공성을 유지하려고 하는 인민의 힘에서 나오기 때문이다. 그래서 국가의 권리란 도덕성에 근거하는 공동체의 의지에 양도된다는 이해가 가능하다. 이처럼 국가 형성의 원리를 인간의 유기체 본성으로 설명하려는 원전 의미가 일본어 번역에서 제대로 되살아났다고 단정하기 쉽지 않을 것이다. 번역자가 유기체라는 말과 그 의미연관을 이해할 수 없었던 탓이 크게 작용했던 것으로 보인다. 그래서 인민이 구성하는 공공의지가 국가 권력을 승인한다는 원전의 명제는 번역에 제대로 반영되지 않거나 아예 생략되어 버렸다. 그리고 같은 단락의 번역문에서 흥미로운 부분을 찾을 수 있다. 원문은 유기체 국가 구성의 원리가 사회계약 이론과 다르다는 명제를 설명하기 위해 통일성의 '인민 의지'와 구별되는 '하나하나의 의지'를 예로 드는데, 번역문은 다른 말을 끼워 넣어서 그 뜻을 전한다. 곧, "여러 갈래로 나뉘고 산만한 상태로 있는 개개 의지(*zersplitterte und zerfahrene Einzelwillen*)"라고 표현하는 원문이 "각 개인 각자의 의사(インディフィデウエルレ井ルレ)"로 옮겨

80~83쪽.

지면서, 원문에도 없는 'individuelle Wille'라는 말이 거기에 따라붙었다.33 '순수한 개별 의지'(*der rein individuelle Wille*)라는 표현이 다음 단락에 나오기는 하지만, 원문과 다른 말을 굳이 번역문에 표기한 까닭을 직접 유추해 낼 방법은 없다.

이와는 정반대로, 국가 구성의 원리를 설명하면서 주요 명제로 여기는 원문 표현을 아예 빠뜨리는 사례도 찾을 수 있다. 먼저 원문의 내용을 보자. "전체 존재와 같은 인민집단과 전체 존재와 같은 인간집단은 오로지 자신들의 국가 기질을 국가로 실현함으로써, 자신들 내부에 잠재하는 공통성과 통일성을 나타내고, 커다란 총합으로서 자신들의 자기 결정에 이를 수 있다." 이는 곧 본성 기질에 따라 공통성과 통일성을 유지하는 인민집단이 국가라는 공동체를 실현할 때 '자기 결정Selbstbestimmung'이라는 의지에 따른다는 명제와 다르지 않다. 번역문은 바로 이 '자기 결정'이라는 핵심 표현을 빠뜨린 채, "사람이 모두 서로 결합해 국가를 이루는 성性을" 가지는데, 그 사람들의 '의사'가 '국가의 기립에 말미암을' 수밖에 없다는 뜻을 전한다. 이와 같은 번역문의 의미내용을 따른다면, 블룬칠리는 헤겔과 같은 권력국가 이론가 그 자체이거나 적어도 거기에 편승하는 아류로 바뀔 수 있다. 번역자가 일부러 주요 표현을 번역문에서 애써 빼버린 채, 그 빈 자리에 인민의 통합의지가 국가에 매이는 듯한 뉘앙스를

---

33 앞에서 보았던 야마다의 논문도 이 점을 지적한다. 山田央子(1992), 앞의 글, 286 쪽(주45).

채워 넣었다면, 이는 심각한 의미의 왜곡이라고 단정할 수 있을지도 모른다. 이렇게 의심할 만한 요소는 번역 인용문의 마지막 구절에 드러난다. "이런 까닭에 국가는 곧 인민이 서로 협동 일치를 도모하고, 이로써 일대 전체를 이루는 데 꼭 필요한 도구임을 인정하지 않을 수 없다(是故ニ國家ハ卽人民カ相俱ニ協同一致ヲ謀リ以テ一大全體ヲ成スノ要具ナリト認ナメル可ラス)." 이를 원문과 비교해 보자. "국가는 전체 질서의 충족이며 전체 삶이 모든 공공 사안 가운데에서 완벽하게 이루어지도록 하는 유기조직이다(Der Stat ist die Erfüllung der Gesammtordnung und die Organisation zur Vervollkommnung des Gesammtlebens in allen öffentlichen Dingen)." 국가 형성의 원리가 나타난 원문의 표현은 오로지 '자신들의 자기 결정'을 강조하는 앞 구절의 의미와 떨어지지 않을 때만 올바른 이해로 이어질 수 있다. 이와는 다르게 자율성의 유기조직을 애써 '도구'의 기능으로 옮겨 놓는 번역 표현은 원문의 뜻과 명백히 어긋난다고 여길 수밖에 없다.

번역자 가토가 국가의 유기체 본성을 제대로 파악하지 못했거나, 아니면 그 의미를 자신의 의도에 맞게 굴절하여 보여 주는 사례는 《국법범론》 제1권의 첫째 장, 곧 '국가 개념國家ノ理'을 역사과정에서 해명하는 부분에서도 드러난다. 먼저 원전의 설명을 보면, 인민의 공동체가 없다면 국가 구성도 있을 수 없다는 명제에서 유기체 국가의 원리가 시작한다. 곧, 우리가 역사과정에서 인식할 수 있는 국가 본성은 한마디로 '도덕적이며 정신적인 유기체'이다. 이 원리로부터 갖추어지는 국가는 통치와 피지배의 형식으로 어느 특정 지역에서 도덕적이며 유기체다운 인격성으로 결속하는 인간들의 전체성이다. 그래서 우리는 국가를 정치적으로 유기체 조직을 갖춘 '인민 인격성'과 같은 개념으로 지칭할 수 있다.[34] 이 대목의 번역문에 붙은 번역자의 해설이 흥미로운 내용을 전한다. 먼저, 국가 인격을 밝히는 원문, 곧 "국가란 가장 고상한 의미에서 공적이며 법률적인 인격이다(*Doch ist der Stat die öffentlich-rechtliche Person im höchsten Sinne*)"라는 문장은 "국가란 공권리를 지니는 활인의 우두머리 되는 자이다(但シ國家ハ公權利ヲ有スル活人ノ冠タル者ナリ)"라는 번역문으로 되살아난다. 또한, "국가란 어느 특정한 나라에서 정치적 유기 조직으로 이루어진 인민 인격체(*Der Stat ist die politisch organisirte Volksperson eines bestimmten Landes*)"라고 풀이하는 원전의 의미는 번역문에서 다음과 같은 표현으로 바뀐다. "국가는 정주하는 땅을 차지하여 치안을 도모하기 위해 서로 결합하는 국민의 일활체이다(國家ハ定住ノ地ヲ占メテ治安ヲ謀ル爲メニ相結ヘル國民ノ一活體トナレル者ナリ)." 그리고 개개인의 의지나 그 총합과는 완전히 다른 국가 의지가 통일성의 꼴을 갖추도록 '국가 인격'이 작용한다는 원전 설명을 두고서, 번역자는 다음과 같은 해설을 덧붙인다. "국욕國欲이란 천하각인天下各人의 의사意思를 합친 것으로, 실제로 일개 활인活人인 국가의 의사를 의미하며, 대체로 국가의 현황現況에 맞추어서 치안을 영위하기에 적당한 의사이다."[35]

---

**34** Bluntschli, J. C. (1868), *Allgemeines Statsrecht*, vol. 1. pp. 34 ff.

가토가 전하는 국가의 의미는 무엇보다도 치안을 관리하는 기능 존재이며, 법률상의 어떤 최고 존재로서 '의사'의 통합과 질서를 관장하는 통치기구와 다르지 않다는 인상을 남긴다. **36** 그러면서 '인민의 인격성' 개념은 거의 묻혀 버리고, 도덕성과 유기체 본성의 국가 인격을 대신하는 '국가의 현재 상태'가 두드러져 보이는 표현방식이 지배하고 있다. 무엇보다도 '국민의 일활체'라는 번역어가 가토의 핵심 의도를 상징적으로 드러낸다고 여길 만하다. 바로 여기에 그는 원문에서 유추해 내기 어려운 '치안을 도모하기 위하여'라는 번역어를 창안하여 '인민 인격체'를 수식하는 정치와 유기체 개념을 일부러 지워 없앤다거나 그 의미연관을 왜곡하여 전한다. 우리는 이미 앞에서 블룬칠리가 묘사하는 'Volk'란 국가다운 유기체 조직을 갖추고서 국가라는 공동체로 뭉칠 수 있는 '정치 인격체'이며, 바로 여기에서 그 개념이 'Nation'과 차별성을 지닌다는 이야기를 거듭해서 들었다. 가토가 중심 번역어 가운데 하나로 내세웠던 '국민'이 'Volk'의 의미론을 강조하는 원저자의 의도에서 동떨어져서 국가주의의 부속 개념으로 자리한다는 인상을 지우기 어려워 보인다.

---

**35** ヨハン・カスパルト・ブルンチュリ 著(1876), 《國法汎論》, 卷之一, 文部省, 17~18쪽.

**36** 야마다의 논문도 큰 틀에서 비슷한 해설을 덧붙인다. 山田央子(1992), 앞의 글, 248쪽 이하.

## 2. 인민이 국민으로

가토가 번역하여 펴낸 《국법범론》 제 2권 가운데 '민종民種'과 '국민'
의 개념을 다루는 부분이 문젯거리다. 이 내용을 원서에서 보면,
《일반국법》 4번째 수정판 제 1책에 들어 있는 제 2권 제 2장 '민족
Nation과 인민Volk', 제 3장 '민족 권리Nationale Rechte', 제 4장 '헌법의 인
민다운 성격Volksthümlichkeit der Verfassung'이 거기에 해당한다. 《국법범
론》이 도이치어로 서술된 사상서를 맨 처음 번역한 사례라고 하니,
번역어의 선택이나 구성에 큰 어려움이 있었으리라고 충분히 짐작
할 만하다. 특히 Nation과 Volk의 번역을 두고서 애쓴 흔적이 완연
하다. 이를테면, Nation은 民種 또는 族民으로, 그리고 라틴어 어
원의 그 단어에서 파생한 Nationalität가 民種, 族民, 族民主義 등
의 다양한 일본식 한자어로 바뀌었다. 이보다 좀더 혼란스러운 번역
사례는 Volk와 짝을 이루는 언어들에서 나타난다. 國民, 國家, 臣
民, ホルク와 같은 혼용어 사용이 그 특징이다. 이 용어들 가운데
'국민'이 가장 많이 선택되었다는 점을 눈여겨볼 만하다. 원서와 번
역서에서 직접 그 사례를 만나 보자.

민족Nation은 하나의 문화개념Culturbegrif이다. 그러나 인민Volk은 하나
의 국법개념ein statsrechtlicher Begriff이다. 국가 안에서, 그리고 국가를 통
할 때 비로소 민족은 인민이 된다. 국가 공동체Statsgemeinschaft가 인민
통합Volkseinheit을 이룬다.

또한, 본래의 의미대로 인민이 되려면 — 민족과 인민이라는 표현은 항상 서로 구별되지 않는다 — 지속적인 공동 존재와 공동생활이 필요하며, 그럼으로써 인민은 진정한 통일체를 이룬다. 그럴 때 특정한 인민 정신과 인민 성격이 자라나는데, 이는 개개인의 정신이나 성격과는 달리 인민 공동체의 큰 무리 가운데서 번성한다. 따라서 하나의 민족다운 품성이 있듯이, 하나의 인민 품성도 있으며, 이 두 가지가 항상 일치하는 것은 아니다.

민족은 법률상 의미보다도 선천적인 의미에서 그 정신의 통일성을 언어로 표현하기 때문에 하나의 인격체Person로 불릴 수 있다. 그러나 그 공동체는 어떠한 법 제도로 정해지지 않는다. 민족은 국법상의 인격체가 아니다. 이와는 다르게, 국가 안에서 총합의 신체Gesammtkörper를 갖추었던 인민은 아울러서 법률상의 인격체로 나타난다.[37]

블룬칠리는 국가의 구성 원리와 밀접한 관련을 맺는 두 개념의 구별 현상이 이미 언어 관습의 역사성 가운데 내재한다고 밝힌다. 그는 이를 부연해서 설명하기 위해 따로 하나의 '주해'를 덧붙여 두었다. "나는 이전에 프랑스식 언어 관습에 따라 자연 인민Naturvolk을 'Volk'(프랑스어 peuple)로, 그리고 국가 인민Statsvolk를 'Nation'이라고 명명했다. 그러나 nasci에서 유래한 natio가 탄생과 종족die Geburt und die Rasse을, 그리고 Volk(라틴어 populus, 그리스어 πόλις)가

**37** Bluntschli, J. C. (1868), *Allgemeines Statsrecht*, vol. 1, pp. 84 f.

도시와 국가를 지시한다는 점에서, 어원학은 뒤바뀐 언어 관습을 입증하며, 도이치 언어 감각은 이 의미를 따른다. 그러므로 중세시대 도이치 사람들은 하나의 Nation이면서 하나의 Volk이기도 했다. 그러다가 그들은 지난 몇 세기 동안 하나의 Nation이었지만, 하나의 Volk일 수는 없었다. 그리고 오늘날 그들은 다시 하나의 Volk가 되기에 충분한 근거를 지닐 수 있었다. 스위스 사람들은 다양한 민족성으로 이루어졌지만, 하나의 Volk이다."[38] 이처럼 두 개념이 역 과정에서 의미 분화를 겪는 한편으로 아울러서 상호작용하는 이야기는 이미 앞 장에서 상세히 다루어졌으므로, 여기에서는 다만 그것들이 우리에게 익숙한 한문 용어로 번역되는 과제가 문젯거리다. 먼저, 블룬칠리가 국가 구성의 중추 세력으로 삼았던 Volk를 사례로 보자. 블룬칠리는 이 말이 옛 라틴어 포풀루스populus, 그리고 그리스어 폴리스πόλις와 짝을 이룬다고 밝힌다. 이 설명은 Volk가 아리스토텔레스의 《정치학》에 여러 차례 등장하는 '데모스δῆμος'와 가까움을 시사한다. Volk의 유래가 어떠하든, 그 의미요소 가운데에 데모스의 뜻이 함께 들어 있다는 현상은 현대 어원학의 발견이기도 하다.[39] 돌이켜 보면, 아리스토텔레스의 어법에서 데모스는 폴리스의 개개 행정단위와 거기에 정주하는 사람들을 아울러 지칭한다는 점이 두드러진다. 그러므로 그 말에는 처음부터 정치 행

---

38 같은 책, p. 85 (Anmerkungen 2).
39 Brandt, P. (2001), "Volk", pp. 1080 ff.

위의 의미가 작용했으며, 바로 이 때문에 데모스는 '뭇사람'을 지칭하는 '플레도스πλῆθος'와 차별성을 지닌다. 칸트도 대체로 아리스토텔레스의 사례를 따른다. 1798년에 나온 그의 '인간학' 저술에 다음과 같은 표현이 들어 있다. "Volk라는 말을 우리는 한 지역 안에 뭉친 다수 사람으로 이해하는데, 그들이 하나의 전체구성ein Ganzes을 갖춘다는 뜻에서 그러하다. 그렇지만, 공통의 혈연유대를 거쳐 시민다운 전체구성으로 뭉쳤다고 알려진 부류의 다수 사람을 우리는 Nation(라틴어 gens)이라고 일컫는다. 이 준칙에서 벗어나는 부류(Volk 가운데 야만성의 다수)는 무지렁이(도이치어 Pöbel, 라틴어 vulgus)라고 불리는데, 준칙에 어긋나는 이들의 결사는 패거리agere per turbas이다. 이 패거리라는 말은 곧 이들을 국가 시민의 질에서 제외하는 처신이라는 뜻이다."**40** 그리고 칸트가 입법권 수립에서 빠질 수 없는 다수의 통합의지를 말하며 그 주체를 Volk라고 명명했을 때,**41** 그것은 이미 데모스의 의미와 겹친다고 보아야 옳을 것이다. 블룬칠리가 말하는 Volk의 뜻도 이와 같은 언어 전통에서 거의 벗어나지 않는다.

'데모스'가 민주주의 또는 민주정의 어원이라면, 그 오랜 의미론을 반영하는 Volk에도 아울러서 정치 주체와 그 의식의 역사성을 나타내는 개념 요소가 내재한다고 볼 수 있을 것이다. 동아시아 3국이

---

**40** Kant, I. (1798), *Anthropologie in pragmatischer Hinsicht*, p. 311.
**41** Kant, I. (1797), *Methaphysik der Sitten*, p. 313.

함께 사용했던 한문이 Volk를 수용했을 때, 무엇이 그 이름으로 알 맞았을까? 블룬칠리의 국법학 개념들을 처음으로 일본식 한자 용어로 바꾸는 문제에 각고의 노력을 다했으리라 짐작할 만한 가토의 초반기 작품을 보면, 그가 천부인권의 정치 제도를 주장하면서도 그 주체의 호명을 주저하는 장면이 드러난다. 이를테면 1868년에 나온 《입헌정체략》은 '세계 만국'의 정체 유형을 다섯 가지로 나누어 설명하는 가운데 '군주전치'를 두고서는 다음과 같은 표현으로 묘사한다. "군주가 천하를 사적으로 소유하고 홀로 예악禮樂과 정벌征伐의 권한을 가지면서, 신민臣民이 나라의 일에 참여하지 못하도록 하는 것을 말한다." 옛 중국 고전(《論語》, 季氏 第十六)이 전하는 예악과 정벌은 군주통치의 상징이며, 따라서 그 피지배자는 신하와 백성이어야 합당할 것이다. 이어서 가토는 오로지 '개화 문명'에 다다른 나라들의 정치체제를 상하동치上下同治와 만민공화萬民共和로 일컫는데, 여기에서 "민民과 더불어 정치를" 꾸려 나가는 일이 비로소 가능해진다. 말하자면 천부인권의 원리가 지배하는 정치가 '공론'과 '소란'을 거쳐 새로운 정체를 이루었는데, 그렇지만 거기에 '함께ともに'하는 세력은 아직도 새 이름을 얻지 못한 채 전통의 '민'에 머무른다. 42 이와 같은 서술 방식은 《국법범론》이 나오기까지 내내 이어진다. 간혹 다른 표현이 나오더라도, 그 뜻은 거의 달라지지 않았다고 여겨진다. 앞에서도 보았듯, 1869년의 《진정대의》에서 "타인의 제어

---

42 加藤弘之(1972), 《立憲政体略》, 332쪽 이하.

를 받을 리가 없는 민인民人일지라도"라는 구절을 만나는데, 43 이렇게 불쑥 나타난 '민인'은 그저 '민'과 '인'을 합쳐 부르는 전통의 호명 방식과 같았을 것이다. 44 이러한 내용을 염두에 두면서 가토의 해당 번역문을 읽어 보자.

민종民種은 많은 민중民衆이 함께 동일同一한 취향의 개화를 얻음으로써 생겨난다. 국민國民은 많은 민중이 함께 하나의 국가를 이룸으로써 탄생한다. 민종은 국가의 성립에 따라 비로소 국민이 되는 것이다. 즉 국가사회의 성립에 따라 비로소 국민의 합동이 생겨나는 것이다.

국민도 일정 기간 동거하지 않으면 결코 진정한 합동물合同物이 될 수 없다. 국민은 일정 기간 동거하고 서로 낳아 길러서生養 마침내 일종의 성정性情·풍속風俗이 생겨나고, 이러한 성정·풍속과는 전혀 달리 특히 국민 다중多衆의 결합에서 점차 생겨나는 것이다. 따라서 앞서 언급한 이른바 일개 인종一個人種과 같은 민종처럼 일개 인종과 같은 국민이 비로소 탄생하는 것이다. 이때 일개 인종과 같은 민종과 일개 인종의 국민은 반드시 일치하지는 않는다. 각 민종은 동일同一한 언어로 합동을 나타내는 것이므로, 자연스럽게 형성된 활인活人이라고 칭할 수 있지만, 법제상法制上의 활인이라고 칭할 수는 없다. 그러나 국민은

---

**43** 加藤弘之(1972), 《眞政大意》, 351쪽.
**44** 이를테면 《논어》(先進 第二十四)에서 다음과 같은 이야기를 들을 수 있다. "자로 가 말하였다. '민인이 있고 사직이 있으니, 하필 책을 읽은 뒤에 배움을 하겠습니 까?'(子路曰 有民人焉 有社稷焉 何必讀書然後 爲學)"

전적으로 국가의 힘에 의지하여 비로소 하나의 형태를 갖추게 되고 또 국법상의 활인이 되는 것이다. **45**

이 번역문에서 Nation이 '민종'으로 옮겨진 표현법은 앞에서 본 원저자의 '주해'처럼 '탄생과 종족'이라는 의미연관을 반영했다고 짐작할 만하다. '일개 인종一個人種'이라는 표현도 그래서 나왔을 것이다. 그리고 같은 번역서에서 'Stamm'(종족, 인종)을 '民族スタム'으로 옮긴 사례도 주목거리다. **46** 그렇다면 '국민'이라는 번역어는 어떤 계기에서 가능했을까? "국가의 성립에 따라 국민이" 이루어진다는 표현과 같은 의미가 이미 원문 안에 포함되었다는 근거에서 그러했을까? 우리는 가토에게서 직접 그 설명을 들을 수 없는 가운데, 공권公權을 설명하는 《진정대의》의 한 문장에서 다음과 같은 용례를 발견할 수 있다. "국민에게 빈부 대소의 차별 없이 한결같이 이 권리를 부여하여 조금도 제한을 두지 않으려는 나라도 있다."**47** 여기에서 말하는 '국민'은 전후 맥락으로 보건대 특별한 신조어라기보다는 단순히 '국'과 '민'을 함께 합쳐 '국'에 속하는 '민'이라는 뜻으로 사용한 표현으로 여겨진다. 그리고 이 표현은 어쩌다가 한 번 나타난 희

---

**45** ヨハン・カスパルト・ブルンチュリ 著(1876), 《國法汎論》, 卷之二, 文部省, 16
    쪽 이하. 이 부분을 우리말로 옮길 때 다음 번역문의 도움을 얻었다. 가토 히로유키
    (2011), "《國法汎論》 第2款", 홍선영 옮김, 〈개념과 소통〉 7호, 269~278쪽.
**46** 《國法汎論》, 卷之二, 37쪽.
**47** 加藤弘之(1972), 《立憲政体略》, 343쪽.

귀 사례여서, 보편의 언어 경향성으로 보기에는 무리가 따를 것이다. 일본 지식사회에서 '국민'이라는 신조어를 처음 창안한 인물은 가토와 더불어 1873년 메이로쿠샤明六社 결성에 동참했던 후쿠자와 유키치로 알려져 있다. "지금의 일본 사람들을 문명으로 나아가게 하는 것은 오직 나라의 독립을 보전하기 위함뿐이다. 그러므로 나라의 독립은 목적이며, 국민의 문명은 이 목적을 달성하기 위한 수단이다."48 1875년에 처음 나온 《문명론의 개략文明論之槪略》에서 국민국가의 기대지평을 열면서 호명했던 이 '국민'은 영어 nation의 번역 조어로 만들어진 용어였다. 후쿠자와는 이 책보다 먼저 나왔던 《서양사정西洋事情》에서도 이 용어를 더러 쓰기도 했는데, 이때 그 말은 영어 people의 번역으로 나타나기도 했다. 49 그렇지만, 영어로 쓰인 '정치경제'의 교과서 한 부분을 번역하여 펴냈던 그 책 '외편外篇'에서 people과 짝하는 번역어로 자주 등장하는 말은 주로 인민人民이었다. 50 더군다나 메이지 초반기 이래 영일사전의 people 항목에

---

48 福澤諭吉 (2004), 《文明論之槪略》, 東京: 慶應義塾大學出版會, 330쪽.

49 이를테면, 영어 텍스트를 번역하여 구성했던 이 책 '외편'의 '국법 및 풍속'의 장에서는 국민이 people과 정확하게 짝하는 번역어로 나타나기도 하지만, '국민의 자주자유' 또는 '국민의 자유' 등과 같은 표현에서는 원전에도 없는 말을 덧붙인 사례가 많다. 그리고 때로는 인민이 people의 번역어로 자주 등장하기도 하여, 이 책에서 어떤 하나의 뚜렷한 신조어 경향성을 지적하기는 쉽지 않다. 福澤諭吉 (2004), 《西洋事情》, 東京: 慶應義塾大學出版會, 140쪽 이하.

50 《西洋事情》 외편은 다음 책의 한 부분을 번역하여 구성한 내용이다. Anonymous (Burton, J. H., 1852), *Political Economy for Use in School and for Private Instruction*, Edinburgh: William and Robert Chambers. 다음 글이 그 경위를

는 인민이 그 번역으로 나타났다. 그리고 1873년부터 국민이라는 이름이 nation 항목에 등장하면서, 국민은 대체로 nation과 짝을 이루는 번역어로 정착해 갔다.[51] 라틴어 populus에 어원을 두는 영어 people과 프랑스어 peuple이 모두 Volk와 같은 의미연관을 지닌다는 점에서, 가토의 번역어 선택은 앞에서 보았던 블룬칠리의 '해제'와도 사뭇 어긋났다고 여길 만하다. 이와 같은 사안들을 염두에 두면서 1874년의 《국체신론》에 나타나는 언어 용례를 다시금 주목할 수 있다. 앞에서도 보았듯, 가토는 이 책에서 '인민을 주안主眼으로 내세우는' 새로운 국가체제를 주장한다. 이 '인민'은 그 책 서술의 문맥에서 볼 때 하나의 주체 개념이다. 그렇다면 그즈음에 이미 블룬칠리의 저술을 번역하던 그가 이 '인민'을 Volk의 번역어로 떠올릴 만하지 않았을까? 그 책을 지배하는 양가 관념 탓에, 그 가능성은 아예 닫혀 있었을지도 모른다. 곧, 그는 국체와 정체를 분리해서 이해하는 가운데 인민의 '안녕과 행복'을 '대지주'로 삼는 한편으로, 현실에서는 공화정치의 '적용'을 부정함으로써, 인민을 그저 '신복臣僕'의 자리에 둔 셈이었다.[52] 아무튼, 가토는 nation의 번역어였던 '국민'을 Volk의 번역어로도 사용함으로써, 그 문제의 개념이 일본 방

---

밝힌다. 최정훈(2019), "후쿠자와 유키치와 존 힐 버튼의 지적 조우", 〈문명과 경계〉 2호, 259~275쪽.

[51] 박양신(2008), "근대 일본에서의 '국민' '민족' 개념의 형성과 전개: nation 개념의 수용사", 〈동양사학연구〉, 104집, 235~263쪽.

[52] 加藤弘之(1972), 《國体新論》, 383쪽 이하.

식의 국가주의와 결합하는 일체성을 더욱 강하게 만들고 싶었을지
도 모른다. 다음의 번역문 사례에 주목할 만하다.

다만 여러 민종民種이 합동하여 국민이 된 나라에서 그 가운데 하나의
민종이 중요한 위치로 나머지 여러 민종의 상위에 위치하고, 나머지 여
러 민종이 하등의 위치에 있는 것이 국가의 일치협동一致協同을 위하여
매우 필요하다는 점이다. 예를 들어 프랑스佛國와 러시아峨羅斯에 거주
하는 도이칠란트 민종獨乙民種, 프로이센普魯士에 거주하는 슬라브斯拉窩
민종, 도이칠란트獨乙에 거주하는 유태猶太민종, 북아메리카에 거주하
는 프랑스佛 민종은 하등下等 위치에 있는 민종이다.

(…)

국민이 될 하나의 거대 민종巨大ノ一民種은 반드시 국가에 적합해야
하는 본성을 지니며, 아울러 국가를 이루게 되는 특별한 임무를 띤다.

(…)

무릇 국민의 본성을 중하게 여기는 나라는 능히 국민을 유도誘導하
여 개명진보開明進步를 이룰 수 있게끔 하여, 개명진보의 정도에 따라
항상 그 법제法制의 혁정革正을 긴요緊要한 일로 삼는다. 따라서 국민은
본성을 일변시켜 타 국민처럼 되지는 않는다. **53**

이 인용 번역문은 원서 제3장 '헌법의 인민다운 성격Volksthümlich-

---

**53** ヨハン・カスパルト・ブルンチュリ 著(1876), 《國法汎論》, 卷之二, 31쪽 이하.

keit der Verfassung'을 설명하는 부분을 옮긴 내용인데, **54** 그 가운데 흥미로운 대목을 가려 뽑은 표현이다. 먼저 두 번째 단락, 곧 "국민이 될 하나의 거대 민종은 반드시 국가에 적합해야 하는 본성을 지니며, 아울러 국가를 이루게 되는 특별한 임무를 띤다"라고 번역한 부분을 주목해서 보자. 이 글을 얼핏 보면, 거대 민종은 반드시 국가에 적응하는 성격을 지닐 때 국민의 자격을 획득할 수 있으며, 국가 구성의 특별한 임무가 바로 거기에서 나온다고 이해할 만할 것이다. 원문에도 이러한 뜻이 들어 있을까? 그 문장을 가능한 한 곧이곧대로 옮겨 보자. "국가 인민이 되기에 적합한 개개 위대한 민족은 모두 고유한 정치적 삶의 견해를 지니면서 하나의 특별한 국가적 임무를 맡는다 (*Jede grosse Nation, die geeignet ist zum Statsvolk zu werden, hat auch eine eigenthümliche politische Lebensansicht, und eine besondere statliche Mission*)." 여기에서 '특별히 국가적인 임무'란 인민의 자격을 갖춘 민족이 '자기 본성에 뚜렷이 새겨진 특성die Gepräge ihres Wesens'을 '국가에 빌려주는dem Stat verleiht' 일을 뜻한다. 이렇게 읽으면, 누가 국가 구성의 주체인가? 그 주체가 국가에 매여야 하는 듯이 보이도록 표현하는 일본어 번역문의 뉘앙스는 그 앞 단락과 함께 읽을 때 더 묘한 뜻을 전한다. 원문의 내용으로 보면, 민족이 국가 안에서 총체성의 인격으로 거주하는 가운데 인민다운 자격을 지닐 수 있다는 '민족 권리'의 원리로부터 인민다움의 헌정체제가 이루어진다는 설명이 이

---

**54** Bluntschli, J. C. (1868), *Allgemeines Statsrecht*, vol. 1, pp. 89~91.

번역 내용의 전제조건이다. 곧, 이른바 국가 인민Statvolk이 민족과 같
은 의미의 자연 인민Naturvolk으로 이루어질 수 있는데, 이때 오로지
'하나의' 민족이 그 필수조건은 아니라는 원리가 중요하다. 왜냐하면
다양한 민족 요소들을 포함한 인민이 더 유리하기 때문이다. 그런데
인민이 "하나의 특정한 주요 민족에 기댈 수 있으며", 번역문에 열거
한 여러 사례처럼 몇몇 민족 세력이 "다만 부수 처지에 있다면", 이
점은 당연히 국가의 통일성에 좋은 방향으로 작용한다. 여기에서 '부
수 처지untergeordnete Vehältnisse'라 함은, 전후 문맥으로 보건대 국가 구
성에 함께하는 민족들의 숫자가 많고 적음에 따른 비율 관계를 뜻한
다. 이 내용을 번역문처럼 '반드시' 국가에 꼭 들어맞는 본성을 지니
는 '하나의 거대 민족'을 '하등下等 위치에 있는' 민족에 비추어 읽으면
무언가 '특별한' 국가 성격을 기대하게 된다. 원문이 서술하는 '개개
민족은 모두'와 번역문이 옮기는 '하나의 거대 민족'이라는 표현 방법
을 염두에 두면서, "무릇 국민의 본성을 중하게 여기는 나라는 능히
국민을 유도誘導하여 개명진보開明進步를 이룰 수 있게끔" 한다는 마지
막 단락의 번역 내용을 살펴보자. 원전의 해당 부분은 다음과 같은
표현으로 짜였다. "민족적이며 인민다운 성격을 지니는 국가는 역시
이와 같은 발전과정에서 인민과 동반하며, 아울러 그 유기조직 안에
서 비슷하게 일어나는 변화들과 개혁들을 겪는데, 그렇다고 해서 그
국가가 완전히 다른 어떤 국가로 될 수는 없다(Der nationale und volks-
thümliche Stat begleitet das Volk auch in dieser Entwicklung, und macht
auch in seinem Organismus ähnliche Wandlungen und Umgestaltung

*durch, ohne desshalb völlig ein anderer zu werden)*." 국가가 인민과 '동반하여begleitet' 발전과정에 함께한다는 대목이 원문에서 두드러진 표현이다. 이는 국가가 '국민을 유도한다'라고 표현하는 번역문과 사뭇 다른 뜻을 지닌다. 나아가 번역문은 국가가 '그 유기조직 안에서in seinem Organismus' 변화와 개혁 과제를 이룬다는 뜻을 곧바로 전하지 못한다. 그래서 번역문은, 인민이 자율 주체로서 그 유기 구성의 지체를 이룬다는 뜻을 이해하지 못한 탓에, 시대에 따라 바뀌는 것은 오직 국가의 '겉모습die äussere Erscheinung'일 따름이며 그 인민다운 '성격은 늘 분명히 한결같이' 그대로라는 원문의 뜻을 충분히 전할 수 없었다. "시대에 맞도록 헌법을 개정하는 일은 인민Volk의 선천권리"라고 결론짓는 원문의 표현대로면, 우리는 그 '인민'을 국가가 '유도하는' 대로 따르면서 자신의 본성을 국가에 맞추어야만 하는 존재로 이해할 수 있을까?

가토는 이처럼 원래 nation의 번역어였던 '국민'에 Volk의 뜻을 더하여서 '국가에 매이는 국가의 구성원'이라는 의미요소를 만들어낼 수 있었을 것이다. 이렇게 만들어진 '국민'은 하나의 신조어로서 한국 토양에도 정착하여 국가 구성과 정치 행위를 규정하는 시대적 언어들 가운데 핵심 용례가 될 수 있었다. 1948년에 만들어진 대한민국 제헌헌법에서 바로 그와 같은 사례를 찾을 수 있다. 먼저, 그 총강의 조항들을 보자. "제 1조. 대한민국은 민주공화국이다. 제 2조. 대한민국의 주권은 국민에게 있고 모든 권력은 국민으로부터 나온다." 이렇게 뚜렷이 새겨진 국민이 가토의 번역어에서 직접 유래했다고 여길 만한 근거는 없더라도, 거기에 담긴 국가주의의 기미를 부정하기는 어려워 보인다. 흥미롭게도, 1948년 5월 31일 대한민국 국회 헌법기초위원회에 올라간 행정연구회의 '초안'은 다음과 같은 총강으로 시작한다. "제1조. 한국은 민주공화국이다. 제2조. 한국의 주권은 인민에게 있고 모든 권력은 인민으로부터 발한다."[55] 이 표현의 참조 사안이었다고 짐작할 만한 바이마르 헌법의 머리 조항에도 인민Volk이 중심 용어로 자리한다. "도이치 나라는 하나의 공화국이다. 그 국가 권력은 인민에서 나온다(*Das Deutsche Reich ist eine Republik. Die Staatsgewalt geht vom Volke aus*)." 여기에 쓰인 Volk는 지금까지 우리의 논의에서 거듭 주목의 대상이었던 바로 그 용어다. 대한민국의 헌법 '초안'에 들어 있던 '인민'이 Volk의 번역어라고 단정할 수는 없지만, 그 표현이 국회 헌법기초위원회의 독회 과정에서 '국민'으로 바뀌었다는 사실은 깊은 주목거리다. 문제의 '초안'을 맨 처음 서술했던 유진오는 나중에 다음과 같은 회상한 토막을 남긴다.

'인민'이라는 용어에 대하여 후에 국회 본회의에서 윤치영 의원은, 인민이라는 말은 공산당의 용어인데 어째서 그러한 말을 쓰려 했느냐, 그러한 말을 쓰고 싶어 하는 사람의 '사상이 의심스럽다'고 공박하였지만, 인민이라는 말은 구 대한제국 절대군권하絶對君權下에서도 사용되

---

55 유진오(1980), 《헌법기초회고록》, 일조각, 208쪽.

던 말이고, 미국헌법에 있어서도 인민people, person은 국가의 구성원으로서의 시민citizen과는 구별되고 있다. '국민'은 국가의 구성원으로서의 인민을 의미하므로, 국가우월國家優越의 냄새를 풍기어, 국가라 할지라도 함부로 침범할 수 없는 자유와 권리의 주체로서의 사람을 표현하기에는 반드시 적절하지 못하다. 결국, 우리는 좋은 단어 하나를 공산주의자에게 빼앗긴 셈이다. 56

이념 논쟁에 휘둘린 듯 보이는 '인민'은 1944년에 만들어진 대한민국 임시헌장(제5차 개헌)의 '총강'에도 다음과 같은 표현으로 들어 있다. "제1조. 대한민국은 민주공화국임. (…) 제3조. 대한민국의 주권은 인민 전체에 있음." 그리고 더 거슬러 올라가면, 1919년 9월 19일 맨 처음 개헌헌법으로 만들어진 대한민국 임시헌장의 '총령'에도 거의 같은 내용이 있다. "제1조. 대한민국은 대한인민으로 조직함. 제2조. 대한민국의 주권은 대한인민 전체에 재함."57 이렇게 본다면, 국민에 '빼앗긴' Volk의 번역어를 문제 삼을 만할 것이다.

---

**56** 유진오(1980), 같은 책, 65쪽.
**57** 서희경(2018), 《대한민국 헌법의 탄생: 한국 헌정사, 만민공동회에서 제헌까지》, 창비; 장영수(2018), 《대한민국 헌법의 역사》, 고려대학교 출판문화원.

# 3. 량치차오와 블룬칠리

가토 히로유키는 1879년에 동경학사원에 나아가고, 이태 뒤에는 도쿄대학 초대 총장 자리에 오르면서 거의 출세가도의 절정에 이르렀다. 그리고 거기에 때맞춘 듯, 그의 국법학 번역작업도 1879년 12월에 나온 《국법범론》제4권 전반부에서 끝났다. 그 나머지 번역은 1882년부터 이토 히로부미 주도의 헌법조사단에서 활동하던 히라타 도스케平田東助, 1849~1925의 손에서 이루어졌다. 그 일은 1890년에야 사법성司法省 출간의 《국법범론》'속역續譯'으로 마무리 지어질 수 있었다. 히라타는 그전에 이미 블룬칠리의 저술을 번역하여 펴낸 이력을 쌓기도 했다. 블룬칠리가 1874년에 자신의 국가학 텍스트를 "도이치 인민의 정치 교양을 계몽하고 북돋우기 위해" 대중교재 형식으로 편집하여 펴냈던 《교양인을 위한 도이치 국가학 Deutsche Statslehre für Gebildete》이 그 번역서의 원제다. 58 히라타는 처음에 이 원서 가운데 제1부(일반국가학)의 제1장(국가의 본성과 정의) 및 제2장(인민과 국토)을 먼저 번역하여 1882년에 《국가론》이라는 제목으로 펴냈다. 59 그 뒤 1889년에 그는 히라쓰카 데이지로平塚定二郎, 1859~1941와 함께 원서 제1부의 나머지 부분들(제3장 국가 형태

---

**58** Bluntschli, J. C. (1874), *Deutsche Statslehre für Gebildete*.

**59** ブルンチュリー 著(1882), 《國家論》第1・2卷合本, 平田東助 譯, 東京: 島屋一介.

들, 제4장 공권력과 그 작용, 제5장 국가와 교회)을 번역하여 앞선 번역서와 묶어서 같은 이름의 책을 출간할 수 있었다.60 그리고 1899년에는 블룬칠리의 그 원서가 다른 형식의 번역서로 나왔다. 아즈마 헤이지吾妻兵治가 한문으로 번역하여 펴낸 《국가학》이 그 책이다.61 그리고 그해 3월 1일에 나온 〈청의보淸議報〉 제11책에도 '덕국德國 백륜지리 저' 《국가론》 권1 가운데 제1장이 실린 뒤 그 후속 글들이 연재되었다.62 번역자의 이름은 거기에 명기되지 않았다. 〈청의보〉는 그 무렵 일본에서 망명 생활을 하던 량치차오가 편집인을 맡고 있던 한문 출판물이었다. 1907년 안종화가 '한성 광학서포'에서 출간했던 《국가학 강령》은 〈청의보〉에 실렸던 글들 가운데 《국가론》 권1의 제1장부터 제5장까지를 국한문 혼용의 형식으로 번역한 책이다.

블룬칠리 국가학은 이처럼 복잡한 전이 과정을 거쳐서 한국 토양에 뿌리내릴 수 있었다. 그 과정에는 소통의 보편성이 작용했다고 여길 만하다. 주요 용어들이 한문이라는 공통 언어로 쓰였기 때문이다. 모두 한결같이 한 권의 원서를 대상으로 삼는 이 번역서들은 어떤 상호작용에 얽혀 있을까? 먼저 한문본의 《국가학》을 보자. 이 책에 붙은 '서문'을 보면, 번역자 아즈마가 '선린역서관善隣譯書館'의

---

60 ブルンチュリー 著(1889), 《國家論》, 平田東助, 平塚定二郎 譯, 東京: 春陽堂.
61 伯崙知理 著(1899), 《國家學》, 吾妻兵治 譯, 東京: 善隣譯書館.
62 德國 伯倫知理(1899), 〈國家論 卷一〉, 《淸議報》 第11冊, 第 15~18冊.

간사幹事였다는 사실을 알 수 있다. 거기에는 아울러서 이 번역 기관이 '아세아인'에게 커다란 이익을 전해 주기 위해 서둘러 이 책을 한문으로 번역하여 펴낸다는 취지도 들어 있다.63 여기에서 말하는 '아세아인'은 특히 중국인을 염두에 두었을 것이다. 그 번역서가 원저자의 이름을 '백륜지리伯倫知理'로 표기하여 중국 독자에게 익숙하도록 꾸몄다는 점도 눈여겨볼 대목이다. 그 '서문'은 1894년 6월부터 이듬해 봄까지 일본과 청나라 사이에 벌어졌던 전쟁 이후의 시대 상황을 담았던 듯 보인다. 그즈음 일본에서는 한창 '대륙'으로 향하는 관심과 열기가 치솟았고, 거꾸로 중국에서는 이른바 '도가쿠東學'라는 일본 붐이 일어나면서, 변법운동에서 패배를 경험했던 망명객들이 일본에 모여들었다.64 이것이 '선린'의 미명 아래에 한문 번역서가 나올 만한 사정이었다. 그 책 '범례'는 이 번역서의 "원서가 덕국德國 하이델베르크대학의 교수이자 바덴Baden 태공太公 고문관인 요한 카스파 블룬칠리(約翰 加斯巴路 伯崙知理)의 저서이며, 1874년 12월에 간행된 것이다"라고 밝힌다. 이어서, 역자는 '원문을 그대로 직역하여', 그 내용을 조금이라도 깎아 내지 않았지만, 대체로 '본관本館의 역술 주지'에 따랐다는 설명도 들어 있다.65 이 설명은, 이 한문 번역본이 이보다 10년 앞서 나왔던 일본어 번역서(《국가론》)에

63 吾妻兵治(1899), 〈國家學序〉, 伯崙知理(1899), 《國家學》.
64 權純哲(2012), 앞의 글, 83쪽.
65 伯崙知理(1899), 《國家學》, 〈凡例〉.

매이지 않았다는 점을 나타내는 듯 여겨진다. 두 책의 목차를 보면, 사용하는 용어들에서 큰 차이점이 드러나지는 않는다. 그래서 원서의 내용 가운데 핵심 주제 하나를 선택해서 두 번역서의 용례를 살펴보고자 한다. 제1부 제1장 제2절의 '오늘날 국가 개념Der heutige Statsbegriff'에서 현대 국가의 유기체 구성을 서술하는 부분이 번역 용례의 차별성을 드러낼지도 모른다.

오늘날 문명국가들die civilisirten Staten은 인민국가들Volksstaten이다. 인민이 인간의 총체로서 거기에 속하고, 그 가운데에서 스스로 결정하고 의사를 표명하며 활동하는 단일한 공동체로 합친다는 점에서 그러하다. 인민의 공공 정신Gemeingeist des Volkes은 국가 안에서 영혼으로 활동하고, 국가 헌법 가운데서 신체를 얻는데, 그 기관과 공무원, 그리고 회합들이 지체로서 인민의 공동생활을 펼치는 일에 봉사한다. 이러한 의미에서 우리는 다음처럼 말한다. 곧, 인민이 없다면, 진정한 국가도 없다. **66**

일본어 번역본의 사례에서는 대체로 Volk를 국민으로 옮긴다. 이를테면, 원서의 인용문 가운데 마지막 부분은 "국민이 없다면, 진정한 국가도 없다"라고 표현되었다. 그런데 원서의 'Volksstaten'은 '인민국가'라고 옮겨졌다. 아마도 이즈음 일본 지식사회에서 '국민

---

**66** Bluntschli, J. C. (1874), 앞의 책, p. 11.

국가' 내지는 '국민주의'라는 용어가 'nation state' 또는 'nationality'
의 번역어로 이미 굳어진 상황에서 'Volk'와 'Stat'의 합성어를 꼭 같
이 국민국가로 옮길 수는 없었을 것이다. 그리고 이 번역서가 원문
의 개인Individuen 또는 개개 인간einzelne Menschen을 모두 인민人民으로
옮긴 점을 보더라도67 '인민국가'에 어떤 특별한 뜻을 두지 않았으리
라 짐작할 만하다. 그런 특별한 사정이 아니라면, 대체로 Volk와 짝
하는 번역어는 국민으로 정해진 듯 보인다. 인민의 공공 정신
Gemeingeist des Volkes을 '국민 일반의 정신國民一般ノ情神이라고 표현하는
사례가 거기에 해당한다. 68 이와 비교해 볼 만한 아즈마의 한역본
은 조금 다른 용례를 나타낸다. 이를테면, "민인이 없다면 진정한
하나의 국가도 없다고 할 수 있다曰無民人, 則 無眞個國家"라는 표현처
럼, 여기에서는 주로 民人이라는 중국 고전 용례가 Volk와 짝한다.
그래서 원문의 'Volksstaten'은 '민인국가'로, 그리고 '인민의 공공
정신'은 '민인의 의지民人之意志'로 옮겨졌다. 69 그렇더라도, 원서의
제1부 제2장에서 Volk와 Nation의 개념을 구별해서 쓰는 대목에
서는 두 번역서 모두 '국민'과 '족민族民'을 각각 Volk와 Nation에 짝
하는 표현으로 서술했다. 70 이전의 '민종民種'이 이제는 '족민族民'으

---

67 ブルンチュリー(1889),《國家論》, 107쪽 이하.
68 같은 책, 14쪽 이하.
69 伯崙知理(1899),《國家學》, 6쪽.
70 ブルンチュリー(1889),《國家論》, 61쪽 이하; 伯崙知理(1899),《國家學》, 22
쪽 이하.

로 불리더라도, Nation에 비추어 Volk를 '국민'으로 번역하는 경향성은 틀림없이 가토 히로유키의 영향력에 말미암았을 것이다.

안종화의 《국가학 강령》으로 이어지는 〈청의보〉의 번역문들은 어느 텍스트를 원본으로 이용했을까? 그 내용을 살펴보면, 이 잡지의 해당 연재 서술이 일본어 번역서보다는 아즈마의 한역본에 아주 가깝다는 면면이 드러난다. 먼저, 〈청의보〉의 사례에서 원서의 제1부 제2장 인민과 국토Volk und Land가 번역되지 않았던 부분들을 제외하면,71 두 한문 번역본의 목차 배열이 거의 같다. 그리고 그 문장 내용이 많은 부분에서 겹친다는 점도 두드러진다. 그렇더라도 두 번역 작품 사이의 직접적 관련성을 명확하게 입증할 만한 근거자료는 아직도 드러나지 않았다. 게다가 〈청의보〉에 실린 첫 번째의 연재 시점인 1899년 3월 1일보다 약 3개월 뒤에 아즈마 한역본의 '서문'과 '범례'가 서술되었으며, 번역서의 출간은 같은 해 12월 13일에나 가능했다는 사실도 주목거리다.72 따라서, 히라타와 히라쓰카가 일본어로 공역했던 《국가론》을 다시 아즈마가 한역하여 《국가학》으로 펴내고, 이 한역본에 량치차오가 '수사상修辭上의 가공'을 더하여 서술한 글들이 〈청의보〉의 연재물이라는 주장은 좀더 세밀한 추적 작업을 요구한다고 볼 수 있겠다.73

71 〈청의보〉는 "國家論 卷之二"(원서 제1부 2장)를 건너뛴 채 "國家論 卷之三"과 "國家論 卷之四"를 차례로 싣고 있다.
72 權 純哲(2012), 앞의 글, 85쪽.
73 土屋 英雄(1999), "梁啓超の'西洋'攝取と權利·自由論", 狹間直樹 編, 《共同硏

"이 책은 덕인德人 백륜伯倫이 지은 데서 나온 것으로, 중국 사람 양계초梁啓超가 번역한 것이다."74 이 표현은 1907년 안종화가 《국가학 강령》을 펴내면서 쓴 '자서'에 들어 있다. 이 책이 량치차오의 손을 거친 블룬칠리 저서의 중역重譯임을 밝혔듯, 그것은 이즈음 쏟아져 나온 출판물 가운데 원저자의 이름과 함께 서양 서적의 번역서라고 직접 밝힌 드문 사례에 속한다. 아울러서, 안종화의 '자서'는 공개 문건으로는 거의 처음으로 〈청의보〉에 명기되지 않았던 '덕국德國 백륜지리 저 《국가론》 권 1'의 번역자가 량치차오라고 밝힌다. 안종화는 어떻게 그처럼 단정할 수 있었을까? 그가 잘 알려진 역사가라는 점에서 아무런 근거 없이 그렇게 쓰기는 어려웠을 터이다. 우선, 그의 번역서가 '덕인 백륜'의 이름을 알리기 전에, 이미 한국 언론이 '백륜지리'를 언급했다는 사실이 먼저 밝혀진다. 이를테면 1907년 2월 20일 〈황성신문〉은 "세계열강" 가운데 "매일 점점 나아가면서" 연구에 매진하는 대성현大聖賢, 대호걸大豪傑, 대철학大哲學, 대종교가大宗敎家 등을 열거하는데, 거기에 "백륜지리"도 윌슨이나 아리스토텔레스와 나란히 "정치가"의 이름에 올라 있다. 그리고 그 다음 해 5월 6일의 〈대한매일신보〉는 "심하다, 한국인의 학문을 알지 못함이여"라는 제목의 논설을 실으면서, "백륜지리가 저술한 정

---

究梁啓超: 西洋近代思想受容と明治日本》, 東京: みすず書房, 163쪽(주 17). 그와 같은 주장은 다음 글에 실려 있다고 한다. 巴斯帝(Bastid, M., 1997), "中國近代國家觀念遡源", 〈近代史研究〉第100号, 220쪽 이하.
**74** 安鍾和(1907), "自敍", 伯倫知理 著, 《國家學綱領》.

치학이 새로 났다고 아리스토텔레스의 옛말을 폐지하지 아니하였으니, 한두 가지 새말을 어디서 들었다고 구학문을 아주 버리려고 하면 어찌 가할 것인가"라고 묻는다. 그 뒤에도 "백륜지리의 정치"라든가 "정치는 백륜지리를 기망期望하며" 등의 신문 기사들이 뒤따른다. 이 기사들의 출처가 어디에든 있으리라고 짐작할 때, 량치차오가 1903년에 발표했던 〈정치학 대가 백륜지리의 학설〉을 떠올릴 수 있다. 앞 장에서 이미 살펴보았던 이 글에서 량치차오는 블룬칠리 학설의 주요 논점들을 소개하는 가운데 '국민과 민족의 구별 및 그 관계'도 제법 상세하게 설명하는데, 이 부분은 '덕국德國 백륜지리 저 《국가론》 권 1'을 연재했던 〈청의보〉의 번역 서술에서는 빠졌던 대목이다. 이로부터 1908년 7월 30일 〈대한매일신보〉에 논설 주제로 실린 '민족과 국민의 구별'이 바로 량치차오의 1903년 논문에 기댔으리라는 추측이 가능해진다. 〈청의보〉의 연재 기사를 읽고서 백륜지리의 작품을 번역하리라 결심했던 안종화도 또한 〈정치학 대가 백륜지리의 학설〉을 미리 읽어 보았다면, '덕국德國 백륜지리 저 《국가론》 권 1'의 번역자가 량치차오라고 쉽게 단정할 수 있었을 터이다. 그 논설의 목차와 용례들은 그렇게 부추길 만했다. 이와 같은 추론과 함께 문제의 량치차오 논문을 하나의 매개 수단으로 보면, 그로부터 블룬칠리 국가론의 핵심 주제들이 이 땅에 뿌리내리는 전이 과정을 엿볼 수 있을 것이다. 더불어, 거기에서 '국민'이 하나의 시대적 '기망期望' 개념으로 자리하는 현상도 그냥 지나칠 수 없는 주목거리다.

"루소가 19세기의 어머니라고 한다면, 블룬칠리는 또한 20세기의 어머니이다." 량치차오가 〈정치학 대가 백륜지리의 학설〉을 정리하면서 하는 말이다. 루소의 학설이 "백 년 전에 정계를 변화시키는 데 가장 유력한" 주장이었다면, 블룬칠리의 학설은 사회계약설처럼 "오늘날 우리 신 사상계의 사람들이 모두 갖고" 있는 결함들을 지적하여 국민과 국가가 함께 따를 만한 어떤 대안을 제시한다는 설명이다. 량치차오가 보기에, 블룬칠리는 "루소가 파괴를 고취하는" 까닭에 그의 주장을 반대한다기보다는, 그것이 국가 건립의 기초를 이루는 유기 단체의 조직이나 통일적인 질서에 미치지 못하므로 그러하다는 것이다. 이로부터 블룬칠리의 '국가유기체설'은 '오늘날 중국'이 "하나의 신세계를 창조해 내어 무에서 유로 나아가려는" 데 참으로 필요한 '감화력'을 빌려 줄 만한 학설로 떠오른다. 그래서 그가 애써 파악하는 그 원리란 다음과 같다. 국가란 단지 인민을 모아 놓은 존재도 아니고, 단지 창고나 제도를 가지는 기구도 아니다. 거기에는 어떤 의지가 있어야 하고, 아울러서 무언가를 이루는 행위도 있어야만 한다. 국가가 유기체라는 말은 동식물의 천연성과 다르다는 뜻이다. 국가는 대개 인간의 힘을 빌려서 창조를 이루고 누적된 연혁沿革을 거쳐 비로소 자신의 구조를 갖춘다. 이 존재가 천연물과 다르다는 점은 다음과 같은 유기체 성격에 있다. 곧, 정신과 형체가 서로 연계되어 있고, 사지와 각 기관이 지체로서 고유한 성질과 역할을 가지며, 이 구성 요소들이 서로 연계되어 전체를 형성하여, 먼저 내부에서 발육한 연후에 성장하여 외부로 나아간다. 이로써 보건대, 국가는 기계와 다르다. 기계에는 많은 부분이 서로 연계되어 이루어지더라도, 그 구성은 사지와 오관이 있는 국가와 다르다. 그러므로 기계는 발육하고 생장할 수 없지만, 국가는 생동한다. 기계의 작동은 일정한 규칙을 따르기 때문에 때에 따라 변화에 대응하여 새로운 모습을 드러낼 수 없다. 이와는 달리 국가는 스스로 행동하고, 자신의 의식에 따라 스스로 결정한다.

량치차오는 유기체 국가학의 '대강'을 정리하면서, 중국 현실을 그 이론에 비추어 본다. 유기체를 이루지 못한 국가를 국가라고 이를 수 없다고 하면, "중국은 폐질과 고질을 앓고 있는 유기체"이기 때문에 "국가가 아닌 것도 당연하다". 이와 같은 인식에서 그는 '최근 2년 동안 민족주의'를 수입했던 중국에서 '참으로 가장' 필요한 '국민 자격을 얻는 방법'을 추구한다. 그래서 그는 블룬칠리가 '국민과 민족의 구별 및 그 관계'를 설명했던 대목에 주목한다. 그것은 〈청의보〉의 연재 서술에서 빠졌던 부분이다. 그렇게 새로 구성한 논설에서 일본의 용례처럼 '국민'이 줄곧 Volk의 번역어로 쓰인다. 량치차오는 그 뜻을 다음과 같은 명제로 정리한다. "하나, 국민은 인격이다. 유기적인 국가를 바탕으로 하여 생각을 발표하고 권리를 제정한다. 둘, 국민은 법률적 집단으로, 국가 안에서 생존하는 하나의 법률체이다. 국가는 완전히 통일된 영원한 공동체이다. 이 단체는 국민의 활동하는 정신에 의해 채워져 전체가 이루어진다. 그러므로 국가가 있으면 국민이 있고, 국가가 없으면 국민도 없다. 양자는 동일물의 다른 이름일 뿐이다." 이렇게 정리할 수 있는 국민을 민족과 뒤섞어 하나로 말한다면, 이는 '어리석은 견해라고' 할 수 있다. 국민과는 다른 성격을 지니는 민족이란 "동일한 언어와 풍속을 갖고 있고, 동일한 성질을 갖고 있으며, 그로 인해 동일한 마음이 점차 발달하므로, 본래 국가를 건설하는 사다리이다. 그러나 아직 연합하여 하나의 국가를 이루지 못했을 때는 결국 인격으로 되지 못하고 법률적 단체가 되지 못한다. 그러므로 단지 민족이라고 할 수 있을 뿐 국가라고 부를 수는 없다".

량치차오는 이처럼 국민과 민족의 개념을 각각 나누어 설명한 다음에, 민족과 국가는 '참으로' 다르면서도 '정치적으로 항상 관계를' 맺는다는 방식으로 표현했다는 블룬칠리의 말에 주목한다. 그러면서 그는 그 '관계'를 다음과 같이 옮겨서 이해한다. 곧, 모든 민족은 본래 국가를 건설하려는 마음을 가지고 있으며, 아울러 그것을 실행할 수 있는 세력과 의지와 기운이 있은 연후에야 국가를 건립할 수 있다. 그렇지만 그와 같은 주장에 따라 국가를 건립하면 족수族粹의 보존을 최고 목적으로 삼아야 한다. 국가의 발전에 방해가 되지 않는다면 조상으로부터 물려받은 모든 제도를 함부로 파괴할 수 없다. 이와 같은 국가 건립의 방식에서, 모든 동족 구성원을 국가에 남김없이 편입시켜야 한다기보다는, 자기 종족에 고유한 정신세력을 다 흡수하여 하나의 통일체를 이루어야 한다. 그렇더라도 다수 민족을 합하여 하나의 국가를 건립하면, 그 이익도 적지 않다. 대개 세계 문명은 여러 민족이 서로 가르쳐 주고 서로 이끌어서 이루어진다. 그러나 여러 종족의 혼합으로 이루어진 국가는 반드시 하나의 강력

한 종족을 중심으로 여러 종족을 통어通御한 뒤에야 비로소 그 기초
를 견고히 다질 수 있다.

　"나는 블룬칠리의 책을 읽고 느낀 바가 있어서 깨닫지 못하는 사
이에 말이 길어지고 흥분해서 서술 체제를 갖추지 못하였다." 이처
럼 량치차오는, '참으로 민족주의를 지극히' 숭배하면서도 '역사에
근거하고 실제에 비추어서' 그 이념을 국가 건립에 꼭 필요한 '유일
무이의 방법'으로 여기지는 않았다고 하는 블룬칠리의 글을 읽은 나
머지 지나치게 감동했던 듯 보인다. 그러면서 그는 블룬칠리가 헌정
체제의 인민다운 성격을 설명하는 본뜻을 제대로 살려 낼 수 없었
다. 이를테면, 블룬칠리가 주장하는 민족 권리의 원칙, 곧 한 국가
가 서로 다른 민족성들에 근거하면서 하나의 위대한 인민을 만들어
낸다면 민족성들에 차별을 두지 않은 채 정치 공동체와 평등성 권리
를 지켜야 한다는 원리는 량치차오의 주목에서 점점 멀어졌다. 그
대신 그가 '민족주의'라고 이해하는 민족성 원리를 중국의 '동화력'
이라는 현실의 문제에 적용하는 방안이 그의 주요 관심사였다. 그의
표현대로, "중국이 국가를 건립할 수 있는지"를 두고서 먼저 따져야
할 문제란 "만주족을 축출하거나 축출하지 않는" 사안과 얽히느냐
마느냐의 질문이라는 것이다. 그의 설명은 이렇게 이어진다. 지금
부터 중국이 망한다면 그만이지만, 중국이 망하지 않는다면 이후 세
계에 맞서려면 형세에 따라 제국의 정략을 취하여 한족, 몽고족, 묘
족, 회족, 장족 등을 모두 합쳐 하나의 대민족을 조성하지 않을 수
없다. 전 지구의 삼분지 일이 되는 인구로 다섯 대륙 위에 심원한 초

석의 높은 건물을 짓는 일은 뜻있는 선비들이 한마음으로 바라는 바이다. 만일 그럴 수 있다면, 이 대민족의 중심에는 반드시 한족이 자리해야만 하고, 또한 한족이 그 중심을 이루어야만 한다는 사실은 불문가지이다. 특히 오늘날 이 큰 목적을 향해 나아가는 데 저 오백만의 만주족을 먼저 어루만지고 이어서 융합시켜야 하는가, 아니면 그럴 필요 없이 단지 한족과 만주족이 함께해 병폐를 안고 있는 정부를 변화시키기만 하면 희망이 있는가? 이와 같은 물음 끝에 량치차오는 블룬칠리가 인민의 자격으로 나아가는 민족의 실행력을 표현하는 명제, 곧 "능력이 없으면 권리도 없다"라는 경구를 다음처럼 원용한다. "일언이폐지하면, 우리에게 국가를 건립할 능력이 있으면 소 민족으로 한 국민을 조성해도 되고 대 민족으로 한 국민을 조성해도 된다. 능력이 없으면 어떻게 합칠 수 있겠는가."[75]

블룬칠리가 민족성 권리의 문제를 두고서 강조했던 인민과 민족 사이의 실천적 상호작용이 량치차오의 '민족주의' 이해에서 다분히 편향된 표현방식으로 나타나듯, '국가의 목적'을 논하는 대목에서도 비슷한 경향성이 드러난다. 량치차오는 먼저, 국가란 수단인가 아니면 목적인가의 문제를 다루었던 블룬칠리의 설명 방식을 다시 논한다. 곧, 이 '정치학 대가'의 설명에 따르면, 예부터 국가의 목적을 논했던 양대 유파가 있다. 하나의 설에 따르면, 인민이란 국가를 위해 생겨난 것이다. 다른 하나의 설은 국가가 인민을 위해 세워진 것

75 같은 글, 268쪽.

이라고 본다. 량치차오가 이해하는 블룬칠리 학설은 그 두 가지를 모두 옳게 여기면서도 아울러 모두 그르다고 평가한다. 이는 무릇 세상사와 비슷해서, 한 측면에서 보면 국가란 확실히 순수한 도구이 지만, 또 달리 보면 거기에 천연의 고유 목적이 존재한다. 이를테면 남녀의 결혼이 그 뚜렷한 증거이다. 부부가 서로 사랑하는 정욕으로 말하면, 결혼은 실로 하나의 도구이다. 그렇더라도 한집안에 같이 살면서 천륜을 전파하는 의무로 말하자면, 결혼은 실로 지대한 목적 을 뒤따른다. 국가의 이치도 이와 다르지 않다. 말하자면, 개개인 의 행복과 국가의 행복은 항상 서로 상응한다. 그러므로 인민이 부 유함에 따라 국가가 부유하게 되고, 인민이 지혜로우면 국가가 문명 화를 이루고, 인민이 용감하면 국가는 강성한 힘을 갖는다. 이렇게 이해하는 국가의 목적은 블룬칠리가 전하는 내용과 크게 다르지 않 다. 그렇지만 다음처럼 어떤 '변고' 탓에 개개인의 행복과 국가의 행 복을 함께 '용납할 수' 없게 된다고 할 때, '국가 목적의 제한'을 강조 하는 블룬칠리의 본래 주장은 다음과 같이 휘어진 표현으로 나타난 다. "블룬칠리의 의도는 국가란 각 개인의 생명을 다 바쳐 그 자체를 구제해도 된다는 것이다. 그렇다면 개인의 안녕과 재산은 어디에 있 는가. 블룬칠리가 국가는 국가 자체를 목적으로 한다고 말한 것은 실로 국가의 목적 가운데 최상위의 것이며 각 개인은 실로 이 목적 을 달성하기 위한 도구라고 하는 것이다."[76] 이와 같은 량치차오의

76 같은 글, 285쪽.

설명은 블룬칠리가 직접 국가의 목적을 정리하는 표현과 사뭇 대립
관계에 선다. 원서의 설명을 들어 보자. "우리는 국가의 이중 과제
를 구별한다. 그 첫 번째는 고유하며 직접적인 국가의 자기 목적인
데, 하나의 전체성으로 파악되는 인민의 이익과 관련된다. 그다음
은 사회와 개인의 이해관계와 얽히는 국가의 간접 의무다. (…) 이
와 같은 국가 목적의 제한은 사회와 개인의 존립에 대립하는 인민
본성과 인민 존재를 지시하는 가운데 들어 있다. 직접 사회와 개인
의 개선을 배려하는 일은 국가의 과제가 아니다. 국가는 오히려 스
스로 그 일을 사회와 개인에게 맡긴다. 오직 인민의 존립과 발전에
그것이 필요할 때만 국가 활동이 직접 고무된다."77

이 인용문에서 보듯, 국가가 그 자체의 목적을 최상위로 삼으면
서 각 개인을 도구로 삼는다는 량치차오의 이해는 블룬칠리의 본뜻
과 곧바로 어긋난다. 말하자면, "인간을 통치하는 일이 국가의 목적
이라는 견해"는 명백히 그릇된 교설에 속한다. "그 귀결은 모든 한계
를 넘어서는 전제정치, 곧 문명화되고 자율적인 국가 헌법의 반대편
이다. 그것은 결국 세계를 뒤덮는 한 독재자의 만능 통치가 될 것인
데, 그것은 인류의 노예 상태를 의미한다."78 그렇듯 어긋난 량치차
오의 견해는 블룬칠리가 말했다는 '민주정치의 본질과 가치'를 설명
할 때도 드러난다. "그러므로 이러한 정체를 실행하여 그 이로움을

77 Bluntschli, J. C. (1874), *Deutsche Statslehre für Gebildete*, pp. 32 f.
78 같은 책, p. 30.

누리려면 반드시 그 인민이 공화의 여러 덕목을 원만하게 다 갖추어서 자신의 능력과 재화를 아낌없이 희생하여 국가의 수요에 응하고, 또 널리 보급된 학교를 통해 교육을 완비해야 한다."[79] 이렇게 보는 인민과 국가의 관계는 다음과 같은 블룬칠리의 명제와 화해할 수 없다. "건전한 국가정책은 인민 자유의 발전과 개인 자유의 보호를 함께 요청한다."[80] 량치차오는 끝내 블룬칠리가 그토록 애써 강조하는 국가 구성원의 자결권과 사적 자유를 자신의 사유체계 안으로 끌어들일 수 없었다. 공화정체의 방식이 "국가 유기체의 영원한 발달에 많은 장애가 된다"라고 밝히듯,[81] 그는 이즈음 아마도 유기체 이론을 진화의 교설과 겹쳐 이해했을 것이다. 그는 블룬칠리 논설을 다음과 같은 결론으로 마무리한다.

생각건대, 천도天道의 순환이 어찌 그렇지 않겠는가. 경제든 정치든, 배태 시대에는 반드시 극히 방임하고, 전진 시대에는 반드시 극히 간섭하며, 육성 시대에는 또 극히 방임한다. 방임으로부터 간섭으로, 또 간섭에서 다시 방임으로, 마치 나선형과 같고 파문과 같다. 이와 같은 것은 어느 것이 다음인지 모르겠다. 19세기 말에 물질문명의 발달이 극에 달하여 지구상의 수십 민족이 격렬한 전쟁을 벌여 이에 제국주의가 크게 흥기하고 17세기의 간섭론이 부활하였다. 루소, 존 스튜

**79** 량치차오(1903), "정치학 대가 블룬칠리의 학설", 269쪽.
**80** Bluntschli, J. C. (1874), *Deutsche Statslehre für Gebildete*, p. 34.
**81** 량치차오(1903), "정치학 대가 블룬칠리의 학설", 273쪽.

어트 밀, 스펜서 등 여러 학자의 설이 모두 다시 문제 삼아졌다. 이에 자유를 가장 사랑하는 미국도 불가피하게 그 방침을 갑자기 바꾸어 중앙집권을 행사하고 정부 권력의 범위를 확장하여 외세와 경쟁하였다. 그러니 다른 나라들은 말해 무엇 하겠는가. 무릇 대세의 압박은 그 동력이 본래 한두 사람에게 있지 않다. 그러나 이상은 사실에 대하여 감화력이 또한 위대하지 않은가. **82**

량치차오는 이 글을 쓰기 몇 달 전, 자기 자신이 마침내 '민족 제국주의'로 나아가는 진화의 단계를 수용했다고 밝힐 때 블룬칠리의 사상을 이해하는 견해도 함께 이야기한다. "블룬칠리의 국가 전권론은 방임주의가 가장 왕성한 때 일어났는데 몇십 년 지나지 않아서 그것을 대체하는 추세를 이루었다. 예전에는 국가가 인민에 의지해서 존립한다고 말하며 모든 이익을 희생해서라도 인민을 위해야 한다고 하더니, 지금은 인민이 국가에 기대어 존립한다고 말하며 모든 이익을 희생해서라도 국가를 위해야 한다고 하니, 지금 이후로 제국주의가 성행하리라는 것은 분명하다."**83** 이때 량치차오는 이미 블룬칠리의 유기체 이론을 진화론에 겹쳐서 당면한 중국 현실에 적용하려고 마음먹었을지도 모른다. 그래서 그는 자신의 명제를 뒷받침하는 논리에 '블룬칠리 학설'을 끌어 댄다. "그러므로 오늘날 우리

---

82 같은 글, 285쪽 이하.
83 량치차오(2017), 《음빙실자유서》, 강중기 · 양일모 외 옮김, 푸른역사, 218쪽.

중국의 가장 큰 결점이자 시급한 것은 유기적인 통일과 유력한 질서이며, 자유와 평등은 바로 그다음이다."**84** 이처럼 량치차오가 시대적 위기의 처방으로 내세웠던 사회진화론은 망국의 기로를 견디던 한국 지식인들의 심금을 울리고도 남았을 터였다. 1906년 이래 한국 지식사회에서 '생존경쟁'은 시대를 상징하는 하나의 구호와 마찬가지였다. 〈대한매일신보〉의 논설을 담당하면서 량치차오의 사상을 수용하는 일에 누구보다도 앞장섰던 신채호도 같은 분위기 속에 있었다. 그는 그 신문에 최영의 전기를 쓰면서 당면한 시대상황을 진화의 원리로 표현한다. "오호라 경쟁은 사람의 천직이며, 생활하는 자본이라. 그러므로 천직天職을 잊고 자본을 버리면 초췌사경憔悴死境에 들어갈 수밖에 없음은 개인도 그러하고 일국一國 그러하니, 여차히 경쟁에 아무런 관심도 두지 않는 국민이 어찌 안락하고 무사함을 얻으리오."**85** 이때 이미 블룬칠리 국가학은 안종화의 번역작업을 거쳐 한국 지식사회에 뿌리내리고 있었다. 백륜지리를 '국가학의 개산시조開山始祖'로 받아들였던 신채호 같은 인물도 량치차오처럼 유기체 국가론을 사회진화의 교설과 겹쳐서 이해했을까? 먼저 안종화의 번역서가 어떤 모습으로 나타났는지를 살펴보자.

---

**84** 량치차오(1903), "정치학 대가 블룬칠리의 학설", 257쪽.
**85** 신채호(1909), "東國巨傑 崔都統 (續)", 〈大韓每日申報〉 1909. 12. 24.

## 4. 진정한 국가

함재涵齋 안종화는 몰락한 사족 집안 출신으로 1894년 이래 궁내부 낭관郎官과 법부참서法部參書 등의 직책을 이어 가는 가운데, 1905년 정 2품 가선대부의 품계에 오른 바로 그해에 국치 조약을 계기로 몇 차례 상소 운동을 벌인 뒤 잠시 낙향했다가 민간의 계몽운동에 나선 인물이다. 이때부터 그는 언론 활동과 교육 사업에 전념했다. 그는 기호사림畿湖史林의 맥을 잇는 유학자이면서 개화사상가이기도 했다. 그가 역사가로서 '우수한 노작勞作'을 남겼다는 사실이 국가학 번역 작업과 어떤 상관성을 가졌는지 궁금할 만하다. 그는 이미 1878년 18세 나이에 《동사취요東史聚要》라는 제목의 역사서를 저술했으며, 이어서 1909년에는 《국조인물지國朝人物志》를 간행하고, 아울러서 《초등본국역사》와 《초등윤리학교과서》 등의 계몽 교과서도 펴냈던 전문 문필가였다. 이 책들 가운데 1904년 무렵 그때까지 필사본으로 남아 있던 《동사취요》를 활자본으로 출판하면서 제목을 바꾸었던 《동사절요東史節要》에 잠시 주목해 보자. 단군 치세부터 고려 말 공양왕 시대에 이르는 군왕기君王紀와 다양한 인물들의 열전을 망라하는 이 사서는 크게 볼 때 두 가지 특징을 나타낸다. 이 책은 첫째로 권선징악의 정사正史뿐만 아니라 기괴하고 위려偉麗한 패승稗乘을 포함하는 서술방법에서 출발한다. 이로부터 정통의 가치관과 신화 전승에서 비롯한 감성이 함께 어우러져 넓은 세계관의 지평으로 나아가는 역사 이해가 이루어졌다고 짐작할 만하다. 그다음으로,

명신名臣이나 관료뿐만 아니라 문예 전문가, 불교와 선교의 인물, 재력가와 완력가, 변사와 열녀 등 다양한 분야의 인물들을 아우르는 열전 서술이 삼강오륜의 엄격한 도덕 지상주의로부터 어느 정도 벗어날 수 있는 문필가의 소양을 길러 내었을 것이다. **86** 이처럼 이미 어린 나이에 움트기 시작했던 개화의 정신이 그로 하여금 낯선 서양 학술을 거리낌 없이 접하고는 한 권의 번역서로 만들어 내도록 부추긴 것으로 보인다.

그가 《국가학 강령》을 펴내면서 쓴 '자서'는 전통의 세상에서 새로운 시간으로 넘어가는 한 과도기 인물의 심경을 잘 나타낸다. 이글에서 안종화는 먼저 "자주자보自主自保의 세계"에 살면서 도도하게 "참된 진리의 행복과 강락康樂을" 의논하는 "자유자행自由自行의 국민"과 그 저편에서 "억만 겁해劫海와 칼이 산을 이루고 포탄이 비처럼 쏟아지는 마당에 빠져 멍하니 캄캄하게 깨닫지도 못하고, 조용히 의식하지도 못하면서 스스로 비참한 지경"에 허덕이는 사람들을 대비시킨다. 아마도 그는, "인인군자仁人君子가 세상을 경계하여 울리는 종과 세상의 고난에서 건져 내려는 배로 이해와 생멸의 관건에서 이리저리 손을 써서 도탄으로부터 구제하려고 행동하지만, 미신은 깨우치기 어렵고 취몽醉夢은 각성시키기" 어려운 사정에 있다고 하듯, 풍전등화의 위기 시점에서 당면한 계몽운동의 고난을 토로하고 싶었

---

**86** 최기영(2003), 《한국 근대 계몽사상 연구》, 일조각, 117~138쪽; 한영우(1996), 《韓國民族主義歷史學》, 일조각, 314~338쪽.

을 것이다. 그래서 자신이 번역하여 펴내는 책을 읽고서 지금 밀어 닥친 국면에서 벗어날 만한 기초를 세워야 한다는 주장을 펼친다. 자신이 번역한 책 가운데 "문명과 무강武康의 방책"이 들어 있다는 설명도 강조점 가운데 하나이다. 아울러서, "덕인 백륜"이 쓴 "국가학 한 편"에서 "이전에 실패한 일을 뒤에라도 회복할 만한 계책"을 찾아낼 만하니, 그 작품을 "크게 읽으면" 독자들도 번역자처럼 어느덧 "자신도 모르게 놀라 소리 지르며 별을 우러러보는" 지경에 이를 수 있으리라고 밝힌다. **87**

---

**87** 한문으로 적힌 '자서'를 번역하면 다음과 같은 내용으로 읽을 수 있다. "시험 삼아 묻건대, 오늘날 민족이 모두 자신이 세계에서 맡은 일을 하고 있는가? 오호라, 자유자행(自由自行)의 국민이 자주자보(自主自保)의 세계에 거하면서, 진정한 모습과 참된 진리의 행복과 강락(康樂)을 논하는 이들이 도도하게 세상에서 모두 그러하다. 어찌하여 피를 머금은 기류(氣類)로서 똑같이 하늘이 부여한 생명을 가지며, 억만 겁해(劫海)와 칼이 산을 이루고 포탄이 비처럼 쏟아지는 마당에 빠져 멍하니 캄캄하게 깨닫지 못하고 조용히 의식하지 못하면서 스스로 비참한 지경으로 나아가니, 어찌 슬프지 않겠는가? 비록 주위에 있는 인인군자(仁人君子)가 세상을 경계하여 울리는 종과 세상의 고난에서 건져내려는 배로 이해와 생멸의 관건에서 이리저리 손을 써서 도탄으로부터 구제하려고 행동하지만, 미신은 깨우치기 어렵고 취몽(醉夢)은 각성시키기 어려우니, 걱정스럽게 노력하기가 어려움이 더욱 이와 같다. 많은 이들의 마음을 여는 일에는 고금의 차이가 없고 많은 이들의 안목을 여는 일에는 자손의 영광이 있다. 그러니 문명과 무강(武康)의 방책을 주창하여 현재의 국세를 구제하려면, 반드시 스스로 국가학 강령을 읽고서 그 기초를 놓아야 한다. 이 책은 덕인(德人) 백륜(伯倫)이 지은 데서 나온 것으로, 중국인 양계초(梁啓超)가 번역한 것이다. 이제 내가 고루하고 좁은 견문으로 다시 그 구두(句讀)를 교정하여 세상의 동지 여러분에게 고하니, 책상머리를 향해 강문통(江文通)의 한(恨)과 유자산(庚子山)의 슬픔을 품지 말고 국가학 한 편을 크게 읽어, 이전에 실패한 일을 뒤에라도 회복하는 계책으로 삼음이 어떠한가? 생전의 백골은 살로 돌아올 기약이 없

이 '자서'에서 읽는 "자주자보의 세계"는 제국주의 열강의 침탈에 허덕이는 나라 사정을 우려할 때 마땅히 지닐 만한 기대의 지평으로 보인다. 그렇더라도 《국가학 강령》의 어느 대목에서 이끌어 온 표현으로 여겨지는 "자주와 자행의 국민"은 전제군주 체제에서 오래 관직 생활을 했던 인물이 쉽게 내어 놓을 만한 용례는 아닐 것이다. 거기에 들어 있는 의미가 적어도 입헌군주제 아래에서 주권에 참여하는 국가 구성원의 자격과 자율성을 나타내기 때문이다. 안종화가 그와 같은 생각을 일찍부터 지니고 있었는지, 아니면 블룬칠리의 글을 접하면서 "참된 모습과 참된 사실"(眞相眞諦) 의 행복과 안락을 비로소 깨닫기 시작했는지를 알려 주는 근거자료는 없다. 다만, 1909년 3월 25일 〈기호흥학회월보〉에 실린 그의 논설을 보면, 이즈음 그가 인류통일과 자유를 향해 진보하는 미래 시간에 강한 희망을 두었다는 점은 명백히 드러난다. "문명사상"이라는 제목의 그 글은 이렇게 시작한다. "무릇 문명은 암흑의 결과이고, 암흑은 문명의 원인이다. 사상이 발달할수록 희망이 팽창하므로, 우리가 장래 문명을 희망하건대 오늘날 문명에 이르렀다고 해서 어찌 감히 자족하고, 어찌 감히 멈추어 나아가지 않을 것인가." 나날이 진보하는 이 문명 세계는 '부지기수의 개혁과 변천을 겪은 뒤에야' 이루어진다. 이와 같

---

는 듯한데, 사후의 청산에 어찌 육신을 묻을 곳이 있겠는가? 땀 흘리는 여름을 택하여 그럭저럭 책이 이루어지니, 나도 모르게 놀라 소리를 지르며 별을 우러러볼 따름이다. 정미년 삼복더위에 함재(涵齋) 학인이 목서산방(木犀山房)에서 쓰다."

은 '인류사회의 진화'를 곰곰이 생각해 보면, 칸트나 몽테스키외 등과 같이 '쟁쟁하고 유명한 역사철학의 인물' 덕택에 오늘날의 '세계문명'이 이루어질 수 있었다. 여기에 이르는 '진화의 원인'으로는 3대 사상을 들 수 있다. 이른바 진보 사상과 인류통일 사상, 그리고 자유 사상이 그것들이다. 이처럼 안종화는 오늘날의 문명이 인류 역사가 거쳐 온 변화의 과정이며 사회진화의 산물이라고 본다. 이로부터 그는 당대의 사회가 지녀야 할 계몽의 과제를 천명한다. "우리 동지 여러분은 고요한 밤에 깨어 일어나 깊이 생각하고 또 살펴서 우리 국민의 사상을 깨우쳐 주며, 구주歐洲에서 이미 발달한 문명을 우리나라에 수입할지어다."**88**

이렇듯, 안종화는 처음부터 《국가학 강령》을 하나의 문명화 교재로 염두에 두었을 것이며, 틀림없이 그 번역작업도 '국민' 계몽의 과제 가운데 하나라고 여겼을 터이다. 그리고 그가 인류 역사의 과정을 '문명 세계'에 이르는 사회진화의 시간으로 보듯, 《국가학 강령》의 어느 대목에서 읽을 수 있는 문명국가도 아울러서 진화의 산물로 이해했으리라고 미루어 짐작할 만하다. 그가 량치차오의 논설을 읽고서 진보하는 문명과 진화의 시간을 하나의 계기로 파악하는 가운데, 블룬칠리 국가학과 진화의 교설을 겹쳐 이해하는 표현방식이 그의 글쓰기에도 배어들었는지도 모른다. 안종화는 《국가학 강령》을 '국민' 계몽의 텍스트로 펴낼 즈음 진화론의 대열에 함께하고

---

**88** 안종화(1909), "文明思想", 〈畿湖興學會月報〉 제8호(1909.3.25.), 1~2쪽.

있었다. 그는 1908년에 발표한 논설문에서, "우승열패는 천연의 공리이고 물경천택物競天擇은 세상 도리의 변함없는 이치인데", 우리는 아직 서양 문명을 받아들여 동양 구습을 버리지 못한 탓에 "오늘날 전 세계 무일무이無一無二의 제3등 국가의 형세"에 이르고 말았다고 주장한다.**89** 그렇다면 그가 한역본으로 읽었던 블룬칠리의 국가학 텍스트에도 그와 같은 진화의 법칙이 들어 있을까?

안종화 번역의 《국가학 강령》은 〈청의보〉에 실린 《국가론》 권1의 연재 서술을 국한문 혼용의 표현으로 바꾸면서 한문 용어를 그대로 살려 실었다. 그러므로 그 책은 량치차오의 손에서 어느 정도 가공되었으리라 짐작할 수 있는 〈청의보〉의 연재 내용과 거의 다르지 않다고 단정할 수 있다. 그 가운데 몇몇 주요 대목을 보자. 먼저, 원전 제1장 제2절 '오늘날 국가 개념Der heutige Statsbegriff' 가운데 '인민Volk'과 '국가의 유기체 본성Organische Natur des Stats'을 번역어로 서술하는 부분이 주목거리다. 해당 번역문은 이렇게 시작한다. "국가의 이름은 어디에서부터 시작하는가?"**90** 이에 대응하는 원전 문장을 그대로 옮기면 다음과 같다. "우리는 실제 국가들을 살펴보고 그 본성을 공통의 성격 가운데에서 인식하려고 하면서 다음과 같은 특징들을 제시한다." 이렇게 서술하는 원전의 해당 부분은 '1. 인민Volk'이라는 소제목 아래 별도의 항목으로 제시되는데, 국한문 혼용의 《국

---

**89** 安鍾和(1908), "爲善最樂", 〈畿湖興學會月報〉 제2호(1908.9.25.), 7~8쪽.
**90** 伯倫知理(1907), 《國家學綱領》, 12쪽: "國家之名은 自何始也오."

444

가학 강령》제2장은 그 부분을 생략한다. 그러면서도, '문명국가들 Die civilisierten Staten이란 곧 인민국가들Volkstaten'이라는 원전 내용은 다음처럼 빠짐없이 번역 서술에 들어간다.

오늘날 문명제방文明諸邦은 모두 민인국가民人國家이니, 민인국가란 대개 국중國中의 민民이 합성일체合成一體하여 그 도리를 스스로 결정하고 自斷其理 그 의사를 스스로 펼치며自宣其意 그 정치를 스스로 행하는自行其政 것을 말한다. 그러므로 민인의 의지는 곧 국가의 정신이니, 헌법은 그 몸이고 관부官府와 의원議院은 그 사지四支 오관五官으로서 하나의 활동하는 신체인 국가를 이룬다. 이로써 보건대, 국가의 요지를 한마디 말로 이르자면, 인민이 없다면 진정한 국가도 없다고 하느니라. 91

인용문의 마지막 표현, 곧 '인민이 없다면'은 일본어 번역본에서는 '국민이 없다면'으로 적혀 있다. '인민'을 호명하는 《국가학 강령》의 사례는 아즈마의 한역본이 '국민' 대신 '민인'을 내세웠던 용례를 뒤따르면서, '민인'을 같은 뜻의 '인민'으로 바꾼 표현방식으로 보인다. 이와 같은 용례는 유기체 국가의 주요 구성원을 호명하는 방

91 같은 책, 13쪽: "今之文明諸邦은 皆民人國家 ㅣ니 民人國家는 凡國中之民이니 合成一體ㅎ야 自斷其理ㅎ며 自宣其意ㅎ며 自行其政之謂也ㅣ라. 故로 民人之意志는 卽國家之情神이니 憲法은 爲其體ㅎ고 官府議院은 爲其四支五官ㅎ야 以成一活動體之國家也니 由時觀之컨더 國家之要旨는 可一言以蔽之曰 無人民則無眞國家라 ㅎ느니라."

식에도 그대로 이어졌을까? '유기체'라는 신조어와 '국가란 곧 유기체'라는 표현이 《국가학 강령》이 나올 무렵부터 한국 지식사회의 언론과 저술에 상당히 많은 횟수로 등장한다는 점이 눈에 띈다. 그렇다면 블룬칠리 국가학이 밝히는 원래 개념과 이 땅에 정착한 용례 사이에서 같거나 다른 의미요소를 발견할 수 있을까? 이 점을 염두에 두면서, 먼저 원전과 국한문 번역의 의미 구성을 살펴보자.

## 5. 국가의 유기체 본성Organische Natur des Stats

인민을 사회와 혼동하고 국가를 개개 인간들의 단순한 집합으로 이해하는 원자론적 국가 견해와는 달리 도이치 국가학은 국가의 유기적 본성을 인식한다. 유화가 포화 기름방울의 채색 뒤범벅과 같지 않으며 하나의 입상立像이 한 덩어리의 대리석 결들과 어느 정도 다르듯, 마찬가지로 인간이 그저 다량의 세포와 혈구가 아닌 것처럼, 인민도 단순한 개개인의 총합이 아니며 국가 또한 밖으로 드러난 기구들의 단순한 축적물이 아니다.

국가는 식물이나 동물과 같은 천연의 유기체ein natürlicher Organismus가 아니다. 그것은 자연 소산물이 아니다. 국가는 인민 역사의 산물이다. 그런데 인민의 역사는 어느 부분 상황의 필연성과 영향력을 끼치는 세력들의 권력에 따라, 또 어느 부분 자유롭게 행위를 실천하는 지도자와 그들을 따르는 대중의 지지로 말미암아 결정된다.

그렇지만 국가는 하나의 복제품 유기체인데, 다음과 같은 의미에서 그러하다. 우리는 자연 소산물들과 비슷한 그 가운데에서 (a) 영혼과 육체(국가 정신과 국가 기구)의 결합을 인식하며, (b) 하나의 배치, 곧 고유한 욕구와 생명, 그리고 특별한 기능들(국가 기관, 국가 공무원, 대의기구)을 지닌 부문들의 형성을 지각한다. (c) 이 지체들은 조화롭게 하나의 총체(헌법)로 엮이면서 통일되는데, (d) 국가가 내면으로부터 발전하고 외부로 성장하기 때문이다(국가 역사).

이 모든 관계에서 국가는 본질상 기계와 구별되는데, 이 생명 없는 존재는 부속들을 지니지만 지체들로 구성되지는 않으며, 성장도 하지 않는 채 자동 법칙들에 따라 꼭 같은 방식으로 움직이면서도 변덕스러운 요구들을 그때그때 다양하게 채워 줄 수는 없다.

아리아 혈통 인민들의 언어 의미는 이 같은 국가의 유기체 본성을 이미 일찍부터 인지했으며, 국가 신체Statskörper, 국가 원수Statsoberhaupt, 인민 의지Volkswille, 인민 정신Volksgeist, 인민 특성Volkscharakter, 국가 주권Statshoheit, 국가 권력Statsgewalten 등의 용어들을 표명했다. 92

국한문 혼용의 《국가학 강령》에서 이 대목의 번역 용례를 보면, "국가란 생기를 갖는 조직체(有生氣之組織體)이다"라는 표현과 함께, '유기체'라고 줄여서 부를 수 있는 이 신조어의 말뜻을 다음처럼 해설한 번역자의 글이 따로 붙어 있다. "조직이란 화학 용어로 결구 結構라는 말과 같다. 근육과 관절이 서로 얽혀서(相錯綜) 인체를 구성하는데, 면포綿布의 조직과 비슷하다. 대체로 생기 있는 존재는

---

92 Bluntschli, J. C. (1874), *Deutsche Statslehre für Gebildete*, pp. 12 f.

모두 조직체라고 할 수 있다." 유기조직을 따로 설명하는 번역자의 보충 서술은 아즈마의 한역본(《國家學》)에도 들어 있지만, 량치차오가 더 넓은 독자층을 고려하여 이를 좀더 다듬어 길게 쓴 설명이 안종화의 번역서에 그대로 이어졌다고 볼 수 있다. 그런데 흥미롭게도, 국가의 유기체 본성을 규정하는 핵심 명제, 곧 "국가는 인민 역사의 산물이다"라고 설명하는 표현이 안종화의 번역서에는 빠졌다. 아마도 아즈마의 한역본이 이 대목을 빠뜨리고 넘어간 사례를 〈청의보〉의 연재 서술이 그대로 뒤따랐기 때문일지도 모른다. 국한문 번역서는 그 대신에 "군장君長이 처리하여 베푸는 권리와 민인이 참여하는 권리"가 나란히 유기체 국가의 '연혁沿革'과 얽힌다고 표현한다. 이는 아즈마의 한역본이 이 부분에서 '인류, 곧 국민'을 내세우는 용법과 차별성을 나타낸다. 《국가학 강령》은 그러면서도 인용문 마지막 단락의 '인민 의지', '인민 정신', '인민 성격' 등의 표현을 모두 아즈마의 용례에 따라 '국민의 의지', '국민의 정신', '국민의 특성'으로 옮긴다. [93]

국가의 유기체 본성을 설명하는 블룬칠리의 원전 용례와 아즈마의 한역본 및 《국가학 강령》의 번역 사례를 비교해 보면서, 우리는 잠시 다음과 같은 결론에 이를 수 있다. 첫째로, 《국가학 강령》에 나타나는 Volk의 번역어가 '인민', '민인', '국민' 등으로 나뉘어 있으

---

[93] 伯倫知理(1907), 《國家學綱領》, 15~17쪽; 伯崙知理(1899), 《國家學》, 7~8쪽.

며, 그와 같은 번역 용례의 다양성이 어떤 기준에서 비롯하는지를 알아낼 만한 설명 근거는 찾을 수 없다. 그러면서도, 국한문 혼용으로 나온 《국가학 강령》의 번역 사례에서 상대적으로 '민인'의 빈도가 더 높다는 점이 하나의 특징으로 드러난다. 이 점은 적어도 유기체 국가를 호명하는 동시대 한국 언론이나 저술 사례에서 '민인'과 같은 의미의 '인민'이 시대적 중심언어 가운데 하나로 등장하리라는 추론으로 이어질 만하다. 마지막으로, 해당 원전의 한역본이나 국한문 번역서에서 진화의 교설과 겹쳐 볼 만한 용어나 표현 사례가 전혀 두드러지지 않는다는 사실을 지적할 수 있다. 이와 같은 내용을 염두에 두면서, 유기체 또는 유기체 국가의 용례가 한국 지식사회에서 나타나는 사례를 몇몇 살펴보자.

(1)

국가의 정신은 천조天造한 유기체有機體가 아니다. 그래서 그 성쇠盛衰의 일정 시기는 존재하지 않으나, 또한 인류의 생육生育과 더불어 비슷한 형상形狀이 존재한다. 대저 인류의 생육이 유약장노幼弱壯老의 사시四時가 있으니, 그 성질과 정신이 이 사시의 기한期限에 따르지 아니하는 바가 있다. 국가도 이와 마찬가지여서, 유치시幼稚時와 장대시壯大時와 쇠노시衰老時의 변천이 존재함으로, 일반 정치와 교도敎道 풍속에 관한 성질과 정신이 같지 않음이 있으니, 만약 그 쇠노衰老에 이르면 반드시 부패腐敗하고 부패하면 반드시 혁신할지니, 이는 고금에 바뀌지 않는 이치이다.

오늘날 대한국大韓國의 성질과 정신을 보건대, 유래 정치의 순미醇美와 교도敎道의 융흡隆洽과 풍속의 온후함이 가위 세계에서 도를 지키는 나라有道之國에 해당한다. 그러나 지금 현상이 그 노경老境에 이르렀는데, 거의 부패한 것에서 변하여 정량精良한 지경에 이르고자 한다면, 마땅히 정치를 새롭게 하고 교도敎道를 새롭게 하며 풍속을 새롭게 하여 온 나라 형체全國形體에 별종別種의 성질과 별종의 정신이 충실하고 완전하여야 나라國의 역년歷年이 유구悠久하여 끝없이 나아가리라. **94**

(2)

무릇 독립 존재獨立者는 단체를 통하여 세워진다. 서양 정치가가 이르기를, 국가는 유기체 조직이라 하고, 또 국가는 집합한 민인集合民人의 근육관절筋肉關節이 서로 뒤섞여 짜여서 이루어지는 구조라고 하니, 무슨 뜻일까? 사람은 사지오관四肢五官과 혈구선위血球線緯가 구종생리상俱從生理上 조직되어, 그 몸이 마침내 이루어지니, 이는 한 개인 몸의 단체이다. 자기수신하며 자강기력自强其力하여 군거群居하면서 어디에 기대지 말고 처하는 곳을 정하대, 두려워하지 말아야 자유행동이 한 몸의 독립을 이루니, 하나의 단체로써 한 몸의 독립을 세우고, 천만인 단체로써 천만인 독립을 조합하여, 국가를 이루는 독립 존재의 실제가 비유컨대 문간방 기둥의 나무들과 층계의 누석累石이 계선界線의 안에 가지런히 놓이고, 다져 얽고 쌓음이 올바른 준칙에 뛰어나니, 그 나무

---

**94** 〈대한매일신보〉, 1905. 11. 3.

와 돌이 무엇 하나 단체가 아니며, 그 문간방과 층계가 어찌 독립하여 있을 수 없으리오.

그렇지만 이로부터 세계에 이류二流 이하의 사람이 없고 이류 이하의 나라가 없으니, 왜 그런가? 약육강식強食弱肉과 우승열패優勝劣敗는 오늘날 동서양 역사상 한 연극 무대라서, 강자와 우자優者에 맞서는 열자劣者의 관계는 호랑이 앞의 양이나 고양이 앞의 쥐와 같아서, 필경 잡아먹히는 꼴로 나타나고 만다. 전 지구상 제국, 왕국, 대공국, 공국, 제후국, 보호국, 종속국 등의 명칭이 각각 다르고, 혹은 지키고자 하나 목적을 이루지 못하며, 혹은 애써 교육하지만 개발하지 못하고, 혹은 군사로 눌러도 부패하여 무너져 내리며, (…) 혹은 경권警權을 잃고서 매이는 자는 일체 국제사회의 집단에 병립할 수 없는데, 여섯 또는 일곱 최강국이 제 맘껏 설치는 행위張目伸臂가 역시 이런 까닭이라. 그러니 세계 제1등 독립 외에 사람이 존재할 수 있겠는가, 국가가 존재할 수 있겠는가. 95

(3)

오늘날 세상에 한인韓人 역사를 말하거나 서술하는 자가 많은데, 모두 한국의 운명은 곧 편작扁鵲이 쫓겨 달아남으로 제나라 환공桓公이 죽음을 맞이한 듯한 날과 같다고 한다. 96 탕약과 찜질이 아무런 소용이 없고 침

---

95 松堂 金成喜(1907), "獨立說", 〈大韓自强會月報〉, 제7호(1907. 1. 25.), 15~16쪽.
96 중국 주(周) 나라 때에 활약한 명의(名醫) 편작이 제(齊) 환공(桓公)의 안색만 보

석鐵石도 닳지 않는다고 하니, 그 어떤 연유일까? 내가 듣기로는 국가는 유기체라고 한다. 민民의 혈육근골血肉筋骨이 그것을 조직하고, 민의 정신으로 그 연관을 만든다고 하니, 무릇 우리 이천만 사람의 혈육근골이 흩어지지 않는다면 국체國體 보존할 수 있으며, 무릇 우리 이천만 사람의 정신이 사슬에 매이지 않으면, 황제는 일월日月처럼 훤히 다스림으로 화답하고 은하와 더불어 소생하여, 장차 대동양 신무대新舞臺 위에 떨쳐 크게 일어나리라고 이를 따름이다. 97

(1)의 인용문은 1905년 11월 3일 〈대한매일신보〉에 "국가의 성질과 정신"이라는 제목으로 실린 논설의 앞부분이다. "국가의 정신은 천조天造한 유기체有機體가 아니다"라고 하는 그 첫마디는 안종화 번역의 《국가학 강령》제2장 '국가의 주의主義' 가운데 들어 있는 말이다. 그리고 국가도 인생의 나이처럼 시간에 따라 노쇠와 부패를 겪는다는 설명은 그 책 제3장의 내용과 비슷하다. 그런데 이 논설이 《국가학 강령》의 발행일(1907년 8월 15일)보다 훨씬 앞서 나왔기 때문에, 그 참고문헌은 〈청의보〉의 연재물이라고 보아야 옳을 것이다. 이즈음 〈대한매일신보〉와 〈황성신문〉 같은 신생 언론들이 자주 〈청의보〉나 량치차오의 문집(《飮氷室文集》)에 들어 있는 글을 인용하거나 그 초록을 싣기도 하는 등, 한말 지식인들은 그 유명한

고서 그 병의 근거를 알아낼 수 있었다는 고사가 전한다.
**97** 金成喜(1908), "國民的 內治 國民的 外交", 〈大韓協會會報〉, 제4호(1908. 07. 25.), 24쪽.

중국 개혁가를 이미 서구 신사조의 유력한 매개자로 받아들였다. 특히 량치차오가 편집을 맡고 있던 〈청의보〉는 일찍이 1898년 10월 13일, "요코하마에 재유在留하는 청국 사람"이 발행하며, 그 "기자는 양계초 씨로 〈상해 시무보〉에 집필하던 사람"이라고 소개하는 〈황성신문〉을 통해 처음 알려졌다. **98** 그런 뒤 그 잡지는 한국 지식사회에서 어찌나 큰 인기를 누렸던지, 1899년 2월 이래 서울과 인천 두 곳에 판매소가 만들어질 정도였다고 한다. **99** 인용문의 두 번째 단락에서 보듯, 오랜 세월 도를 지켜 왔던 대한국이 '노경'에 접어들어 부패에 직면했다는 위기의식으로 말미암아 유기체라는 신생 용어를 불러냈을 것이다. 〈대한매일신보〉는 1904년 7월 18일 창간 이래로 풍전등화와 같았던 국난 극복의 과제에 앞장서던 판매 부수 최고의 언론답게, 특별한 정신과 특별한 성질로 다시 태어나 온전함의 형체를 완비하게 될 대한제국의 지평을 신생 외래 개념으로 치장한다.

(2)와 (3)의 인용문은 각각 〈대한자강회월보〉와 〈대한협회회보〉에 실린 논설의 일부다. 두 글은 모두 중추원 의관과 한성사범학교 교관을 지낸 김성희金成喜의 작품이다. 필자가 두 번째 인용문의 첫 부분에서 서술하는 '서양 정치가'(泰西政學家)는 틀림없이 블룬칠리를 두고 이른 말일 것이다. 이어지는 설명들이 《국가학 강령》 제 2

---

**98** 〈皇城新聞〉, 1899. 3. 1.
**99** 신승하(1998), "구한말 애국계몽 시기 양계초 문장의 진입과 그 영향", 〈아세아연구〉 100호, 222쪽.

장 제5절의 내용과 거의 같기 때문이다. 이 논설문도 앞의 사례와 마찬가지로 《국가학 강령》보다 몇 달 먼저 나왔다는 점에서, 그 참고문헌은 역시 〈청의보〉의 연재물이었다고 짐작된다. 그런데 흥미롭게도, 국가를 하나의 유기체 조직구성으로 설명하는 마당에 약육강식強食弱肉과 우승열패優勝劣敗, 강자와 열자 등과 같은 사회진화론의 표현이 함께 등장한다. 논설문 필자 김성희는 량치차오가 쓴 〈정치학 대가 백륜지리의 학설〉에서 유기체 국가론과 경쟁사회의 교설을 겹쳐 이해할 만한 어떤 암시를 얻었는지도 모른다. 그러나 앞서 보았듯, 량치차오의 블룬칠리 해설 논문 가운데에는 "지구상의 수십 민족이 격렬한 전쟁을 벌여 이에 제국주의가 크게 흥기"했다거나, "자유를 가장 사랑하는 미국도 불가피하게 (…) 외세와 경쟁하였다"라는 표현은 들어 있지만, 거기에서 '약육강식'이나 '우승열패'와 같은 용어는 찾을 수 없다. 그렇다면 김성희는 그처럼 낯선 신조어들을 어디에서 빌려왔을까? 1906년 11월 20일에 나온 〈황성신문〉에서 실마리를 찾을 만한 기사 하나를 읽을 수 있다. 상해 등지로부터 각종 신학문 서적들을 수입했다는 광고가 그것인데, 그 가운데 량치차오 작품인 《음빙실문집飮冰室文集》과 《음빙실자유서飮冰室自由書》가 첫 번째 서목書目으로 소개되었다.100 이 보도로 보건대, 이 두 출판물이 그즈음 한국 지식사회에 널리 알려졌다고 추론할 수 있다. 1908년 한국의 탑인사塔印社가 《음빙실자유서》의 한문

---

100 〈皇城新聞〉, 1906. 11. 20. (新學問各種書籍을 自上海等地로 多數輸入發售).

본과 국한문 번역서를101 한꺼번에 출판했다는 사실에서 량치차오의 작품이 한국 계몽의 시간에 끼친 영향력을 알 수 있다. 만약 김성회가 그 정도의 인지도를 지녔던 《음빙실자유서》를 미리 읽었다면, 그 가운데서 "모든 유기체 생물은 내부적인 유전과 외부적인 환경으로 인하여 그 체질과 심성에서 강약과 우열의 차이가 발생한다"라고 설명하는 진화 원리의 명제를 쉽게 찾을 수 있었을 것이다. "강권을 논함(論强權)"이라는 제목의 그 글에는 '생존경쟁'이나 '우승열패'와 같은 용어들과 함께, 김성회가 예로 드는 "범과 양, 고양이와 쥐 사이"의 종속 상태가 인간사회의 경쟁관계를 비유하는 표현으로 쓰인다. 102

대한제국의 끝 무렵을 겪고 있던 한국 지식인들이 량치차오의 작품에 기대어 계몽의 지식을 구하려 했던 사례는 (3)의 인용문을 실은 〈대한협회회보〉의 편집인 홍필주洪弼周의103 이야기에서 밝혀진다. 김성회처럼 중추원 의관을 지냈던 이 인물은 1904년 2월 한일의정서 체결에 반대하는 상소문을 올린 뒤, 다음 해 9월에 나철羅喆, 오기호吳基鎬, 이기李沂 등과 함께 일본으로 건너가 조선 침략을 규탄하는 항

---

101 梁啓超 著(1908), 《自由書》, 全恒基 譯, 塔印社.

102 량치차오(2017), 《음빙실자유서》, 강중기 · 양일모 외 옮김, 93쪽.

103 자은(紫隱) 홍필주(洪弼周, 1857~1917)는 중추원 의관을 지내고, 1904년 한일의정서에 반대하는 상소를 올린 뒤 민간 계몽단체에서 활동했다. 헌정연구회(憲政研究會)와 대한자강회(大韓自强會)에 참여했으며, 그 뒤를 이은 대한협회(大韓協會)의 평의원으로 함께하면서 그 회보의 발행소장을 맡았다. 〈大韓協會會報〉, 제1호(1908년 4월 25일), 會員名簿.

의 서한을 일본 당국에 전한 적 있는데, 이즈음 그는 요코하마에서 량치차오를 직접 만날 수 있었다. 그때 홍필주는 그 계몽의 사도에게 서 어떤 시사점을 얻었던 듯 그의 글 한 편을 나중에 자신이 편집하던 〈대한협회회보〉에 번역하여 싣는데, **104** 1905년에 있었던 사연이 거기에 다음처럼 따라붙는다.

청나라 유학자 양계초는 호를 음빙자飮氷子라고 한다. 그는 오늘날 동 양 유신파維新派 가운데 첫손가락에 꼽히니, 대개 그의 의론은 방대하 고 거리낌이 없어서 고금을 넘나들고 동서에 관통하고, 분석의 정밀함 은 털끝까지 파고들고 범위의 넓음이 하늘과 땅을 다 포괄하되 핵심은 모두 시의에 들어맞으니, 참으로 경세의 나침판이라 할 만하다. 나는 을사년 가을 요코하마의 여관에서 그와 서로 만나 차와 술을 마시며 애 기를 나눌 적에 매우 깊이 마음을 기울여 열중했었는데, 헤어질 때 또 한 아쉬워서 차마 발길이 떨어지지 않는 뜻이 있었던 듯 이윽고 말했 다. "공이 이제 노쇠하니 총명을 사용하고 육신을 수고롭게 하는 것은 아마도 세상에 효력을 발휘할 수 없을 것입니다. 나는 그 말씀에 깊이 탄복하지만, 유럽 언어를 이해하지 못하고, 일을 해낼 만한 재력도 없 어서 뜻한 바를 다하지 못한 것이 이제 여러 해이니, 단지 국민이 부여 한 책무를 스스로 저버렸을 뿐만이 아닙니다. 그리고는 다시 외롭게

---

**104** 飮氷子(1908), "變法通議序", 〈大韓協會會報〉, 제2호(1908.05.25.), 25~ 27쪽.

알아주기만을 바라고는 이 때문에 근심하면서 두려워하였는데, 근자에 동지 여러분이 회보의 일에 잘못 얽혀들어 서로 맡기고 날로 글 쓰는 일에 종사하면서, 매번 양계초 씨의 말을 생각하고 서양 서적에 유의하지 않은 적이 없었지만, 큰 바다를 두고 멀리 떨어져 있고 습관 또한 달라서 동아시아와 같지 않음을 한스러워했습니다. 유독 대한제국과 청나라 양국의 문자文軌가 본래 같고 유폐流弊도 또한 같으니, 그것을 바로잡는 방법이 아울러 같지 않을 수 없습니다. 그러므로 문득 양계초 씨가 지은 음빙실집飮氷室集을 발췌하여 회보에 실어서 뜻을 같이하는 군자들이 일람하도록 하는 바입니다."105

홍필주가 남긴 회상의 글은 적어도 두 가지 사안을 전한다. 먼저, 대한제국의 막다른 길목에서 외세의 침탈에 민감한 우려를 품었던 한국 지식인들, 그 가운데서도 홍필주와 같은 이른바 '개신 유학자들'은 서양의 지식을 통해 시세 변화를 알고자 하는 욕구는 넘쳤으나, 아직 그곳 서적을 직접 읽을 만큼 외국어 실력을 갖추지 못한 처지를 한탄하는 지경이었다. 이러한 사정에서 그들 세력은 1905년 시점에 하나의 '회보'를 만들어 펴낼 계획을 이미 세우고 있었으며, 거기에 량치차오의 《음빙실문집》으로부터 얻을 수 있는 신사조의 소개 글들을 '발췌하여' 싣는 방안을 찾던 참이었다. 이 문제와 관련하여 홍필주가 언급하는 '동지 여러분'이란 짐작하건대 1905년 5월

---

105 洪弼周(1908), "氷集節略", 〈大韓協會會報〉, 제2호(1908.05.25.), 25쪽.

에 만들어진 헌정연구회憲政硏究會 회원들이며, 그가 일본에서 량치 차오와 대화를 나누는 시점에는 그 회원들 사이에서 하나의 회보를 펴낼 계획이 굳어졌던 듯 보인다. 황현黃玹, 1855~1910이 자신의 《매천야록梅泉野錄》에서, "헌정회는 구미의 입헌정치를 본받은 것으로, 모두 양학洋學을 표절剽竊한 자이다"라고 했듯, 106 그 단체는 처음부터 새로운 정치체제를 모색하는 한편으로, 거기에 '구미'의 서적에서 배우는 지식체계를 어떻게 적용할지를 두고서 논의를 거듭했을 터이다. 그 무렵 량치차오의 작품만큼이나 안성맞춤으로 손쉽고 유용한 정보를 전해 주는 매개 수단은 따로 없었다고 볼 수 있다. 헌정 연구회에서 평의원 자격으로 활동하던 홍필주는 처음부터 일본 여행에서 량치차오를 만날 계획을 세워 두었던 듯 여겨진다.

홍필주와 그 동지들이 헌정연구회에서 이루고자 했던 꿈은 오래 갈 수 없었다. 그해 11월 일본이 대한제국에 보호조약을 강제했던 사태의 여파로 그 단체의 회합이 다시는 열릴 수 없었던 탓이다. 107

---

106 황현(2008), 《매천야록 中》, 이장희 옮김, 明文堂, 741쪽.

107 헌정연구회는 독립협회와 만민공동회 운동에서 좌초하고 말았던 개혁 열기가 러일전쟁 이후 숨김없이 드러난 제국주의 침탈의 위기 국면에서 다시금 하나의 입헌 정치 기운으로 나타난 것이다. 1905년 5월 16일 〈황성신문〉에 나온 그 설립 취지를 보면, 그 단체가 입헌군주제를 지향하는 흠정헌법을 제정하여 '문명의 본질(文明之實)'에 다다르는 목표를 세우고 있었다. 그러나 그 꿈은 오래 이어질 수 없었다. 그해 12월 3일 〈대한매일신보〉에는 헌정연구회 사무소가 매달 열리던 '통상회의를 잠시' 개회하지 않는다는 광고를 내보내는데, 그 뒤로 그 회합은 어떤 식으로든 한 번도 열리지 않았다. 이 단체의 주요 회원 몇몇이 같은 해 11월 18일의 이른바 을사년 보호조약의 체결 즈음에 보호국을 자청했던 일진회(一進會)를 맹공

458

그 뒤를 이었던 대한자강회大韓自强會와 대한협회大韓協會가 국권 회복의 주장을 계속하는 가운데, '고금을 넘나들고 동서에 관통하는' 량치차오의 '의론'이 하나의 매개 수단으로 한국 계몽지식인들의 글쓰기 방식과 잇닿을 수 있었다. 이를테면, 홍필주가 한 사람 주요 회원으로 참여하던 대한자강회의 취지서에 새로운 사유체계를 불러들이는 주장이 들어 있다. "우리 한국이 종전에 자강의 방법을 꾀하지 않은 탓에, 인민은 스스로 우매해지고 국력이 스스로 쇠락해져, 드디어 오늘날 험난하기 그지없는 곤경에 이르러 필경 외국 사람들의 보호를 받으니, 이는 모두 자강의 도道에 뜻을 두지 않았던 연고이다."**108** 이 단체의 발기인이자 이데올로그 역할에 충실했던 장지연張志淵, 1864~1921은**109** 자강의 뜻을 《주역周易》에서 이끌어 온다. "대개 《역경易經》에 있는 건건乾健의 뜻을 들어 보면 자강불식自强不息이라 일컬으니, 자강의 뜻은 참으로 크도다. 만약 사람들이 자강의 뜻을 이해하여 자강의 방법을 꾀할 수 있도록 한다면, 어찌 국권을 만

---

했는데, 이 일이 그 해산의 빌미였을 것이다. 국권 운동은 다음 해 4월 헌정연구회를 이으면서 새로 신문사 논설가들을 회원으로 대거 받아들이는 새로운 대한자강회(大韓自强會)로 거듭났다.

**108** 尹孝定 編纂(1906), "大韓自强會趣旨書", 〈大韓自强會月報〉, 제1호(1906. 7. 31.), 9쪽.

**109** 장지연은 비교적 일찍이 량치차오의 작품을 대한제국의 언론에 소개한 개신 유학자에 속한다. 그는 이미 1899년 3월 17일 〈황성신문〉에, "내가 근일에 清議報를 열람하다가 청국 哀時客이란 지사의 愛國論을 보았는데, 그 激切適當함이 시국을 만회할 雄健筆端이라" 하는 논설을 발표하면서, 18일의 기사에 이어서 그 요지를 발췌한 번역문을 싣기도 했다.

회하며, 국력이 발달하지 못한 것을 근심하리오."110 그리고 이 단체의 산파역을 자임했던 윤효정尹孝定은 아마도 량치차오의 글에서 빌려온 용례들로서 '생존경쟁'을 앞세우는 한 편의 연설문을 쓸 수 있었다. "오늘날 20세기에 이르러서는 개인과 국가를 물문勿問하고 이 한마디의 참 이치(眞諦)를 아는 자는 생존의 안락을 얻을 수 있고, 알지 못하는 자는 흔적도 없이 사라지는 참상을 드러내므로, 이 세상에서 생존하기를 원하는 자는 다음 글귀의 문자를 반드시 알아야 하니, 말하자면 그것은 생존의 경쟁이라 하느니라."111 이들 못지 않게 량치차오 사상의 수용에 열렬했던 박은식朴殷植, 1859~1925은 사회진화의 '공례公例'가 '아한我韓'의 독립과 주권에 '기망期望'이 되리라는 주장을 이렇게 펼친다.

오늘날 시대는 생존경쟁을 천연天演이라 논하며 약육강식을 공례公例라 일컫는지라. 저 최중最重 문명이라고 하는 영국도 인도와 이집트에 대하여 어떠한 정책을 펼쳤으며, 덕의德義를 숭상한다고 하는 미국도 필리핀에 향하여 어떠한 수단을 취하였는가. 오늘날 열국 가운데 매처럼 날쌔고 범처럼 날뛰는 자 그 말씨口氣는 보살이나 그 행동은 야차夜叉라. 누구를 옳다고 말하며 누구를 의지할 수 있으리오. (…) 그 사람의 자격에 자강의 성질이 없으며 자립의 능력이 없고, 타인의 비식鼻息을

---

110 張志淵(1906), "自强主義", 〈大韓自强會月報〉, 제3호(1906. 9. 25.), 3쪽.
111 雲庭 尹孝定(1907), "生存의 競爭(演說)", 〈大韓自强會月報〉, 제11호(1907. 5. 25.), 4쪽.

바라보는 자는 결코 노예를 벗어날 날이 없을지라. 오늘날 우리 한국이 타인의 압제와 강압을 당한 것이 어찌 억울함을 억누를 길 있으리오마는 어느 날 어느 때라도 그 굴레를 벗어 버리고 독립 지위에 오르고자 한다면, 우리 온 나라 인민이 개개 분발심個個奮發心과 인내성忍耐性으로 국력을 양성하는 사업에 대하여 백난百難을 돌아보지 아니하고 일심으로 진취하여 자조로써 천조天助 얻기를 목표로 삼은 연후에야 자강에 이를 수 있으며 독립을 회복할 수 있으리니, 만일 타 열강이 어떠한 일을 계기로 우리를 원조하리라 희망한다면, 이는 비단 망상이 될뿐더러 실로 막대한 불행이라. 설혹 타 열강이 우리를 불쌍히 여겨 원조한다는 성명이 있을지라도, 우리는 그것을 사양하고 물리치면서, 우리나라의 독립은 우리나라의 자력으로 할 것이지 타국의 힘은 빌리지 않으리라고 이르고는, 자강의 성질을 배양하며 자립의 기초를 부식扶植할지니, 만약 그렇게 할 수 없다면 타인의 노예일 따름이며 희생일 따름이리라. 112

박은식이 이처럼 절절한 표현과 더불어 국권 회복의 정당성으로 끌어들인 사회진화의 교설은 원래 유럽에서 자유방임의 세계관으로 작용했던 사상체계에서 비롯했다. 그러므로 거기에는 단선 진보의 논리와 발전의 낙관론이 함께한다. 그 이론의 특징은 중국 사례

---

112 謙谷 朴殷植(1906), "自强能否의 問答", 〈大韓自强會月報〉, 제 4호(1906. 10. 25.), 1~3쪽.

에서는 옌푸嚴復, 1854~1921가 맨 처음 받아들이고 청년 량치차오의 사상 형성으로 이어졌던 스펜서Herbert Spencer, 1820~1903의 주장에서 두드러진다. 이 영국의 사회학자는 개인주의에 바탕을 둔 자유경쟁의 원리로써 생물 진화의 개념을 사회발전의 계기에 접목했던 인물이다. 그러므로 그의 사유체계는 19세기 후반기에 국가팽창의 기운과 함께했던 민족주의 경향성과 어긋날 수밖에 없었다. 113 그러나 그 뒤에 더욱 크게 떨친 사회진화론이 오직 하나의 줄기로만 나아갔던 것은 아니다. 원래 '위기'의 개념으로부터 이론적 자양분을 얻었던 그 이론이 시간과 장소에 따라 여러 이념 유파로 갈라지면서 거기에 또 다른 이데올로기 요소들이 더해졌기 때문이다. 유럽 근대세계에서 쓰인 위기라는 말은 원래 '판단하다'라는 뜻을 가진 그리스 말 'κρίνω'에서 유래한다. 그 개념에는 성공과 실패, 삶과 죽음, 혹은 천당과 지옥 사이의 양자택일 가운데 그 어떠한 뒤바꿈도 가능하지 않을 만큼 절박한 사정의 뜻이 들어 있다. 따라서 그 의미론은 항상 정치 행위의 결단이나 의료 판정, 혹은 신의 계시와 같은 시간 차원을 지닌다. 이렇게 보는 위기의 계기는 매 순간에 들어 있어서 아무 때나 나타난다. 그러나 진화의 시간은 돌이킬 수 없다. 그 위기는 갈림길의 시간에서 비롯하며, 그러므로 거기에는 항상 심판의 의미가 함께한다. 그것은 지금 바로 다가오거나 앞으로 닥

---

113 황수영(2011), "서양 근대사상에서 진보와 진화 개념의 교착과 분리", 〈개념과 소통〉, no. 7, 105~134쪽.

치게 될 '새로운' 시간의 표상이다. 말하자면 진화의 시간은 위기 인식에서 비롯한다. 이로부터 자유주의자들은 앞뒤로 갈리는 시간의 선택을 강요하면서 자율과 경쟁의 논리에 도덕적 정당성을 더했다. 위기의식은 다른 한편에서 성공과 실패에 집착하는 경쟁의 논리를 배타성 이데올로기로 끌어올려 제국주의와 인종주의의 수사법을 낳기도 했다.[114]

이처럼 위기의 언어들로 나타나는 새로운 시간 인식이 망국의 갈림길에 다다른 대한제국 지식인들의 심금을 울렸을 터이다. 바로 이때, 국가의 온전한 몸통Körper으로 받아들일 만한 '유기체'만큼 진화의 지표로 떠오르기에 적절한 표현을 찾기 어려웠을지도 모른다. 그래서 대한자강회 회원이었던 김성희는 먼저, "무릇 사람이란 유기체의 동물이므로, 치욕을 당하면 분노가 드러나는 자동의 힘이 나오기 마련이며, 자동의 힘이 있으므로 자강의 힘이 반드시" 생성한다는 생물 존재의 원리를 말한[115] 다음, 앞서 보았던 인용문처럼 유기체로 이루어지는 '국체'의 '보존' 방안을 논의할 수 있었다. 그리고 대한자강회의 발기인이자 평의원으로 활동하던 심의성沈宜性은 블룬칠리 국가학의 번역서를 읽었던 듯, 이렇게 밝힐 수 있었다.

---

114  Koselleck, R. (1982), "Krise", in Brunner, O. et al., eds., *Geschichtliche Grundbegriffe*, vol. 3, pp. 617~650.
115  松堂 金成喜(1906), "知恥와 自信力의 主義", 〈大韓自强會月報〉, 제6호 (1906. 12. 25.), 15~16쪽.

국가는 인민의 집합체로서 성립한 자이다. 그러므로 인민의 특성이 곧 국가의 특성이니, 인민은 국가에 힘입어 생활하고, 국가도 인민에 힘입어 존립함으로, 두 존재가 서로서로 구하여 이용한다. 근래 학자의 설명에 따르면, 국가는 곧 하나의 유기체라 하니, 사람 몸에 비교하여도 역시 마찬가지라. 대개 사지 백체百體에 막히는 계기가 있으면 활발할 수 없고, 만약 이치를 가지런히 다듬지 않으면 조만간 죽어 없어지리라. 인민이 국가에서 살고 있으면 곧 국가의 한 기체一機體라서, 비록 한 사람에게라도 영혼이 없으면 전체의 손실이 뒤따를 것이다. 그러므로 교육으로 깨우쳐 이끎이 없으면, 개인의 지위가 국가에 대하여 여차한 관계가 있음을 알지 못하고, 다만 각각 그 몸을 지키고자 하면서 사사로이 혼자의 편안함을 꾀하여, 마침내 그 결과로 나라가 존립할 수 없고 자신의 몸도 보존할 수 없어서, 국가와 인민이 함께 그 해를 입게 될 터이다. 이런 까닭에 진화進化의 나라는 반드시 학문을 일으키는 일에 온 힘을 다하여 인민을 개도開導하니, 그 교육의 과목이 번다하더라도 본지는 이에 다름 아니리라."[116]

심의성이 위 인용문의 끝자락에서 표현하는 '진화의 나라'는 사실상 '진보하는 국가'와 같은 뜻으로 받아들일 만하다. 한국 지식사회에서 대한자강회와 같은 계몽단체가 우후죽순처럼 솟아나올 즈음,

---

116 沈宜性(1907), "論師範養成", 〈大韓自强會月報〉, 제 13호(1907. 7. 25.), 21~22쪽.

미래 시간으로 향하는 진보의 기대가 시대적인 언어 용례로 분출하고 있었기 때문이다. 이를테면 신채호는 치안을 방해한다는 빌미로 폐간당했던 〈대한자강회월보〉를 이어서 계몽 언론의 한 축을 맡고 있던 〈대한협회회보〉의 창간호에 '대한의 희망'을 주제로 다음과 같은 한 편의 논설을 싣는다. "오호라 현재의 고통은 과거 무희망無希望으로 남겨진 서자의 업孼業이오. 미래의 행복은 현재 유희망有希望으로 퍼뜨릴 종자니 힘쓸지어다, 우리 한인韓人이여. 과거의 무희망은 과거 인물이 만들어 낸 겁탈의 꿈刦夢이며, 미래의 유희망은 미래 인물이 쌓을 토대이니 힘쓸지어다."117 이렇게 표현하는 희망은 너무나 쉽게 손에 잡힐 듯 소박해 보이는 미래 기대다. 그렇지만 그 밑바탕에는 인간다운 자기주장이 원초적인 형식으로 잠재해 있다. 거기에서 희망이란 아직 구체적인 개념을 갖추지 못한 채 막연하면서도 미지 세계에 대한 기대를 나타낸다. 이와 같은 사유의 기층에서 '지금'이라는 위기의 용례는 과거 어느 때보다도 중요하며, 바로 그 때문에 거기로부터 진화의 선택처럼 돌이킬 수 없는 시간의 지표가 비롯한다. "오호라 오늘날 대한국민의 목적지가 어디에 있는가. (…) 생각할지어다 대한국민이여, 대개 우주 고금에 목적이란 두 글자만 없으면 살아 있는 사람이 죽은 귀신 되며, 양지의 세상이 음지의 지옥 되어, 인민도 없으며 영웅도 없으며 세계도 없으며 역사

---

117 신채호(1908), "大韓의 希望", 〈大韓協會會報〉, 제1호(1908. 4. 25.), 11∼20쪽.

도 없으리니, 생각해 보라. (…) 어디에 있는가, 오늘날 대한국민의 목적지여."118

심의성이 말하는 '진화의 나라'나 신채호가 밝히는 '대한국민의 목적지'는 다 함께 '제국주의의 목적지'에 맞서는 수사법의 표현이다. 대한제국의 끝자락을 장식하듯 한꺼번에 밀려든 번역 용어들이 어쩔 수 없이 의미의 전이 과정에 따라붙는 불균등 요소를 담았으면서도 거기에 맞서 새로운 의미 변용과 확장의 공간을 열 수 있는 여지를 남긴 셈이다. 바다를 건너온 진보의 외래 사조 가운데에서 인종주의와 군국주의의 의미소를 벗겨내는 과제가 한말 개혁가들에게 따로 더해졌다고 추론할 만하다. 그 길은 량치차오처럼 처음에 민권을 내세우다가 차츰 국권을 강조하는 경향성에 기울고는 마침내 '민족 제국주의'에 저항한다는 미명으로 '절대성'의 국가주의로 나아가는119 진화의 단계와 같을 수는 없었다. 대한제국의 토양에 뿌리내린 블룬칠리의 유기체 이론이 "한마디로 말해 천하에 이른바 권리라는 것은 없고, 단지 권력이 있을" 따름이라고 보는 강권의 진화론과120 결합하기보다는 다가올 공화국을 예비하는 의미론의 공간을 열었다는 점이 깊은 주목의 대상이다. 청년 신채호를 단번에 '사필 史筆'의 총아로 불러낸 논설 〈독사신론讀史新論〉에서 의미심장한 용례

---

118 신채호(1908), "今日 大韓國民의 目的地", 〈大韓每日申報〉, 1908. 5. 24.
119 이혜경(2002), 앞의 책, 211쪽 이하.
120 량치차오(2017), 《음빙실자유서》, 88쪽.

를 찾을 수 있다. "국가의 역사는 민족 소장성쇠消長盛衰의 상태를 가려 서술한 것이다." 이처럼 글은 처음부터 진화의 계기에 얽힌 국가의 발전과정을 논하지만, 거기에서 '정신'의 요소로 이루어지는 국가 형성의 힘이 어떤 강제력의 법칙을 대신한다. "국가가 이미 민족 정신으로 구성된 유기체인즉, 단순한 혈족으로 전래한 국가는 고사姑舍하고, 혼잡한 각족各族으로 한데 모인 국가일지라도 그 가운데에는 반드시 항상 주동력主動力을 이루는 특별 종족이 있어야만 비로소" 하나의 국가다운 국가가 세워진다. 신채호가 새롭게 서술하고자 하는 '신역사'는 '무無 정신의 민족'을 낳으며 '무 정신의 국가'를 만드는 '무 정신의 역사'를 넘어서 '일관한 정신'으로 나타나는 문화 구성체의 공간이다. "오늘날 민족주의로 전국의 완몽頑夢을 일깨우며, 국가 관념으로 청년의 새로운 뇌를 구워 만들어 우존열망優存劣亡의 십자가두十字街頭에 함께 나아가 하나의 줄기로 쭉 이어온 국맥國脉을 보유코자 할진대, 역사를 내버리고는 그 어떠한 방법도 없다고 할지라."**121** '우존열망'이나 '십자가두'라는 표현에서 드러나듯, 신채호는 진화의 교설에서 빌려온 위기의 용례로서 선택의 갈림길에 다다른 대한제국의 현상을 묘사하면서 당면한 국권 운동의 정당성을 분명히 드러내고자 한다. 거기에는 미래의 공화국을 기대하는 꿈이 깃들어 있다.

---

**121** 신채호(1908), "讀史新論", 〈大韓每日申報〉, 1908. 8. 27.

왕통王統의 정윤正閏을 논쟁함은 시세의 형편에 어두운 선비의 미련한 꿈이며, 조정의 진위를 논변함은 아둔한 무리의 잠꼬대라. 오늘날에는 학술 이론이 크게 밝아져서 국가란 자가 한 성씨의 사유물이 아니고 만민萬民의 공산公産이라는 사실이 드러난 까닭에, 역사를 저술하는 자가 신라기, 고려기 등의 천한 법식을 버리고, 국가발달의 방면을 관찰할 상중근上中近 3시대를 구별하며, 용삭원년龍朔元年이나 개요원년開耀元年 등의 어지러운 호칭亂号을 삭제하고, 국가 사상계에 지배할 교주教主 또는 국조國祖로 기원紀元을 세워서, 그처럼 완고하고 천박한 한 줌의 쟁론이 없어진다면, 지금 내가 홀연히 붓을 당겨 누구는 정통이며 누구는 비정통이라 하여 지나칠 만큼 춘추의리春秋義理와 강목의리綱目義理를 논변하니, 오호라 나 역시 다사자多事者가 될 터이다. 122

이처럼 유기체다운 국가 구성의 요소를 '민족정신'에서 찾는 용례는 '인민의 공공 정신'이 국가 안에서 '영혼'으로 활동한다고 설명하는 블룬칠리의 유기체 이론에서 빌려온 표현방법일 것이다. 신채호가 거의 같은 무렵에 '국수國粹 보존설'이라는 제목의 논설을 발표하면서, "이전에 국가학 개산시조開山始祖되는 백륜지리 씨가 이르기를, 무릇 조종祖宗의 전래하는 풍속, 습관, 법률, 제도가 그 국가발달에 방해되지 않는 것이면 그것을 보전保全함이 가능하다고 하였으니, 오호라 파괴를 주장하는 자가 세 번 되풀이할 바이로다"라고 했던 만

---

122 신채호(1908), "讀史新論(續)", 〈大韓每日申報〉, 1908. 9. 8.

큼, 그의 독서 목록 가운데 블룬칠리의 작품이 들어 있었다는 점은 틀림없어 보인다. 그는 아마도 '민인民人의 의지'가 곧 '국가의 정신'이라고 표현하는 안종화의 번역서, 곧 《국가학 강령》이나 〈청의보〉에 실린 《국가론》 연재 서술을 참고했을지도 모른다. 신채호는 그와 같은 블룬칠리 국가학에 기대어 '국민'이 정신을 유지하며 '국민'의 애국심을 환기하게 될 '국수國粹'의 보전 방법을 논한다. "국수란 것은 무엇인가. 곧 그 나라에 역사적으로 전래하는 풍속, 습관, 법률, 제도 등의 정신이 바로 그것이다." 국수를 낳은 정신의 유산은 "옛적 성현(先聖昔賢)의 심혈이 응축한 바이며, 위대한 유학자와 철학가의 성력誠力이 모아진 풍습이며, 기타 일체 조종선민祖宗先民의 기거起居, 동작, 시청, 언어, 시정행사 등의 제반 업력業力이 감화로 끼친 바"이다. 그러므로 외국 문물을 어쩔 수 없이 수입하더라도 단지 거기에만 의지하면, 얻어온 자식의 교육을 이룰 따름이며, 마지못해 시세 풍조에 따를지라도 단지 그것만을 뒤따른다면 마귀 시험에 빠질 수밖에 없다. 그래서 국수 보전은 위급하고 중요한 과제다. [123]

신채호가 밝히는 '국수'란, 국가 구성에 중심 요소로 작용하는 정신의 유산이다. 따라서 그 말은 국혼國魂과 같은 뜻을 지닌다고 볼 수 있다. 이와 같은 국수를 보전하기 위해서 "청년이 선민先民을 숭배하도록 하며, 인민이 국성國姓을 발휘할 수 있도록" 하는 교육 제도가 시급하다는 주장에서 보건대, 그 말 가운데에서 민족 이념의

---

123 신채호(1908), "國粹保全說", 〈大韓每日申報〉, 1908. 8. 12.

배양액을 기대할 수 있을 터이다. 그렇지만 국수의 뜻을 그러한 의미연관에만 한정해서 이해할 수는 없다. 왜냐하면, 그 무렵 신채호가 국민이 '공권'을 보유하는 '진정한 국가'의 기대지평으로 나아갈 때, 블룬칠리의 국가학에서 빌린 듯 여겨지는 용례들이 거기에서 중심을 이루는 표현방식으로 작용하기 때문이다. 이를테면, 안종화번역의 《국가학 강령》은 "국가란 자연에서 이루어진 것과 같은 일종의 유기체"로서 "정신과 형체形體의 연합"이며, 그 조직 가운데에는 스스로 의식하는 "인류의 성정性情"이 함께한다는 원리를 설명한다. 그러면서 '국민의 의지', '국민의 정신', '국민의 특성' 등과 같은 표현이 유기체의 의미연관에 얽혀 있다.[124] 아마도 신채호가 여러 글에서 나타내는 국가 구성의 용례들, 곧 '정신상 국가', '국권을 보전할 정신', '국민의 혼' 등과 같은 표현은 유기체의 구성 원리와 먼 거리에 있지는 않을 것이다. 정신의 국가를 설명하는 다음 글을 사례로 보자.

세계 어느 나라를 물론勿論하고 먼저 정신상 국가(추상적 국가)가 있은 다음에야 형식상 국가(구체적 국가)가 있게 마련이니, 철혈鐵血 정략가의 정신상 국가가 있은 다음에 독일獨逸의 형식상 국가가 있으며, 13 주州 의회의 정신상 국가가 있은 다음에야 합중국의 형식상 국가가 있으며, 소년 이태리少年伊太利의 정신상 국가가 있은 다음에야 이태리의

---

124 伯倫知理 著(1907), 《國家學綱領》, 16~17쪽.

형식상 국가가 있으며, 기타 어느 나라이든 모두 이러한즉 오호라 정신상 국가는 곧 형식상 국가의 어머니라.

정신상 국가란 무슨 뜻인가. 그 민족의 독립할 정신, 자유를 누릴 정신, 생존할 정신, 불굴할 정신, 국권을 보전할 정신, 국위를 분양奮揚할 정신, 국광國光을 훤히 밝힐 정신 등을 말함이니라. 형식상 국가란 또 무엇을 뜻하는가. 강토, 주권, 군주, 정부, 의회, 관리, 군함, 대포, 육군, 해군 등의 집합체를 말함이니라.

오호라 정신상 국가가 망하면, 형식상 국가는 망하지 않았을지라도 그 나라는 이미 망한 나라이며, 정신상 국가만 망하지 않으면, 형식상 국가는 망하였을지라도 그 나라는 망하지 않은 나라이니라.

왜 그런가. 그 민족에게 독립할 정신이 없으며, 자유를 누릴 정신이 없으며, 생존할 정신이 없으며, 불굴할 정신이 없으며, 국권을 보전할 정신이 없으며, 국위를 떨쳐 일으킬 정신이 없으며, 국광을 훤히 밝힐 정신이 없으면, 강토가 있어도 쓸모없고, 주권이 있어도 쓸모없으며, 군주가 있어도 쓸모없고, 정부가 있어도 (…) 쓸모없으니, 그와 같은 나라는 오늘 망하지 않으면 내일 망하고, 내일 망하지 않으면 그다음 날에는 반드시 망하고 말 따름이니라. (…)

그러므로 형식상 국가를 건립하려면 먼저 정신상 국가를 건립하며, 형식상 국가를 보전하려면 먼저 정신상 국가를 보전하며, 형식상 국가의 망함을 염려할진대 먼저 정신상 국가의 망함을 염려할지니라. 내가 온 천하 애국 동포에게 향하여 정신상 국가의 수립竪立을 축원하노라. 125

앞서 보았듯, 신채호는 한 해 전에 '대한국민의 목적지'가 어디에 있으며, 그 '문'(門)과 '길'(路)이 어디로 향하는지를 물은 적 있다. 그러면서 그는 '대한'의 목적지가 어디에 있는가를 묻지 않았다. 아마도 그는 그때 대한제국의 형식상 몸통Körper, 곧 "강토, 주권, 군주, 정부, 의회, 관리, 군함, 대포, 육군, 해군 등"이 구성하는 '집합체'가 이미 목적을 상실했다고 단정했을지도 모른다. "대한제국의 정치는 (…) 앞으로 만세에 이르도록 불변할 전제정치"이며 그 "대황제는 무한한 군권君權을" 가진다고 선포했던 1899년 '대한국국제'는126 벌써 한갓 종잇장에서나마 지워지고 있었다. 그러므로 주권이나 정부, 그리고 군주가 있더라도 '쓸모없는' 몸통의 나라보다는 오로지 정신의 국가가 미래 목적지를 향해 나아갈 수밖에 없었을 터이다. "국가란 생기를 지니는 조직체"이며, 127 그러므로 거기에 "본래 정신이 있고 형체가 있어서 인간과 다르지 않다"고 밝히는128 '백륜지리의 학설'이 그와 같은 서술을 이끌었을 것이다. 이로부터 신채호는 드디어 "진정眞正한 국가의 주의가 침침駸駸히 발달하여 20세기 신천지를 조성"하는 길이 어디로 향하는가를 물을 수 있었다.

국가는 민民의 나라國라고 할 수 있다. 그러므로 그 국가가 존속하거나

125 신채호(1909), "精神上國家", 〈大韓每日申報〉, 1909. 4. 29.
126 《고종실록》 39권, 고종 36년 8월 17일(양력) 2번째 기사.
127 伯倫知理(1907), 《國家學綱領》, 15쪽.
128 량치차오(1903), "정치학 대가 블룬칠리의 학설", 259쪽.

망함에 오직 민이 대책을 세운다고 이른다. 국민은 이 나라의 민이라고 할 수 있다. 그러므로 그 국민의 안위安危를 오로지 나라가 돌본다고 이른다. 따라서 국가는 국민의 공산公産을 지으며, 국민은 국가의 공권公權을 보유함에 이른다."129

국가란 민의 나라이며, 그 존망存亡이 오로지 민에게 달렸다고 밝히는 신채호의 표현은 안종화 번역의 《국가학 강령》에서 읽을 수 있는 다음 한마디를 연상시킨다. "인민이 없다면 진정한 국가도 없다." 신채호는 이 글을 쓸 즈음 비밀 결사 항일단체로 세워졌던 '신민회新民會'의 주요 구성원이었다고 한다. 처음부터 국권 회복과 공화정체의 독립국을 모색했던 이 단체가 암암리에 〈대한매일신보〉를 뒤받치고 있었으며, 바로 신채호가 그 논설 주필들 가운데 한 명이었다.130 그는 아마도, "국민은 국가의 공권을 보유함에 이른다"라고 말하는 가운데, 앞으로 이 땅에 세워질 하나의 공화국을 염두에 두었으리라고 추론할 만하다. 이러한 글쓰기 방식은 한말의 개혁가들에게 수많은 지식 사례와 시대적 영감을 전해 준 량치차오의 사유세계에서 점점 멀어져 가는 경향성의 표현이라고 이해할 만하다. 이를테면 량치차오는 블룬칠리의 국가론을 소개하면서, 자신의 조

---

129 신채호(1909), "身家國 三觀念의 變遷(續)", 〈大韓每日申報〉, 1909. 7. 17.
130 이호룡(2013), 《신채호 다시 읽기 - 민족주의자에서 아나키스트로》, 돌베개, 51쪽 이하; 김동택(2007), "〈대한매일신보〉에 나타난 국가 개념", 이화여대 한국문화연구원 편, 《근대계몽기 지식의 굴절과 현실적 심화》, 소명출판, 163~192쪽.

국에는 뿌리내리기 어려운 공화정에 다음과 같은 애도의 글을 덧붙인다. "내가 공화정체에 심취한 지 몇 년이 지났고, 나라 안의 뛰어난 애국지사 가운데 일부가 내 마음과 똑같이 공화정체에 심취한 것이 또한 몇 년이 지났다. (…) 아, 슬프도다. 내가 10년 동안 심취하고 꿈꾸고 노래하고 춤추고 숭배했던 공화가 마침내 나를 버리는구나. 내가 그대와 이별하려 하니 눈물이 쏟아진다. (…) 아, 공화여, 공화여! 나는 너를 사랑하지만, 조국을 더 사랑한다. 나는 너를 사랑하지만, 자유를 더 사랑한다. 나의 조국과 나의 자유가 끝내 다른 방도로 회복될 수 없다면, 이는 하늘의 뜻이다." 이와 같이 량치차오는 자신이 "어떻게 이렇게 급속하게 퇴보하였는지 모르겠다"라고 한숨을 토하면서, 한때나마 희망을 걸었던 공화정의 기대를 완전히 내버리고 말았다. [131] 이와는 다르게, 신채호와 같은 한말 개혁가들은 공화국의 기대를 끝내 거두어들이지 않았다. 그 불씨는 대한제국의 '형식상' 몸통이 거의 그 목숨을 다해 가고 있던 무렵에도 꺼지지 않았다. 1910년 〈대한매일신보〉는 강제 폐간을 몇 달 앞둔 시점에 "20세기 신국민新國民"이라는 제목의 무기명 논설을 여러 차례에 걸쳐 실으면서 공화정의 '복음'을 알리는 메시지를 전한다.

동양에는 지나支那와 인도의 문명이 빛을 오래도록 이으며 서양에는 희랍과 로마의 문명이 종자를 퍼뜨려서 각각 한쪽의 주인이 되다가, 필경

---

**131** 량치차오(1903), "정치학 대가 블룬칠리의 학설", 280쪽 이하.

인도의 문명은 쇠퇴에 빠졌으며 지나의 문명은 보수保守에 병들었는데, 저 서양에서는 암흑시대가 점점 지나가고 황금시대가 회복하여 문명의 기운이 정신계와 물질계에 팽창하였다. 이에 도덕, 정치, 경제, 종교, 무력, 법률, 학술, 공예 등이 장족의 진보를 이루니, 어시호於是乎 국가의 이익이 날로 늘어나며 인민의 복이 날로 커져서 전제봉건專制封建의 옛적 폐단이 사라지고 입헌공화立憲共和의 복음이 두루 퍼져, 국가는 인민의 낙원이 되며 인민은 국가의 주인이 되어, 공맹孔孟의 보세장민주의輔世長民主義가 거기에서 실행되며, 루소의 평등 자유 정신이 거기에서 성공하였도다. 132

1910년 2월 22일부터 3월 3일까지 모두 9차례나 이어졌던 이 논설은 '민국民國의 위세 당당한 정신을 빛낼' 방도를 물으면서 내내 새로운 국가 건설로 나아갈 국민의 과제를 역설한다. 앞으로 다가올 희망의 국민국가는 무엇으로 그 기초를 다지는가? '20세기 신국민'은 서둘러서 평등, 자유, 정의, 의용毅勇, 공공심의 도덕성을 갖추어야만 한다는 설명이 글의 중심 내용이다. 이렇게 새로운 '입헌국'의 토대를 다져야 할 미래 한국의 '신국민'은 얼핏 보면 량치차오가 1902년 이래로 '신중국'의 방향을 모색하면서 밝힌 '신민'의 복제품인 듯 여겨진다. 그의 《신민설新民說》에 등장하는 주요 개념들이 표현의 변용을 거쳐 〈20세기 신국민〉에 그대로 나타나는 사례가 잦기

132 "二十世紀新國民(續)", 〈大韓每日申報〉, 1910. 2. 23.

때문이다. 곧, 량치차오가 '공덕公德'의 구성 내용으로 내세운 진취 모험, 권리, 자유, 합군合羣, 자치, 의무, 진보, 자존, 의력毅力 등의 명목은 한국의 '신국민'이 갖추어야 할 도덕률에 대체로 이어진다.[133] 그렇지만, 신국민과 신민은 서로 엇갈리는 기대지평으로 나아간다. 무엇보다도, 국가 구성원이 갖추어야 할 자유의 덕목이 각각 다른 의미연관에 얽혀 있다. 이를테면 량치차오는 자유의 정당성을 개인보다는 국가의 우월성에 양보한다. "자유란 단체의 자유이지 개인의 자유가 아니다. 야만시대에는 개인의 자유가 우세하고 단체의 자유는 없다. 문명시대에는 단체의 자유가 강하고 개인의 자유는 감소한다."[134] 이처럼 여전히 강권의 진화설에 매인 자유의 의미론은 〈20세기 신국민〉에 그대로 이어지지 않는다. 곧, "한국은 종래로 자유라는 두 글자를 알지 못한 나라인 까닭에 세력계勢力界의 노예, 사상계의 노예, 현상계의 노예가 되어, (1) 세력이 중등인 자는 세력이 상등인 자의 노예가 되며, 세력이 하등인 자는 세력이 중등인 자의 노예가 되어, 혹 일신이 노예가 되며, 혹 일가가 노예가 되며, 혹 거국이 노예가 되어 필경 전국 중에 노예 아닌 자는 한 사람도 없는 지경에 이르고 (…)"라는 설명에서 보듯, 자유의 요구는 국가뿐만 아니라 개인과 일가에 고루 편재한다. 또한, "자유는 우리

---

133 우남숙(2007), "梁啓超와 신채호의 자유론 비교 - 《新民說》과 〈二十世紀新國民〉을 중심으로 - ", 〈한국동양정치사상사연구〉, 제6집, 135~161쪽.
134 이혜경(2002), 앞의 책, 217쪽에서 재인용.

인간의 제2생명"이라고 주장할 때, 그 의미는 유기체 본성에 맞닿는다. 말하자면, "신체의 죽음은 유형의 죽음이며, 자유의 죽음은 무형의 죽음이다." 따라서 자유를 잃은 사람이 오늘 비록 "형이하적 形而下的 수치羞恥의 생명을" 유지하더라도 그 자유를 되찾지 못하면 "필경 멸망"을 면할 수 없다. 자유의 죽음은 곧 신체의 죽음이다. 그래서 "안광이 횃불과 같은 국민은 몸을 희생하여 자유를 갈구"할 수 있다는 주장이 나올 수 있었다. 135 이와 같은 자유의 덕성을 갖추어야만 하는 한국의 '신국민'은 량치차오가 중국의 '신민'에게 전혀 요구하지 않았던 평등주의의 기대지평으로 향한다.

무릇 우리 인류가 저 창조설과 같이 상제의 창조이든, 저 진화설과 같이 자연으로 진화하였든, 인류는 평등이다. 그러므로 강자도 사람이고 약자도 사람이며, 부자도 사람이고 왕후장상이나 영웅과 성인도 사람이며, 어부와 목동뿐만 아니라 어리석은 남녀도 사람이라. 이처럼 인류는 인격이 평등이고 인권이 평등이니, 오호라 저 불평등주의는 인류의 악마요 생물계의 죄인이로다. (…) 평등주의가 행行하는 나라는 반드시 흥하였으니 구미 문명 각국이 이러하고, 불평등의 주의가 행한 나라는 반드시 망하였으니 폴란드나 인도 등의 나라가 이러하다. (…) 묻건대, 한국이 어떤 까닭에 오늘날 이와 같은 지경에 이르렀는가. 우리는 첫째 손가락을 꼽아 불평등이라고 하니, 불평등 세 자는 한국의

135 "二十世紀新國民(續)", 〈大韓每日申報〉, 1910. 2. 24.

최대 원수이니라. **136**

이 글을 만약 신채호가 썼다면, **137** 그는 자유와 독립으로 향해 나아갈 '대한국민의 목적지'에 평등의 길을 더한 셈이다. 논설의 필자는 '입헌공화의 복음'이 한국 '국민의 정신 기개'에 닿기를 간절히 기원하는 한편으로, 점점 파선의 지경으로 내몰리는 대한제국의 운명을 애도한다. "오늘날 한국에 정신이 발달하였는가. 아니다. 실력이 확장하였는가. 아니다. 문명이 진보하였는가. 아니다. 오로지 도덕이 부패하며, 경제가 궁핍하며, 교육이 부진하며, 만반의 권리가 타인 손에 돌아가며, 민기民氣의 타락이 극도에 달하여, 눈에 띄는 바가 쓸쓸하고 귀에 들리는 바가 처량할 뿐이니, 오호라 저 하늘이 어찌 우리 민民을 돌보지 않을까." 그러면서도 글은 희망의 메시지와 함께 마감한다. "국민 동포가 단지 20세기 신국민의 이상과 기력을 떨쳐 일으켜서 국민적 국가의 기초를 공고히 하여 실력을 기르며 세계 대세의 풍조에 잘 적응하여 문명을 넓히면, 가히 동아 일방에 우뚝 솟아 강국의 토대를 자랑할지며, 가히 세계무대에 뛰어올라 문명의 기를 펄럭일지니, 오호라 동포여. 어찌 힘을 다하지 아니하리오." 이렇듯, '20세기 신국민'이 이룩할 '국민적 국가'가 문명의 깃

---

**136** 같은 글.

**137** 독립기념관 한국독립운동사연구소 주관으로 이루어진 단재신호전집편찬위회는 '20세기 신국민'의 필자를 신채호라고 추정한다. 단재신호전집편찬위회 편(2008), 《단재신채호전집》, 제6권(논설·사론), 734~746쪽.

발을 내건다고 하니, 그것은 틀림없이 '문명국가'로 나타날 터였다. 경술국치의 여파로 〈대한매일신보〉가 역사 속으로 사라진 지 채 10년도 지나기 전에, 그 꿈은 1919년 4월 11일 대한민국 임시헌장과 더불어 현실 세계의 강령으로 육화肉化했다. "제1조. 대한민국은 민주공화제로 함."

# 참고문헌

## I. 자료

### (1) 한문 고전

《高宗實錄》
《論語》
《孟子》
《孟子集註》
《文心雕龍》
《史記》
《尙書》
《陽村先生文集》
《易經》
《燕巖集》
《禮記》
《春秋左傳》
《太祖高皇帝實錄》
《太宗實錄》

### (2) 유럽 고전

von Aquin, Th. (1886), *Summe der Theologie*, Erster Hauptteil. Regensburg:
    G. J. Manz.
Aristoteles (1829), *Physik*, übersetzt und mit Anmerkungen begleitet von

Weiße, C. H., Leipzig: Barth.

_____(1829), *Von der Seele und von der Welt*, übersetzt und mit Anmerkungen begleitet von Weiße, C. H., Leipzig: Barth.

_____(1831), *Topica*, in *Aristotelis Opera*, ex recensione Immanuelis Bekkeri, Edidit Academia Regia Borussica, Volumen prius, Berolini: apude Georgium Reimerum.

_____(1831), *Physica*, in *Aristotelis Opera*, Volumen prius.

_____(1831), *De Partibus Animalium*, in *Aristotelis Opera*, Volumen prius.

_____(1831), *De Anima*, In *Aristotelis Opera*, Volumen prius.

_____(1831), *Ethica Nicomachea*, in *Aristotelis Opera*, ex recensione Immanuelis Bekkeri, Edidit Academia Regia Borussica, Volumen alterum, Berolini: apude Georgium Reimerum.

_____(1831), *Politica*, in *Aristotelis Opera*, ex recensione Immanuelis Bekkeri, Edidit Academia Regia Borussica, Volumen alterum.

_____(1912), *De Partibus Animalium*, translated by Ogle, W. In Smith, J. A. & Ross, W. D. eds., *The Works of Aristotle*, vol. 5, Oxford: The Clarendon Press.

_____(1921), *Politics*, translated by Jowett, B., in Smith, J. A. & Ross, W. D. eds., *The Works of Aristotle*, vol. 10, Oxford: The Clarendon Press.

Dante, A. (1313), *De Monarchia*, in Ricci, P. G. ed. (1965), *Le opere di Dante Alighieri* (Edizione Nazionale a cura della Società Dantesca Italiana), 1, Milano: Pier Giorgio Ricci Editore. Liber Primus.

Descartes, R. (1824), *Discours de la méthode* (Texte établi par Victor Cousin), tome 1, Paris: Levrault.

_____(1870), *Untersuchungen über die Grundlagen der Philosophie*, in *Descartes' philosophische Werke*, übersetzt, erläutert und mit einer Lebensbeschreibung des Descartes versehen von Kirchmann, J. H., 2. Abtheilung, Berlin: Heimann.

_____(1904), *Meditationes de prima philosophia*, in *Oeuvres de Descartes*, publiées par Adam, C. & Tannery, P., sous les auspices du

Ministère de l'Instruction Publique, vol. 7, Paris: Léopold Cerf.

Erasmus, D. (1714), *Erasmi Roterodami Civilitas Morum Puerilium*, Latinis & Germanicis Quaestionibus in novum tenerae aetatis usum eleganter disposita, Leipzig: Friedrich Groschuff.

Epictetus (1744), *Enchiridion*, Glasgovia: In Aedibus Academicis.

Hegel, G. W. F. (1800), "Systemfragment von 1800", in Nohl, H. ed. (1907), *Hegels theologische Jugendschriften nach den Handschriften der Kö niglichen Bibliotheck in Berlin*, Tübingen: Verlag von J. C. B. Mohr (Paul Siebeck).

_____(1833), *Grundlinien der Philosophie des Rechts, oder Naturrecht und Staatswissenschaft im Grundrisse*. in Gans, E. ed., *Georg Wilhelm Friedrich Hegel's Werke*, vol. 8, Berlin: Duncker und Humbolt.

_____(1845), "Dritter Theil: Die Philosophie des Geistes", *Encyklopädie der philosophischen Wissenschaften im Grundrisse*, in Boumann, L. ed., *Georg Wilhelm Friedrich Hegel's Werke*, vol. 7 (2. Abteilung), Berlin: Duncker und Humbolt.

von Irwing, K. F. (1779), *Erfahfungen und Untersuchungen über den Menschen*, Berlin: Realschulbuchhandlung.

Isidore de Seville (1911), *Etymologiarum sive originum*, Oxford: Oxford University Press.

Kant, I. (1780 ff.), "Entwürfe zu dem Colleg über Anthropologie aus den 70er und 80er Jahren", in Königliche Preußische Akademie der Wissenschaft ed. (1923), *Kant's gesammelte Schriften*, vol. 15, Berlin und Leipzig: Walter de Gruyter & Co.

_____(1784), "Idee zu einer allgemeinen Geschichte in weltbürgerlicher Absicht", in Königliche Preußische Akademie der Wissenschaft ed. (1923), *Kant's gesammelte Schriften*, vol. 8, Berlin und Leipzig: Walter de Gruyter & Co.

_____(1790), *Kritik der Urteilskraft*, in Königliche preußische Akademie der Wissenschaft ed. (1908), *Kant's gesammelte Schriften*, vol. 5, Berlin: Georg Reimer.

_____(1791), "Freisshrift über die Fortschritte der Metaphysik". in König-liche Preußische Akademie der Wissenschaft ed. (1942), *Kant's gesammelte Schriften*, vol. 20, Berlin und Leipzig: Walter de Gruyter & Co.

_____(1793), "Über den Gemeinspruch: Das mag in der Theorie richtig sein, taugt aber nicht für die Praxis", in Königliche Preußische Akademie der Wissenschaft ed. (1923), *Kant's gesammelte Schriften*, vol. 8, Berlin und Leipzig: Walter de Gruyter & Co.

_____(1795), *Zum ewigen Frieden: Ein philosophischer Entwurf*, in Königliche Preußische Akademie der Wissenschaft ed. (1923), *Kant's gesammelte Schriften*, vol. 8, Berlin und Leipzig: Walter de Gruyter & Co.

_____(1797), *Metaphysik der Sitten*, in Königliche Preußische Akademie der Wissenschaft ed. (1907), *Kant's gesammelte Schriften*, vol. 6, Berlin: Georg Reimer.

_____(1798a), *Anthropologie in pragmatischer Hinsicht*, in Königliche Preußische Akademie der Wissenschaft ed. (1917), *Kant's gesammelte Schriften*, vol. 7, Berlin: Georg Reimer.

_____(1798b), "Der Streit der Fakultäten", in Königliche Preußische Akademie der Wissenschaft ed. (1917), *Kant's gesammelte Schriften*, vol. 7, Berlin: Georg Reimer.

Meiners, C. (1786), *Grundriß der Geschichte der Menschheit*, Frankfurt und Leipzig.

de Mirabeau, V. R. M. (1756), *L'ami des hommes ou Traité de la population*, vol. 1, Avignon.

Möser, J. (1793), "An einen jungen Staatsmann", in Brandi, K. ed. (1921), *Gesellschaft und Staat: Eine Auswahl aus seinen Schriften*, München: Drei Masken Verlag.

Schelling, F. W. J. (1803), *Vorlesungen über die Methode des academischen Studium*, Tübingen: J. G. Cotta'sche Buchhandlung.

Susemihl, F. ed. (1879), *Aristoteles' Politik*, 1 (Text und Uebersetzung), Leipzig: Verlag von Wilhelm Engelmann.

## (3) 근현대 문헌

### ① 한국 자료

김성희(1906), "知恥와 自信力의 主義", 〈大韓自强會月報〉 제6호(1906. 12. 25.).

_____(1907), "獨立說", 〈大韓自强會月報〉 제7호(1907. 1. 25.).

_____(1908), "國民的 內治 國民的 外交", 〈大韓協會會報〉 제4호(1908. 07. 25.).

단재신호전집편찬위원회 편(2008), 《단재 신채호 전집》 제6권(논설·사론), 독립기념관 한국독립운동사연구소.

박영효(1888), "內政改革에 대한 建白書", 역사학회 편(1973), 《韓國史資料選集 V: 最近世篇》, 일조각.

박은식(1906), "自强能否의 問答", 〈大韓自强會月報〉 제4호(1906. 10. 25.).

심의성(1907), "論師範養成", 〈大韓自强會月報〉 제13호(1907. 7. 25.).

유길준(1883), 《世界大勢論》, 유길준전서편찬위원회 편(1971), 《유길준전서 Ⅲ》, 일조각.

_____(1883), "新聞創刊辭", 유길준전서편찬위원회 편(1971), 《유길준전서 Ⅳ》, 일조각.

_____(1895), 《西遊見聞》, 유길준전서편찬위원회 편(1971), 《유길준전서 Ⅰ》, 일조각.

_____(1908), "普魯士國厚禮斗益大王七年戰史", 유길준전서편찬위원회 편(1971), 《유길준전서 Ⅲ》, 일조각.

윤치호(2001), 《국역 윤치호 일기 1》, 송병기 역, 연세대학교출판부.

嘯卬生(1910), "申辰 以後 列國 大勢의 變動을 論홈", 〈大韓興學報〉 제10호(1910. 2. 20.).

신채호(1908a), "大韓의 希望", 〈大韓協會會報〉 제1호(1908. 4. 25.).

_____(1908b), "今日 大韓國民의 目的地", 〈大韓每日申報〉 1908. 5. 24.

_____(1908c), "國粹保全說", 〈大韓每日申報〉 1908. 8. 12.

_____(1908d), "讀史新論", 〈大韓每日申報〉 1908. 8. 27.

_____(1908e), "讀史新論(續)", 〈大韓每日申報〉 1908. 9. 8.

_____(1909a), "精神上國家", 〈大韓每日申報〉 1909. 4. 29.

_____(1909b), "身家國 觀念의 變遷", 〈大韓每日申報〉 1909. 7. 15.

_____(1909c), "身家國 三觀念의 變遷(續)", 〈大韓每日申報〉 1909. 7. 17.

_____(1909d), "東國巨傑 崔都統(續)", 〈大韓每日申報〉 1909. 12. 24.

안종화(1908), "爲善最樂", 〈畿湖興學會月報〉 제 2호(1908. 9. 25.).

_____(1909), "文明思想", 〈畿湖興學會月報〉 제 8호(1909. 3. 25.).

윤효정(1907), "生存의 競爭(演說)", 〈大韓自强會月報〉 제 11호(1907. 5. 25.).

윤효정 편(1906), "大韓自强會趣旨書", 〈大韓自强會月報〉 제 1호(1906. 7. 31.).

飮氷子(1908), "變法通議序", 〈大韓協會會報〉 제 2호(1908. 5. 25.).

장지연(1906), "自强主義", 〈大韓自强會月報〉 제 3호(1906. 9. 25.).

홍필주(1908), "氷集節略", 〈大韓協會會報〉 제 2호(1908. 5. 25.).


② 일본 자료

加藤弘之(1907), 《吾國體と基督教》, 東京: 金港堂書籍株式會社.

_____(1972), 《立憲政体略》, 植手通有 責任編集, 《日本の名著34西周・加藤弘之》, 中央公論社.

_____(1972), 《眞政大意》, 植手通有 責任編集, 《日本の名著34西周・加藤弘之》, 中央公論社.

_____(1972), 《國体新論》, 植手通有 責任編集, 《日本の名著34西周・加藤弘之》, 中央公論社.

_____(1972), 《経歴談》, 植手通有 責任編集, 《日本の名著34西周・加藤弘之》, 中央公論社.

加藤弘之先生八十歲祝賀會 編(1915), 《加藤弘之自叙伝: 附・金婚式記事概略・追遠碑建設始末》, 加藤弘之先生八十歲祝賀會.

福澤諭吉(1960a), 《掌中萬國一覽》, 慶應義塾編纂, 《福澤諭吉全集 3》, 東京: 岩波書店.

_____(1960b), 《時事小言》, 慶應義塾編纂, 《福澤諭吉全集 5》, 東京: 岩波書店.

_____(1960c), "脫亞論", 慶應義塾編纂, 《福澤諭吉全集 10》, 東京: 岩波書店.

_____(2004a),《西洋事情》(福澤諭吉著作集 第1卷), 東京: 慶應義塾大學出版會.

_____(2004b),《文明論之概略》(福澤諭吉著作集 第4卷), 東京: 慶應義塾大學出版會.

_____(2011),《學問のすゝめ》(福澤諭吉著作集 第3卷), 東京: 慶應義塾大學出版會.

ヨハン・カスパルト・ブルンチュリ(1872),《國法汎論》, 首卷, 加藤弘之 譯, 文部省.

_____(1876a),《國法汎論》, 卷之一, 加藤弘之 譯, 文部省.

_____(1876b),《國法汎論》, 卷之二, 加藤弘之 譯, 文部省.

_____(1877),《國法汎論》, 卷之七, 加藤弘之 譯, 文部省.

ブルンチュリー(1882),《國家論》第1・2卷 合本, 平田東助 譯, 東京: 島屋一介.

_____(1889),《國家論》, 平田東助, 平塚定二郎 譯, 東京: 春陽堂.

伯崙知理(1899),《國家學》, 吾妻兵治 譯, 東京: 善隣譯書館.


③ 중국 자료

惠頓(1864),《萬國公法》, 丁韙良 譯, 北京(아세아문화사 영인본, 1981).

步倫(1880),《公法會通》, 丁韙良 譯, 北京(改鑄整理字本, 1896).

伯倫知理(1899), "國家論 卷一", 〈清議報〉第11冊, 第15～18冊.


④ 구미 자료

Anonymous (John Hill Burton) (1852), *Political Economy, for Use in School, and for Private Instruction*, Edinburgh: William and Robert Chambers .

Bluntschli, J. C. (1844), *Psychologische Studien über Staat und Kirche*, Zürich und Frauenfeld: Druck und Verlag von Ch. Byel.

_____(1852), *Allgemeines Staatsrecht, geschichtlich begründet*, München: Verlag der literarisch-artistischen Anstalt.

_____(1857), "Civilisation", in Bluntschli, J. C. & Brater. C. eds., *Deutsches Staats-Wörterbuch*, vol. 2, Stuttgart / Leipzig: Expedition des Staats-Wörterbuchs.

_____(1863), *Allgemeines Statsrecht*, vol. 1~2, München: Literarisch-artistischen Anstalt der J. G. Cotta'schen Buchhandlung.

_____(1864), "Friedrich und Theodor Rohmer", in Bluntschli, J. C. & Brater, C. eds., *Deutsches Staats-Wörterbuch*, vol. 8, Stuttgart / Leipzig: Expedition des Staats-Wörterbuchs.

_____(1865), "Staat", in Bluntschli J. C. & Brater, C. eds., *Deutsches Staats-Wörterbuch*, vol. 9, Stuttgart / Leipzig: Expedition des Staats-Wörterbuchs.

_____(1868), *Das moderne Völkerrecht der civilisirten Staten als Rechtsbuch dargestellt*, Nördlingen: C. H. Beck.

_____(1868), *Allgemeines Statsrecht*, vol. 1~2, München: Literarisch-artistische Anstalt der J. G. Cotta'schen Buchhandlung.

_____(1870), *Le Droit international Codifié*, par M. C. Lardy, Paris: Librairie de Guillaumin.

_____(1874), *Deutsche Statslehre für Gebildete*, Nördlingen: C. H. Beck.

_____(1875), *Lehre vom modernen Stat*, vol. 1, Stuttgart: J. G. Cotta.

_____(1884), *Denkwürdiges aus meinem Leben*, vol. 1~3, Nördlingen: Verlag der C. H. Beck'schen Buchhandlung.

Dilthey, W. (1921), *Die Jugendgeschichte Hegels und andere Abhandlungen zur Geschichte des Deutschen Idealismus*, in Nohl, H. ed., *Wilhelm Diltheys Gesammelte Schriften*, vol. 4, Leipzig / Berlin: Verlag von B. G. Teubner.

_____(1992), *Der Aufbau der geschichtlichen Welt in den Geisteswissenschaften*. in Gründer, K. ed., *Wilhelm Diltheys Gesammelte Schriften*, vol. 7, Stuttgart: Teubner / Göttingen: Vandenhoek und Ruprecht.

Droysen, J. G. (1868), *Grundriss der Historik*, Leipzig: Verlag von Veit & Comp.

Ferguson, A. (1966), *An Essay on the History of Civil Society*, Edinburgh: Edinburgh University Press.

Guizot, F. (1840), *Histoire générale de la civilisation en Europe, depuis la chute de l'Empire Romain jusqu'a la Révolution Française*, Paris: Didier.

Post, A. H. (1884), *Die Grundlagen des Rechts und die Grundzüge seiner Entwickelungsgeschichte: Leitgedanken für den Aufbau einer allgemeinen Rechtswissenschaft auf sociologischer Basis*, Oldenburg: A. Schwarz.

Wheaton, H. (1836), *Elements of International Law with a Sketch of the History of the Science*, Philadelphia: Carey, Lea & Blanchard / London: Fellowes, B.

## (4) 신문

〈한성순보〉
〈독립신문〉
〈皇城新聞〉
〈대한매일신보〉

## (5) 번역 자료

가토 히로유키(2017), 《입헌정체략(立憲政體略)·진정대의(眞政大意)》, 김도형 옮김, 세창출판사.

량치차오(2011), "정치학 대가 블룬칠리의 학설", 강중기 옮김, 〈개념과 소통〉 8.

르네 데카르트(2016), 《성찰, 자연의 빛에 의한 진리탐구, 프로그램에 대한 주석》, 이현복 옮김, 문예출판사.

_____(2018), "프랑스어로 옮긴이에게 부치는 편지", 《방법서설/성찰/철학의 원리/세계론/정념론/정신지도를 위한 규칙》, 소두영 옮김. 동서문화사.

伯倫知理(1907), 《國家學綱領》, 安種和 譯, 廣學書舖.

빌헬름 딜타이(2009), 《정신과학에서 역사적 세계의 건립》, 김창래 옮김, 아카넷.

아리스토텔레스(2001), 《영혼에 관하여》, 유원기 역주, 궁리.

_____(2006), 《니코마코스 윤리학》, 이창우·김재홍·강상진 옮김, 이제이

북스.

_____(2007), 《형이상학》, 김진성 역주, 이제이북스.

_____(2008), 《변증론》, 김재홍 옮김, 도서출판 길.

_____(2017), 《정치학》, 김재홍 옮김, 도서출판 길.

梁啓超(1908), 《自由書》, 全恒基 譯, 塔印社.

임마누엘 칸트(2009), 《칸트의 역사 철학》, 이한구 편역, 서광사.

_____(2017), 《판단력비판》, 백종현 옮김, 아카넷.

鄭觀應(2010), 《易言. 19세기 중국, 개혁을 묻다》, 이경구·이행훈·이병기
역주, 푸른역사.

후쿠자와 유키치(2013), 《후쿠자와 유키치 자서전》, 허호 옮김, 이산.

황현(2008), 《매천야록 中》, 이장희 옮김, 명문당.


## II. 연구논저

### (1) 한국 자료

① 단행본

공상철(2011), 《중국을 만든 책들: 16가지 텍스트로 읽는 중국 문명과 역사 이
야기》, 돌베개.

김동택(2018), 《근대 한국의 정치변동과 담론. 이행의 구조적 특이성》, 오름.

김성환(2017), 《17세기 자연 철학: 운동학 기계론에서 동력학 기계론으로》,
그린비.

김용구(2001), 《세계관 충돌과 한말 외교사, 1866~1882》, 문학과지성사.

_____(2008), 《만국공법》, 소화.

나인호(2011), 《개념사란 무엇인가. 언어와 역사의 만남》, 역사비평사.

박근갑(2016), 《역사》(한국개념사총서 12), 소화.

박상섭(2008), 《국가·주권》, 소화.

박삼헌(2012), 《근대 일본 형성기의 국가체제: 지방관 회의·태정관·천황》,
소명출판.

서희경(2018), 《대한민국 헌법의 탄생. 한국 헌정사, 만민공동회에서 제헌까지》, 창비.

유동준(2005), 《兪吉濬傳》, 일조각.

유원기(2009), 《자연은 헛된 일을 하지 않는다》, 서광사.

유진오(1980), 《헌법기초회고록》, 일조각.

이광린(1969), 《韓國開化史研究》, 일조각.

_____(1989), 《開化派와 開化思想 研究》, 일조각.

이태진 · 사사가와 노리가츠 공편(2009), 《한국병합과 현대. 역사적 국제법적 재검토》, 태학사.

이호룡(2013), 《신채호 다시 읽기: 민족주의자에서 아나키스트로》, 돌베개.

장영수(2018), 《대한민국 헌법의 역사》, 고려대학교 출판문화원.

정용화(2004), 《문명의 정치사상: 유길준과 근대 한국》, 문학과지성사.

조승래(2010), 《공화국을 위하여. 공화주의의 형성과정과 핵심사상》, 길.

최기영(2003), 《한국 근대 계몽사상 연구》, 일조각.

한영우(1996), 《韓國民族主義歷史學》, 일조각.

한자경(2006), 《칸트 철학에의 초대》, 서광사.

황호덕(2005), 《근대 네이션과 그 표상들: 타자 · 교통 · 번역 · 에크리튀르》, 소명출판.


② 논문

강상규(2006a), "중국의 만국공법 수용에 관한 연구", 〈동양철학〉 제 25집.

_____(2006b), "고종의 대내외 정세인식과 대한제국 외교의 배경", 한영우 · 서영희 · 이윤상 · 강상규 · 임현수 · 전봉희 · 이규철, 《대한제국은 근대 국가인가》, 푸른역사.

_____(2010), "동아시아 문명권에서 '주권'과 '국제' 개념의 탄생: 《만국공법》의 판본 비교와 번역", 〈중국학보〉, 62권.

김도형(2015), "가토 히로유키(加藤弘之)의 《人權新說》과 천부인권논쟁", 《東亞人文學》, 33집.

김동택(2007), "《대한매일신보》에 나타난 국가 개념", 이화여대 한국문화연구원 편, 《근대계몽기 지식의 굴절과 현실적 심화》, 소명출판.

김석근(2013), "建白書", 한림과학원 편, 《동아시아 개념연구 기초문헌해제

Ⅱ》, 선인.

김재홍(2004), "아리스토텔레스의 변증술과 소피스트적 추론", 〈한국수사학회
월례발표회〉, 2004. 9.

김　진(1993), "칸트의 목적론적 유기체론과 그 이후", 〈철학연구〉, 50집.

김충렬(1986), "中國의 '天下思想': 그 哲學的 基調와 歷史的 傳統의 形成",
〈중국학논총〉, 3권.

김현철(2004), "박영효의 '1888년 상소문'에 나타난 문명 · 개화론", 유병용 외
지음, 《박영효 연구》, 한국정신문화연구원.

김형종(2003), "近代中國에서의 傳統과 近代: 清末民初 西學受容 試論", 〈인
문논총〉, 50집.

渡辺信一郎(2003), "天下 觀念과 王朝名", 〈중국사연구〉, 26권.

박근갑(2014), "역사 · 문명 · 진보 — 후쿠자와 유키치와 유길준의 시간 인식",
〈사총〉, 83권

박양신(2008), "근대 초기 일본의 문명 개념 수용과 그 세속화", 〈개념과 소
통〉, 2호.

박한민(2013), "유길준 《世界大勢論》(1883)의 전거(典據)와 저술의 성격",
〈韓國史學報〉, 53권.

손병석(1999), "아리스토텔레스에 있어서 민주주의와 데모스(dēmos)의 집합적
지혜", 〈서양고전학연구〉, 14호.

신승하(1998), "구한말 애국계몽 시기 양계초 문장의 진입과 그 영향", 〈아세
아연구〉, 100호.

양일모(2014), "진보 개념의 기원과 전개: 개항기에서 식민지시기까지", 일송
기념사업회 편, 《좌 · 우파에서 보수와 진보로: 보수 · 진보의 개념과 역
사적 전개》.

오수열(2009), "양무운동의 전개과정과 성격에 관한 연구", 〈한국동북아논총〉,
51권.

우남숙(1985), "한국 근대사에서의 사회진화론 수용 양식: 장지연 · 박은식 · 신
채호를 중심으로", 〈한국정치외교사논총〉, 21집 1호.

_____(2007), "梁啓超와 신채호의 자유론 비교: 《新民説》과 〈二十世紀新國
民〉을 중심으로", 〈한국동양정치사상사연구〉, 6집.

이예안(2018), "유길준 《세계대세론》의 근대적 개념 이해와 개항기 조선: 우치

다 마사오 《여지지략》과의 비교를 단서로", 〈한국학연구〉, 64권.

이진일(2011), "개념사의 학문적 구성과 사전적 기획 사이에서: 《코젤렉의 개념사 사전》을 중심으로", 〈개념과 소통〉, 7호.

최자영(2008), "엘레우시스와 아테네: 고대 그리스 폴리스의 정치적 · 지역적 연계의 유연성", 〈서양고대사연구〉, 22권.

최정수(2013), "태프트-가쓰라협정의 국제법적 기원: 미일중재조약과 헤이그 협약(1899)", 〈서양사론〉, 118호.

최정훈(2019), "후쿠자와 유키치, 《서양사정 외편》. 〈세상의 문명개화〉와 그 전거들", 〈문명과 경계〉, 2호.

황수영(2011), "서양 근대사상에서 진보와 진화 개념의 교착과 분리", 〈개념과 소통〉, 7호.

③ 번역서

고야스 노부쿠니(2007), 《후쿠자와 유키치의 《문명론의 개략》을 정밀하게 읽는다》, 김석근 옮김, 역사와비평사.

니시카와 나가오(2007), 《국경을 넘는 방법: 문화 · 문명 · 국민국가》, 한경구 · 이목 옮김, 일조각.

라인하르트 코젤렉 · 크리스티안 마이어(2010), 《진보》(코젤렉의 개념사 사전 2), 황선애 옮김, 푸른역사.

마루야마 마사오(2013), 《《문명론의 개략》을 읽는다》, 김석근 옮김, 문학동네.

마루야마 마사오 · 가토 슈이치(2009), 《번역과 일본의 근대》, 임성모 옮김, 이산.

멜빈 릭터(2010), 《정치 · 사회적 개념의 역사: 비판적 소개》, 송승철 · 김용수 옮김, 소화.

쓰키아시 다쓰히코(2014), 《조선의 개화사상과 내셔널리즘》, 최덕수 옮김, 열린책들.

앤서니 케니(2010), 《중세철학》, 김성호 옮김, 서광사.

윌리엄 데이비드 로스(2016), 《아리스토텔레스》, 김진성 옮김, 세창출판사.

주디스 스완슨 · 데이비드 코빈(2014), 《아리스토텔레스의 〈정치학〉 입문》, 김영균 옮김. 서광사. 43쪽.

진관타오 · 류칭펑(2010), 《관념사란 무엇인가 2: 관념의 변천과 용어》, 양일모·송인재·한지은·강중기·이상돈 옮김, 푸른역사.

폴 리쾨르(2004), 《시간과 이야기 3: 이야기된 시간》, 김한식 옮김, 문학과지
　　성사.

프리도 릭켄(1988), 《고대 그리스 철학》, 김성진 옮김, 서광사.

한스게오르크 가다머(2012), 《진리와 방법. 철학적 해석학의 기본 특징들 2》,
　　임홍배 옮김, 문학동네.

## (2) 일본 자료

### ① 단행본

姜尙中·齋藤純一·杉田敦·高橋哲哉 編(2009), 《思考をひらく》, 東京: 岩
　　波書店.

石塚正英·柴田隆行 監修(2004), 《哲學·思想飜譯語事典》, 東京: 論創社.

ひろた まさき(1976), 《福澤諭吉硏究》, 東京: 東京大學出版會.


### ② 논문

安世舟(1976), "日本におけるドイツ國家思想の受容に關する一考察: ブルン
　　チュリと加藤弘之を中心として", 日本政治學會編, 《年報政治學 1975:
　　日本における西歐政治思想》, 東京: 岩波書店.

木村毅(1971), "《國法汎論》 解題", 明治文化硏究會編, 《明治文化全集》,
　　補卷 二(《國法汎論》), 東京: 日本評論社.

權純哲(2012), "大韓帝國の'國家學' 書籍におけるブルンチュリ·梁啓超·有
　　賀張雄の影響", 〈奇玉大學紀要(敎養學部)〉 48(1).

下出隼吉(1967), "《眞政大意》解題", 明治文化硏究會編, 《明治文化全集》,
　　第二卷 自由民權篇.

土屋英雄(1999), "梁啓超の'西洋'攝取と權利·自由論", 狹間直樹 編, 《共同
　　硏究梁啓超: 西洋近代思想受容と明治日本》, 東京: みすず書房.

山田央子(1992), "ブルンチュリと近代日本政治思想(下): '國民'觀念の成立
　　とその受容", 〈東京道立大學法學會雜誌〉 33(1).

## (3) 구미 자료

① 단행본

Brandt, R. & Herb, K. eds. (2012), *Jean-Jacques Rousseau. Vom Gesellschafts-vertrag oder Prinzipien des Staatsrechts*, Berlin: Akademieverlag.

Blumenberg, H. (1996), *Die Legitimität der Neuzeit*, Frankfurt am Main: Suhrkamp.

_____(1998), *Paradigmen zu einer Metaphorologie*, Frankfurt am Main: Suhrkamp.

Böckenförde, E.-W. (1991), *Studien zur Rechtsphilosophie, Staatstheorie und Verfassungsgeschichte*, Frankfurt am Main: Suhrkamp.

Brunner, O., Conze, W. & Koselleck, R. eds. (1972~1992), *Geschicht-liche Grundbegriffe: Historisches Lexikon zur politisch-sozialen Sprache in Deutschland*, vol. 1~7, Stuttgart: Klett-Cotta.

Elias, N. (1981), *Über den Prozeß der Zivilisation: Soziogenetische und psychogenetische Untersuchungen*, vol. 1, Frankfurt am Main: Suhrkamp.

Gadamer, H. (2010), *Wahrheit und Methode: Grundzüge einer philosophischen Hermeneutik*, Tübingen: Mohr Siebeck,

Heller, H. (1921), *Hegel und der nationale Machtstaatsgedanke in Deutschland: Ein Beitrag zur politischen Geistesgeschichte*, Leipzig / Berlin: Teubner, B. G.

Joas, H. & Vogt, P. eds. (2011), *Begriffene Geschichte: Beiträge zum Werk Reinhart Kosellecks*, Frankfurt am Main: Suhrkamp.

Koselleck, R. (1979), *Vergangene Zukunft: Zur Semantik geschichtlicher Zeiten*, Frankfurt am Main: Suhrkamp.

_____(2003), *Zeitschichten: Studien zur Historik.* Frankfurt am Main: Suhrkamp.

_____(2006), *Begriffsgeschichten: Studien zur Semantik und Pragmatik der politischen und sozialen Sprache*, Frankfurt am Main: Suhrkamp.

Kroner, R. (2007), *Von Kant bis Hegel*, vol. 1, Tübingen: Mohr Siebek.

Wölky, G. (2006), *Roscher, Waitz, Bluntschli und Treitschke als Politik-*

*wissenschaftler. Spätblüte und Untergang eines klassischen Universität-sfaches in der zweiten Hälfte des 19. Jahrhunderts*, Inauguraldissertation zur Erlangung des Grades eines Doktors der Philosophie in der Fakultät für Geschichtswissenschaft der Ruhr Universität Bochum.

② 논문

Ballauff, T., Scheerer, E. & Meyer, A. (1984), "Organismus". in Gründer, K. ed., *Historisches Wörterbuch der Philosophie*, vol. 6, Basel: Schwabe.

Böckenförde, E.-W. & Dorn-van Rossum, G. (1978), "Organ, Organismus, Organisation, politischer Körper", in Brunner, O. et al. eds., *Geschichtliche Grundbegriffe*, vol. 4.

Brandt, P. (2001), "Volk", in Gabriel, G. ed., *Historisches Wörterbuch der Philosophie*, vol. 11, Basel: Schwabe.

Fisch, J. (1992), "Zivilisation, Kultur", in Brunner, O. et al. eds., *Geschichtliche Grundbegriffe*, vol. 7.

Koselleck, R. (1967), "Richtlinien für das Lexikon politisch-sozialer Begriffe der Neuzeit", in *Archiv für Begriffsgeschichte*, vol. 11.

_____(1972), "Einleitung", in Brunner, O. et al. eds., *Geschichtliche Grundbegriffe*, vol. 1.

_____(1982), "Krise", in Brunner, O. et al. eds., *Geschichtliche Grundbegriffe*, vol. 3.

Koselleck, R. et al. (1992), "Volk, Nation, Nationalismus, Masse", in Brunner, O. et al. eds., *Geschichtliche Grundbegriffe*, vol. 7.

Mager, W. (1984), "Republik", in Brunner, O. et al. eds., *Geschichtliche Grundbegriffe*, vol. 5.

Sebastián, J. F., Fuentes, J. F. & Koselleck, R. (2006), "Conceptual History, Memory, an Identity: An Interview with Reinhart Koselleck", in *Contributions to the History of Concepts*, vol. 2.

# 찾아보기 (용어)

# 찾아보기 (인명)